美國華人史

十九世紀至二十一世紀初，一百五十年華人史詩

The Chinese in America

A Narrative History

Iris Chang

各界推薦

「內容豐富而鉅細靡遺。在類似的導論式書籍中，沒有任何一本書比得過這本層次分明且字裡行間充滿情感的《美國華人史》。」

——耶魯大學歷史系榮譽教授 史景遷（Jonathan D. Spence）

「引人入勝！……張純如的《美國華人史》以華人在美國的奮鬥經過為主題，細數他們曾付出的代價與受到的傷害，是一本鳥瞰全局並且可讀性極高的史書。……非常吸引人，充滿熱情。」

——《舊金山紀事報》（*San Francisco Chronicle*）

「發人深省的概觀，而且顯示出華人是美國歷史不可或缺的一部分。……作者的成就堪稱典範。」

——《基督科學箴言報》（*Christian Science Monitor*）

「無所不包，文詞優美，分析鞭辟入裡且充滿熱情，是新世代美國華人歷史的最佳代表作。張純如以精彩的手法將美國華人的種種經歷融入一百五十年的美國史。」

——曾以《蝴蝶君》與《花鼓歌》榮獲奧比獎與東尼獎的劇作家黃哲倫

「充滿戲劇性的一本書。……張純如的《美國華人史》不但訴說著美國採礦營地與中國城的許多故事，也把故事場景拉回到中國的農村與城市，寫來充滿說服力。張純如找到一個很棒的主題，她的故事也都值得一讀。」

——《華盛頓郵報》（*Washington Post*）「圖書世界」專刊（Book World）

「值得美國借鑑的一本書……張純如這本書的出現時機非常恰當，值得家家戶戶與各級學校閱讀，因為她記錄了華人族群如何辛苦奮鬥，贏得與其他美國人一樣獲得公平對待的應有地位。」

——《聖路易郵報》（*St. Louis Post-Dispatch*）

「作者把故事說得鉅細靡遺，請態度充滿自信……對我們的歷史來說很重要。在二十一世紀初，如果我們想了解現在的美國人，必然要先了解過去的美國人是怎樣過活的，為何會來到這裡。張純如書中的故事面面俱到，而且是美國史的重要部分。」

——《洛杉磯時報》（*Los Angelos Times*）

「這本書記錄了一場永不停歇的人權與自由之爭，內容充滿戲劇性，而且觀點往往能鳥瞰全局。」

——波特蘭市《奧勒岡人報》（*The Oregonian*）

「深具知識性與啟發性，讀來也很有趣。」

——美國《亞洲人週刊》（*Asian Week*）

「這本書有可能成為訴說美國華人經驗的最權威史書。」

——《亞特蘭大憲法報》（*The Atlanta Journal-Constitution*）

「觀點令人信服，透過許多人物的故事讓我們了解華人在美國的際遇。……散文文筆清麗且意蘊深遠。」

——《聖荷西信使新聞報》（*San Jose Mercury News*）

「這本引人入勝的書記錄了美國華人的奮鬥史與種種成就。……張純如可說是年輕史家中的佼佼者，她透過犀利的筆法將無所不包的研究材料化為文字，成就出這本廣受讀者歡迎的獨一無二史書。」

——《沃斯堡星報》（*Ft. Worth Star-Telegram*）

「如果你嗜讀美國史，想了解美國人的經驗，那麼這本《美國華人史》是你非讀不可的。我們何其有幸能遇到張純如這位無與倫比的作者及時把這重要的故事說給我們聽。」

——《硫磺島的英雄們》（*Flags of Our Fathers*）作者詹姆斯．布萊德利（James Bradley）

「敘事相當可觀……雖是史詩鉅作，但讀來毫不費力，整個閱讀過程深具吸引力而感人，且可以吸收許多資訊。……這不只是一本所有美國華人該讀的書，所有新來的移民，還有想要了解美國民主制度有何缺陷的善良公民，都該一睹為快。」

——太平洋新聞社（Pacific News Service），顧屏山（George Koo）

目次

無法遺忘的不平之鳴

單德興（中央研究院歐美研究所特聘研究員）

二〇一四年我於加州大學柏克萊校區族裔研究圖書館（Ethnic Studies Library, University of California, Berkeley）查閱麥禮謙（Him Mark Lai, 1925-2009）先生捐贈的上百箱資料與檔案（即「麥禮謙文件」〔Him Mark Lai Papers〕）。其父麥沃炳於一九一〇年以假文件冒充黎廣泮之子（paper son）前往美國，是第一批遭留置於舊金山天使島（Angel Island）上的船客，見證了美國移民史上對華人的歧視。麥禮謙土生土長於舊金山唐人街，自幼深愛文史，因為目睹華人於美國社會遭到不同程度、或明或暗的歧視，所以選擇以工程師為職業，業餘時間在夫人張玉英（Laura Lai, 1933-2014）協助下，全力投入美國華人歷史研究，兩人甚至決意不要有子嗣，這在當時華人社會幾乎是不可思議的事。麥先生通曉中英雙語，經多年努力，為美國華人研究開疆闢土，不僅出版許多中英文論述，而且促使亞裔美國研究進入學院建制，享有「華裔美國歷史教父」（the dean of Chinese American history）的美譽，因此他本身就是美國華人史的一則傳奇。張純如（Iris Chang, 1968-2004）在撰寫本書時曾多次向他請益，〈謝辭〉中第一位感謝的學界人士就是他，坦言其研究成果「幫這本書奠定了基礎」，並尊崇他為「美國華人研究之父」（the father of Chinese American studies）。

我翻閱麥先生捐贈的一箱箱檔案資料，其中包括數十年來他辛勤蒐集的多家華文報紙剪報，赫然發現其中有關張純如的剪報奇多無比，數量遠超過任何一位華人。這些剪報中許多是關於她的成名作《被遺忘的大屠殺：一九三七南京浩劫》（*The Rape of Nanking: The Forgotten Holocaust of World War II*, 1997，蕭富元譯，天下文化，一九九七）出版後的消息、訪問與迴響，以及她於二〇〇四年英年早逝的報導。雖然我對張純如的生平與著作已有一定程度的認識，但隨著時序翻閱一張張大小不一的剪報（有些已經泛黃），彷彿進入這位美國華人奇女子的時空，看到一位年輕、認真、熱情洋溢、才華縱橫、充滿正義感的文字工作者的努力、奮鬥、成名以及殞落，心情隨之起伏，為之唏噓，久久不能平復。

張純如為第二代美國華人，出身書香世家，祖籍中國江蘇淮安，祖父張廼藩畢業於南京中央大學，曾任江蘇省的縣長，來臺灣後曾任中國國民黨黨職、教育部主任祕書與元培醫專校長；外祖父張鐵君在中國大陸時集詩人、學者、記者於一身，在臺灣曾任《中華日報》總主筆。父親張紹進與母親張盈盈幼時隨家人來臺，國立臺灣大學畢業後，一九六二年前往美國，雙雙獲得哈佛大學博士學位（一為物理，一為生物化學），後來任教於伊利諾大學厄巴納—香檳校區（The University of Illinois Urbana-Champaign），可謂典型的移民成功故事（success story），也符合美國主流社會心目中「模範弱勢族裔」（Model Minority）的印象。

張純如在一九六八年出生於紐澤西州（當時父母分別在普林斯頓的高等研究學院與普林斯頓大學進行博士後研究），成長於伊利諾州。從有關她的一些報導，尤其是母親張盈盈在她過世後所寫的《張純如：無法遺忘歷史的女子》（*The Woman Who Could Not Forget: Iris Chang Before and Beyond* The Rape of Nanking, 2011，王若瓊譯，天下文化，二〇一二）可以看出，她自學生時代就立定明確的目標，有志從事寫作，並主動自我充實，積極把握機會磨練寫作技能，於伊利諾大學厄巴納—香檳校區獲得新聞學士之後，繼而獲得約翰·霍普金斯大學創意寫作碩士。在她的文字生涯中，時常與家人，尤其是母親，分享她的寫作計畫，所見所聞。

張純如在短短的三十六年人生之旅中，更精確地說，在八年之間，出版了三部擲地有聲的著作：《中國飛彈之父：錢學森之謎》（*Thread of the Silkworm*, 1995，張定綺、許耀雲譯，天下文化，一九九六）、《被遺忘的大屠殺》與《美國華人史》（*The Chinese in America: A Narrative History*, 2003）。這對任何作家都是值得稱道的成績，對年輕作家更是難得，既證明了她先天的才華與後天的勤奮，更令人佩服她針對題材全力以赴的精神與成果。

第一本有關錢學森（一九一一—二〇〇九）傳記的〈緣起〉中提到，撰寫該書並非來自作者個人的規劃，而是一九九一年應著名出版集團哈潑・柯林斯（HarperCollins）旗下基本書局（Basic Books）資深編輯拉碧娜（Susan Rabiner）之邀，可見時年二十二歲、仍是約翰・霍普金斯大學寫作系研究生的張純如，寫作才華已受到肯定——當然她的華裔背景也是重要因素。張純如本人很清楚「這個寫作計畫的高難度」（六），包括個人專業知識的不足，中文閱讀能力的限制，檔案資料的欠缺，以及傳主錢學森拒絕接受採訪，也不願有人在生前為他立傳。

儘管困難重重，張純如仍發揮鍥而不捨的精神，廣為蒐羅美國（包括聯邦調查局）的檔案以及學術期刊、一般出版品裡的資料，透過電腦資料庫檢索中國大陸的新聞報導，並找人譯成英文，更多方採訪錢學森在美國與中國的同事與學生，包括一些中國火箭科學界的菁英，甚至當面採訪在加州一家臺資電腦公司工作的傳主之子錢永剛。傳記中追隨著錢學森的足跡，由出生地杭州，童年生活的北京，到就讀大學的上海，再經過留學考試赴美。多年的留學與科研成果樹立了錢學森的頂尖科學家地位，卻因冷戰時期美國麥卡錫主義的恐共氣氛，讓他一夕之間跌到谷底，遭到逮捕與軟禁。歷經五年的悲慘歲月，透過中美交換俘虜會議，終於在一九五五年回到中國，成為中國首席的科學家與工程師，帶領中國在飛彈與航太科技上突飛猛進，而享有「中國飛彈之父」的美譽。因此，《遠東經濟評論》（*Far Eastern Economic Review*）認為此書「首次揭開了錢學森悲劇卻又成功的一生」。

這本書出版次年便出現了天下文化的中文版，足證臺灣出版界對此書的高度興趣。高希均在〈出版者的

話　改寫中國懦弱歷史的大科學家——錢學森之謎〉中，把傳主譽為「把中國加速帶進『核子俱樂部』的大功臣」（Ⅱ）。但他也指出，錢氏在跨出自己的專長領域時，卻又成了「呼應農業大躍進、鬥爭同僚、推崇特異功能、批判民運份子」的「一個難以理解的『謎』」（Ⅶ）。與中國大陸隔海相望，在中共飛彈威脅下的臺灣讀者閱讀這部傳記時，對這位既是傑出的科學家，卻又是激烈的民族主義者、有著許多超人意表的言行的錢學森，感受恐怕不是一個「謎」字足以形容。無論如何，張純如憑藉她的天賦與努力，果然不辱使命，完成了這部傳記，實現了自幼以來的作家夢，為個人的寫作生涯樹立了第一座里程碑。

錢學森視當年在美國的遭遇為奇恥大辱，表示除非美國政府對當年加諸於他身上的羞辱公開道歉，否則絕不踏上美國的土地。類似的情形出現在對日抗戰中南京大屠殺裡的受害者與慰安婦，至今依然等不到日本政府的正式道歉。張純如下一部不平之鳴之作，就是為她贏得最高聲譽、但也招來最多批評，甚至損及身心安定的《被遺忘的大屠殺》。

張盈盈在《張純如》一書中提到父母親於一九三七年與大批難民一道逃出南京，自己於一九四〇年出生於對日抗戰的陪都重慶，「日後，我父母常對我們講述空襲後目睹的慘狀」（三一）。在《被遺忘的大屠殺》的〈緣起〉中，張純如自述幼時便從父母口中聽到有關南京大屠殺的故事：「我的父母親雖然不曾目睹南京大屠殺，但他們從小就聽聞這些故事，然後將這些故事傳承給我。」因此，「在整個童年中，南京大屠殺一直深藏在我心深處，隱喻著一種難以言說的邪惡」（八）。就此而言，她的處境如同賀希（Marianne Hirsch）提出的「後記憶」（postmemory）的觀念，這種記憶並非出自倖存者本身，而是未親臨現場者自前人傳承而來。直到一九九四年她參加「世界抗日戰爭史實維護聯合會」（Global Alliance for Preserving the History of World War II in Asia）於加州庫柏提諾（Cupertino）主辦的會議，看到會場展示的南京大屠殺相關照片，其殘酷程度令人髮指，張盈盈的書中稱之為「改變一生的照片」（第十章章名）。張純如自道，這些照片讓她認知，「喪失生命的不只是一個人，而是成千上萬的人，只因別人一個奇想，他們的生命就此猝然殞落，隔天他們的死亡就都沒有意義了」（十一）。因此，她體會到，「悲劇可能隨時會重演，除非有人硬要世人記住它」（十一）。張盈盈在為當初協助張純如走訪倖存者的學者楊夏鳴所譯的簡體字版《南京浩劫：被遺忘的大屠殺》（東方出版社，二〇〇七）〈中文版序〉也特別指出，「純如在書中強調，她寫此書的目的不是為了煽動仇日的情緒。恰恰相反，是為了避免悲劇的重演，是為了包括日本人在內的全人類的未來」（五）。

張純如起先納悶，為什麼沒有美國作家或學者撰寫有關南京大屠殺的著作或論文，後來發現部分原因在於「受難者一直保持沉默」，以致此人寰慘劇不像猶太人大屠殺那般廣為人知。此外，讓她「困惑、難過的是，日本人自始至終拒絕承認過去這段歷史」，「許多日本著名政客、學界與企業界領袖，即使面對如山鐵證，仍頑強地拒絕承認有南京大屠殺這回事」（十四）。這種現象迥異於二次大戰後，德國官方與人民對納粹政府犯下的猶太人大屠殺所進行的深切誠摯的反省、道歉與賠償。兩個國家對待歷史的態度截然不同，所招致的結果也迥異，如今德國在國際間普受尊重，而日本依然為許多國家所疑慮，其來有自。在張純如看來，若是把南京大屠殺比喻為「強暴」（英文用字為“rape”），那麼否認罪行、遺忘屠殺就是「二度強暴」（“a second rape”），這正是該書第十章的副標題。

面對這個二十世紀的人類歷史悲劇，受害者的沉默以及加害者的抵賴，深具正義感的張純如決定挺身而出，提起如椽巨筆，伸張正義。因此，《被遺忘的大屠殺》面對與處理的是「兩種相關暴行」（十六），亦即一九三七年十二月發生在南京的大屠殺事件本身，以及世人對該大屠殺的漠視與遺忘，尤其是日方的否認與掩飾。她探尋各方資料，前往南京尋訪大屠殺受害者，取得第一手資料，甚至錄影存證。此外，張純如在寫作過程中，還發掘出當時南京安全區國際委員會主席、德國商人拉貝（John Rabe, 1882-1950〔此為現在通行譯名，他名片上的中文名為「艾拉培」〕）塵封了一甲子的日記，為這樁聳人聽聞的事件增添了重要的證據。張盈盈也提到愛女在耶魯神學院圖書館發現當年金陵女子學院代理校長魏特琳（Minnie Vautrin，中文名為「華群」）的五百頁日記，內容讓她既震撼又感動，原本計畫在《被遺忘的大屠殺》問世之後協助出版，但成了未竟之業（一五九一一六一）。

此書於一九九七年出版，適逢南京大屠殺六十週年，由於先前未有類似的英文書籍，出版後即受到各方矚目，於一九九八年一月登上《紐約時報》暢銷書排行榜達十週之久。張純如也因此聲名大噪，到各地巡迴演講，並曾上美國公共電視台（Public Broadcasting Service，簡稱PBS）與日本大使齋藤邦彥公開辯論，在現場直播的節目要求對方為南京大屠殺誠心誠意道歉，實為正氣凜然，勇氣可嘉。然而，名之所至，謗亦隨之，有些歷史學家認為書中若干資料有待商榷，但小疵不掩大瑜，張純如也願從善如流加以更正，使資料更為翔實。更嚴重的威脅來自否認大屠殺的人士，尤其日本右翼份子更是不斷攻擊。張盈盈的書中雖只列舉其中犖犖大者，已足以讓讀者看到一波波壓力連綿不斷地湧向這位年方三十的年輕女作家。一向樂觀的張純如雖然勇往直前，為所當為，但情緒顯然受到相當影響。

所幸，比起著作引起的爭議，更多人受到她的啟發，開始熱切關注這個議題，多少達到她原先設立的目標。如小說家哈金和夏威夷第三代華裔詩人林永得（Wing Tek Lum）都坦言受到此書的影響與激勵，分別以自己擅長的文類，寫出長篇小說《南京安魂曲》（*Nanjing Requiem*, 2011，季思聰譯，時報文化，二〇一一）與《南京大屠殺詩抄》（*The Nanjing Massacre, Poems*, 2012）。而此書英文版問世同一年正體字中譯本便出現。簡體字版第一個譯本由孫英春等譯（東方出版社，一九九八），第二個譯本由馬志行等譯（東方出版社，二〇〇五），第三個譯本由楊夏鳴譯（東方出版社，二〇〇七），第四個譯本由譚春霞等譯（中信出版社，二〇一五）。由此可見華人世界對此議題的重視。其中楊夏鳴不僅是南京大屠殺研究的專家，而且是當年協助張純如走訪倖存者的人士，他的〈譯者後記〉（二九七—三一三）提供了許多不為外人所知的祕辛，可以看出當時中國大陸對此議題的忌諱，與後來成立侵華日軍南京大屠殺遇難同胞紀念館並設立國家公祭日的重視，不可同日而語。筆者二〇一六年三月與楊夏鳴在南京見面時，他娓娓道來當年協助張純如的情形，更讓人了解當時在中國大陸蒐集相關資料的艱難與風險，也因此讓人更佩服作者的勇氣與毅力。

張純如在下一本著作《美國華人史》的〈前言〉指出，該書誕生也與南京大屠殺的書有關。《被遺忘的大屠殺》出版後，作者應邀到各地巡迴演講，「結識了各種不同背景的華人，有十九世紀鐵路工的後代、拿獎學金來美國唸書的新移民、不識字的工廠工人、頂尖大學的諾貝爾獎得主、躲過日軍殘酷暴行的年邁倖存者，還有被白人父母收養的華人小女孩」，再加上她身為第二代美國華人的背景，因此對華人複雜多元的歷史產生高度興趣。華人在美國的遭遇，尤其是受到的種種不公與歧視，再度激發她的義憤，成為觸發她撰寫下一部書的動機。

《美國華人史》的〈前言〉提到，本書試著處理兩個故事與一個迷思。第一個故事涉及「前因」，也就是一向安土重遷的華人為何會踏上離散（diaspora）之途，遠赴太平洋彼岸的美國？簡言之，這種現象來自一推一拉之勢。中國動盪不安，人民的生活欠缺機會，百姓的生存受到威脅，這種情勢產生一種推力（push）（〈第一章　古國：十九世紀的中華帝國〉）。相對地，新大陸的環境安定，經濟繁榮，可望提供生活的轉機與生存的保障，則會產生一種拉力（pull）（〈第二章　新大陸，新希望〉）。其實，在華人漫長的歷史上這種情形屢見不鮮。古時為了避免天災或戰亂，黎民百姓離開故土，前往異鄉，那是國境內的內部移民（internal migration）。海運開通、交通發達之後，人民的活動範圍擴及海外，而形成移往國境之外的外部移民（external migration）。

第二個故事則涉及「後果」，也就是這些移民來到美國這塊所謂的「機會之地」（Land of Opportunity）、甚或「應許之地」（the Promised Land）後，他們的遭遇如何（〈第三章　「別害怕，你們會很幸運」：前往舊金山的旅程與抵達之後〉）？是如願以償，個人得以安身立命，甚至安家落戶，實現了心目中的「美國夢」？還是理想未遂，夢想幻滅，甚至夢魇現前？在追尋夢想的過程中，有沒有因為族裔的因素而遭到歧視、打壓與迫害？如何尋求融入美國社會？主流社會的接納情形如何？在同化的同時，如何、甚至有無維持與原來文化傳統之間的聯繫？在華人社會中經常看到的一種現象就是，第一代出生於華人地區，縱使來到美國，也試圖維持與故國在文化上、心理上的聯繫；第二代由於生長在美國，致力同化於美國社會，避免被視為異己，因而接受了主流價值觀；第三代已在美國社會安穩立足，重拾對故鄉的感情聯繫，試圖追根溯源，尋根問祖。

本書也有意打破一個迷思。張純如提到許多美國人對華人的印象還停留在他們是隨著十九世紀的淘金熱來到美國。其實美國華人的歷史與其他族裔一樣，都是美國移民史的一部分，而且是一個動態且綿延的過程，源遠流長，波瀾壯闊，甚至波濤洶湧，至今不斷。正如〈前言〉所指出的，「『美國華人史』是一個橫跨一百五十年的史詩故事」，十九世紀中葉許多華人既是前來淘金（〈第四章　金山的淘金客〉），也在淘金熱結束之後參與了美國多方面的建設與經濟發展，其中尤以興建橫貫北美大陸的鐵路聞名（〈第五章　建造橫貫大陸鐵路〉）。之後他們先在美國西部尋求發展（〈第六章　在大西部求生存〉），再綿延、擴展到新大陸各處（〈第七章　在美國各地開枝散葉〉）。然而這只是第一波華人移民潮，之後由於中美歷史環境的變遷，還先後出現了兩波移民潮。

第二波華人移民潮出現於一九六〇年代。當時美國移民政策大為放寬，提供國外各地移民更高的員額，華人因此機會大增（〈第十五章　新移民，新生活：混亂的一九六〇年代〉）。另一方面，由於中華民國政府與美國關係密切，許多人或為求學、改善經濟，或為離開戒嚴統治下的臺灣，紛紛前往美國（〈第十六章　來自臺灣的美國華人〉），再度出現了一拉一推的態勢。

類似情形再次發生於一九八〇年代，由於中國大陸改革開放，加上美國與中華人民共和國於一九七九年正式建交，雙方關係改善，於是出現了更多來自中國大陸的移民，形成了第三波華人移民潮（〈第十七章　竹簾升起：中國大陸移民與「少數族裔模範」〉）。書中對不同時期移民潮的背景、現象、特色、結果都提供了說明，有些地方更用上家族經驗以及個人訪談。如第十六章〈來自臺灣的美國華人〉逾兩萬字，為以往美國亞裔或華裔歷史專書中難得一見，便用上不少張純如的家族經驗作為見證，不僅作者寫來親切，讀者讀來也特別有感，為本書特色之一。

綜觀書中所寫的一百五十年美國華人移民史就會發現，在美國的華人有時受到歡迎，有時受到歧視與排斥，甚至因而命喪他鄉。這些情形主要涉及內在與外在的兩方面因素。內在因素就是美國內部的需求，包括社會需要與經濟情勢，如十九世紀需要廉價勞力建築鐵路便進口華工，二十世紀科技發展則需要大批科研人才。然而美國經濟情勢不佳、就業率低落時，華人往往就淪為代罪羔羊，成了非我族類的異己，遭致各式各樣的威脅與打擊，甚至發生冷血的屠殺案（〈第八章　仇恨在各地掀起波瀾〉）。不僅民間如此，甚至官方也「俯順民情」，推波助瀾，落井下石，於一八八二年通過了美國歷史上唯一針對特定族裔訂定的排除法案（〈第九章　排華法案〉），成為美國移民史上的重大汙點，直到一九四三年，美國在兩年前珍珠港事件後對日本宣戰，與中國成為戰時盟邦，此法案才宣告廢除，前後超過六十年。

外在因素就是美國與中國的關係。兩國關係友好時，華人就受到比較公平合理的待遇，然而兩國關係有變、甚至惡化時，華人往往就遭另眼看待。如二戰時中華民國是美國的盟邦，華人的地位就隨之提高（〈第十三章　「我們這個時代最重要的歷史事件」：二次世界大戰〉）。到了國際冷戰與國共內戰時，尤其是美國麥卡錫主義橫行時期，恐共氣氛造成類似獵巫的現象，以致許多華人受到懷疑與迫害，張純如第一本書的傳主錢學森就是明證（〈第十四章　「大規模審訊與迫害」：冷戰、國共內戰與麥卡錫主義〉）。到了一九九〇年代，中美競爭的態勢益為明顯，造成華人處境上的困難（〈第十八章　草木皆兵的一九九〇年代〉）。一九九九年爆發的李文和案，後來證明是烏龍一場，也是針對華人的明顯案例（〈第十九章　處於美國社會兩端的華人：「高科技」與「低科技」〉）。

張純如站在新的千禧年，以後見之明回顧一百五十年來的美國華人移民歷史，多方蒐集資料，當面訪談，並連結上自己的家族歷史與個人經驗，對於其中的高低起伏有著深切的感受。末章以「前途未卜」（"An Uncertain Future"）為名（第二十章），是她從一個半世紀以來的美國華人歷史以及教訓中得到的結論，可見其審慎之處。對照當今美國總統的反覆無常，對外關係的混亂無章，對移民的仇視無情，更加印證了張純如從美國華人歷史中鑑往知來。至於未來發展如何，就讓大家拭目以待。

總之，從張純如這三部作品中可以看出幾個明顯的特色：首先是不平則鳴，基於知識與道德勇氣，為遭遇不公不義的人發聲，充當長久遭到壓抑的弱勢者之喉舌；其次是從族裔出發，三本書所處理的題材，不論是錢學森、南京大屠殺受害者，或是在美國的華人，都是炎黃子孫；第三是善加蒐集資料，廣用多方文獻，進行訪談，甚至運用家族記憶；第四是敘事周全，條理清晰，文字平易近人，容易為社會大眾接納；第五則是致力於挖掘歷史真相，從中汲取教訓，前事不忘，後事之師。

然而，張純如並不滿足於已有的成果，反而不斷自我挑戰，思考新的寫作題材。張盈盈透露，張純如規劃的第四本書是有關二戰期間在菲律賓被日軍俘虜的美籍老兵，已於二〇〇三年到美國中西部走訪過幾位倖存者，他們訴說的故事讓謄打錄音稿的小姐都為之落淚。母親認為如此悲慘的內容會加重愛女的身心壓力，但張純如表示「不能背棄這些老兵，不能讓他們的故事被歷史遺忘」（三〇八）。由此可見，基於義氣與勇氣，她有心再度發出不平之鳴，為長久被遺忘的弱勢者發聲，而且視野更為廣闊，超越了華人的族裔界線。可惜進行這本書期間，由於各方壓力過大，終至難抵心靈的創傷與憂鬱，二〇〇四年十一月九日於加州舉槍自盡，留下這個未竟之業。世人對年僅三十六歲的張純如死訊之震驚與哀思，由當時媒體的廣泛報導可見一斑。

回顧張純如的著作與譯作，或許可用「雙重的『三缺一』」來形容。第一重的「三缺一」是關於她的著作——在完成了三部有關華人的作品之後，下一部作品因為她的英年早逝而告終。鑒於前三本書的成果，尤其是第二本書所引發的熱議，計畫中的第四本美國二戰老兵的故事，勢必在美國社會引發強烈的反響。只可惜壯志未酬，空留遺憾。第二重的「三缺一」則涉及她的作品中譯。《中國飛彈之父》在原文出版第二年便有正體字中譯本問世（簡體字版《蠶絲：錢學森傳》〔魯伊譯，中信出版社〕則要到二〇一一年才出版）。《被遺忘的大屠殺》的情況更為熱烈，正體字中譯本與原文同在南京大屠殺六十週年出版，之後又有四個不同的簡體字版問世。儘管如此，與張純如的家庭以及個人成長經驗最切身的《美國華人史》，原書自二〇〇三年出版後，卻一直不見中譯本，成為她一生三本書中獨漏之作，殊為可惜。因此，中譯本的出版彌補了第二重的「三缺一」之憾，讓華文世界的讀者終於得見這位充滿才華與正義感的作家畢生著作全貌。

要翻譯這麼一本書實屬不易。譯者陳榮彬先生為輔仁大學比較文學博士，現為國立臺灣大學翻譯碩士學程助理教授，研究興趣主要為文學翻譯與現代華語小說英譯史，已出版五十種翻譯作品，包括近期翻譯的《齊瓦哥事件》（網路與書出版，二〇一六）與《戰地鐘聲》（木馬文化，二〇一六）等文學名著，並以《繪畫與眼淚》（左岸文化，二〇〇四）、《血之祕史》（網路與書出版，二〇一四）與《我們的河》（天下文化，二〇一五）三度獲得「開卷翻譯類十大好書」獎項，足證其譯作普遍獲得肯定。儘管已有豐富的翻譯經驗與卓越的成果，然而此次翻譯《美國華人史》依然面臨重大挑戰，其中最困難的就是中文名字的還原，尤其其中許多是按粵語發音。筆者先前從事華美文學研究時，遇有這方面的困難便請教有「活字典」之稱的麥禮謙先生，因為他根據多年蒐集所得建立了一個中英對照的資料庫。由本書〈譯序〉訴說的翻譯背後的故事，就可發現往昔嚴復所說的「一名之立，旬日踟躕」，其難處在於立新正名，發揮創意；本書譯者則是「一名之覓，上網下地」，其難處在於發揮偵探精神尋本探源，還原許多書中人物的中文原名。筆者在翻閱書稿時發現兩處漏網之魚，如Global Alliance for Preserving the History of World War II in Asia依其網頁的中英對照名稱為「世界抗日戰爭史實維護聯合會」，而謝辭中的加州大學柏克萊校區族裔研究圖書館華裔館員Wei Chi Poon的中文名字為「余慧子」，若非因係筆者舊識且進一步向該校族裔研究系榮休教授黃秀玲（Sau-ling Cynthia Wong）查證，否則不可能還原。此事之困難由此可見一斑。此外，譯者適時添加的譯註，為中文讀者提供了不少便利。凡此種種，都可看出譯者用心之處。

本文名為〈無法遺忘的不平之鳴〉，一方面旨在彰顯張純如正像母親張盈盈所言，是一位「無法遺忘歷史」、充滿正義感的女子，運用自己的寫作才華發出不平之鳴。另一方面則是張純如過世時雖僅三十六歲，卻留下了三本各具特色、發人深省的著作，為她流星般的一生留下了光輝的印記，成為她的讀者「無法遺忘的不平之鳴」。

張盈盈表示，「純如」這個中文名字來自她的主意，帶有「純淨、未受汙染」之意（二六），也符合《論語．八佾篇》中此二字所寓的「純正和諧」之意。英文名字Iris的典故則出自希臘神話，為「彩虹女神，負責在天上與人間往來傳遞訊息，所過之處便留下彩虹」（二五—二六）。張純如的寫作一直維持著正直純淨的初心，一生正如彩虹般短暫而多姿多采。

二〇一六年我前往南京進行相關研究，住宿的南京大學西苑賓館就是當初張純如下榻之處，在南京大屠殺紀念館前看到她的銅像，手持那本聞名國際的著作（另一座銅像在美國史丹福大學）。另一方面，她求教的麥禮謙先生，地方文史團體感念他畢生對美國華人歷史研究的貢獻，於他謝世後特地向市政府請願，將舊金山市立圖書館華埠分館重新命名為「華埠／麥禮謙圖書分館」（the Chinatown Him Mark Lai Branch Library）。

先後兩位都以文字為美國華人歷史做見證，也因為各自的卓越貢獻，把自己的名字寫入美國華人歷史中，成為華人離散歷史長河中的一頁。

二〇一八年九月十四日於臺北南港

為華人發聲的浩繁大作

陳榮彬（臺灣大學翻譯碩士學程專任助理教授）

從《被遺忘的大屠殺》到《美國華人史》

提到張純如（Iris Chang, 1968-2004），華人世界與北美地區讀者的第一個印象就是：她是《被遺忘的大屠殺：一九三七南京浩劫》的作者。這是她的第二本作品，或許因為推出時剛好趕上南京大屠殺六十週年（一九九七年），極具話題性，且內容揭露了過往鮮為人知的日軍暴行，因此曾登上紐約時報暢銷書排行榜十週之久，張純如也成為繼譚恩美〔Amy Tan，小說《喜福會》（*The Joy Luck Club*）作者〕之後第二位登上該暢銷書榜的華裔作家。

張純如出身江蘇世家，祖父張迺藩畢業於南京中央大學，曾在江蘇省擔任縣長，來臺後歷任國民黨黨部職務、教育部主祕與元培醫專校長，退休後移民美國；外祖父張鐵君則是擔任過《中華日報》總主筆，著作頗豐。她的雙親張紹進與張盈盈都是從臺灣前往美國留學，分別取得物理學與生化博士學位後落地生根，在美國發展，她自己則是在伊利諾大學香檳－厄巴納校區附近長大，從伊大取得新聞學位後又前往約翰．霍普金斯大學深造，獲創意寫作碩士學位。

成為一位歷史作家，感覺起來對她而言是理所當然，因為她所接受的專業訓練是新聞與創意寫作；但從更深一層來看，其實她的作品都是扣緊著自己的華人身分，兩本書分別講中國原子彈之父錢學森在美國蒙冤的經過與南京大屠殺，到了第三本她更把視角擴大，從一八四九年加州發現金礦開始講起，一直到二十世紀末，詳述華人對美國「高科技」（電腦、生醫等產業）與「低科技」（製造業的血汗工廠）產業的貢獻——但基本上，「為華人發聲與伸冤」的主軸是不變的，唯一的差別是，《美國華人史》的任務讓她走遍美國國家檔案局、加州天使島（美國移民局用來拘留華人移民，進行移民審查訪談的地方），足跡遍布美東、中西部與西岸地區，而且處理的資料量之龐大，從每一章註釋之詳細都可以看出來。這也讓她從一九九九年年初就開始動手撰寫，但初版時已經是二〇〇三年四月了。

為何與如何撰寫《美國華人史》？

張純如早年的職業生涯其實並不順遂，或許因為這樣，讓她對美國華人的處境際遇有更深切的體悟，下筆時更能深入華人內心世界去描述他們的恐懼、脆弱、疑惑、憤怒、驕傲等種種情緒。她在本書第一章就道出自己寫《美國華人史》的初衷：

在受邀前往美加各地針對《南京大屠殺》一書進行演講的過程中，我發現了許多充滿活力的美國華人社群，先前我壓根就不知道它們的存在。我結識了各種不同背景的華人，有十九世紀鐵路工的後代、拿獎學金來美國唸書的新移民、不識字的工廠工人、頂尖大學的諾貝爾獎得主、躲過日軍殘酷暴行的年邁倖存者，還有被白人父母收養的華人小女孩。

與美國社會各階層的華人接觸，讓她跳脫自己中上階層華人的身分，走入原本不熟悉的華人社群，傾聽他們的故事。

看完《美國華人史》，我想張純如已讓讀者充分了解到華人移民的能動性：他們從西岸淘金客變成大西部的鐵路工，結果在鐵路完工後遭無情解雇，接著遷居東岸與南方，在全美各大城建立起中國城，隨後又因為美國社會經濟情勢的改變而陸續離開中國城，遷居白人居民為主的美國郊區。（當然，在美國於一八八二年通過《排華法案》後，也有為數不少的華人回到中國探親後就被移民局拒絕入境了，只能黯然返回故鄉。）

透過歷史資料的梳理，她也讓我們知道，美國華人的處境並非各地劃一，像是在南方，華人因為數量不足以對白人構成威脅，反而能獲得比非裔美國人還高的社經地位。而且張純如也用心描繪許多華人在美國社會力爭上游的過程，擺脫原本的農工、洗衣工身分，藉由華人的諸多特質（充滿韌性、勤儉、懂得相互扶持）成為華商，並且因為重視教育而讓下一代有機會成為學者、知識份子，甚至因為社會與政經情勢變遷而從政。有時候中國國內情勢也會影響華人的命運：一九四九年，大陸的國民黨政府因為內戰戰敗而垮台，成千上萬滯美華人知識份子、學者、學生有家歸不得，所幸美國政府伸出援手，但這些優秀華人往後也對美國社會做出婜多貢獻。《美國華人史》寫的不只是華人史，也是美國社會史的一部分。

華人的未來

自從前往加州當淘金客之後，華工與白人勞動階級之間始終存在著緊張關係。許多白人堅信自己的工作機會因為華人勤勞刻苦，願意領取低薪而遭到剝奪，這可說是《排華法案》問世的最根本原因所在。華人的形象在美國社會開始獲得好評，與其說是美國民眾的觀念改變，不如說是因為珍珠港事變後日裔美國人變得比華人更受到厭惡，因為美國與中國成為二戰期間太平洋戰區的戰友。

可想而見的是，如同張純如所觀察到的，美國社會大眾對華人的印象往往是取決於美中關係的好壞：韓戰爆發後，一直到美中外交關係正常化的二十幾年之間，美國又開始對華人保持戒心；一九九一年蘇聯垮台後，世界進入後冷戰時期，但留下的強權空缺又由中國補上，導致美國又開始提防華人。上述兩段時期分別發生過舉世皆知的「錢學森案」與「李文和案」，雖然兩人分別來自中國與臺灣，但對美國社會甚至美國政府來說，華人就是華人。

到了《美國華人史》接近尾聲之際，張純如所關切的問題愈來愈明顯：無論是來自中國、臺灣或美國土生土長的華人，為何都要承受那麼多冤屈？一九八二年，華人工程繪圖員陳果仁在底特律慘遭一對失業的白人父子殘殺身亡，但兇手卻只受到薄懲，他母親陳余瓊芳痛訴：「我丈夫（陳炳興）生前曾為國家賣命打仗。我們向來也都老實納稅，認真工作……我以前真心喜愛美國，但這件事讓我憤怒不已。」陳案的結果不僅讓陳余瓊芳自此離開美國這個傷心地，回中國定居，也讓更多華人感到憤怒，並促使他們重新思考自己的族裔身分問題。

在這本書出版的兩年前，二〇〇一年海南島「美中撞機事件」才剛發生。美軍偵察機上二十四位機組員遭解放軍羈押，美國社會再度掀起一股反華怒潮，華裔美國人社群內部也激辯了起來，張純如觀察到，「某些移民開始把問題歸咎於自己太過自滿，只顧追求事業與照顧家庭，不敢冒險出面介入國家社會的種種事務。」她認為，或許更根本的問題是出在華人往往鼓勵自己的小孩遠離政治、在社會上保持低調，選擇科學研究與科技發展為自己的職業，但放棄從政與社會參與的結果卻導致華人社會地位原地踏步。張純如認為，為未來計，華人的共識是應該要起身採取政治行動。這是她生前向美國華人提出的最後睿智建言。

翻譯問題

翻譯這本書的過程備極艱辛，即使本人原本自認對美中兩國歷史的掌握度不低，但有關地名與人名的翻譯卻需要進行大量查證工作。例如，在紐約的華語報紙*China Daily News*，難道要直譯為《中國日報》？經過多方查證後，才能確認其實應該是《華僑日報》（或《美洲華僑日報》），「谷歌圖書」（Google Books）提供了許多查證上的方便。

人名的查證由於作者完全沒有附上中文，在查證上有時需要更多靈活運用網路資源的巧思。例如，加州華人女醫生張玉燕（Bessie Jeong）之夫，作者只寫他名叫Wing Chan，是某位舊金山的中華民國領事。按照我平常使用搜尋引擎的習慣，我以Wing Chan Bessie Jeong為關鍵詞，選擇「谷歌圖片」（Google Images）後居然搜尋到張醫師與其夫婿合葬的墳墓墓碑，上面清楚寫著Ying Wing Chan（因此，Wing Chan應為作者筆誤），且標註其中文姓名「陳應榮」。經過進一步查核後發現陳應榮即中華民國旅美名記者陳香梅女士之父。

人名的另一個問題是，由於許多美國華人都來自廣東地區，其姓名即使查不到中文原文，比較合理的做法是按照粵語發音來音譯：例如書中提及某位因為種族歧視而遭柏克萊大學拒絕的香港裔學生Yat-Pang Au，按此原則就應該翻譯成「歐逸鵬」較為合理，而非「歐亞邦」。

最後要聲明的是，翻譯這本書時我秉持小心查證的精神，即使如此應該還是有許多未能完善之處，尚祈讀者見諒，並希望各界專家能指正錯誤。

前言

《美國華人史》是一個離散飄泊的故事，過程中許多人離開文明古國──中國，前往美國這個年紀最輕的文明大國落地生根。想當年，華人大批遷居時，年輕的美國仍然百廢待興，能有今日這番成就，相當程度上是因為華人移民在獲得美國收留後，於各個不同領域做出貢獻。《美國華人史》是一個橫跨一百五十年的史詩故事，但若與華人離散飄泊全球的故事相較，仍是微不足道的。中國文明的歷史源遠流長，有數千年之久，相較之下一百五十年只能說是小巫見大巫。而且海外華僑人數至少超過三千六百萬人，三百萬美國華人只佔其中一小部分。

這本書所訴說的基本上是兩個故事。首先我要說明的是，既然離鄉背井是一件很困難、很可怕的事，那麼為什麼在中國歷史上的某些時間點，卻有那麼多中國人決定離開祖國與同胞，到美國去開創新生活？與這世上其他許多國家的移民一樣，美國華人也是一方面被逼著不得不走，另一方面受到某個新環境的吸引。一般而言人類都是安土重遷，不願隨意改變生活方式。一定是故鄉的狀況糟糕透頂，同時有另一個地方充滿誘惑，否則不會輕易移民：這幾乎可說是某種從部族時代遺留下來的人類本能，任何人都很難抗拒的。

另一個故事則是關於華人到美國之後是怎麼過日子的。他們是不是為了安身立命而努力掙扎著？辦到了嗎？即使辦到了，過程中他們因為美國人的種族歧視與排外情結而多吃了多少苦頭？一般而言他們是怎樣融入美國社會的？與來自其他國家的第一代美國移民沒兩樣，在美華人剛開始也是竭力避免自己的小孩被美國社會給同化。但他們能做到什麼程度？效果如何？

這本書也會打破長久以來一個很常見的迷思：華人都是在某個時間點的同一波移民潮之後遷居美國的。只要丟出「華人何時來到美國？」這個問題，一般美國人的答案大都是，十九世紀中葉有許多中國移工到加州去做「淘金夢」，結果最後變成鐵路工，幫助興建了橫跨北美大陸的鐵軌。就連許多具有中國血統的美國人也會這麼說。

這十幾萬中國移工大都來自廣東省，他們的確是在一八四九年加州發現金礦後，前往美國去淘金的。但當時中國的政情紊亂、民不聊生，社會動盪不安，造成了中國歷史上人數最龐大的一波移民潮，這十幾萬人只不過是其中一小部分而已。當時許多中國人去了東南亞或者其他地方。選擇美國的人，都是深信加州金礦蘊藏量夠多，能讓他們快速致富，然後就能衣錦還鄉，而且這些人之所以能忍痛離開故土，都是因為對自己許以重諾：無論如何，有朝一日肯定要返鄉。但他們大都留了下來，忍受美國人的偏見與歧視，努力工作餬口，如今從西岸舊金山到東岸紐約，美國各地都仍留存著許多地小人稠的中國城，就是他們當年的聚居地。不過，如今他們的後代子孫大都已經不是勞工，也沒繼續住在唐人街，其中許多人甚至看起來不像具有中國血統，因為他們的祖先與其他移民一樣，也早就和美國人通婚了。如果我們把美國華人的範圍限縮在「祖先來自亞洲各地，具有純正中國血統的美國人」，那麼勢必會排除掉許許多多已經混雜了其他種族血統的華人移民後代。

上述一切只是「美國華人史」的開端而已。光從數字看來，包括我自己在內，絕大多數的在美華人都不是那些淘金客的後代，因為後來又出現了幾波移民潮，而且即使淘金熱已經過了一百多年，陸陸續續還是有許多華人移居美國。加州發現金礦的一百年後，中國在一九四九年發生了翻天覆地的鉅變：中共革命成功後，許多官員、專業人士與富商巨賈發現中國已非未來的棲身之所，他們帶著財產家私離開祖國，而且通常像是逃難那樣匆忙。我爸媽與他們的雙親都是這一類難民。離開中國後，有些人的目的地是美國，也有人前往香港，但大多數人和我的家族長輩一樣到了臺灣。這些所謂的「外省人」堅決反共，渴望歸鄉。事實上，當年許多立委都認為國民政府才是中國的正統政權，只是因為國家處於動員戡亂時期才不得不暫時避居海外一蕞爾小島，以臺北為臨時國都。不過，他們的小孩在心態上就截然不同了。到了一九五〇、六〇年代，許多在臺外省第二代渴望能夠獲得獎學金前往美國一流大學就讀，以此為無上榮耀。播遷臺灣的國民黨政府規定，只有英文能力頂尖者才能去美國讀書。

因此，這第二波美國華人移民潮的參與者不只是那些反共菁英，還有他們那些智力過人、受過科學訓練的兒女。我爸媽和他們的許多同儕一樣，也是拿獎學金到美國讀書，取得博士學位後又當上教授。他們在全美國有許多華人朋友，無論其職業為醫生、科學家、工程師或者學者，都與他們共享著相同的記憶與經驗：小時候從大陸逃難到臺灣，然後移居美國。

這些新移民大都未定居於老舊的中國城，只會到那裡觀光，居住地則是鄰近各大學與研究中心的城區與郊區。因為他們並非難民，而是以知識份子自居，所以並不怎麼關心該如何將自身的中國傳統保存下來，反而想積極融入現代的美國社會，甚至希望最後能成為美國公民。毫不令人意外的是，所謂「模範少數族裔」（model minority）一詞當初就是用來形容他們的，在美華人也就被塑造成某種固定形象：工作勤奮、不求名利、從不抱怨。如今這已經是個讓許多在美華人感到五味雜陳的詞彙。

不過，在二十世紀中葉這波移民潮中來到美國的華人，也不是每個都能變成成功人士。有許多政治難民不是到美國唸書，他們最後往往會落腳在中國城，到工廠與餐廳當起了被人剝削的廉價勞工。一九五〇、六〇年代期間來到美國的兩類華人是如此截然不同，他們在美國形成了兩極化的華人社群，無論從財富、學歷與社會階級來說，雙方的條件都天差地遠。

不過，故事並未就此打住。到了二十世紀的最後二十年，又出現了第三波華人移民潮。有趣的是，這些移民來自各種不同的社經群體與背景，而這一波浪潮的歷史背景則是中美關係破冰，還有中華人民共和國從一個被邊緣化的共產政體開始跌跌撞撞地轉型成為帶有些微資本主義味道的國家。

儘管這三波移民潮是因為不同理由而在歷史上的不同時間點出現，三批華人移民卻共享著某些相同經驗。在寫這本書的過程中，我發現一般而言華人會把他們的某些文化特色帶來美國：例如，崇尚「勤勉」、「節儉」、「忠於家庭」等價值，重視教育與企業精神，而這也促使許多人能很快在美國獲得成就。舉例來說，許多在美華人於職場上都扮演著「少數族裔中間人」（middleman minority）的重要角色，在生產者與消費者之中居間協調。如同經濟學家湯瑪斯．索維爾（Thomas Sowell）所注意到的，一般而言這些少數族裔中間人在移民前就已經具有較好的學歷背景，也養成了一些技術以及適切的工作態度，像是懂得勤儉創業，也願意承擔風險。有些人一開始當雜工積攢資本，接著很快就搖身一變成為商人、零售商、承包商與放貸業者。而他們的小孩通常會在醫藥、法律、工程或金融等領域成為事業有成的專業人士。

不過，與其他少數族裔中間人一樣，海外華人通常很容易成為有錢人與專業人士，但比較困難的是在落地生根的國家成為實際掌權者。所以就像史家亞歷山大．薩克斯頓（Alexander Saxton）所說的，華人在國外便會成為「不可或缺的敵人」——當地人需要也很怕他們。回顧美國的歷史，政府與業界都曾利用過華人的勞力或腦力，但卻拒絕把他們當成美國同胞。上流社會的美國白人菁英與勞工階級總是以「非我族類」的心態來看待華人，需要時就開放他們移入，反之則加以排拒驅逐，無論怎樣做都很方便。十九世紀經濟蕭條期間，白人勞工曾經為了搶工作而殺害華人，並且遊說政治人物通過《排華法案》（Chinese Exclusion Act）。

到了二十世紀冷戰期間，美國政府為了強化國防而對華人科學家與工程師大開方便之門，到頭來卻還是懷疑某些華人會把核武機密洩漏給中華人民共和國。

華人在美國的生活經驗是充滿反諷的：失敗者固然可悲，但成功者卻也很危險，因為每當華人的表現優異超群，無論其工作是雜工、學者或生意人，這時在美國的白人社會就會出現雜音，認為他們並非做出貢獻，而是帶來威脅。大眾媒體也用兩種相互矛盾的方式描繪華人：一方面貶損其人格，另一方面則是將其妖魔化，暗示華人是可以隨意剝削的次等人種，或者是該加以摧毀的敵人。這也對那些土生土長的華裔美國人造成認同問題，讓他們意識到自己與人不同，在自己的國家被當成異類，覺得別人都會用更高的標準來檢視、評斷他們。

在美華人對於公平正義的追求是這本書另一個重要的主題。在美華人往往被當成忍氣吞聲的受害者，被欺負時也只是默默接受，但在這個迷思背後卻是一段悠久的政治抗爭史。事實上，華人自從來到美國後就開始懂得上法庭對抗種族歧視，這也為往後的民權法案奠立了穩固基礎，其他少數族裔通常因此受益。但自從《排華法案》通過後，曾經整整八十年都沒有大批華人移居美國，華裔美國人的人口甚至一度縮減到只剩幾萬人。直到二十世紀中葉通過新的法案後，才讓第二、三波華人移民潮得以湧現，但也迫使這些新移民在建立政治同盟的關係時幾乎像是從零開始一樣。不過他們還是做到了。

從這本書的許多故事看來，在美華人的社群始終處於某種危疑不安的狀態中。自古以來，華人在美國的地位往往取決於複雜的國際政治情勢，而近幾十年來，則是與中、美兩大世界強權的關係密切相關。中美關係好的時候，在美華人就會被當成友好關係的大使與模範公民，可以為兩國的文化與經濟交流扮演橋梁的角色。等到中美關係惡化，他們就會被毀謗成敵人、叛徒與間諜——不是只有美國這樣看待他們，中國也一樣。某位在美華人曾說：「我們就像一顆在兩個大盤子之間滾來滾去的雞蛋。」這句話深刻地描繪出此一族群的社會地位有多脆弱。

從過去到現在，始終有華人移民抱持著某種天真的錯誤概念：假使美國的情況變糟，待不下去了，他們總是可以「回中國去」，甚至他們在美國出生的小孩也這麼想。但是，有些人在歷經切身之痛之後才體悟到，這可能是一種危險的想法：韓戰與文化大革命期間，都曾有某些回歸中國的華人因為先前與美國的關係而遭到迫害。加州大學柏克萊分校的族裔研究教授高木羅納（Ronald Takaki）曾說，美國華人與其他亞裔美國人都是「來自太平洋彼岸的陌生人」。我打算在此基礎上提出更進一步的說法：歷史上美國華人屢屢在太平洋兩岸都被當成陌生人看待，美國人覺得他們太像中國人，中國人覺得他們太像美國人。

一九八〇年代初期當我還在讀初中時，班上某位白人同學以不帶惡意的直白語氣問我：「如果美國與中國開戰，妳會站在哪一邊？」年僅十二歲的我一直都住在伊利諾州的某個大學城，別說中國了，連臺灣都沒去過。我還來不及回答，她就繼續問我：「妳會離開這裡幫中國打仗嗎？或者是待在美國支持中國？」在那當下我只有一個想法：如果真有那麼一天，美國華人的處境肯定悲慘無比，無論美中雙方都會痛恨他們。我已經忘記自己的確切答案，只記得我含糊其辭，大概的說法就是：如果可能的話，我會試著努力促進兩國之間的和平。

這問題聽來天真無邪，但卻打中要害，直指如今美國華人所面對的關鍵問題。儘管許多在美華人都已是美國公民，家族定居美國已有數代之久，但也有晚近才移入的華人將自己的青春歲月獻給這個國家，以取得公民資格為目標。這兩種人雖已把美國當成自己的國家，但實際上卻無法擺脫種族上的差別待遇，多少覺得自己在別人眼中是外國人。多年後，我才發現美國史上許多地位顯赫的華人也都面對過這個問題，從傑出的航空學教授到美國國會席位候選人皆然。這種問題的起源是反華情結作祟，而為了讓這本史書能忠實地再現美國華人的歷史經驗，我不得不把此一情結背後的種種心態與假設描述出來。我那位初中同學可說是「無心插柳」，但她的問題讓我起心動念，最後造就了這一本書。

不過，我真正開始對美國華人的複雜歷史感興趣，是在一九九〇年代中期。當時我與外子遷居舊金山市灣區（Bay Area），發現當地有個非營利組織，也就是後來的「世界抗日戰爭史實維護聯合會」（Global Alliance for Preserving the History of World War II in Asia），其創立宗旨是向世人揭發日軍在太平洋戰區所犯下的可怕罪行。在此之前，我認識的美國華人都是學者或者科學專家，這是我第一次遇到充滿理想性的社運人士，他們的熱情我只有在國際特赦組織、美國公民自由聯盟（American Civil Liberties Union）等機構見識過。這些美國華人與其他族裔背景的領袖們密切合作，為世界各地人權受損的被害者大聲代言。我在他們身上學到很多東西，最後引領我寫下《被遺忘的大屠殺》一書，為中國故都南京那幾十萬被姦淫屠殺的中國老百姓發聲。

在受邀前往美加各地針對《被遺忘的大屠殺》一書進行演講的過程中，我發現了許多充滿活力的美國華人社群，先前我根本就不知道它們的存在。我結識了各種不同背景的華人，有十九世紀鐵路工的後代、拿獎學金來美國唸書的新移民、不識字的工廠工人、頂尖大學的諾貝爾獎得主、躲過日軍殘酷暴行的年邁倖存者，還有被白人父母收養的華人小女孩。很榮幸的，我也曾與一些引領業界或學界風潮的美國華人對談過，像是以《蝴蝶君》（*M. Butterfly*）一劇獲得東尼獎的劇作家黃哲倫（David Henry Hwang）、以雞尾酒療法幫助過成千上萬愛滋病患的知名醫藥科學家何大一（David Ho），還有流行服飾品牌Nautica的創辦人朱欽騏（David Chu）。

很快的我就發現美國各地都有華人團體忙著舉辦活動，藉此述說美國華人的歷史與未來展望，要讓美國社會聽見他們的聲音。當時，洛杉磯奧翠國家中心（Autry Museum of Western Heritage）正在準備一個以美國華人為主題的大型展覽。某間美國華人史博物館也即將在洛杉磯開張。二十世紀初的那幾十年，華人移民要前往舊金山之前往往會被拘留在天使島（Angel Island）上接受訊問，他們在住處牆上留下了許多詩歌作品，

1990年代期間，許多美國華人團體組織起來，致力於揭發日軍二戰期間的暴行與大屠殺行徑，希望能為所謂「太平洋地區大屠殺」的受害者討回公道，「世界抗日戰爭史實維護聯合會」（Global Alliance for Preserving the History of World War II in Asia）就是其中一個團體。（照片來源：Iris Chang, September 8, 2001, San Francisco, during the 50th anniversary of the signing of the San Francisco Peace Treaty）

該市的華人社群為此四處奔走，希望政府能夠更為妥善地保存那些牆面。研究美國華人的學者也要求政府，應該讓那些保存在加州聖布魯諾（San Bruno）國家檔案館分館的移民申請案史料開放調閱。還有，一些以華裔、亞裔美國年輕讀者為訴求對象的新雜誌，像是《亞裔美國人》（*A*）、《單眼皮》（*Monolid*）、《臉龐》（*Face*）與《翠玉》（*Jade*）陸續問世，數量激增。在我看來，這一切都意味著關於美國華人的故事是如此宏大而激勵人心，有待人們娓娓道出。

剛開始我怕這個主題的範圍太過龐雜，但我一心想要深入探究華人同胞的歷史，此一念頭始終縈繞不去。此外，有鑑於那些貶損美國華人的刻版印象長期以來流行於美國新聞界與娛樂圈，我深感自己有責任將關於美國華人的真實歷史寫出來。週六早上電視播放的卡通往往把華人描繪成暴牙留辮的誇張角色，臉上長著一對丹鳳眼。小學圖書館裡還收藏著許多過時的種族歧視教科書，從書裡一些圖片與文字的描述看來，中國人都是留著爪狀的長長指甲，把醃製蝸牛當菜餚。在好萊塢電影裡，華人扮演的角色不外乎是一些卑躬屈膝的馬屁精、間諜或黑幫老大，女人則是洩慾的玩具或者娼妓。美國流行文化很少把華人描繪成值得仿效的角色，華人形象甚至非常不人性化，欠缺人類該具備的多樣性與複雜性——這一點讓我感到憂慮不已。照社會的期待行事是人類的傾向，因此我想應該有許多亞裔美國人以別人看待他們的方式來看待自己，結果遭遇了信心危機。而且更糟糕的是，根據我過去對於大屠殺文獻的研究，如果行凶者不把眼前的受害者當成人類來看待，那就比較有可能發生大屠殺的慘劇。想要折磨與屠殺某個族群之前，不可或缺的第一個步驟，就是先以非人性化的方式去看待他們，把他們降格為東西。那些書籍、電影與電視節目就是用非人性化的方式來描繪美國華人，截然不同於我所認識的華人同胞：實際上他們是如此有趣又充滿複雜性，而且成就斐然。

美國華人的經驗本來就沒有任何奇特之處。說到底，華人所遇到的問題與其他移民沒兩樣，都是一些放諸四海皆準的問題：為了餬口，為了提供食物、住處與好的教育機會給孩子們，他們必須不斷努力和掙扎。在這變動不居的世界裡，為了維護珍視的價值，他們殫精竭慮。在失去故土後，剛開始來到新的國度時，任何人都不願放棄那些在過去文化背景中養成的習慣，不願冒險與人建立新關係——結果多年後才發現自己早已放棄了那些習慣，而且也不斷建立新關係。

如果說美國華人史是一個離散飄泊的旅程，對我自己來說，寫這本書也是一個旅程：因為寫書讓我埋首數量龐大的史料中，包括口述歷史、自傳、華文報紙、日記、法庭記錄、移民記錄等，我不但從中看出華人的種種經驗，也看出我的同胞如何成為美國實際上不可或缺的一部分。最後，透過這本書我試著展現出美國華人從過去到現在的實際狀況：還原他們多樣化的真實面貌，將他們描繪成一個個有血有肉的追夢人。而我對讀者們的要求只有一個，就是忽略人種差異，試著去發掘華人共有的人性特色。

※ 關於用語和拼音方式的說明

這本書裡大多數地名與其他中文詞彙都是以華語拼音系統書寫的。少數的例外包括某些源自於廣東方言的詞彙，或者某些人名、地名、機構或事件名稱等，如果過去長期以來都是採用威妥瑪（Wade-Giles）拼音系統，那麼我就會沿用慣例。華語人名在習慣上都是先寫姓氏再寫人名，因此我在書寫人名時都會採用這種方式，除非遇到某些已經採用西方姓名書寫方式的人（先寫名，再寫姓），或是以西式姓名聞名於世的人物。

第一章
古國：十九世紀的中華帝國

《老子》有言：「千里之行，始於足下。」所以，第一波美國華人移民潮的故事不應該從十九世紀的美國說起，而是該看看那些華人離開時，中國的狀況如何。

對西方人而言，中國可能是最神祕的國家。中國彷彿遠在天邊（至少距離西方世界是很遠的），而且國土廣袤無垠。如今中國領土的面積將近三百七十萬平方英里，是世界第三大國。儘管只比美國稍大，但中國境內土地風貌多變，令人屏息讚嘆。在南北兩邊，中國分別與俄國的西伯利亞山區、印度的喜馬拉雅山區接壤，東邊各省人口稠密，由北而南分別濱臨黃海、東海與南海，北邊又有幾乎無法住人的戈壁沙漠，朝西邊往內陸地區前進，則是一個個彼此獨立的中亞高原。

不過，中國在西方人眼裡之所以是宏偉肅穆的國度，並非因為幅員遼闊與距離遙遠，而是因為它的文明綿延不斷，五千年來各種習俗與傳統都得以完整保存下來。許多史家都認為，歷史上沒有任何一個體制組織能夠維持得像中國那麼久。而且中國的人口數也是世界之最：十三億人口（譯註：中國是在二〇〇五年一月達到十三億人口；這本書出版於二〇〇三年）整整佔全世界人口數的五分之一。

中國在十九世紀中葉已是帝國晚期，清朝彷彿日薄西山。清朝的統治者原本來自中國東北地區的滿洲，執政時間已達兩百多年之久，但國力宛如強弩之末。鉅變即將降臨中國國土，不但把所有國民的生活攪得天翻地覆，也讓中國的對外關係發生一百八十度的大轉變。

由於少數真正去過中國的西方作家、傳教士、旅人與商賈留下了一些遊記，再加上繪畫與詩歌作品的深遠影響，當時西方人一想到中國，腦海裡就會浮現一個人民溫文儒雅且充滿異國情調的國度，到處都是古雅的佛塔、雕刻精細的石橋，水裡蓮花綻放。不過，就算真的到過中國，很少外人能夠了解中國人的語言與文化。大多數人都注意到中國是個奠立在傳統之上的國家，尊崇社會、經濟與家庭等各領域的傳統，而這種文化環境也促使中國人發明出紙張、印刷術、火箭與火藥，還有許多精緻的美食、絲綢與香料都是從中國流傳到西方——儘管這些觀察都很精確，但中國的真實面貌遠比這些表象來得複雜。

很少旅人的足跡遍布整個中國，所以他們都不了解各地的地貌差異甚劇，每個區域的風俗文化之間也因此存在著極大的衝突。在歐洲，我們要穿越國界才會進入另一個截然不同的地方，但在中國國內即使只是穿州過省，我們也能發現每個地方的差異有多大。

西部的面積涵蓋中國一半以上的領土，地形跌宕起伏，在沙漠、崎嶇山地與綠草如茵的山谷之間，散居著各種少數民族，其中最主要的就是蒙古人與藏人。沙漠中一個個綠洲被興建為城市，它們散布在古稱「絲路」的通道上，十三世紀時馬可・波羅（Marco Polo）就是沿著這一條路徑來到中國，在各地發現了種種令人目不暇給、宏偉輝煌的奇觀，日後他將這一切寫成遊記，許多歐洲人覺得那都是他想像出來的。草原是遊牧民族的家，他們擅長騎射，以牧羊維生，生性極其獨立、粗獷，大家都是非常厲害的獵人與戰士。

西藏位於中國西南邊陲，許多地方的村落與石塔都興建在懸崖邊，看起來孤絕又淒美。溜索是藏人往來於某些峽谷兩端之間的交通工具：所謂的「索」其實只是一條用竹篾編織而成的粗索。（通行時，藏人會坐進垂掛在粗索上圓柱狀大的簍子裡，雙腳高高翹起，滑到半空中之後，雙手輪流使勁抓握粗索，讓簍子一邊擺盪，一邊往峽谷另一頭移動。）在當時許多西方人的刻板印象中（有些人現在的想法還是一樣），西藏是個綾羅綢緞用不盡、佛塔遍地矗立的人間淨土，但真正能符合那些印象的西藏人物與景象可說少之又少。事實上，從五官看來某些藏地居民顯然很像南歐人或阿拉伯人，而且穿戴著中東服飾、珠寶。

知名的揚子江（譯註：即長江）和黃河都是以西藏高原為發源地，從這兩條一南一北的大河順流而下，就能夠抵達華東海岸地區。這兩條大河對於中華文明的意義重大，就像尼羅河是古埃及文明的搖籃一樣，位於兩者之間的就是古代中國所謂「中原」地區：此地沃土千里，是一片由泥沙淤積而成的平原，遍布著湖泊、河流與運河。成千上萬的中國人倚賴長江與黃河為生，但夾帶著大量泥巴的黃河詭譎難測，屢屢氾濫成災，許多村落深受水患之苦，甚至慘遭淹沒，因此向來有「黃禍」之稱。（譯註：魯迅著有〈黃禍〉一文，收錄於《淮風月談》，文中有言：「現在的所謂『黃禍』，我們自己是在指黃河決口了……」）

戈壁沙漠佔據了中國中北部的大片土地，東北則是滿洲與大興安嶺。東北許多豐饒的平原上種滿了小麥、小米，但也有一些地方因為過度開墾而沙漠化了。冬天的冰冷強風肆虐平原，村落裡許多農夫選擇蓋土牆屋來禦寒，或住在山邊陡峭崖壁的深邃洞穴裡。

往南一點，空氣變得潮濕溫暖，田野間阡陌交錯，小徑上鋪著石板，灌溉用的渠道在陽光下閃閃發亮，波光粼粼。原野上舉目盡是中國自古即有的鄉村美景：處處是竹叢柳林，銀絲似的運河流淌於城鎮之間。農夫種植桑樹叢來養蠶，鄰近村莊裡的農婦們將蠶蛹丟進一盆盆熱水裡去煮，抽出來的蠶絲又細又長，是用來織製華麗絲綢的原料。迷霧繚繞、林木蔥鬱的小丘上，到處矗立著優雅的涼亭、寺院與茶館，還有一座座雕工精細、狀似蟠龍的橋梁，有溫泉的地方建了許多浴池，許多人在裡面泡溫泉——這一切都散發著文明古國的風韻。

這些地貌多變的地區都有各自的族裔傳統與歷史，但凌駕於各地之上的是一個大一統的強勢政權，維繫其運作的是人類史上歷史最悠久的官僚體系之一。這個國家的體制之所以能夠充滿凝聚力，語言是非常重要的關鍵因素。儘管中國各地方言混雜紊亂，但卻有共用的文字系統。就在迦太基名將漢尼拔（Hannibal）率軍翻越阿爾卑斯山之際（譯註：西元前三世紀），中國第一個皇帝秦始皇根據「書同文」的政策頒布為數三千的隸書字，這些象形文字有別於西方使用字母的語音文字系統，成為後來現代中文語彙的基礎。就是因為有統一的文字系統，中國官吏才得以帶著公文到各地去辦事，即使當地使用他們不會講的方言，有讀過書的人還是能夠看懂公文。因為有這套統一的文字，儘管各地方言截然不同，中央政府還是能夠有效地統治百姓——不過，事實上大多數百姓很少遠離自己居住的村莊，與統治者和官員們也很少有機會互動。八股科舉制度在清初（十七世紀）確立了下來，這也有助於公務系統的體制化。隨著中國歷史來到現代，這一群官僚還是能夠設法掌控三種非常不同的老百姓：他們分別是內陸、海岸地區居民，還有中國的菁英階層。

到了晚清（十九世紀中葉），中國內陸居民都是生長在赤貧如洗的家庭。當時有百分之八、九十中國人都是鄉間農夫，他們是整個國家最辛苦的勞動人口。這些人的服裝幾乎是一成不變，華南與華中的農民大都身穿褲管寬大的棉褲、草鞋或皮革涼鞋，頭戴用來遮陽的寬緣大帽。他們的生活模式隨著四季更迭，不停地運轉：在水牛身後犁田，準備播種，然後在水深及踝的田裡插秧，一邊往後退，一邊插出一排排的整齊秧苗。秋收時他們用鐮刀割稻，在堅硬的泥土地上打穀。簡單來說，這些世代務農的人口手邊總有做不完的農務，過得非常辛苦。

這種工作極其煩悶，但卻常可以看見他們發揮創意：例如，有些農夫發明可以用來抽水或放水的複雜灌溉系統。他們打造水輪、水車等特殊設備，充分利用水力。在鄉間，隨處可見農夫站在農田旁的抽水機上左踩右踏，姿勢好像踩飛輪的現代人。這些新奇設備展現出的創意往往讓十九世紀造訪中國的西方旅人讚嘆不已，同時把那些農夫當成中國這個偉大經濟體的功臣。

在中國，沒有任何一群人像農夫那樣辛勤工作，但收入卻如此微薄。一般農村居民都是在泥土地上鋪墊子睡覺，頭靠在竹枕或木頭矮凳上。他們吃得很簡單，但很營養：主食是米飯蔬菜，配一點魚肉家禽，都是用一口鐵鍋煮出來的。只要有一桶燃料就能讓十幾個人取暖，煮飯給他們吃。幾乎任何東西都能讓他們善加利用，就連屎尿也能當作耕種的肥料。饑荒時老百姓除了一點米之外沒什麼東西可以吃。為了熬過苦日子，有些人會吃樹皮，甚至泥巴。農作物當然不是只有稻米，但它卻漸漸演變成中國人的主食，主要是因為富含營養價值，同時可以養活大批人口。與小麥相較，稻米每年收成的次數較多，而且中華文明有非常悠久的稻作歷史，在還沒有文字記錄時就存在了。

大多數的老百姓都是在自己的農村度過一輩子，對村外的世界不太了解。農夫離開村莊大都只是為了到鄰近城鎮的市集買賣貨物，在泥土路上他們也許會巧遇同村居民騎馬、走路或者推著手推車。旅途上常見的景象是，比較有錢的旅人或商賈會帶著挑夫幫忙挑行李。挑夫把竹竿擺在肩頭，兩端吊著行囊，他們扮演著和馱獸一樣的角色。到了夜裡，挑夫們投宿的旅店和馬廄一樣粗陋，以公用的骯髒破布梳洗一番後，在泥土地板上倒頭就睡。

所謂「天高皇帝遠」，很少農夫有機會親眼看到那些遠在千里之外的統治階級成員。晚清中國的權力核心是首都北京城，雖然位於遙遠的北方，卻是整個中國的政治中樞。在那裡，少數幾位高官與他們手下公僕只要大筆一揮，就能改變天下蒼生的命運。

許多象徵權力的建物在城裡矗立不語。天壇是一座三層圓頂建物，被圓頂的陰影籠罩著，四周有好幾英畝地面都以大理石鋪設而成，任何人看到它都會自覺渺小。但氣勢最為驚人的還是紫禁城，那裡是明清兩朝歷代皇帝的住處，興建於明初（十五世紀），向來被稱為「城中之城」，早已擠身全世界最偉大建物之行列。

紫禁城裡完全是一番「天上人間」的景象，體現了中國人對於天界的看法。各種各樣令人屏息的藝術品，包括大理石飛龍、青銅獅子、直接雕在欄杆上的鍍金神獸，它們鎮守著迷宮般的巨大殿閣、花園與廳堂門口。紫禁城是天子居所，城內結構曲折複雜，前方矗立著一道又一道超大的拱門，一直延伸到北京城的邊緣，而且整個紫禁城的所有建物，就連最後方的一座院子，都坐落在以龍椅為中心的中軸線上，這種建築形式反映出整個天下臣服於中國皇帝的「唯我獨尊」思想：皇帝是天子，是宇宙的核心。

矗立在京城北邊的是全世界最長的建物：長城，它是歷朝各代修築增建的成果，唯一的功能就是用來保護中國最主要的民族——漢族，讓他們不受外族侵擾。長城綿亙一千多英里，像蟒蛇一樣由東往西蜿蜒延伸，穿越山區與蒙古高原，充分展現出古代漢人驅逐外族的決心。漢人建立的明朝統治中國將近三百年，在這段時間內曾經成功阻絕北方蠻夷入侵。但來自東北的遊牧民族滿人建立後金政權，在崇禎十七年（一六四四）突破長城的阻礙，征服了漢族。

漢人向來把征服中國的滿人視為蠻夷，但實際上滿人的武力強大，部隊以迅捷、效率與睿智著稱，奪下北京後建都立朝。滿洲皇族入主紫禁城，他們所建立的大清一朝就此遷都北京。滿人很快就採納了先前明朝統治者遺留下來的各種體制習俗，善用其基礎建設、法律體系，也大量起用前明官僚，不過也做了一些調整。清朝下達「留髮不留頭，留頭不留髮」的所謂薙髮令，規定漢人剃髮留辮，否則就會被當成叛國而砍頭，這對漢人來說無非是奇恥大辱。為了維繫滿人的優越地位，政府規定滿漢不得通婚。由於滿人自知是少數民族，也禁止漢人遷居滿洲，希望能藉此保留退路，將來有一天如果遭驅逐到關外，至少還有一個屬於自己的地方可以安然引退。

但滿洲人最厲害的統治武器其實是科舉制度，這種公務員考試制度以八股文為題型，考試範圍不脫四書五經。科舉考試分為三個階段，分別為鄉試、會試、殿試，脫穎而出者方可取得官職，並逐級晉升。這種考試創造出某種「政府唯才是用」的假象，讓人以為自己就算不是世家子弟也能靠勤學苦讀而獲得權力與威望。因為有這種考試制度的存在，而且考試內容是相當強調教育的儒家思想，再加上中國人向來尊重傳統，中國文化對於教育的崇尚才能夠始終維持不墜。

每個人從小就被灌輸「將相本無種」的觀念，所以他們也可以力爭上游，出將入相。不過，就像所有用來鼓勵孩童積極進取的故事一樣，這個故事也不完全是真實的。只有某些特定族群才能夠參加考試（女性一律不得應考），而且權貴世家才有門路為自己的應試子弟聘請最棒的私人教師，因此與出身窮苦的應試者相較，他們大佔便宜。大多數中國鄉村都有私塾與私人教師，但只有富農與地主的小孩才負擔得起學費。

此外，滿人處心積慮針對科舉考試做出種種安排與規定，其居心相當歹毒：讓漢人為了爭奪聖寵而不斷相互競爭。更重要的是，一直到晚清，這種考試制度都能夠壓制百姓的反叛之心。因為只要背誦精通經書就能找到出路，這讓舉國上下最有志氣與天賦的年輕人都把精力投注在讀書應試上，而不會公開質疑挑戰體制。科舉制度於清初確立不久後，其力量很快就勝過千軍萬馬，因為漢人紛紛心甘情願地屈服於這種制度。

而且這些才華橫溢的年輕人並未承擔起領導漢人的重責大任，反而以科考出仕為榮，幫助滿人壓迫自己的同胞。清朝設計出這種官制的目的就是要把老百姓中最有才華的人揀選出來，讓他們脫離其他人。年輕人一旦通過初等考試成為秀才後，就算是有了「功名」在身，終身享有許多特權，在衙門也不會受到刑求，他們等於是脫離了老百姓，成為另一種階級。當上官員後，沒有人會想要離開官場。這種體制不會鼓勵他們為民服務，因為他們大部分的工作都可以交辦給手下的胥吏，不會直接接觸受苦受難的百姓。科舉制度讓考生只想著通過下一階段的考試，就像官僚體制一樣，讓官吏們只會夢想著加官進爵。

還有，這些官吏在自己的轄區裡作威作福，彷彿土皇帝。官員如果違法，幾乎不會受罰，因為他們等於是法律。當時的中國地方官能把盜匪的罪名強加在任何農民身上，把他們打入監牢，沒收其財產，甚至以他們在牢裡惹事生非為藉口加以處決，完全不用擔心會遭到報復。如果地方官垂涎村裡某個小姑娘，就會逼迫她父親就範，把女兒送給他當小妾。地方官的權力大到無以復加，所以有個中國人曾經對西方旅人說：「寧為中國知縣，不當美國總統。」

京官人數只佔整個官僚體系的一小部分。通過殿試成為進士後，大多數人都是被分發到全國各地去擔任知縣。京城的職缺令人趨之若鶩，但只有考試名次在前面的人有優先選擇權。大清京官分為「九品十八級」，從官服可以輕易分辨出他們的官階。每位官員都身穿絲質補服，上面繡著一塊代表官階的方形動物圖案，頭上的帽子稱為「頂戴」，也可以從帽頂「頂珠」的不同材質與顏色辨認不同官階。能夠讓老百姓立刻看出官階大小的，不只是官員的服飾，還有官轎、官車的豪華程度與隨員人數。大清官員自認地位崇高，不願像一般人那樣走路，所以到哪裡都是搭乘馬車或轎子，只有奉召參加廷議時才會下來走路，因為除非特別獲得恩准，入紫禁城後是不能騎馬乘轎的——此一規定更強化了紫禁城的皇朝氣宇，上從王公、下到小官都覺得自己如此渺小，彷彿可有可無。

在中國，能與世界接軌的地方只有沿岸各大城市。上海、廣州與香港等海港不只是靠海而建，也臨近各條能夠深入中國內地的大河。它們是國際貿易與商務的樞紐，是中國內地各種產品，例如絲綢、茶葉、瓷器等的集散輸出地。因為常有海外船隻到港，常與外國商賈、探險家互動，中國的海港和世界各地海港無異，本來就比較具有國際性，比較進步，比本國其他地方更不受文化傳統的束縛。在北京，最重要的莫過於地位，但中國沿岸各港市卻通常更「向錢看齊」。

與中國其他地方相較，政府想要掌控沿岸各城之所以比較困難，是因為它們深受海外商賈影響，因為有大量商業活動進行著，而且居民每天都有機會接觸外國的觀念與外國人。廣州是廣東省的首府，也是中國歷史最悠久的港市之一，它向來非常獨立，這在中國是廣為人知的。最早從唐初（西元第七世紀）開始，就有大食、波斯、訶陵等國商人與石忽人（譯註：分別為今日的阿拉伯、伊朗與印尼；石忽人即猶太人在唐朝的古稱）前往廣州進行交易。千年之後，到了明末清初時（十七世紀），一種頑強的反清傳統開始在廣州建立了起來：許多明皇室王孫以廣州與華南地區沿岸各城市為根據地，與剛剛入關的大清政權展開殊死戰，激烈反抗多年後才被鎮壓，反清首腦紛紛被捕就義。不過，當地居民卻把新的統治者恨到骨子裡，成立了許多以反清復明為使命的祕密會社。

雖然廣州人痛恨滿人歧視漢人，但他們倒是能欣然接受另一種形式的不平等。在海岸地區，真可謂「有錢能使鬼推磨」，富人的生活方式與王公貴族幾乎沒兩樣。晚清時（十九世紀中葉），上海的商業區裡有許多店家大發利市，店頭都掛著紅底金字招牌，商人用算盤算帳的速度絲毫不輸使用計算機的現代人。富商巨賈的宅院裡有許多內院與園林。任何人走進這些上流社會人士家裡都會覺得自己像「劉姥姥逛大觀園」，舉目所及盡是雕工精細的紅木傢俱、彩色玻璃燈籠、漆器與黃金、珠寶製品，珍版書籍與藝術品收藏也都非常可觀。這些富商家裡用的餐具都是瓷器，筷子為象牙或純銀材質。他們的女眷也都明艷動人：身穿閃閃發亮的錦緞旗袍，頭髮經過精心梳理，套在緞子繡花小鞋裡的是一雙雙畸形的「三寸金蓮」（因為古代漢人遺留下來的纏足風氣，她們的腳從小就綁了起來），彷彿她們也是家中珍貴的藝術收藏品。

宅院外面處處可見的卻是赤貧的百姓。事實上，在沿岸各大城，這些商賈與苦力（出賣勞力的血汗勞工）之間的社會差距就像是無法跨越的鴻溝，情況很像內陸地區官員與農民之間的差距。上海曾於道光年間晚期（一八四〇年代末期）發生大饑荒，許多窮人餓死在富商宅院門外的路上。遇到好心的富商放粥賑饑，這些窮人就到處苦苦乞討粥票，只求能喝到一小碗稀飯。

不過，這些地區因為比較靠海，所以也出現了一些勞工階級出身的小企業主。廣東省的船夫、農夫與商販之間的交易來往密切，為當地經濟做出重要貢獻，而這種情況在中國內地是很罕見的。廣東珠江江面的是許多蜑戶聚居的地方，這些水上人家靠載貨或捕魚為生，以舢舨為家，居無定所，也因此看遍了生活的悲歡喜樂。某些廣東人則是靠山吃山，但因為土地過於貧瘠而讓他們「窮則變，變則通」。該省地形多山、土壤含砂量過多，許多鄉間居民必須自尋生路，例如自製手工藝品或是當掮客。而且，因為吸取了來自廣州等港市的活力，廣東的許多鄉村也培育出很多專業人士，像是醫生、工匠、房地產投資客與教師。這一類企業家是最渴望到海外遊歷發展的。

中國人曾是充滿冒險精神與幹勁的世界旅人，早在滿清尚未入關以前，明朝就曾於全盛時期從海岸地區發動過好幾次世界探險之旅。不幸的是，到了明朝創立將近百年後（十五世紀中葉），某位皇帝懷疑這些歸國旅人容易煽動民心思變，老百姓最好還是不要想著雲遊四海，應該留在家鄉才能夠好好照顧祖墳，於是突然實施海禁，禁止海外探險，從此開啟了明朝長時間閉關自守的與世隔絕狀態。到了清初，歷任皇帝則是深恐百姓出海後會投靠在臺灣島上的明鄭反清部隊，密謀推翻政府，因此也頒布了禁海令，違令者以砍頭論處。當然，那些藐視王法的出海者一旦離開中國就無法追究其刑責，所以法律也規定，暗助他們出海的官員也會遭處斬。至於捕獲企圖出海者，則是可以累積績效，有利於升職。

但事實證明這法令很難執行。有清一朝，數以百萬計大多來自海岸地區的中國人不畏死刑威脅，出海到其他地方謀求更好的出路。事實上，清末（十九世紀）也許是中國史上人口出走數量最高的一個時期。

清末也是中國急速衰頹，退出世界強權之列的時期。許多世紀以前，中國曾普遍獲得國際間讚譽與尊崇，號稱全世界最強盛的文明大國，比世上任何國家都更為富庶，也遠比中世紀的歐州社會先進。中國的版圖不僅比全盛時期的羅馬帝國還大，歷史也更為悠久。但是到了十九世紀，中國終於嚐到了長期閉關自守的苦果。歐洲各國早因工業革命而在科技發展上遠遠領先中國。科技發展無法跟上腳步，這幾乎可說帶來了致命傷，很快將會導致中國慘遭西方列強羞辱。

關於中國是否已經衰頹的問題，當時西方人獲得了許多令人感到疑惑的矛盾資訊。某些十九世紀歐美旅人到中國後看出了問題，但仍寧願沉溺在古代中國的榮耀中，依舊讚嘆中華帝國是如何成就輝煌，整個國家沐浴在孔孟的遺風中，幾億人口以和平、和諧的方式在一個幾近烏托邦的社會裡生活與工作。不過，也有其他西方旅人去過後對中國的觀感產生一百八十度大轉變，終於發現許多中國人都生活在一個充斥著髒汙、暴力與貧困的環境裡。這兩種不同看法當然都包含著相當程度的真實性，但一個重要的新發現是：清朝終於不堪自己長期腐敗的結果，就要垮台了。清政府大而無當，愈來愈沒有效率與無能，無法控制住逐漸增多而且蠢蠢欲動的人口。

諸多問題之一是滿人統治階級的揮霍無度。清朝為滿洲的八旗子弟創造出菁英階級獨享的福利體制，例如男孩一出生就和軍人一樣有錢糧可領。這個政策的原意是規定滿人只能從軍，禁止務農經商，但後來卻演變成滿人獨享的津貼，無論是否從軍都可領取。腐敗的統治方式讓滿人可以耽溺於紙醉金迷的生活，對國家社會幾乎沒有任何貢獻，但面對挑戰時卻又往往無動於衷。在這個背景之下，統治階級很容易就開始以「寅吃卯糧」的方式度日。清朝中後期（十八、十九世紀）以後政府管理資金的效率不彰，導致國庫虛空。乾隆皇帝登基那年（一七三五），清朝國庫存有六千萬兩白銀，但揮霍無度的情況讓國家財政每況愈下，到了一一五年後（道光三十年，即一八五〇年），國庫存銀已經銳減為九百萬兩。[1]

與此同時，中國的人口卻增加了兩倍有餘。清乾隆二十七年（一七六二）時，中國僅有兩億人口，但因為國內長期處於和平盛世，到了清道光二十六年（一八四六）人口數已經暴增為四億兩千一百萬。不可避免的是，過剩的人口導致耕地短缺，進而促使地主可以調高佃農的地租，因此財富就更為集中於地主手裡。而且，作物也不足以餵養國內嗷嗷待哺的人口。即使是在豐收之年，中國都必須從外國進口稻米。廣東省因為土地貧瘠，作物僅足以養活三分之一人口。很快的，全國各地人民就開始自謀生路。農夫砍掉大河邊山上的整片森林，空出土地來耕種更多作物。結果造成土壤流失，導致嚴重水患，最後反而帶來饑荒與疫病，數以千萬計百姓丟了性命。

貪婪的歐洲帝國主義行動讓中國的慘況加劇。多年來，西方一直希望打入廣大的中國市場，但清政府始終不准。西方商人到世界各地尋找毛皮等貨物，想要在中國販賣，但清政府蔑視那些貨品，也瞧不起外國商賈，指定他們只能在少數幾個地方居住與經商。不過，到了嘉慶初年（十九世紀初），英國的走私販終於打開了中國市場，只是他們憑藉的並非食物、衣服等合法貿易貨物，而是把鴉片這種毒性與成癮性都很高的毒品引進中國。鴉片是從英國殖民地印度栽種的罌粟花所提煉出的毒品，結果士農工商等各個階級都趨之若鶩，從想要解悶的社會名流到希望能減輕勞動後身體疼痛的苦力，都開始服用鴉片。無論是抽鴉片煙或者食用鴉片餅，嚴重上癮者終將陷入近乎不省人事的恍惚狀態，最後身體瘦成皮包骨。由於需求激增，鴉片進口量從道光二十二年（一八四二）的三萬三千箱增加為二十八年（一八四八）的四萬六千箱，接著又在三十年（一八五〇）變成五萬兩千九百二十九箱，導致清朝大量白銀外流（每一箱裝有一百三十到六十磅的鴉片）。數以百萬計中國人的身體漸漸變差，慢慢地因為鴉片而走向死亡。

清政府努力嘗試，但始終無法成功阻擋鴉片交易。道光十九年（一八三九），皇帝指派官員林則徐為欽差，要他前往廣東禁鴉片菸。林則徐在廣州沒收了英國商人的兩萬箱鴉片（重達三百多萬磅），並下令將鴉片全數倒入銷菸池裡，混入鹽鹵、石灰與水，然後排入海中。[2] 英國政府深信自己有權力把鴉片這種危險毒品傾銷到外國，因此採取反制之道，對中國發動一連串軍事行動。英國早就想要打破中國設下的貿易藩籬，終於等到這個藉口，於是英軍入侵了沿岸各港口，包括廣州、廈門、寧波、上海、南京，直到中國投降。道光二十二年（一八四二），中英雙方簽訂《南京條約》，清政府被迫將一些港市開放通商口岸，並且繳付巨額賠款，甚至必須繼續允許鴉片公開進口到中國。英國在廈門與上海建立起租界，把一個叫做香港的多岩小島變成殖民地。在英、法和其他歐洲國家聯手合作之下，這些國家得以在各個通商港市享有治外法權，行使各種管轄權。在這些租界裡，歐洲人可以不遵守中國國法，中國居民雖住在自己的國家，卻被降級為二等公民。

從後來的種種軼事看來，白人在中國的港市往往橫行無阻，比地痞惡霸還要囂張。某位年輕的美國銀行出納員曾經自誇，上街時如果有中國佬敢不讓路，他就會拿手杖出來「打斷那傢伙的鼻梁，就算把人打死也無所謂，反正最糟的狀況就是那些中國佬跑去找領事告狀。就算因為犯下微罪而被判罰一美元好了，但我肯定能證明自己有正當理由打人。」[3]

與西方簽訂的諸多不平等條約也對鄉村造成危害，因為清政府把賠款的負擔轉嫁到農民身上，逼迫他們多付稅款。因為農民要向地主繳納高額地租，再加上一些消耗品的開支，他們早已與農奴無異，收穫僅足以餬口。每逢發生不可抗拒的天災，他們都必須獨自承擔各種可怕後果：例如天有不測風雲或者發生水患，導致作物嚴重受損，他們都只能自認倒楣，但中央政府發下來的災銀卻總是進了地方權貴手裡。窮人的背早已被沉重負擔壓得挺不直了，如今這些新條約簽訂後，大批農民發現他們累積的債務變得更多了。很多人別無選擇，只能變賣所有家當還債，包括耕田用的牛與犁，甚至自己的小孩。如果付不出來，收稅的胥吏與地方官有權逮捕他們，打入牢裡。

沒有人想要待在中國的監牢裡。從囚犯的慘況可以看出清政府有多殘酷：他們像動物一樣被關在髒汙不堪的牢籠裡，生病垂死也沒人理會。有些人甚至和腐屍鍊在一起，完全遭到獄卒遺忘。有一種活動的囚禁方式叫做「枷號示眾」（cangue，譯註：一般枷號示眾是只在犯人項上戴一片大大的枷鎖，沒有籠子，因此將cage一字略去），讓囚犯遊街，遭人嘲弄唾棄。囚犯在脖子上戴著由兩片木板構成的木枷，整個頭部在木板上方，每次被人用力推擠時，都會讓他們的脖子被粗糙的木枷邊緣用力摩擦。

累積的民怨最後終於以暴力的形式向政府展開反撲。晚清時期中國的民變不斷，規模之大可謂前所未見，導致數千萬人死於動亂之中。最嚴重的一次是爆發於道光三十年（一八五〇）的太平天國之亂，這次民變的領袖叫洪秀全，是一個向來胸懷大志的年輕廣東人。洪秀全本為一介私塾教師，屢屢參加地方科舉考試，但連秀才都考不上，也因此斷絕了仕途。落榜數次令他身心俱疲，大病一場，病癒後認為自己乃是上帝之子，耶穌之弟。他講道的方式慷慨激切，因此能招攬教徒，數萬信眾大都來自中國社會的最底層：在街頭遊蕩的無家農夫、失業漁民，或是燒炭工人。不過，其中也有受過軍事訓練或者身懷某種技藝的人，像是盜匪、海盜、退役士兵，還有懂得如何使用爆裂物的礦工。他與信眾從廣東北部南下，在各個城市之間移動，一邊設法奪取武器，一邊為自己的部隊招募更多人馬。

可悲的是，農民才是太平天國之亂的最大輸家。他們的部隊在鄉間打家劫舍，把田裡的作物搶走當軍糧。當滿清政府終於剿滅叛軍後，就開始拿許許多多無辜的鄉下人出氣，而他們和叛軍壓根就沒有關係，頂多只是變亂的目擊者而已。

太平天國之亂爆發後的十年內又陸續發生多次民變，百姓家破人亡，土地慘遭戰火蹂躪。許多世世代代務農幾十年甚至幾百年的農家發現日子過不下去了，於是他們為了尋找耕地或工作而在全國各地遊蕩，同時躲避內戰戰火與收稅的胥吏。在饑荒與兵禍的逼迫之下，許多中國人寧願以身試法，因為他們若繼續維持現狀，再不自尋出路，早晚也是死路一條。因此，有些人就選擇遠離祖國。晚清的幾十年間，數以百萬計中國人遷居東南亞、西印度群島、菲律賓、紐西蘭、澳洲、非洲與南北美州。即使清政府規定漢人不得移居東北的滿洲地區，但那裡地廣人稀，因此還是吸引了很多漢人非法移民。

最迫切需要移居他方的莫過於廣東人。道光二十七年（一八四七），因為許多珠江沿岸的倉庫被幾家英國銀行抽了銀根，快營運不下去了，而導致廣東省爆發信債危機。[4]曾有超過一整年的時間，整個廣東省的貿易活動幾乎完全停擺，十萬勞工因此失業。[5]剛好在這個時候許多人道聽塗說，發現海外有個地方簡直是「遍地黃金」，而那個地方就叫做「金山」。

「金山」其實就是加州。一八四八年在加州發現金礦後，當地某個華人居民寫信給一位住在廣州地區的朋友分享這消息。[6]很快的許多廣州人就開始躍躍欲試，「金山」成為他們茶餘飯後的唯一話題。在他們看來，去一趟金山必定能解決自己所有的問題。

大多數廣東人對於美國的生活幾乎沒有概念。很少人真的見過美國人或任何西方人。他們只聽過白人傳教士會綁架中國兒童來吃的謠言，還有那些紅髮碧眼的外國蠻子看起來有多奇怪。出國當然要冒很多風險，前途茫茫也會令人感到恐懼，但若與賺錢謀生的機會比起來，這一切算得了什麼？透過許多傳聞，中國人得知外國蠻子的種種粗暴行徑，但也知道金山是個遍地財富的地方：只要走在路上就能挖到金塊。當然，這類故事都大同小異，聽來充滿吸引力，所以才會有世界各地的淘金客絡繹不絕地前往加州，後來又到了阿拉斯加。眼見財路當前，所有的恐懼都會化為烏有，自古以來才會有無數人為財冒險。難道哥倫布船長（Christopher Columbus）不是為了前往東印度群島尋找天堂般的「黃金城」（El Dorado），才會在無意之間發現美洲新大陸嗎？

大批一貧如洗的中國人開始做起了淘金夢。這些窮人以為只要離開祖國一小段時間就能衣錦還鄉，讓自己成為新富階級。也許他們只要能弄到一點黃金，就可以逃離日常生活的拖磨：看是要做個小生意，或者買一塊地，再也不用忍受地主的粗暴對待，也可以蓋一間令人稱羨敬佩的宅院，甚至幫孩子們聘請家教，讓他們考試當官——簡而言之，他們想要取得的無非是過去因為出身不好而始終與自己無緣的財富、權勢與地位。

許多廣州地區的人都準備走了，一股淘金熱潮已蓄勢待發。他們向親友借錢，賣掉水牛或珠寶，或是與某家勞工仲介公司簽約，取得預付款，購買船票，代價是要把未來在美國賺的錢分給公司。這一切當然都是非法的，但只要塞點錢，官員都會選擇睜一隻眼閉一隻眼。

眼見這些年輕人要到金山去掙錢了，雖然家屬知道這一去也許不用幾年，只要幾個月就可以，但還是覺得應該要設法強化故鄉對他們的牽絆。為了讓他們記得這一趟金山之旅只是為了賺錢帶回家，家長們通常會幫他們娶一門媳婦，而且最好在他們離家前的幾個月甚至幾個禮拜裡能夠讓媳婦懷孕。之所以讓他們成家，一方面是希望他們能因此有了責任感，才會寄錢回家，另一方面也是為了留下自家香火。

對於那些年輕人，每個家庭可說都寄予厚望，而且充分反映在當時廣東台山地區一首簡簡單單的童謠小調裡：「燕雀喜，賀新年，爹爹去金山賺錢，賺得金銀成萬千，返來起屋兼買田。」[7]

至少，每個家庭都是這樣盤算的。

※關於十九世紀前往中國的西方旅人所留下的見證，請參閱以下書籍：Mrs. J. F. Bishop (Isabella L. Bird), *The Yangtze Valley and Beyond: An Account of Journeys in China, chiefly in the province of Szechuan and among the Man-Tze of the Somo Territory* (London: John Murray, Albemarle Street, 1899); Robert Fortune, A

Residence Among the Chinese; Inland, on the Coast and at Sea (London: J. Murray, 1856); Robert Fortune, *Three Years of Wandering in the Northern Provinces of China, including a visit to the tea, silk and cotton countries: with an account of the agriculture and horticulture of the Chinese, new plants, etc.* (London: J. Murray, 1847); John Scarth, *Twelve Years in China; The People, the Rebels, and the Mandarins; By a British Resident* (Edinburgh: Thomas Constable and Company, 1860); Bayard Taylor, *A Visit to India, China and Japan; In the Year 1853* (New York: G. P. Putnam, 1862).

1 請參閱：Jacques Gernet, *A History of Chinese Civilization,* translated by J. R. Foster (Cambridge, England, and New York: Cambridge University Press, 1982), pp. 530-31.

2 請參閱：Gernet, p. 537.

3 請參閱：Paul Carus, "The Chinese Problem," *Open Court XV* (October 1901), p. 608, as cited in Robert McClellan, *The Heathen Chinee: A Study of American Attitudes Toward China, 1890-1905* (Columbus: Ohio State University Press, 1971), pp. 88-89.

4 請參閱：Madeline Y. Hsu, *Dreaming of Gold, Dreaming of Home: Transnationalism and Migration Between the United States and South China, 1882-1943* (Stanford, Calif.: Stanford University Press, 2000), p. 25.

5 請參閱：Ibid., p. 25.

6 請參閱：*San Francisco Chronicle,* July 21, 1878.

7 這段童謠的英文譯文引自：Marlon K. Horn, "Rhymes Cantonese Mothers Sang," *Chinese America: History and Perspectives 1999* (Brisbane, Calif.: Chinese Historical Society of America, 1999), p. 63.

第二章 新大陸，新希望

對於許多懷抱希望的新移民而言，二十一世紀的美國是個發光發亮的地方——即使在一百五十年前，新移民的想法也是一樣的。當時北美殖民地叛離英國後建立美國的時間還不到一百年，身為一個充滿活力的新國家，美國向全世界展示出一種不被老舊傳統綁死的粗獷新文化，與此形成強烈對比的是中國、歐洲那些僵化官僚所固守的古代習俗。世界各地有成千上萬人發現自己被現況困住，苦無出路，沒錢沒工作，無房無地也無未來可言，但對他們來說美國是一個空間開闊的大國，似乎有取之不盡的資源，還有大批無人居住的疆土（不過，前提當然是要把北美原住民長久以來的居住地先排除掉），他們大可寄予厚望，相信無論男女，到美國後都能把過去拋諸腦後，從頭來過，改頭換面，迎向更美好的人生。

很少有其他國家能像美國那樣慷慨提供空間：大家都能擁有足夠的土地，至少他們聽到的傳聞是這樣說的！十九世紀中葉，美國人口僅僅兩千三百萬人，[1]但同一時期與美國面積相仿的中國卻已經有四億三千萬人了[2]：簡單來說，美國的人口幾乎只有中國的二十分之一！只有百分之十五的美國民眾住在人口超過兩千五百人以上的城鎮。[3]絕大部分的美國人都是住在密西西比河以東的小型農場或小村落裡。東岸已經算是美國人口最稠密的地方了，但任何人只要徒步行走個幾天，都會發現自己始終看得見森林。至於密西西比河以西，更是放眼望過去大都是人煙杳然之處，全世界已經沒有其他任何溫帶國家會出現像美國這樣的情景。與歐洲的大型國際化都會相較，美國的都市都比較小，而且仍帶有濃厚鄉村氣息。當時，巴黎已有一百多萬人口，倫敦則有兩百多萬。[4]相較之下，在美國卻只有六個城市的人口超過十萬人，[5]其中更只有紐約市的人口超過五十萬。[6]即使紐約是美國最大的都會，但也很難和今天高度都市化的樣貌聯想在一起：當時紐約的範圍只限於如今位於市中心的曼哈頓地區，居民還會在後院養雞；至於布魯克林則是街上仍可見到豬、牛四處閒逛的村莊。[7]

在第一波華人移民抵達加州的很久以前，許多歐洲窮人早就已經做過屬於他們自己的「美國夢」，而這些人大多數來自英倫三島，也有來自法國、日耳曼諸國（譯註：當時還沒有德國）、義大利與東歐的。快要到十九世紀中葉時，一百多萬愛爾蘭人因為國內發生馬鈴薯歉收而導致的大饑荒，也來到美國的東海岸地區。早在大饑荒發生前的幾十年期間，為了逃避英國人的壓迫與在國內受到的宗教歧視，而且不願再承擔不合理的租金與稅金，本來就一直有少量的愛爾蘭人遷居美國。只是大饑荒讓他們有不得不走的迫切理由，因此在一八四〇年代抵達美國的移民裡幾乎有一半是愛爾蘭人，對他們來說遷居美國不只是為了追求新機會，更是想要求生存：到美國才有機會躲避無所不在的大饑荒，否則就會和其他成千上萬個同胞一樣，成為街頭餓莩（譯註：愛爾蘭大饑荒造成一百萬人死亡）。[8]

事實上，十九世紀中葉的美國可說是「一個國家，兩個世界」。東部地區是該國一半人口的居住地，根據社會與經濟狀況可以區分為南北兩邊，而且過沒多久雙方就打了起來，導致美國內戰爆發。最大的美國都市都坐落於東北各州，該地區也是全國的工業重鎮。歐洲移民通常可以在北方的工廠裡找到工作，只是工資微薄，童工尤其如此。而南方主要是一個龐大的農業經濟體系，基本上靠黑奴提供的勞動力來維持運作。無論是南北兩方，都不可能提供太多機會給自行創業的小企業主，理由在於創業需要資本或土地，但很少移民手頭有足夠的資本，而且他們也會發現要取得土地極其困難，而且耕作不易。

到美國展開「新人生」的移民除了必須面對經濟困境，而且無論他們來自何方，也都會遇到被歧視的問題。除了根深柢固的種族歧視以外，在南方還會有階級歧視：被歧視的都是那些自己做小生意的人或者自耕農，他們都沒有蓄奴。小型農場的主人通常都是一些文盲，他們營養不良，在那些莊園老闆眼裡簡直是笑話，而且生活條件非常惡劣——儘管肯定好過田裡那些黑人奴工，但若與莊園宅院裡的黑人家僕相較，卻又不如了。諷刺的是，一八三〇年代時，只有不到三分之一南方白人蓄奴。

儘管各國移民來到新世界後也許可以獲得以往在祖國所欠缺的機會，但如果他們原本以為在美國可以過上好日子，並且快速致富，那肯定會感到失望痛苦。透過數字描繪出來的十九世紀中葉美國風情，無論是對美國公民或者新移民來說，通常都是非常悲慘的。人口的平均壽命並沒有遠高於中國，而且就某些特定人口來說，甚至遠遠低於中國。一八五〇年時，美國白人的平均壽命為三十九歲，只比中國北京男性市民平均壽命多四歲。美國黑人則是比白人少十六歲，也就是二十三歲。嬰兒死亡率如此之高，以至於我們現在回想起來，都不禁感到納悶：白人家庭的嬰兒每五個就有一個早夭，黑人家庭則是有三分之一活不下去。[9]當時的家庭究竟如何忍受這種常常失去家中小寶貝的悲痛？因為衛生設備缺乏、排水系統不良與衛生保健做得太差（有時候只是因為欠缺乾淨的水源），所以美國城市常爆發傳染病疫情。

與世界上許多國家相比，美國產業工人的工作環境也較為惡劣。在新英格蘭地區許多工業城鎮，高大的煙囪不斷噴出烏黑煙霧，無論白天或黑夜，城鎮與四周鄉間都被層層灰煙籠罩著。至於鐵工廠與木工廠的工人，則是分別被瀰漫在空氣裡的煤煙與鋸木屑嗆到不能呼吸。東北各州的生意人蓋了數以百計的血汗布廠，工人大多是被稱為「織女」（spinsters，譯註：因為織女通常未婚，因此spinsters一詞後來也意指已有相當年紀卻未出嫁的女子）的女工，她們負責把從南方運來的棉花加工成窗簾、床單與衣服所需的布料。因為每天要上十小時或十二小時的班，在充滿棉絮與粉塵的環境裡工作，許多織女都早早因為支氣管炎、肺結核而去世，終生未嫁。

美國人之所以渴求土地，是因為希望土地能帶來機會，於是他們持續往北美大陸的內部遷居。最大的一股遷居西部熱潮於十九世紀初湧現，許多拓荒者開始在俄亥俄與密蘇里的谷地披荊斬棘，他們定居的地方就是我們今天所謂的中西部，但當年在一般人眼裡卻是文明邊緣的蠻荒之地。

美國人漸漸地開始習慣他們在「大西部」（out west）的新生活。舉目所及，除了一整片樹木殘幹之外，就是分散坐落其間的幾間一白如洗的小屋，正面鋪了一片片隨便砍劈出來的木瓦。有些房屋甚至更簡單，像是用原木匆匆搭建起來的小木屋，或者以大草原草皮為主要建材，拿木條箱來充當門板的草棚屋（sod hut）。如今美國中西部的那些大城市在剛剛創建時，都只是一些泥濘不堪的邊境聚落，街上行人的數量比牲畜還少。幾乎所有的東西都得靠手工製作，非常費勁。農夫若想要把大草原變成農田，就必須想盡辦法拔除那些頑強的老舊草根，因此翻土時必須使用鐵犁。他們的妻子則是整天有做不完的煩人家事：清洗全家衣物、準備三餐、製作蠟燭、肥皂，打奶油。儘管東部已經有很多布料工廠，以裁縫機大量製造出來的衣服也很普遍了，但大多數的中西部婦女還是會以手工製作衣服：梳理羊毛、紡紗織布，然後一針一線把衣服縫出來。手工勞動甚至變成了一種休閒活動，因為在一起剝玉米殼、製作亞麻布或者做針線活的時候，家人正好可以聯絡感情。[10]

儘管從十九世紀初到中葉美國中部的人口相對於東部來說非常稀少，隨著愈來愈多新家庭的抵達，許多農夫開始覺得地方變擠了。對於現在的都市居民來說，也許會覺得他們對於「擁擠」的觀念簡直是不可思議，也因此他們總是有一股想要往西遷移的衝動。有個男人之所以決定要離開伊利諾州，是因為「愈來愈多人在他眼前定居下來」[11]——而所謂「在他眼前」，其實是指十二英里外。

到了一八四〇年代，從中西部繼續往西遷移的家庭大增，他們定居的地點是北美大平原：位於密西西比河與洛磯山之間的高原地區，從北邊的加拿大一路往南延伸到德州。他們的篷車隊經過先前拓荒者留下來的車輪痕跡，一路上連綿不絕的大草原是龐大野牛群的棲息地，眼前的綠草如海，真可謂一眼望不盡，舉目所及都是平坦的草地。

與此同時，一種認為美國有權力主宰北美大陸的民族沙文主義愈來愈高漲，也強化了此一擴張主義。一八四〇年代期間，因為北方奧勒岡州邊界的問題，聯邦政府威脅要與加拿大開戰，並且發動美墨戰爭，逼使南方鄰國墨西哥割讓大片西方領土，也就是後來成為加州、新墨西哥州的地方。記者約翰．歐薩利文（John L. O'Sullivan）自創「昭彰天命」（Manifest Destiny）一詞，用來形容當時美國人一種普遍的自大心態，認定整個北美大陸都屬於他們，就好像是天意神授。接下來的三十年內，總計有二十五萬美國人由東往西遷居。

最具冒險精神的拓荒者穿越平原，抵達加州，而且就在發現金礦的消息於一八四八年成為世界要聞之後，大家更是趨之若鶩。在抵達西岸之前，這些自駕貨車或搭乘驛馬車的拓荒者必須先後翻越洛磯山與內華達山，仰賴嚮導與偵察人員帶領他們穿越那些比較好走的山隘。事實上，這趟直接前往加州的路程是如此凶險，有些人甚至因此挑選其他兩種比較迂迴的走法，距離都要多上幾千英里。有人從東岸搭船，繞過南美洲尾端後北上才抵達加州。也有人的旅途結合了陸路與海路，先搭船到中美洲，搭車前往太平洋海岸區，然後搭船北上美國西岸。

對於橫跨太平洋、前往加州的中國人而言，最大的威脅並非惡劣的自然環境，而是美國人殘酷的對待，此外他們所深愛的「金山」其實是個種族歧視根深柢固的地方。以《美國憲法》序言裡的話來說，當年開國元勳「草創憲法」的目的是為了「實現公義精神……確保我們自己與後代子孫得以享受自由」，但他們卻把黑人的自由排除在外，而且他們所創建的社會也容不下美洲原住民。在白人人口擴張與往西遷移的過程中，因為那些本來是貿易夥伴的原住民已經沒有用處了，聯邦與各州政府便開始壓迫殘害他們。美國政府憑藉著軍事優勢，在十九世紀初逼迫原住民簽訂條約，逐漸把那些最豐饒的土地割讓給白人，然後把他們驅趕到荒涼的保留區。有時候政府甚至會採取更為直接而殘酷的方式來滅絕原住民，而且這一切都是法律允許的。加州法律曾經規定，凡是上繳印地安人頭皮者都可以獲得賞金，有人為此成為賞金獵人。最後，許多原住民遭謀殺，病死、餓死或者在哀痛中亡故。一七九〇年時，美國印地安人幾乎還有四百萬人口，但是到了一八四四年，密西西比河以東已經剩下不到三萬人，而這些印地安人對白人來說雖然還是眼中釘，但已經遠比先前更好管理。[12]

不過，到了十九世紀中葉，美國某些受到壓迫的族群開始為自己發聲。某些女工發動罷工，有些採取暴力手段，以磚塊、石頭攻擊美東的工廠。她們要求受教權。第一位從醫學院畢業的美國女性在這時代出現，全美第一間女子醫學院也在賓州問世。一部分前衛大膽的女性丟棄舊時代的束腹與襯裙，改穿一種褲管寬大、狀似禮袍的「燈籠褲」（bloomers），也因此獲得了行動的自由——如果穿裙子活動，往往會因為露出腿部而遭受批評。一八四八年，史上第一場關於女權的大型會議在紐約州塞尼卡福爾斯（Seneca Falls）舉行，爭取女性投票權的運動也就此展開。與會代表以《美國獨立宣言》為藍本發表一份宣言，要求女性也應該比照男性享有財產權、受教權與投票權。接下來的幾十年內，受到最嚴重壓迫的族群，也就是美國黑奴，將會看到全國都有人起身幫他們爭取人權。在哈莉特・塔布曼（Harriet Tubman）與索傑娜・特魯絲

（Sojourner Truth）的感召之下，許多廢奴運動人士紛紛展開抗爭，許多原本自己居住的州沒有奴隸的美國人，也因此不得不開始正視奴隸制種種可怕之處。海莉耶・碧綺兒・史托（Harriet Beecher Stowe）的反奴隸制小說《湯姆叔叔的小屋》（*Uncle Tom's Cabin*）於一八五二年出版，也讓全世界都注意到奴隸的生活有多駭人聽聞。

儘管這世上人口最多的國家是中國，但是當淘金熱潮開始時，全美國的華人居民可能還不到五十人。[13]這極少的華人人口由商人、退役水手組成，還有幾個被帶往美國去公開展示的「怪人」。美國人向來迷戀充滿神祕感與異國風情的東方世界，再加上那些「怪人」可說是奇貨可居，也變成了搶手商品。從現存文件看來，阿芳妹（Afong Moy，譯註：音譯）是史上第一個前往美國的華人女性，她在一八三四年來到紐約市，成為某個文化展覽的展出人物。策展人員布置出一個擺滿了中國傢俱與各種中國物件的展出空間，讓年方十六的阿芳妹坐在裡面一張充滿東方風味的花格椅上，身穿絲袍與拖鞋，像奇珍異獸那樣供人欣賞，並且在紐約與布魯克林的一些博物館巡迴展出。參觀民眾看著她用筷子吃東西，一邊用算盤算數一邊唸唸有詞，用她那一雙「小得離譜的」三寸金蓮小碎步走路，看到渾然忘我。[14]幾年後，美國馬戲團先驅費尼爾司・泰勒・巴納姆（Phineas T. Barnum）找來第二位華人女性，讓她成為博物館展覽的主秀，才六天就吸引了兩萬人參觀。[15]還有一位「身上有雙關節的中國侏儒秦剛」（Chin Gan，譯註：音譯；所謂雙關節是指可以隨意把手指、手腳往前或往後折的特殊身體構造）也來到美國供民眾欣賞。[16]不過，在這類被展出的奇特人士裡面，最成功的莫過於那一對分別名叫「恩」與「昌」，後來改姓邦克的暹羅雙胞胎（Chang and Eng Bunker）：他們是只有一顆肝臟、兩人軀體以皮肉和一條五吋長韌帶連接在一起的連體嬰。儘管邦克雙胞胎因為畸形身體而聲名大噪，並且讓「亞洲人都是怪胎」的印象深植美國人心，但如今我們也該佩服這對兄弟檔非常有生

從歷史紀錄來看，阿芳妹（Afong Moy）是史上第一個前往美國的華人女性，1834 到 35 年之間在紐約某博物館成為文化展覽的展出人物。某些最早前往美國的華人都是到美國去參加劇團與馬戲團演出的。（圖片來源：Museum of City of New York）

最早前往美國的某些華人甚至變成了名人，其中包括這對分別名為「昌」與「恩」，後來改姓邦克的暹羅雙胞胎（Chang and Eng Bunker）。他們巡迴全世界演出，以「暹羅雙胞胎」為名聞名全世界，多年後回美國南方退休定居，甚至取得公民權，並各自娶了白人女子，以莊園主人的身分度過餘生。後來美國南北戰爭爆發，他們各有一個兒子為投效南軍。（照片來源：Hulton Archive）

意頭腦，也擅於自我推銷，而且也許更重要的是，他們有能力讓社會大眾接受他們。[17]

這對兄弟的生平簡直就像霍瑞修・愛爾傑（Horatio Alger）的少年勵志小說。一八一一年，他們在暹羅（即今天的泰國）出生，父親是個貧窮華裔漁夫，因為外表讓同胞感到極度厭惡不安，政府甚至曾考慮處死他們。後來一位英國商人發現雙胞胎，說服家人讓他們從一八二九年開始巡迴世界供人欣賞，每個月領固定薪水。後來這合約在兩人二十一歲生日當天到期，他們便開始自己當起了老闆。接下來的七年內，他們靠巡迴歐美展出而發了財，並且開始與歐洲貴族及西方的上流社會人士往來。雙胞胎在一八三九年造訪並愛上了北卡羅萊納州小鎮威爾克斯城（Wilkesboro），決定退出娛樂界，到那裡定居。他們徹底融入美國南方的社會文化，除了經營自己的莊園，手下還有三十三個黑奴，躋身威爾克斯郡富商之列。儘管根據一七九〇年通過的法案，只有白人才能夠歸化為美國公民，但雙胞胎還是設法取得美國公民的身分，為了對某位姓邦克的朋友表示敬意，他們還特地把自己的姓氏改成邦克。邦克兄弟還娶了當地兩位白人婦女，總共生了二十一個小孩。（南北戰爭時，他倆分別有一個年紀最大的兒子在成年後即刻加入了南軍的部隊。）

或許美國人也不怎麼喜歡，只是容忍著邦克兄弟，不過他們也受到自己在國際間的名氣與大量財富的保護。他們的鄰居似乎把他們當成朋友，認為他們對社會有所貢獻。畢竟他們只有兩個人，對於既有的體制與生活方式不會造成威脅——如果是一群華人移民，情況就不同了。而且，因為他們蓄奴，更讓其他莊園主人覺得他們和自己有相同的看法與思想。要是他倆在十九世紀美國不幸成為悲慘的工廠工人或者小農場主人，那些靠別人辛苦幹活才得以優渥度日的莊園主人也許就不會對他們如此客氣了。

這就是在美國出現的第一波華人移民潮。當時，華人的存在並未引發太多種族問題的爭論，這可能是因為他們的人數實在太少，還不足以引發恐懼與猜疑。但再過不久就會有許多華人來了。

1 請參閱：Clyde A. Milner II, Carol A. O'Connor, and Martha A. Sandweiss, eds., *The Oxford History of the American West* (New York: Oxford University Press, 1994), p. 814.

2 請參閱：Jonathan D. Spence, *The Search for Modern China* (New York: W. W. Norton, 1990), p. 210.

3 請參閱：Clyde A. Milner II, Carol A. O'Connor, and Martha A. Sandweiss, p. 814.

4 請參閱：Adna Ferrin Weber, *The Growth of Cities in the Nineteenth Century: A Study in Statistics* (Ithaca, N.Y.: Cornell University Press, 1963), p. 450.

5 請參閱：Robert Sobel and David B. Sicilia, *The Entrepreneurs: An American Adventure* (Boston: Houghton Mifflin, 1986), p. 119.

6 請參閱：Adna Ferrin Weber, p. 450.

7 關於紐約與布魯克林的描述，請參閱：Ruth Barnes Moynihan, Cynthia Russett, and Laurie Crumpacker, eds., *Second to None: A Documentary History of American Women* (Lincoln: University of Nebraska Press, 1993), p. 209.

8 關於愛爾蘭與日耳曼諸國移民的描述，請參閱：Roger Daniels, *Coming to America: A History of Immigration and Ethnicity in American Life* (New York: HarperPerennial, 1990), pp. 129, 146.

9 關於中國人與美國人平均壽命的資料，請參閱：James I. Lee and Wang Feng, *One Quarter of Humanity: Malthusian Mythology and Chinese Realities* (Cambridge, Mass.: Harvard University Press, 1999), p. 54; Michael Haines, "The Population of the United States, 1790-1920," in Stanley L. Engerman and Robert E. Gallman, eds., *The Cambridge Economic History of the United States* (Cambridge and New York: Cambridge University Press, 1996-2000), p. 159; Michael R. Haines, "Estimated Life Tables for the United States, 1850-1910," *Historical Methods 31:4* (Fall 1998).

10 關於美國中西部生活狀況的描述，請參閱：M. H. Dunlop, *Sixty Miles from Contentment: Traveling in the Nineteenth-Century American Interior* (New York: HarperCollins, 1995); Catherine Reef, *An Eyewitness History: Working America* (New York: Facts on File, 2000), p. 7.

11 請參閱：Lillian Schlissel, *Women's Diaries of the Westward Journey* (New York: Schocken, 1982), p. 20.

12 關於美國印地安人的人口數，請參閱：Clyde A. Milner II, Carol A. O'Connor, and Martha A. Sandweiss, p. 175; Howard Zinn, *A People's History of the United States: 1492-Present* (New York: HarperCollins, 1999; first Perrenial Classics edition, 2001), p. 125.

13 關於淘金熱之前的美國華人人口數，請參閱：Him Mark Lai, "The United States," in Lynn Pan, ed., *The Encyclopedia of the Chinese Overseas* (Cambridge, Mass.: Harvard University Press, 1999), p. 261.

14 關於關於阿芳妹的描述，請參閱：*New York Times*, November 12, 1834.

15 請參閱：John Kuo Wei Tchen, "Staging Orientalism and Occidentalism: Chang and Eng Bunker and Phineas T. Barnum," *Chinese America: History and Perspectives*

1996 (Brisbane, Calif.: Chinese Historical Society of America, 1996), p. 119.

16 請參閱：John Kuo Wei Tchen, *New York Before Chinatown: Orientalism and the Shaping of American Culture* (Baltimore: Johns Hopkins University Press, 1999), p. 97.

17 請參閱：John Kuo Wei Tchen, "Staging Orientalism and Occidentalism, pp. 93-131; Ruthanne Lum McCunn, "Chinese in the Civil War: Ten Who Served," *Chinese America: History and Perspectives 1996*; John Kuo Wei Tchen, *New York Before Chinatown,* pp. 106-13, 134-42; Irving Wallace and Amy Wallace, *The Two* (New York: Simon & Schuster, 1978).

第三章
「別害怕，你們會很幸運」：前往舊金山的旅程與抵達之後

「美國人真的都很有錢。他們希望中國人可以去美國，非常歡迎。到那裡之後你們可以領高薪，住大房，錦衣玉食。你們隨時都能寫信給朋友，寄錢給他們，我們會負責把東西安全送到。美國是個好國家，沒有大官或兵卒的欺壓。人人平等，大人物沒有比小人物了不起。現在那裡已經有很多中國人了，你們到那裡一定不會感到陌生。中國的神也在那裡，也有我們公司的仲介人員。別害怕，你們會很幸運。」——清末一張被翻譯成中文的傳單內容，由香港某家仲介公司張貼於廣州地區[1]

那些中國人以為在加州能夠實現所有的夢想，充滿希望，種種「一夜致富」的故事讓他們沖昏了頭，但沒有人事先提醒他們：從廣東前往金山的路上危機四伏。對於那些天真的廣東人來說，他們會遇到的第一個危機也許是最可怕的，而且在離開家鄉幾英里後，就會在繁忙的港市廣州找上他們。

所謂coolie，其實就是中文裡面的「苦力」一詞，指做苦工的人。住在中國的外國人常常聘他們當家事幫

手或者找他們來打零工。可是到了道光末年（一八四〇年代），「苦力」一詞的內涵已經有所改變：當時歐洲大資本家在南美與加勒比海地區經營的殖民莊園，普遍有人手不足的問題，於是在一些無良中國仲介商的推波助瀾之下（這些仲介商就是所謂的「牙人」（crimp）），許多亞洲奴工紛紛簽下賣身契，自此成為非洲奴工的替代人力。這種人口販運的勾當在沿岸的港市如廈門、澳門、香港與廣州最為常見。經過清廷徹查之後，此類行徑雖在同治、光緒年間（一八七〇年代）遭政府嚴禁，但據估計已經有七十五萬中國人遭哄騙或綁架，被賣掉當奴隸，而這也就是我們後來所謂的「苦力」交易。[2]

缺人時，這些中國的「牙人」有各種手段可以幫忙解決問題。他們的目標包括欠下一屁股債的人、參與敵對宗族之間械鬥後被捕的囚犯，還有不想被餓死的人，他們都很好騙，但最容易上當的莫過於那些剛從農村來到沿岸大城的天真小伙子。他們把人騙進茶館，說一些中國人到海外致富的故事來灌迷湯，讓人就此簽下前往南美工作的賣身契。若是哄騙不成，牙人就直接動手綁人，就像某位英國領事所觀察到的，即使在光天化日之下，任何人離家後「都有被綁架的風險，牙人往往以欠債或犯罪為藉口，把人帶走後賣為苦力，牟取暴利，那些人被運往海外，從此音訊全無」。[3]

一旦落入苦力交易的商人手裡，任何人都幾乎不可能逃脫。苦力會被囚禁在一種叫做「巴臘坑」（barracoon，譯註：另一種中文譯名是「賣人行」）的奴隸收容所，也就是中國人所說的「豬仔館」，總之就是一個髒汙不堪的地方，很容易染病。就是因為這種人口販運的買賣很骯髒，所以才會被戲稱為「買賣豬仔」。澳門有間豬仔館因為呼救的聲音實在太嘈雜，所以牙人用敲鑼與放鞭炮煙火的方式來把聲音壓下去。廈門的豬仔館則是會把抓來的人脫光，在他們的胸膛蓋上字母印記，代表會被賣到哪裡去，例如P就是秘魯（Peru），S就是夏威夷的三明治群島（Sandwich Islands），然後全都趕到船上去，鎖在竹籠裡或鍊在柱子上。與當年非洲黑奴的交易一樣，船上如果能夠擠進愈多的苦力，牙人每一趟船的利潤就愈高。當年黑奴在非洲海岸被綁架、拘禁的過程中，其中大約會有百分之十五到三十死掉，後來到了橫越大西洋的航程上，又會有百分之十到十五送命。至於十九世紀中葉的苦力，他們在被運送前往目的地時的死亡率也是介於百分之十五到四十五之間。[4]

同治十二、十三年（一八七三、七四），清廷曾派官員前往南美了解這些苦力的慘況，調查的結果令人震驚無比。〔清廷派官員前往古巴調查苦力問題，最後促使中國與西班牙政府於光緒三年（一八七七）簽訂《會訂古巴華工條款》，藉此正式終結苦力交易，至於派代表前往秘魯後也讓中、秘兩國簽訂一連串條約，保障秘魯華人移民的權利，以法律規定來禁絕華人人口販運問題。〕古巴蔗糖莊園的華人奴工每天被迫工作二十一個小時，每餐只能吃三根尚未成熟的香蕉，很多人沒多久就因為飢餓與力竭而死。其他人雖然可以多撐幾年，但身上留下了屢屢遭人鞭打的傷痕，也有人可能是因為曾經試圖逃脫，而被打到殘廢，甚至肢體不全。自殺的案例屢見不鮮：有人割喉或吞鴉片，也有人跳進水井自盡。

秘魯的狀況也很可怕。華人被賣到欽查群島（Chincha Islands）去工作，因為當地盛產鳥糞，是出口到歐洲與北美的肥料。不幸的華人苦力來到這裡之後必須在烈日之下工作，同時還要忍受鳥糞的惡臭。體力較弱、無法站立工作者，就跪在地上，負責把鳥糞裡的小石頭挑出來。跳海游水是他們能夠逃離這種悲慘人生的唯一方式，所以島上的海岸邊都有人站哨。

所幸，絕大部分華人移工都有某些比較有責任感的掮客出面保護他們——這些掮客被稱為「頭家」（towkay）。從頭家的所作所為來看，他們並不是什麼大善人，重點還是透過剝削移工來牟利，但對於那些一心一意想移民、卻不知前途險惡的華人，他們的確提供了相當程度的保護措施。在等待開往美國的船隻時，華人移工透過頭家的安排，住進香港與廣州等港市的專屬客棧。此外，在旗下移工於美國工作期間，這些頭家會負責幫忙送信、匯款、傳遞消息給他們留在太平洋彼岸的親人。

如果移工沒有盤纏，沒錢買船票，也可以賒帳。中國頭家通常會預借相當於四十美元的金子給他們，收取大約百分之四到八的月息，最多分五年償還。[5]移工也可以選擇打工償債，某一段時間不拿工資，由雇主幫忙還錢。

跨越太平洋的航程備極艱辛，而且險象環生。前往加州所需的航行時間每一趟都不相同，完全取決於天候狀況，還有他們搭乘的是中式平底帆船、小型船隻或者汽船。在淘金熱期間，從廣州出發前往舊金山的航程往往需要四到八週，一趟航程所需花費則介於四十到六十美元之間。一八四八年以前，航行的狀況本來就很差了，在淘金熱潮開始後，船長與中國船東更是為了攬客而刻意壓低票價，然後靠增加乘客人數來彌補差額。每個乘客都必須自備鋪蓋，睡覺的地方是甲板下的木頭鋪位，上下兩個鋪位之間相隔僅十七英寸。如果買的是最便宜的船票，乘客就必須與人共用鋪位，連睡覺都得輪班。乘客通常吃不慣船上的食物，狀況最糟時，東西甚至難吃到無法下嚥，而且大家身上的體臭與貨物的味道更是讓人沒有食慾。[6]「船上的食物和我以前吃的東西不一樣，我根本不喜歡，」當年某位乘客曾說，「因為我不敢吃蠻夷提供的食物，差點在舊金山餓死。」[7]而且船上的疾病叢生：例如，咸豐四年（一八五四），在海上航行了八十天之後，自由號（Libertad）終於抵達舊金山，可是已經有一百八十名華人乘客死於熱病或壞血病——佔所有乘客的五分之一。[8]船長常常命人把死屍丟下船，因此屢屢有中國旅客捐款集資，拿錢要求船長不要這麼做，死者的屍骨才得以歸返祖國。

在船上的寂寞夜裡，這些華人移工可曾為自己的決定感到後悔，甚至懷疑自己有辦法活著抵達美國呢？還是他們都有辦法克服恐懼，展望未來？如果是後者，他們可曾想像過未來會是怎樣的光景？舊金山會和廣州一樣嗎？還是和香港一樣？美國人呢？他們是怎樣的民族？真的像招募廣告海報上所說的那樣，他們

太平洋郵船公司（Pacific Mail Steamship company）所屬船艦阿拉斯加號上的華人乘客。透過這一幅1876年完成的版畫，我們得以窺見第一波華人移民前往美國的景況。（圖片來源：California History Room, California State Library, Sacramento）

都歡迎華人移民嗎？或者美國人痛恨華人，會欺壓甚至殺害華人？加州於一八四八年發現黃金之後，許多中國青年都是為了追求新人生而搭船前往美國，那些人在船上做過什麼美夢？有多少人能夠實現夢想？這第一批前往美國的中國人並未留下太多的記錄，但有一件事是確定的：他們和許多其他國家的移民一樣，都是把美國當成跳板，希望有天能夠衣錦還鄉，在老家成為有身分地位的人。但他們絕大部分都沒有返鄉。對於某些一窮二白的華人移工來說，美國的確是能夠幫他們「鍍金」的地方，讓他們賺了許多錢後回家，但為數更多的華人最終卻歸化為美國人——這些美國華人永遠把家鄉深藏在自己最珍貴的過往回憶中，但卻在美國找到自己未來的路。

第一批前往「金山」的中國人在汪洋大海上待了一兩個月之後，終於抵達舊金山的碼頭，美國給他們的第一印象肯定是難以忘懷的。那些華人移工看到碼頭附近岸邊停靠著幾百艘空無一人的帆船，主人都是從中美洲來的淘金客，把船任意棄置，留待美國政府處理。

淘金熱問世之前，舊金山是個到處是沙丘與山丘的荒涼地區。舊金山是西班牙人在一七六九年發現的，之後一直被當成軍事要塞，大致上只有一間小教堂還有幾間用雜草、蒲草搭成的小茅屋，將近有一世紀之久，都是文明人絕跡之處。到了一八四八年，沙加緬度河（Sacramento River）附近的薩特鋸木廠（Sutter's Mill）發現了黃金。[9]

舊金山本來就是個很棒的天然海港，成千上萬的淘金客藉此便利在海邊上岸，然後前往薩特鋸木廠。第一批淘金客抵達時，因為碼頭之間並不相通，他們還必須用木板充當橋梁，但過沒多久，碼頭之間就蓋起一條條市街。從碼頭往內陸走可以看見數以百計的帆布帳篷與簡陋木屋，泥土路只要一遇雨就會變成處處泥淖。居民在一坨坨爛泥上面鋪滿垃圾，就變成了克難人行道。有一條路面很不平穩的小路則是用一袋袋麵粉、菸草箱子，甚至從鋼琴拆下來的木板鋪成的。為了興建小木屋與商店，他們還把碼頭邊那些開始腐爛的帆船拆掉當建材。[10]

一八四八到一八五〇年之間，舊金山從荒僻的小村落搖身一變，快速發展成一個人口大約相當於芝加哥，有高達三萬人而且仍持續擴展的城鎮。[11]到了一八五一年，數以千計的華人移工開始來到舊金山，它已經是全美國最大的城市之一。但美國東岸那些歷史較為悠久的大城都散發著莊嚴可敬的氣質，舊金山卻壓根不是那麼一回事：它就是一個喧囂的邊城，浮誇而野心勃勃，腐敗而貪婪卻一點也不以為恥。舊金山就像一個不想韜光養晦的暴發戶，完全不在意自己渾身是罪。粗魯的年輕人在街頭四處遊蕩，揮金如土，反正金子再挖就有。舊金山的第一批兩層樓建築並非教堂、市政廳或法院，而是飯店與賭場，到了一八五三年該市已經有四十六間賭場、一四四間酒館與五三七個賣酒的地方。[12]舊金山的發展速度快到令人頭暈目眩，才幾年光景那些淘金客就變成暴發戶，從破爛棚屋搬進了皇宮般的豪宅，每一餐吃的都是裝在金樽玉盤裡的二十道菜餚。

與許多淘金城鎮一樣，獲得暴利的不光是淘金客，還有那些為他們提供重要用品與各種服務的人。做小生意也能賺大錢，而且這些人原本也都是淘金客，他們靠著販售食物、裝備與衣服而賺取龐大利潤。每顆雞蛋要價一美元，從一八四八年的一張物價表看來，一磅奶油可以賣到六美元，一雙靴子一百美元。李維・史特勞斯（Levi Strauss）預見淘金客需要堅固耐用服裝的商機，用帳篷的丹寧帆布布料製造出我們現在所謂的「牛仔褲」，最後發展出自己的服飾品牌帝國。就連那些幫忙做家務，例如洗衣服的人，也都賺了大錢。據某位淘金客的孫女回憶，當地有個浣衣婦身穿披巾，上面別著一支鑽石胸針，「跟皇后的行頭沒兩樣」。[13]

舊金山的女性居民少之又少。[14]大多數的淘金客都是單身漢，或者是不願把妻小帶來這個荒僻的邊城。在這個男女人口比例高達十幾比一的城鎮，大家光是聽到有女性即將抵達的消息，就都會從酒館、旅館衝往碼頭，引發一陣騷動。在這方面，舊金山其實與整個加州沒兩樣：根據當年的人口普查資料，百分之九十二的加州居民都是男性，其中九成一的年紀介於十五到四十四歲之間。[15]某位前往加州拓荒的女性寫道，「當年的盛況可以用『母豬賽貂蟬』來形容。以我自己為例，即使在我最漂亮時也沒有任何熱烈追求我的仰慕者會稱我為美女，但到了加州，卻有四十英里外的男人翻山越嶺，只為了見我一面。」[16]

這人口結構無疑是妓院生意興隆的最佳保證。[17]某些很有生意手腕的舊金山妓女一晚可以索價一百美元——在美國其他地方，這筆錢已經可以用來買房子，相當於一般人整年的薪水。為了提高接客的效率，這些從事人類史上最古老行業的女人每天可說是馬不停蹄，在一個個淘金營地之間奔波。

既然城裡居民大都是血氣方剛的年輕人，大家通常是選擇以暴力手段來平息紛爭。在舊金山，沒有人會過問你以前是幹什麼的，也沒有官員會查核你的各種紀錄，自然會讓各路江湖好漢趨之若鶩，殺手、騙子、職業賭徒都群聚於此。一八五〇年之前，舊金山沒有法院也沒有警局，到了一八五三年加州政府才設了地政事務所。所以，只要遇到財物與土地糾紛，當地人不免都會用武力來解決，最後的贏家通常都是那些不介意動刀動槍與打架，或者對這方面比較在行的傢伙。也因為舊金山居民都是一些和疾病、土匪、冰天雪地與荒漠搏鬥過的死硬派，他們個性凶狠且野心勃勃，也難怪當地在一八五〇年代初期平均每六天就會發生五樁凶殺案。[18]

因為沒有人民足以信賴的地方政府，舊金山也變得私刑充斥，常有人被公開處以絞刑，尤其是許多外國人在沒有充分證據的狀況下當了替死鬼。舊金山人在一八五一年成立了所謂的「保安委員會」，有一段時間都會把澳洲來的人當成各種刑案的嫌犯，一律將他們當成惡棍，只因澳洲是英國用來流放罪犯的地方。吊死嫌犯對於這些「保安委員」來說根本是小事一樁，而且他們壓根不把當地人力有限的政府人員放在眼裡，甚至曾經綁架脅持過某位加州最高法院法官。

不過，奇怪的是，舊金山也是一個思想非常進步的地方。在當地大行其道的並非只有罪犯與資本家，還有知識份子，因為吸引他們前往舊金山的不光是一夜致富的機會，還有浪漫的冒險精神。到了一八五三年，舊金山已經開了十幾家報社，而且許多作家也在當地形塑出某種興盛的次文化。它很快就變成全美國擁有最多大學畢業生的城市。儘管剛開始只是個荒僻村落，但在短時間內就發展為美國西岸最有文化的地方，就連那些雙手長滿老繭、滿面風霜的淘金客也會去參加各種文藝演出。因為知識份子的到來，讓舊金山培養出相當程度的包容力，居民喜歡任何有所不同的東西，但奇怪的是，在這包容的表面之下，卻又潛藏著一言不合就大打出手，甚至動刀動槍的可怕怒氣。[19]

所以說，第一波抵達美國西岸的華人移工所見識到的舊金山，是某種奇特的文化混合體：居民一方面貪婪又暴力，但也對新觀念與新經驗充滿強烈好奇心。假使舊金山一開始並未排斥華人移工，也許是因為幾乎每個舊金山人都是外地人。一八五三年時，舊金山有一半以上的人口都是在外國出生，[20]而且在這個人人見錢眼開的城市裡，沒有人在乎你的膚色，因為唯一重要的顏色似乎就只有金黃色。

不過，這情況即將有所改變。

1 請參閱：Diane Mei Lin Mark and Ginger Chih, *A Place Called Chinese America* (Dubuque, Iowa: Kendall/Hunt Publishing Company, 1982; Organization of Chinese Americans, 1993), p.5.

2 請參閱：Robert J. Schwendinger, "Investigating Chinese Immigrant Ships and Sailors," in Genny Lim, ed., *The Chinese American Experience: Papers from the Second National Conference on Chinese American Studies* (1980), p. 16。據估計，從道光二十七年到同治十三年（一八四七到一八七四）之間，約有二十五萬華人被販運到古巴，另外還有八萬七千華人被運往秘魯。請參閱：Laura L. Wong, "Chinese Immigration and Its Relationship to European Development of Colonies and Frontiers," in Genny Lim, ed., *The Chinese American Experience*, p. 37.

3 請參閱：H. F. MacNair, *Modern Chinese History: Selected Readings* (Shanghai: Commercial Press, 1927), pp. 409-10; Jack Chen, *The Chinese of America* (New York: Harper and Row, 1980), p. 21.

4 有關苦力買賣的細節之描述，請參閱：Lynn Pan, *Sons of the Yellow Emperor: A History of the Chinese Diaspora* (New York: Kodansha America, 1994), pp. 67-69; Madeline Y. Hsu, *Dreaming of Gold, Dreaming of Home,* p. 34; John Kuo Wei Tchen, *New York Before Chinatown,* pp. 49-50。陳國維（John Kuo Wei Tchen）在他的書裡描述了美國船工所打造的苦力販運專用奴隸船，而這些華人苦力所採集的鳥糞，全都變成馬里蘭州菸草莊園所使用的肥料。

5 請參閱：Thomas W. Chinn, H. Mark Lai, and Philip P. Choy, eds., *A History of the Chinese in California: A Syllabus* (San Francisco: Chinese Historical Society of America, 1969), pp. 14-15; William Speer, *An Humble Plea* (San Francisco, 1856), p. 7。史家劉海明在博士論文中寫道，從廣東搭船到加州所需盤纏與船資大約介於四十到六十美元，航程耗費三十五到四十五天。請參閱：Haiming Liu, "Between China and America: The Trans-Pacific History of the Chang Family," Ph.D. dissertation, University of California, Irvine, 1996.

6 有關航行於太平洋上的狀況，請參閱：Jack Chen, *The Chinese of America,* p. 23; Sylvia Sun Minnick, *Samfow: The San Joaquin Chinese Legacy* (Fresno, Calif.: Panorama West Publishing, 1988), p. 8; Liping Zhu, A *Chinaman's Chance: The Chinese on the Rocky Mountain Mining Frontier* (Niwot: University Press of Colorado, 1997), p. 24.

7 請參閱：Lee Chew, "Life Story of a Chinaman," p. 289, as cited in Ronald Takaki, *Strangers from a Different Shore: A History of Asian Americans* (New York: Little, Brown, 1989; reprinted by Penguin Books, 1990), p. 68.

8 請參閱：Jack Chen, p. 23.

9 關於舊金山於一八四八年之前的狀況，請參閱：J. Hittel, *A History of the City of San Francisco and Incidentally of California* (San Francisco: A. L. Bancroft and Company, 1878), pp. 398-400; Edward Kemble, "Reminiscences of Early San Francisco," in Joshua Paddison, ed., *A World Transformed: Firsthand Accounts of California Before the Gold Rush* (Berkeley, Calif.: Heyday Books, 1999), pp. 309, 315.

10 關於舊金山在一八四八年時的狀況，請參閱：Christopher Lee Yip, "San Francisco's Chinatown: An Architectural and Urban History," Ph.D. dissertation in architecture, University of California, Berkeley, 1985, p. 11; Joshua Paddison, ed., A *World Transformed: Firsthand Accounts of California Before the Gold Rush,* p. 311; David E. Eames, *San Francisco Street Secrets* (Baldwin Park, Calif.: Gem Guides Book Company, 1995), p. 51.

11 請參閱：David E. Eames, p. 44.

12 請參閱：Ibid., p. 48.

13 請參閱：Lucius Morris Beebe, *San Francisco's Golden Era* (Berkeley, Calif.: Howell-North, 1960), p. 12.

14 請參閱：David E. Eames, p. 44.

15 請參閱：Clyde A. Milner II, Carol A. O'Connor, and Martha A. Sandweiss, *The Oxford History of the American West*, p. 815.

16 請參閱：Curt Gentry, *The Madams of San Francisco: An Irreverent History of the City by the Golden Gate* (Garden City, N.Y.: Doubleday, 1964), p. 33.

17 關於當地妓院生意的描述，請參閱：Mary Ellen Jones, *Daily Life on the Nineteenth-Century American Frontier* (Westport, Conn.: Greenwood Press, 1998), p. 152.

18 請參閱：David E. Eames, p. 66. 36 "Committee of Vigilance" history: Ibid., pp. 68-78.

19 關於舊金山文化發展狀況的描述，請參閱：Ibid., p. 66.

20 請參閱：Julie Joy Jeffrey, p. 143.

第四章
金山的淘金客

之所以會出現淘金熱，是因為無論在中國或其他地方都有很多人生活困苦，極度絕望，他們心想如果放手一搏搞不好真有機會能改變宿命，擺脫那種毫無尊嚴的日常生活，甚至能夠躋身權貴階級。某些人對於前途的看法比較保守，也許會認為淘金客根本像是「用肉包子打狗」，把所有的錢都孤注一擲在不切實際的希望上——而且在中國有這種看法的人向來特別受到重視，因為保守的人通常都是長者、上司或官員。不過，凡是對未來不敢抱任何希望的人，只要能看到自己的一線生機，都會緊抓著不放，更何況早有傳言指出某些人因為前往金山而累積了巨富。

與數以千計前往舊金山追求財富的他國人士一樣，這些中國人也很快就前往金礦礦場出發。一八五〇年代初期，加州的華人居民裡大概有百分之八十五都投入了河邊礦場的淘金工作。接下來的許多歲月裡，他們在西部荒野四處奔走，有時候聽到幾百英里外有人發現了金礦，就會步行前往。他們原本帶著絲質瓜皮帽或草帽，沒多久就會換上牛仔帽，腳上的手工棉布鞋也會換成比較堅固的美式靴子。但除了藍色棉襖與寬大長褲以外，他們身上還保留著某種清朝子民的傳統特色：總是有一條烏溜溜的長辮在背後晃啊晃的。[1]

白天裡，金礦礦工總是彎著腰在河邊淘金。住處往往是粗略的帳篷、茅屋、廢棄的小木屋或者用剩餘木料、踩扁的煤油罐草草搭建起來的棚屋。毫不令人意外的是，中國礦工總是獨來獨往，就像某位《舊金山先驅報》（*San Francisco Herald*）特派記者所說的，即使人數多達二、三十人，他們還是寧願擠在一個「兩三個美國人待在裡面就沒辦法呼吸的狹小空間裡」。[2]儘管如此，就如同十九世紀中葉作家約翰．大衛．伯思維克（J. D. Borthwick）造訪某個華工金礦營地後所描述的，他們把環境維持得「潔淨無比」。在目睹華工們就寢前的種種準備之後，他寫道：「他們之中有很多人都會把自己梳洗一番，把頭皮上長出的短髮刮掉，或是把髮辮編好」。[3]儘管時間緊湊，地方狹小，做的又幾乎是瘋子才會幹的工作，許多華人仍然維持著嚴格的個人衛生標準——換成其他人，根本沒有時間或精力顧及文明社會所要求的這些最起碼的條件。

華工們的勤奮也是遠近皆知的。「他們沉默寡言，溫馴有禮，不會酗酒，」馬克．吐溫（Mark Twain, 譯註：大師級美國小說家，早年曾在美國西部當記者）以讚嘆的筆觸寫道。「我們很少看到中國佬有騷亂的時候，至於偷懶的，更是沒人目睹過。」[4]更讓其他白人大感震驚的是華工們懂得利用物性來發揮巧勁，尤其擅長用長桿子挑重物。令《麥迪遜人日報》某位編輯感到大惑不解的是，有個華人礦工居然可以把一包米、兩大捲毛毯、兩個大桶子、幾把沉重的挖礦工具、一個淘金槽全都用挑桿挑著，讓所有的東西一邊在身後搖搖晃晃，一邊走下一條沖溝，於是在報上寫道：「沒人知道那中國佬為何有辦法搬運那麼沉重的東西，而且連吭都沒吭一聲。」[5]

有些華工純粹是因為走運而發財，一天內之就找到足以花用一輩子的金子。有群華工找到一塊重達四十磅的金塊，他們明智地切成一塊塊，連同切割時掉下的金粉一起賣掉，一來是可以確保公平，大家都能拿到自己的那一份，二來則是因為不會引人覬覦。[6]兩位華人礦工本來每天掙得的錢不會超過兩美元，但卻在偶然間發現了一塊價值超過三萬美元的兩百四十磅重金塊，這金額在當年已經可以說是一筆橫財。[7]與當年

在加州淘金的華人礦工。淘金熱期間，曾經有成千上萬第一波華人移民前往美國，也就是他們所謂的「金山」，去追求財富。（照片來源：Hulton Archive）

淘金熱期間，偶爾會發生華人移工鬥毆的事件。1865年7月15日，兩派人馬在加州威弗維爾（Weaverville）大打出手。（圖片來源：Hutching's California Magazine, California History Room, California State Library, Sacramento）

大多數的淘金客一樣，華工也是會因為聽信謠言而四處尋金。一群華工在一八五六年離開加州，前往洛磯山山區，還有奧勒岡地區（Oregon Territory）的博伊斯盆地（Boise Basin，目前為愛達荷州南部），在友善的休休尼族（Shoshone）與班諾克族（Bannock）印地安人的指導下，找到適當的河段淘金，過沒多久他們每個人身上的鹿皮皮衣都裝滿了金塊。[8]

一般華工若想發財，都必須同時靠運氣與努力，但也有人是因為知道如何善用科技。在美國，最早把水輪用來淘金的正是華工。淘金用的水輪改造自中國水田農夫使用的灌溉工具，華工們用水輪把河水引出來，從河裡的礫石中淘洗出金子。[9]此一引水術的靈感不光是來自中國農業，其實本來就已經有好幾個世代的廣東人到馬來西亞當錫礦礦工，而這也是當地礦場用來採錫的技術。[10]

也有些華工則是因為願意通力合作而受惠。加州中北部一群華工知道猶巴河（Yuba River）某個河段的河床下面有富饒的金礦礦脈，於是共商興建水壩，攔水採金。[11]在猶他地區（Utah Territory），另一群華工則是開鑿了一條從卡森河（Carson River）延伸到黃金峽谷（Gold Canyon）的灌渠，讓一個沙漠地區變成可以淘金的地方，居住在那裡的摩門教徒都對此表現感到印象非常深刻。[12]

到了夜裡，單身漢喜歡的各式各樣休閒活動在各個金礦營地活躍了起來。華人礦工拿起從祖國帶來的樂器，組成了樂隊。不過，並不是每個人都喜歡他們的樂風。一八五一年曾有某個作家如此比擬當地華人管弦樂團演奏的音樂：「聽起來就像一千隻貓在叫春，再加上一千隻孔雀、火雞、驢子與狗的尖叫、咕咕叫、嘶叫與吠叫。」[13]

華人礦工也會賭錢，而賭博也許是華人在美國西部幹過最壞的事了——就像馬克．吐溫所說的，「每三個中國佬就有一個是開彩券行的。」[14]中國人的賭檔往往吵吵鬧鬧，大家賭得熱血賁張，賭博的方式從擲骰子、抽籤到擲幣都有。某位蒙大拿州的編輯抱怨華工們在入夜後還是嘈雜喧鬧，「我們不知道也不在乎這些傢伙到底是何方神聖，只希望他們能像一般人一樣好好入睡，只希望他們別再吆五喝六地賭個不停，讓人小睡一番。」[15]

不過，華人礦工在西部的生活和美國人幾乎沒什麼兩樣，因為西部就是個粗暴而無法無天的地方。當年華工的遭遇到底如何？或許透過某本在舊金山出版的會話課本可以看出端倪，因為裡面列出了華人礦工們必須學會的英語：

我沒有挑釁就被他攻擊。
他侵佔了我的金礦……
他想要勒索我的錢。
他誣賴我偷他的錶。
他被搶匪用套索勒死了。
她是個沒有用的女人。[16]

與任何無法無天的地方一樣，在一切都訴諸武力解決的狀況下，特別倒楣的總是那些比較和善或者手無寸鐵的人。鄉間盜匪橫行，華人礦工若不多加小心，往往會有金子被搶走之虞。其中最惡名昭彰的一群匪，首領是來自索諾蘭（Sonoran）沙漠地區的年輕人華金．穆里埃塔（Joaquin Murieta），他常常入侵華工的金礦營地，把所有的人抓起來，將他們的髮辮綁在一起。他與手下會從容不迫地慢慢拷問華工，直到其中有人供出金粉的藏匿地點，接著全部的華工都會被穆里埃塔用獵刀割喉。一八五三年五月，加州州政府終於一千美元的懸賞金來捕捉穆里埃塔，而且死活不計，該州華人又捐出三千美元加碼。從某些資料看來，兩個月後懸賞金已經漲為五千美元，而且據說就在此時穆里埃塔遭一支民團隊伍伏擊，被開槍打成了肉醬。[17]

這個案例顯示剛剛成立的加州州政府的確會對所有礦工（包括華工）伸出援手。但是從一年前州政府對外國礦工開徵兩項新稅看來，卻也顯露出某種排外心態。由於民間有一股聲音是希望加州的金礦能留給美國人開採，所以加州州議會便提出要禁止所有外國淘金客到礦場工作，除了華工之外，墨西哥、智利與法國來的也不行。馬克．吐溫對華工的勤勉感到印象深刻，但那些一樣要來加州改變自己命運的美國礦工卻恨得牙癢癢的，因為他們發現淘金這種事和天下大多數事情一樣，運氣總是眷顧著勤勞的人。與其他外國淘金客相比，華工在外貌與文化氣息方面與美國人較為不同，所以就成了眾矢之的，因此加州州議會所屬的礦藏與礦業委員會（Committee on Mines and Mining）便宣稱，「他們來加州只會讓道德沉淪，危害社會，他們就像社會這一張美好臉龐上的介癬，像我國政體身上的流膿傷口，簡單來說，就是不受歡迎人物。」[18]州議會發出宣言的一週後，州長約翰．比格勒（John Bigler）更進一步敦促議員們針對那些華人「苦力」課以重稅，借此阻止「亞洲移民潮」。加州州議會在一八五二年做出回應，對華人課以兩種新稅，藉其中一種稅阻止他們來到美國，另一種則是對已經在礦場工作的華工相當不利。

根據乘船稅（commutation tax）的規定，每艘船抵達加州後船長都要為船上的每位外國乘客繳交五百美元的押金。[20]如果不給押金，也可以直接付錢，所需費用從五元到五十元不等，大多數的船長都直接把這筆錢轉嫁到船資上。這些從華工身上所榨取的血汗錢則是全都用來補助加州各大醫院。不過，儘管這些乘船稅最後有一半都是由華工支付[21]，但政府卻不准他們到舊金山市立醫院看病。[22]

至於外國礦工稅則是規定任何華工都不能在他們找到的金礦開採地工作，除非他們每個月都支付一筆金粉開採費，而且這費用在未來幾年內又因為州議會任意調漲而水漲船高。這稅制美其名是用來「保護外國人」，但因為法條寬鬆，執法不嚴，所以效果適得其反。某些收稅員把礦工的執照有效日期往回追溯，要求他們繳交原本不用繳的稅。也有些收稅員在礦工繳錢後提供假收據，將錢中飽私囊，讓礦工日後還是有可能因為欠稅而被追繳。[23]某位收稅員在日記中寫道，「我沒有錢可以過聖誕節，所以就賣假收據給那些『清狗』（chinks），收了九元。」[24]那些最惡劣的收稅員甚至以人身威脅的手段，逼迫華人礦工每個月繳交一次以上的稅：他們把華工綁在樹上鞭打，騎馬追趕華工，從背後鞭打試圖逃走者。[25]除了貪汙問題之外，法律也沒有針對索稅手段進行規範。「我拿刀刺了那個可憐的傢伙，」某位收稅員寫道，「我很遺憾，但依法收稅本來就是必要的，這樣我才有賺頭。」[26]

然而，這些華工來到美國之前生活在不顧人民死活的清政府底下，與貪官汙吏交手的經驗相當豐富。為了躲避收稅員，他們想出了各種預警手法，例如安排專人在各個村莊之間趕路，把收稅員下鄉的消息告訴大家。[27]因為這些手法實在太厲害，州政府發現有必要聘請美都族（Maidu）印地安人來追蹤那些逃稅的華人礦工。[28]

儘管這兩項最早針對華人礦工實施的不公平稅制讓他們背負了沉重壓力，但傷害最大的還是美國法律禁止華人上法庭指證犯罪的白人。一八五三年，在審理華人凌欣（Ling Sing，音譯）遭謀殺的案件時，加州內華達郡（Nevada County）大陪審團起訴了喬治·霍爾（George W. Hall）與其他兩人。後來檢方找來三個華人與一個白人作證後，霍爾被判有罪，應以絞刑處死。霍爾的律師提出上訴，因為根據加州刑事訴訟法（Criminal Proceeding Act）的規定，「凡黑人、穆拉托人（譯註：mulatto，指黑白混血兒）或印地安人皆不可出庭提出有利或不利於白人之證詞。」[29]在這加州人民起訴霍爾（*People v. Hall*）的知名案件中，後來加州最高法院撤銷了霍爾有罪的判決，理由是「該法之立法意旨顯然是在保護公民之身家財產安全，若要達此目的，則必然應確保公民不會因為次等族裔成員之有害影響而陷於不利境地。」此外，加州最高法院大法官修·莫瑞（Chief

Justice Hugh Murray）的一項裁決更是能夠反映出那些加州法匠們的觀念有多荒謬：莫瑞認為，華人其實應該等同於印地安人，所以適用該法規定，理由在於當年哥倫布船長（Christopher Columbus）曾經誤把加勒比海上的聖薩爾瓦多島（San Salvador）當成中國海的島嶼。「從古自今，」他寫道，「美洲印地安人、蒙古人或亞洲人，向來都被視為同一人種。」

他肯定料到外界會認為他對法條的解讀不具說服力，為了強化自己的論據，接著莫瑞宣稱：即使亞洲人並非美洲印地安人，所謂「黑人」一詞也應該被理解為囊括了所有非白人的族裔。[30]莫瑞特別援引一七九〇年歸化法（Naturalization Act of 1790）來自辯：既然該法禁止華人或其他非白人歸化為美國公民，那麼為了維護社會的穩定性，他的判決是有必要的，因為若該州華人獲准出庭作證，那他們肯定會陸續當上「選民、陪審團成員、法官甚至州議會議員」[31]。這麼一來豈不是沒完沒了？

當刑案發生時，即使被害人並非唯一，也往往是最主要的證人，所以若他們出庭作證的權力被剝奪了，那麼就根本無法起訴罪犯。在霍爾一案發生前，其實早就有許多白人以暴力手段趕走華人礦工，強佔了比較理想的採礦地點。一旦白人礦工發現這判例讓他們可以恐嚇華工營地而不用接受法律制裁，接下來他們只要用招牌就能警告華工立刻離開。一八五六年，馬里波薩郡（Mariposa County）曾對華人下達通牒，限他們十日內離境，否則「一律會被鞭打三十九下，並且由郡政府派武裝人員將其驅逐出境。」[32]至於在埃爾多拉多郡（El Dorado County），則是屢屢有白人礦工燒毀華工帳篷與採礦設備，甚至將滿載著華人乘客的馬車推倒。[33]如同當年某位學者寫道，莫瑞大法官的判例「為各種歧視華人的行為打開了方便之門。華人遭傷害、打劫與謀殺，更別說那些比較不嚴重的罪行……只因沒有白人會為他們出庭作證。」[34]就是在這個時代裡出現了“a Chinaman’s chance”這個片語——意思是根本沒什麼機會可言。

既然華人無法受到法律保障，屢屢遭到迫害，自然也就淪為淘金浪潮的邊緣人。華人礦工無法直接與白人競爭，只能接收別人不要的採礦地點。[35]自此以後，能夠成功的華人大都是靠耐心苦幹與省吃儉用，但也有不少人是憑藉著聰明才智。例如有個名叫阿山（Ah Sam，音譯）的聰明人就敢孤注一擲，花二十五美元買下一間小木屋，因為他從過去的採礦經驗判斷出，如果把屋子的泥地淘洗一番，應該可以獲得不少金粉，大賺一筆。結果他真的洗出了價值三千美元的金粉，購買木屋也變成了一筆利潤豐厚的投資。[36]

最後，華人礦工在美國靠淘金獲利總計超過幾百萬美元。幾十年間，某些人回到中國，把錢用來買農地而成為大地主。也有人留在美國，賺的錢足以供兒女甚至孫子花用。根據某些美國華人的家族口述史紀錄來看，有些人說自己的祖先之所以能過著遊手好閒的日子，是因他們的父親靠淘金發了大財。[37]在那華人金礦礦工飽受種族歧視，法律規定不公的環境中，甚至有少數幾人得以搖身一變成為礦業大老闆：他們有自己的礦場，自聘礦工，把小生意發展成大企業。王祈（Wong Kee，音譯）是華人礦主中最有錢的人之一，他的採礦公司員工多達九百人。[38]

少數華人移民的確實現了他們的「金山夢」，但更多人的美夢以心碎與失敗收場，下場淒涼寂寥。有人到了美國後就一直當礦工，多年後身故時只留下足以支付葬禮費用的金子。在報上屢見不鮮的是某些華工的失敗案例，他們並未衣錦還鄉，反而是以自殺了結了可悲的人生。絕大多數華人移工並未發大財，但下場也沒那麼悽慘，他們意識到淘金夢實在過於虛無縹紗，所以務實地把目光轉向他們當年抵達美國時上岸的地點：舊金山。愈來愈多人決定不當礦工，前往舊金山尋找自己得以安身立命的角落。

根據知名史家修伯特．班克洛夫特（Hubert H. Bancroft）的研究指出，第一艘從廣州開往舊金山的船艦是美國老鷹號（*American Eagle*），時間為一八四八年二月，也就是人們在薩特鋸木廠發現黃金後的隔一個月，遠遠早於發現黃金的消息傳到中國的時間點。船上有兩男一女，總共三個中國人。[39]同一年四月，據《舊金山星報》(*San Francisco Star*)報導,「有兩三個『天朝子民』」[40](這的確是當時對於中國人的某種通稱;譯註:中國向來被稱為「天朝」(celestial kingdom),所以中國人才會有「天朝子民」的外號)在該市找到工作。此事之所以會見報,正意味著這兩三個人也許是第一批在三藩市落腳的中國人。

隨著來到美國的華人愈來愈多(根據某個統計數字顯示,一八四九年有三百二十五名華人抵達加州,[41]然後在一八五〇年則為四百五十人,[42]不過其中有百分之九十以上都是很快就前往鄉間的採礦區工作)[43],在舊金山居留的華人開始聚集在沙加緬度街(Sacramento Street)與杜邦街(Dupont Street),而且這個區域很快就逐漸擴充為十個街區,區域的最外圍包括加州街、傑克森街(Jackson Street)、史塔克頓街(Stockton Street)、卡尼街(Kearney)與太平洋街(Pacific Street)。這個一度被稱為「小中國」、「小廣州」或「中國區」(Chinese quarter)的華人區最後演變成我們現在所謂的舊金山中國城(Chinatown)。[44]這個地方和舊金山市其他區域沒兩樣,變得愈來愈擁擠,原本布滿一間間小棚屋,後來發展出建物櫛比鱗次的都市景觀。有些華人就地取材,自己搭建出簡陋小木屋,也有人的建材是從香港運來的樹木枝幹,加工後才組裝在一起。華人在小屋裡營造出類似於舊家的氛圍,除了磚爐之外,煙囪搭建在靠窗的地方或陽台上,若不是以磚頭砌成,就是在鐵皮箱中填土,變成可以排煙的克難煙囪。他們稱舊金山為「大埠」,意即大城市。

當地很快也出現了一些專賣中國雜貨的店鋪。如同當時某個白人所觀察到的,雜貨店裡擺滿了茶葉、火腿、魚乾和鴨肉等貨品。小販們用竹竿挑著手工編織的籃子兜售蔬菜水果,也有人在人行道上舖墊子,賣起了獵物的肉。這個地區到處都可以聞到魚腥味,因為有很多華人漁夫在灣區捕魚,賣給當礦工的同胞。他們在地上把魚弄乾,然後以麻袋、箱子或桶子分裝。有些魚肉則是灑上鹽巴,擺到碎石屋頂上,在烈日下醃製成魚乾。

舊金山的華人社群愈來愈龐大。到了一八五二年,已經有至少二萬零二十六位華人新移民在舊金山上岸,[45]隔年這數字更暴增為兩萬多人，[46]不過其中有許多人只是暫時停留就分散到各個金礦礦場去了。此外，大概在這時候也開始有愈來愈多華人礦工回到舊金山，很多人光是靠賣吃的給他們就賺了大錢，而且毫不令人意外的是，為了滿足華人需求的各種生意也隨之開始蓬勃發展了起來。

在各國文化中，吃東西通常不只是為了攝取營養，社交功能也很重要。不過中國人向來主張「民以食為天」，因此幾千年來不僅將菜餚當成生活必需品，而且是某種崇高的藝術形式。所以，毫不令人感到意外的是，只要有華人礦工的地方，很快就會開起中國餐館。最早在一八四九年十二月十日，舊金山的《艾爾塔加州日報》（*Daily Alta California*）曾經報導過，大約三百個華人聚在傑克森街上的某家廣州餐廳裡吃飯。[47]在那餐廳裡，即使只有一個晚上，大夥兒還是可以暫時忘掉自己是孤寂的新移民，家人都遠在幾千英里外的老家裡。

但喜歡吃中國家常菜餚的舊金山居民並非都是華人。過沒多久，中國城變成各國人士趨之若鶩的覓食地點。最早成立的中國「餐館」其實只不過是一些開在地下室的便宜小吃店，只要花一美元就能大快朵頤，也可以把骨頭吐到地上也無所謂，現在店家紛紛掛起了黃色的絲質三角旗幟，好讓遊客們辨識。不過，很快地就有更氣派體面的餐館問世，紅綠相間的陽台上掛著點亮的燈籠。餐館內部的裝潢散發著富麗堂皇的氛圍，裡面擺著從中國進口到美國的木質屏風，還有煤氣吊燈、大理石與雕花紅木傢俱，給顧客享用的是燕窩湯與魚翅羹等罕見菜餚。[48]

各族裔的舊金山人實在是太愛中國餐館，這些餐館很快就變成能幫舊金山招徠全美各地觀光客的賣點。這一時期的旅遊指南往往會向人們推薦舊金山的中國菜餚，其中某些把中國餐館的菜餚稱為「中式雜燴」（Chinese "chow chows"）。

礦工威廉·蕭（William Shaw）曾在他的回憶錄《夢醒金山》（*Golden Dreams and Waking Realities*, 一八五一年出版）

寫道：「舊金山最棒的覓食處都是天朝人開的中國風味餐館。菜餚大都是裝在小碟子裡，以辣醬、切碎的菜肉與原汁肉塊烹煮而成，因為實在是太美味了，我捨不得詢問他們用了哪些食材，以免壞了胃口。」[49]

不過，並非所有中國餐館的菜餚都真的是源自於中國。根據淘金熱時代的一則傳奇故事，某天深夜一群醉醺醺的白人礦工闖進一家舊金山餐館。儘管要打烊了，但那華人老闆很識相，決定讓他們留在店裡吃飯，以免他們鬧事砸店。他的廚子把剩餘的食材放進鍋裡翻炒，做好了一道有菜有肉、浸潤在肉汁裡的菜餚，並稱之為「雜碎」（chop suey）。這道剛剛問世的中國菜讓那些礦工驚艷不已，很就變成舊金山的一道名菜。[50]

在餐飲業大發利市後，華人很快就開始尋找其他賺錢的方式。諷刺的是，許多華人意識到家事服務是一門能讓他們發財的生意。在那還沒有防皺布料的時代裡，洗衣燙衣真是一樁既困難又無聊的苦差事，而且大多數白人都不屑去幹那種活。大家都覺得那是女人該做的事，但當時西部的女人少之又少，家事人力極度缺乏。淘金熱時代的許多加州人無論是華人或白人都是把髒衣服運到香港去洗，但價格極其昂貴（十二件襯衫要價十二美元）[51]，而且往返需要四個月[52]。然而，與運往美國東部去處理相較，把骯髒的亞麻襯衫運往亞洲清洗還是比較便宜而快速。檀香山的洗衣工很快就掌握住這商機，以十二件襯衫收費八美元提供服務。最後，舊金山的男性華人發現這龐大市場存在，於是動手搶生意。該市史上第一位華人洗衣工是李華（Wah Lee，音譯），他在一八五一年掛了一面寫著「洗衣燙衣」（WASH'NG AND IRON'NG）的招牌，做起了生意，幫人洗十二件襯衫只收五美元。[53]

華人也開起了古董店，吸引許多白人礦工拿出金粉來換取各種收藏品，包括瓷瓶、象牙雕飾、寶石藝品、東方象棋、水墨畫捲軸、扇子、披巾與茶壺等。如果是小店，店家往往只用俗艷的招牌與紅絲帶來做宣傳，氣派的古董商則是會在店頭設置玻璃櫥窗，在店內擺設豪華的鍍金神壇，以絲質捲軸和祭拜儀式的

1870年代一家位於愛達荷州德拉馬礦區（DeLamar）的華人洗衣店。在人口以男性為主的美國大西部，華人找到一個有利可圖的商機：為前往大西部拓荒的男性提供家事服務。圖中一位洗衣工在他的小木屋前彈奏二胡自娛。（照片來源：Idaho State Historical Society）

器具來裝飾。[54]

到了一八五三年，杜邦街基本上已經是華人的天下，也是舊金山最棒的零售商店聚集區之一。儘管那一帶的房子幾乎沒有任何可觀之處（如同《艾爾塔加州日報》所報導的，那些房子都「只是一些空殼與易燃建材，只要有一丁點火花就能燒起來」[55]），但地理位置絕佳。大多數華人都是賃屋而居，並未自購住宅或店鋪，而白人房東也寧願把房子租給他們，因為與其他國家的白人相較，華人通常願意給較高的房租。例如，租一間房子給白人，每月能收取的租金為兩百美元（這在當時已經算是天價），但租給華人卻可以收到五百美元。[56]一個蓬勃發展的華人商業社群很快就在杜邦街與其他街道出現。到了一八五六年，在一本名為《東方》（*Oriental*）的工商名錄裡列出了三十三家商店、十五家藥行、五家草藥店、五家餐館、五家理髮廳、五家肉鋪、三家民宿、三家木料行、三家裁縫店、兩個銀匠、兩個烘焙師、一個雕匠、一個刻字工、一位口譯員，還有一個幫美國商人拉生意的掮客。

這些華人移民並不是人人都識字，所以這新生的當地社群很快就需要提供寫字服務的人。甚至某些廣東人的教育程度較好，很快就學起了外語，其中少數甚至不只會講流利的英語，還有西班牙語。他們大都被聘為抄寫員，幫不識字的華人寫信給老家的親戚。少數幾位具備新文書寫的技能，於是創辦了一些在舊金山與加州流通的華文小報。在一八五四年問世的《金山日新錄》（*Gold Hills News*）很可能是第一份在美國出版的華語報紙。[57]兩年後，《沙架免度新錄》（*Chinese Daily News*）在加州北部城鎮沙加緬度開始印行，以至於後來當地某位史家評論道：「我們這個城市有那麼多日耳曼語（譯註：當時德國尚未成立）和法語人口，但出版的第一份外文報紙居然是以華文印行的，真是有點奇怪。」[58]如果這位史家知道華人向來注重教育，也許他就不會感到那麼訝異了。

華人移民也對藝術與娛樂有強烈需求。一八五二年，第一家華人劇院在舊金山落成，它的所有建材都是在別處製造，然後運來組裝搭建而成的。[59]這座劇院是以佛塔為造型，院內的表演廳可以容納一千名觀眾，舞台後方的壁板上鋪著刺繡的布料，四周牆面都以金漆粉刷，牆上畫有閃閃發亮的人物、動物與海怪圖案。常有廣東的劇團受邀來此演出粵劇，一演就是好幾個禮拜，觀眾有華人也有因為好奇而來捧場的白人。有時候演員會在戲文中詳述整個朝代的史詩傳奇故事，為觀眾的夜生活提供娛樂。某位觀眾曾說：「想要把一齣戲的所有戲碼都演完，通常要兩三個月的時間。」[60]看戲時，這些離鄉背井的華人移民可以沉浸在台上演出的英雄故事裡，暫時忘卻他們在美國的卑下地位，也不去想還要多久才能實現美夢。

看著華人社群日益茁壯，而且蓬勃發展起來，有些舊金山的白人居民感到神奇與不可思議，也有人覺得恐懼與厭惡。儘管相關細節都描述得極其簡略，但最早來到舊金山的華人是受到熱情歡迎的：當地人心中夾雜著興奮與好奇的情緒。到了一八五〇年，因為美國總統薩克利．泰勒（Zachary Taylor）去世，舊金山的父老們還特地邀請當時為數僅僅幾百的華人參加紀念儀式，在紀念遊行行列中幫華人安排了顯眼的位置。[61]同一年，約翰．格里市長（Mayor John Geary）與其他官員還舉辦了一個表揚華人的特殊儀式，等到加州加入聯邦政府，成為美國的第三十一州，華人也受邀參加了熱鬧鋪張的慶祝活動。[62]《艾爾塔加州日報》甚至在一八五一年五月大膽預測，「未來這些中國小子們會和我們的同胞一樣享有投票權，也會去上學上教堂。」[63]

但是，隨著華人人口的增長，某些白人心裡的驚恐也與日俱增。一八五二年四月，比格勒州長呼籲美國政府應該通過一項排華法案來阻止華人的移民潮。儘管聯邦政府置之不理，但是在社會上逐漸浮現的排華氛圍中，他也許是第一個發表這種意見的官員。也許是被比格勒的言論給激怒了，或是心裡感到驚恐（抑或是因為又驚又怒），幾位舊金山的華人發表了一封很長的公開信來回應，為華人同胞的品行辯護，也表示他們有能力融入當地社會。「我們已經有很多人改信你們的宗教，未來也會成為好公民，」他們寫道：「如今已經有很多來自中國的好人定居於美國，如果華人獲准移民，未來會有更多更好的人攜家帶眷前來此地，他們都是一些學養豐富的有錢人。」[64]

不過，讓某些白人最感驚恐的，就是華人可能會融入當地社會。《艾爾塔加州日報》的編輯團隊在一八五三年改組，本來支持華人的論調改為具有強烈種族歧視的態度，支持比格勒州長的立場。該報刊登的一系列社論都宣稱「華人的品行遠遠不如我們社會上的黑人。他們是拜佛的，生性狡猾奸詐，好色淫蕩而且言行具有強烈的侵略性。他們的確有足以彌補缺陷的優點，像是手藝靈巧、勤奮與節儉，而且和其他較為低下的人種一樣，『他們也曾有過許多發明』。但華人絕非美國人可以當成夥伴或者認同的民族。就算他們會永久定居在這裡，無論現在或未來，他們都不會是我們的同胞……他們不會與我們打成一片，而且也不應該如此——不為什麼，只是因為與他們接觸可能會讓我們墮落……讓他們留在這裡，對我們沒有一丁點好處。他們絕對不可能變成和我們一樣的人。」[65]

在隱隱約約之間，華府的情勢似乎也與此一社論相互呼應。此時幾位參眾議員開始表達擔憂之情，因為他們認為華人不但會在美國定居，而且終究會開始爭取美國的公民權。某些人認為，因為華人的宗教信仰與美國人不同，所以應該排斥他們。例如，阿拉巴馬州眾議員威廉・羅素・史密斯（William Russell Smith）曾在一八五五年提出，不能讓華人取得公民資格。「先生們，等到這些令人生厭的拜佛異教徒已經達到百萬之眾，他們是不是可能很快就會開始要求投票權，藉此決定美國基督徒是否能夠進入國會？」他問道。「是不是很快就會有某位異教徒得以進入這國會殿堂，代表他的選民來問政，並且有權插手干涉我國政府的各個委員會？」[66]史密斯堅持主張應該透過立法來徹底消除此一可能性，「我們美國人黨〔American Party，譯註：又稱為「一無所知黨」（Know-Nothing Party），是一八五〇年代美國的排外運動政黨〕要求立法阻止此事。」

不過，因為一八五〇年代的美國已經慢慢走向南北戰爭爆發的邊緣，這些發生在國會殿堂上的討論幾乎不會直接影響到加州華人的日常生活。對許多華人來說，他們根本就不在乎是否享有投票權與競選公職的權力：他們並沒有成為政府機關成員的雄心壯志，只是想要餬口謀生而已。而且事實上當時西岸雖瀰漫著排華氛圍，但這種氛圍在華府政界卻還不成氣候。許多華府人士將華人視為珍貴的人力資源。很快的，等到戰爭爆發，再加上許多人紛紛提議應該興建一條橫貫美國大陸的鐵路，美國的資本家們更是認為勤奮的華工可以幫他們完成這個人類史上最具企圖心的工程壯舉。

---

1 關於中國服飾的描述，請參閱：Edward Eberstadt, ed., *Way Sketches; Containing Incidents of Travel Across the Plains, From St. Joseph to California in 1850, With Letters Describing Life and Conditions in the Gold Region by Lorenzo Sawyer, Later Chief Justice of the Supreme Court of California* (New York, 1926), p. 124; 轉引自：Gunther Barth, *Bitter Strength: A History of the Chinese in the United States 1850-1870* (Cambridge, Mass.: Harvard University Press, 1971), p. 114.

2 請參閱：Gunther Barth, p. 114; *San Francisco Herald*, November 28, 1857.

3 請參閱：J. D. Borthwick, *Three Years in California*, 1851-1854 (Edinburgh: Blackwood and Sons, 1857 [also Oakland, Calif.: Biobooks, 1949]), p. 44; Benson Tong, *Unsubmissive Women: Chinese Prostitutes in Nineteenth Century San Francisco* (Norman and London: University of Oklahoma Press, 1994), p. 13.

4 請參閱：Vardis Fisher and Opal Laurel Holmes, *Gold Rushes and Mining Camps of the Early American West* (Caldwell, Idaho: The Caxton Printers, Ltd., 1990), p. 272.

5 請參閱：Ibid., p. 262.

6 請參閱：Pauline Minke, "Chinese in the Mother Lode (1850-1870)," thesis, California History and Government Adult Education, 1960, Asian American Studies Library, University of California at Berkeley, p. 27。（這本碩士論文後來以書籍形式出版，出版社與出版年為：San Francisco: R and E Research Associates, 1974）

7 請參閱：Ibid., p. 27.

8 請參閱：Liping Zhu, *A Chinaman's Chance*, p. 28.

9 請參閱：Sucheng Chan, *Asian Americans: An Interpretative History* (New York: Twayne Publishers [imprint of Simon & Schuster], 1991), p. 29.

10 請參閱：David Valentine, "Chinese Placer Mining in the United States: An Example from American Canyon, Nevada," in Susie Lan Cassel, ed., *The Chinese in America: A History from Gold Mountain to the New Millennium* (Walnut Creek, Calif.: Alta Mira Press, 2002), p. 40.

11 請參閱：Isaac Joslin Cox, *Annals of Trinity County* (Eugene, Ore.: John Henry Nash of the University of Oregon, 1940), p. 210, as cited in Pauline Minke, p. 26.

12 請參閱：*Origins & Destinations: 41 Essays on Chinese America / A Joint Project of Chinese Historical Society of Southern California and UCLA Asian American Studies Center* (Los Angeles: Chinese Historical Society of Southern California and UCLA Asian American Studies Center, 1994), p. 113; Jack Chen, p. 256.

13 請參閱：Charles Dobie, *San Francisco's Chinatown* (New York and London: D. Appteton-Century Company, 1936), p. 42; 轉引自：James L. Boyer, "Anti-Chinese Agitation in California, 1851-1904: A Case Study on Traditional Western Behavior," master of arts thesis, San Francisco State College, p. 112.

14 請參閱：John Hoyt Williams, *A Great and Shining Road: The Epic Story of the Transcontinental Railroad* (Lincoln: University of Nebraska Press, 1989), p. 99.

15 請參閱：Vardis Fisher and Opal Laurel Holmes, *Gold Rushes and Mining Camps of the Early American West*, p. 262.

16 請參閱：Diane Mei Lin Mark and Ginger Chih, *A Place Called Chinese America*, p. 6.

17 關於華金・穆里埃塔的相關資訊，請參閱：Pauline Minke, *Chinese in the Mother Lode*, pp. 34-35.

18 請參閱：Diane Mei Lin Mark and Ginger Chih, p. 32.

19 請參閱：Roger Daniels, *Asian America: Chinese and Japanese in the United States Since 1850* (Seattle: University of Washington Press, 1988), p. 35。這句話的原始出處是：John Bigler, Governor's Special Message, April 23, 1852, p. 4.

20 請參閱：Charles J. McClain, "California's First Anti-Chinese Laws," *Chinese America: History and Perspectives 1995* (Brisbane, Calif.: Chinese Historical Society of America, 1995), p. 91.

21 請參閱：Otis Gibson, *The Chinese in America* (reprint edition, New York: Arno Press, 1979; original published in 1877 by Hitchcock & Walden in Cincinnati), p. 321。吉布森在這本書中引用了舊金山當地華人團體中華公所（Chinese Six Companies）曾在一八七六年提出的抗議聲明：當時華人必須繳交私人財物稅、外國礦工稅、每年的人頭稅（加起來要繳二十萬美元），還要繳給舊金山海關的兩百多萬關稅。

22 請參閱：Robert J. Schwendinger, "Investigating Chinese Immigrant Ships and Sailors," *The Chinese American Experience: Papers from the Second National Conference, Chinese American Studies (1980)*, p. 21.

23 關於外國礦工稅收取狀況的資訊，請參閱：Cheng-Tsu Wu, ed., *"Chink!" A Documentary History of Anti-Chinese Prejudice in America* (New York: World Publishing Company, 1972), pp. 4, 11; Charles J. McClain, "California's First Anti-Chinese Laws," p. 91; Chen-Yung Fan, "The Chinese Language School of San Francisco in Relation to Family Integration and Cultural Identity," Ph.D. dissertation in education, Duke University, 1976, p. 44.

24 請參閱：Charles Dobie, p. 50, as cited in James Boyer, p. 119.

25 請參閱：Pauline Minke, p. 46.

26 請參閱：Vardis Fisher and Opal Laurel Holmes, p. 261; Charles Dobie, p. 50.

27 請參閱：Pauline Minke, p. 47.

28 請參閱：Gunther Barth, p. 145.

29 請參閱：Charles J. McClain, "California's First Anti-Chinese Laws," p. 100.

30 請參閱：Ibid., pp. 101, 140。莫瑞的見解之全文可參閱：Cheng-Tsu Wu, ed., *"Chink!,"* pp. 3-43.

31 請參閱：Charles J. McClain, "California's First Anti-Chinese Laws," p. 101。也可以參閱：People v. Hall case file, October 1, 1854, California State Archives, Sacramento.

32 請參閱：Diane Mei Lin Mark and Ginger Chih, A *Place Called Chinese America,* p. 32.

33 請參閱：Victor G. and Brett de Bary Nee, *Longtime Californ': A Documentary Study of an American Chinatown* (New York: Pantheon, 1972, 1973), p. 37.

34 請參閱：Elmer Clarence Sandmeyer, *The Anti-Chinese Movement in California* (Urbana: University of Illinois Press, 1991; original edition published in 1939), p. 45.

35 據史料顯示，華人礦工的淘金手法是非常鉅細靡遺，不可能有任何遺漏的。如同當時某位人士的觀察，「被中國佬淘洗過的泥土砂石就算能找到金粉，剩下來的金粉連臭蟲的嘴巴都塞不滿。」請參閱：Nelson Chia-Chi Ho, "Portland's Chinatown: The History of an Urban Ethnic District," in Paul D. Buell, Douglas W. Lee, and Edward Kaplan, eds., *The Annals of the Chinese Historical Society of the Pacific Northwest* (The National Trust for Historic Preservation, 1984), p. 31.

36 請參閱：Autobiography of Charles Peters, pp. 143-45, as cited in Gunther Barth, *Bitter Strength,* p. 116.

37 例如，可以參閱：Rodney Chow, #149, Southern California Chinese American Oral History Project.

38 請參閱：Sue Fawn Chung, "Destination: Nevada, the Silver Mountain," *Origins & Destinations: 41 Essays on Chinese America,* p. 119.

39 請參閱：H. Brett Melendy, *Chinese and Japanese Americans* (New York: Hippocrene Books, 1984), p. 15; Hubert Howe Bancroft, *History of California,* Vol. 7 (San Francisco: The History Company, 1890), p. 336.

40 請參閱：*San Francisco Star,* April 1, 1848.

41 請參閱：Ronald Takaki, *Strangers from a Different Shore: A History of Asian Americans* (New York: Little, Brown, 1989; reprinted by Penguin Books, 1990), p. 79.

42 Ibid., p. 79.

43 請參閱：Laverne Mau Dicker, *The Chinese in San Francisco: A Pictorial History* (New York: Dover Publications, 1979), pp. 355-370; 轉引自：Qingsong Zhang, "Dragon in the Land of the Eagle: The Exclusion of Chinese from U.S. Citizenship, 1848-1943," Ph.D. dissertation, University of Virginia, 1994, p. 196.

44 關於舊金山「小中國」的相關訊息，請參閱：Christopher Lee Yip, "San Francisco's Chinatown: An Architectural and Urban History," Ph.D. dissertation in architecture, University of California at Berkeley, 1985, pp. 85, 90-94; Chin-Yu Chen, "San Francisco's Chinatown: A Socio-Economic and Cultural History, 1850-1882," Ph.D. dissertation in history, University of Idaho, 1992, p. 27; Curt Gentry, *The Madams of San Francisco,* p. 55.

45 請參閱：Chin-Yu Chen, p. 29.

46 請參閱：Ibid., p. 29.

47 請參閱：*San Francisco Daily Alta California,* December 10, 1849.

48 關於中國餐館的描述，請參閱：Christopher Lee Yip, pp. 144-46; Otis Gibson, *The Chinese in America,* pp. 70-71; Chin-Yu Chen, p. 95.

49 請參閱：William Shaw, *Golden Dreams and Waking* Realities (1851); 轉引自：Jack Chen, *The Chinese of America,* p. 57.

50 請參閱：National Public Radio, *All Things Considered* transcript 2320-9, August 29, 1996; Robert Cross, "Chop Suey: Alive and Selling Well in American Restaurants; Beginnings of the Cuisine Lost, but Popularity Remains High," *Chicago Tribune,* February 11, 1988.

51 請參閱：Jack Chen, p. 58.

52 請參閱：Ibid., p. 58.

53 請參閱：Paul Siu, *The Chinese Laundryman: A Study in Social Isolation* (New York: New York University Press, 1987), p. 46.

54 請參閱：J. D. Borthwick, *Three Years in California* (Oakland, Calif.: Biobooks, 1948), p. 61; 轉引自：Chin-Yu Chen, pp. 28-29.

55 請參閱：*San Francisco Daily Alta California,* November 22, 1853; 轉引自：Christopher Lee Yip, p. 86.

56 請參閱：*The Oriental,* as cited in Chin-Yu Chen, p. 28.

57 請參閱：Gold Hills News, May 4, 1868, in Chin-Yu Chen, pp. 28, 41.

58 請參閱：Edward C. Kemble, *A History of California* Newspapers *1846-1858; Reprinted from the Supplement to the Sacramento Union of December 25, 1858* (Los Gatos, Calif.: Talisman Press, 1962), p. 161.

59 請參閱：L. Rodecap, "Celestial Drama in the Golden Hills," *California Historical Quarterly,* 23:2 (June 1944), p. 101; 轉引自：Christopher Lee Yip, p. 149.

60 請參閱：Otis Gibson, *The Chinese in America,* pp. 78-79.

61 請參閱：Theodore Hittel, *History of California,* Vol. 4 (San Francisco: N. J. Stone, 1898), pp. 98-99; 轉引自：Charles J. McClain, "California's First Anti-Chinese Laws," *Chinese America: History and Perspectives* 1995, p. 88.

62 請參閱：*San Francisco Daily Alta California,* May 12, 1851, p. 2.

63 請參閱：*San Francisco Daily Alta California,* May 12, 1851; 轉引自：Victor Low, *The Unimpressible Race: A Century of Educational Struggle by the Chinese in San Francisco* (San Francisco, California: East/West Publishing Company, 1982), p. 2.

64 請參閱：Mary Roberts Coolidge, *Chinese Immigration* (New York: Henry Holt, 1909), p. 55. Also in Victor Low, p. 2.

65 請參閱：*San Francisco Daily Alta California,* May 21, 1853, p. 2; 轉引自：Victor Low, pp. 2-3。也可以參閱：H. Brett Melendy, *Chinese and Japanese Americans,* p. 30.

66 請參閱：Qingsong Zhang, Ph.D. dissertation, 1994, p. 46.

第五章 建造橫貫大陸鐵路

「從大西洋到波光粼粼的太平洋！」〔From sea to shining sea. 譯註：這原本是一句歌詞的一部分，引自美國愛國歌曲〈美哉美國〉（"America the Beautiful"）〕一八四〇年代的美國人對於上述願景感到著迷不已，而且徹底體現於「昭彰天命」的思想中，他們認定自己的國家有權力也有責任把民主的生活方式散播在美國大陸上：也就是從大西洋海岸到太平洋海岸，從南方的格蘭河（Rio Grande）到北方的北緯五十四度線，任何人都要奉民主為圭臬。這個國家在一八四〇年代陸續把德州、加州與奧勒岡州納入版圖，因此自信滿滿，人口持續增加，許多美國人都希望往西邊遷居，尤其是因為金礦而聲名大噪的加州，而理查·丹納（Richard Henry Dana）的《兩年水手生涯》（*Two Years Before the Mast*）一書細數了他從東岸到加州的冒險旅程，也起了推波助瀾的作用。

不過，實現這願景的過程可說是險象環生，充滿挫折。前往西岸的旅途中人煙稀少，而且也沒有可靠的交通工具或路線。穿越美國大陸時必須承擔的種種風險包括病死、餓死、渴死、熱死或凍死，被盜匪或原住民殺死。想要從人口較為密集的東岸地區前往剛剛加入美國的加州，必須經過人煙稀少的大西部，但卻沒有任何一條安全路線可言，那些直接前往加州山區的淘金客當然是風險最高的族群，但不只有他們對此感到洩氣。加州居民都要等上好幾個月才能夠收到從東岸運過來的郵件與補給品，早就開始不耐煩了。華府當局也體認到，如果能夠把東西兩岸之間的交通路線建立起來，不但有助於經濟發展，也能讓政局更為穩定。美國西部有廣袤無垠的農田可供美國人開墾定居，還蘊藏著大量金礦、銀礦等待開採，政府更可藉此收稅。只要有一條橫貫美國大陸的鐵路，就可以讓更多人遷居西部，也可將西部天然資源以安全又便宜的方式運回東岸各大城的市場販售。

美國大陸上只有兩條前往西部的路線：一是翻越洛磯山，二是穿越阿帕契人（Apache）與科曼契人（Comanche）居住的地區，但兩者都是險路。若是從密蘇里州以東的任何地方搭船前往加州，雖然路途較遠，但幾乎總比陸路更為安全。上船的地方在大西洋海岸區，或是南邊的墨西哥灣區，然後繞過南美洲最南端，經過麥哲倫海峽（Strait of Magellan），然後往北航行後抵達加州。如果前往中美洲東岸登船，就可以大幅縮減航程，不過必須先搭馬車穿越一座座峽谷，然後改搭往北的汽船到加州去。（最後，在美國工程師的努力之下，巴拿馬運河終於在二十世紀初興建完工。）

儘管當時南北戰爭已經爆發了，但興建橫貫大陸鐵路的呼聲是如此之高，在林肯總統的支持下，國會甚至立法規定政府可以用銷售債券來籌措鐵路所需資金。鐵路的興建工程由兩家公司分頭進行。一八六二年，由利蘭・史丹佛（Leland Stanford）、科里斯・亨廷頓（Collis P. Huntington）、查爾斯・克羅克（Charles Crocker）與馬克・霍普金斯（Mark Hopkins）等「四大巨頭」合夥經營的中央太平洋鐵路公司（Central Pacific Railroad Company）取得鐵路工程的合約，負責鋪設沙加緬度以東的鐵軌，至於該公司的對頭聯合太平洋鐵路公司（Union Pacific）則負責從內布拉斯加州的歐馬哈市（Omaha）開始往西鋪設鐵軌，因為那裡是可以藉由既存鐵軌連接東岸的地方。他們的目標是在中間點會合，蓋出一條可連接大西洋與太平洋海岸地區的橫貫美國大陸鐵路。聯合太平洋鐵路公司的工程都是在平原上進行，因此遠比中央太平洋鐵路公司的山區工程容易多了。中央太平洋公司的工程師們誓言克服天險，但華人鐵路工流血流汗，貢獻不小，而且在很多地方都能適時獻計，促成鐵路工程的完工。

他們剛開始就遇到最大的挑戰：必須設法把矗立在加州、內華達州境內，彷彿西部最後一道屏障而且崎嶇不平的內華達山脈（Sierra Nevada）鑿穿。中央太平洋公司的工人們冒險犯難，不但要負責在山區鑿出一條條隧道，還要在乾旱燠熱的內華達領地、猶他領地的沙漠裡鋪設鐵軌。某些工程師遠遠地勘查地形，斷言這根本是不可能的任務。中央太平洋公司展開為數五千人的大規模招工計畫，將傳單發放到加州境內的每一間郵局，以高薪吸引白人勞工。但此一手法只招到八百人。[1]既然可以靠金礦一夜致富，何苦為了那一點薪水幹得要死要活的？用該公司工程總監詹姆斯．史卓布里吉（James Strobridge）的話來說，許多簽約的人都「不夠穩定，也不可靠。有些人只待了幾天，也有人根本就不上工。也有人待到發薪日，拿了一點薪水就去買醉，然後拍拍屁股走人」。[2]公司曾考慮過請求聯邦政府戰爭部（War Department）派五千個南軍的戰俘來當工人，但羅伯．李將軍（Robert Lee）旋即選擇在阿波馬托克斯法庭（Appomattox Court House）向北軍投降，這計畫也就隨著戰爭結束而泡湯了。

所幸，中央太平洋公司還有廣大的華人移民可以招聘，而且他們又便宜又好用。到了一八六五年，加州的華人人數已經逼近五萬人，其中至少有百分之九十都年輕力壯。[3]那年春天，白人勞工要求加薪，並且威脅要罷工，中央太平洋公司的大股東查爾斯．克羅克便下達命令，要工程總監史卓布里吉招募華工。這招果然管用，白人勞工都同意返回工作崗位，條件是不能雇用華工，但這時候公司方面已經佔上風了，所以還是聘了五十個華工，他們都曾是礦工、洗衣工、家僕或者賣菜給市場的菜農，往後將負責把路面整平、鋪設鐵軌的苦差事。[4]許多人宣稱，此舉是鐵路公司想讓白人勞工記住：隨時都有人可以取代他們。無庸贅言的是，這肯定無助於促成白人勞工與華工之間的和諧關係。

當然，最早開始歧視華人鐵路工的並非白人勞工。起初，工程總監史卓布里吉對公司的政策非常不滿。他咆哮道：「我才不要當這些中國人的總監！」[5]並且暗示中國人太過瘦小，幹不了這種苦差事。（華人的平均身高只有大約一百四十七點三公分，五十四點四公斤。[6]）但克羅克卻說，既然他們蓋得出萬里長城，當然也就能蓋鐵路。[7]儘管百般不願，史卓布里吉還是得讓華人上工，但只叫他們做一些輕活，像是把廢土裝進推車裡。

讓許多人大感意外的是，這五十位首批華工的表現極為傑出——不過，顯然他們自己對此並不感到太意外。不但嚴守紀律，學東西也都很快，所以鐵路公司很快就派其他工作給他們，像是把巨大岩塊切碎。後來，中央太平洋公司又聘了五十名華工，接著再聘一批，也是五十人，就這樣該公司旗下最後終於有了好幾千名華工——而且已經變成鐵路工的主力。查爾斯・克羅克的兄長艾德溫（Edwin B. Crocker）寫信給共和黨的加州參議員柯內里烏斯・柯爾（Cornelius Cole），表示華工的工作量幾乎與白人一樣，卻遠比白人更為可靠。該公司董事長利蘭・史丹佛（史丹佛大學就是他後來創立的）則盛讚華工「沉默而溫和，有耐心又勤奮，而且節儉」。[8]（不過，在這方面史丹佛可說是個牆頭草。先前在該州瀰漫著反華氛圍時，他曾經說加州華人是亞洲的「人渣」，是「低等」民族。[9]但幾年後他在寫給安德魯・詹森總統（Andrew Johnson）的報告裡，為了證明中央太平洋公司大批雇用華工是正確的，卻對華人大加讚賞。到了後來，尤其是在一八八四年，他為了競選參議員職位，又與那些贊成華人移民禁令的人站在同一陣線上。）

華工的生產力讓該公司高層非常滿意，因此極力贊成更多華人移民到加州。「我非常贊成你把更多中國佬弄到這裡來，」公司「四巨頭」之一科里斯・亨廷頓曾在一八六七年寫給查爾斯・克羅克的信裡表示，「如果在一八六八年能有五十萬華人移民到這裡，我們公司與加州都有很大的好處。」[10]

中央太平洋公司印製傳單，並且派遣招募人員前往中國招募新的華工，尤其是廣東省。該公司與一家汽船公司協商，幫忙華工取得較低的船票售價。[11]而且非常幸運的，清廷與美國政府的外交關係也為華人移居美國創造出更有利的條件。清廷在同治七年（一八六八）與美國政府簽訂《中美天津條約續增條約》（也就是《蒲安臣條約》（Burlingame Treaty））為了取得美國在貿易方面給予的「最惠國待遇」，清廷同意在條約裡規定：「大清國與大美切念民人前往各國，或願常住入籍，或隨時來往，總聽其自便，不得禁阻，為是現在兩國人民互相來往，或遊歷，或貿易，或久居，得以自由，方有利益。」[12]

這些華工新血乘船抵達舊金山後，立刻就改搭河船前往沙加緬度，然後登上中央太平洋公司自家的火車前往鐵軌的最末端，那裡有一個移動式的工地。[13]公司把華工分配成一個個小隊，大概每十幾個人就由一位華工工頭帶領[14]，工頭負責與公司的領班溝通[15]，而且每一隊都有人負責當廚子。華工必須自己出伙食費，也自己料理食物，甚至可以弄得到一些特別食材，像是烏賊、竹筍與鮑魚。[16]晚上他們睡在公司提供的帳篷裡，或是地面上挖出的土洞中。[17]在工程如火如荼進行的顛峰期，中央太平洋公司最多曾經聘用了一萬多名華工。[18]

華工的數量多到惹毛了白人鐵路工。就像鐵路工朱立（Lee Chew，音譯）後來在自傳裡回憶起當年的狀況，字裡行間頗以自己的華人身分為榮：「華人之所以被迫害，是因為太優秀了，而不是因為太糟。如果能聘得到華人，任何人都不想聘雇愛爾蘭人、日耳曼人、英國人或義大利人，因為我的同胞遠比他們更為誠實、勤奮、穩定，不會酗酒，又刻苦耐勞。」[19]查爾斯．克羅克也公開讚賞華工的工作態度。在進行某個隧道工程時，他曾聘一組來自內華達州維吉尼亞市的礦工（都是來自英國康瓦爾郡的移民），還有一組華工，兩者分別開挖隧道的兩端，事後他的評論是：「華工的工作績效總是高於那些康瓦耳礦工。也就是說，他們切割下來的岩塊數量總是高於康瓦耳礦工。這可是一樁苦差事，必須不斷敲打岩石，非常費力的工

清同治七年，清廷派往美國出使的蒲安臣（Anson Burlingame）使節團。在這之前，蒲安臣（照片中間站立者）曾是美國駐華公使，後來獲清廷任命後，出使美國，簽訂的《中美天津條約續增條約》（又稱《蒲安臣條約》）促成了中美兩國人民得以「互相來往，或遊歷，或貿易，或久居」。

作。」[20]康瓦耳礦工最後撒手不幹，還撂下狠話：「我們再也不會跟中國佬一起工作。」據克羅克回憶，很快的「整個隧道工程就被那些中國佬吃下來了。」

白人鐵路工開始覺得，因為華工太過勤奮，逼使其他工人要和他們一樣認真，而且領的錢還比較少。克羅克回憶道，加州奧本市（Auburn）有個紳士問起某位白人勞工的薪水。「我想我們付給白人勞工的月薪是三十五美元，並提供伙食，但中國佬卻只領三十美元月薪，而且伙食自理，」[21]克羅克表示，「那紳士說：『這薪水可真不錯啊！』結果那一位白人勞工說，『是啊！不過，要不是有那些該死的『黑鬼』（譯註：原文是nagur，也就是nigger，本來是黑人的蔑稱，但在此指華人。可能是因為當時的華工看起來都是一副黑黑瘦瘦的模樣），我們就可以拿到五十美元薪水，而且只做不到一半的工作量。』」[22]

某些中央太平洋公司的白人鐵路工醞釀著要把華工趕出公司，但是查爾斯．克羅克聽到了風聲，便威脅要用華工取代所有白人。[23]最後白人勞工只得作罷，公司也許祭出了安撫他們的手段：宣稱只有白人有資格被提升為領班。而且，華工越多，白人勞工就越少，所以也提高了每個白人晉升為領班的機會，因為競爭對象變少了。還有，領班的薪水比華工多好幾倍。

在北加州、內華達州與猶他領地鋪設鐵軌的過程中，成千上萬的工人（其中有華工、愛爾蘭工人、日耳曼工人與其他國家的工人）把這世界最大片的林地之一夷為平地，而且有些樹根是如此之深，通常需要十桶火藥才能夠把它們炸掉。[24]這工作非常危險，因為常有巨石鬆脫砸落、山崩地裂，碎石四處噴飛。等工程進行到了內華達山山脈，危險性甚至變得更高了。

在開鑿穿山隧道時，最理想的狀態是有重型機具可以使用。不過這工程無法使用，因為要運輸那種機具要花很多錢，而且會碰到許多困難（必須把所有的橋都改建，才能夠將機具運到工地）。迫於無奈，華工們只能使用手持式鑽具、炸藥與鏟子來鑿穿花崗岩山壁。[25]在某些地方他們面對的是某種斑岩山壁，即使用火

在內華達山脈地區興建橫貫大陸鐵路的華人鐵路工。中央太平洋鐵路公司（Central Pacific Railroad Company）興建鐵路期間，以最少的薪水雇用華人進行最危險的工作，用炸藥沿著一片片花崗岩絕壁開出一條道路。等到火車鐵軌完工之際，死亡華工人數幾乎達到十分之一。（照片來源：California State Railroad Museum）

藥也無法從正面炸穿。[26]平均來說，他們一天只能夠鑿穿七吋厚的山壁[27]，等於每一哩隧道的造價為一百萬美元[28]。

一八六六年夏天，為了加快工程進行的速度，鐵路公司安排了好幾班工人日以繼夜趕工。[29]華工們肩並肩幹活，焚膏繼晷，鑿石鑽洞，吸入大量花崗岩粉塵，在微弱閃爍的燭光下流汗喘息，就連其中最健壯的也會因為體力耗盡而昏倒。

最後，公司為了趕工而把硝化甘油都拿出來用。只有一些華工過去有處理煙火的豐富經驗，所以願意使用這種非常不穩定的炸藥，用法是在花崗岩岩壁上鑽洞，把炸藥塞進去引爆。[30]無數工人死於爆破意外，但中央太平洋公司並未把數字記錄下來。

不過，鐵路工們還是繼續面對重重險阻。有個可怕的工地位於一座綽號叫做「合恩角」（Cape Horn，譯註：真正的合恩角位於南美洲的最南端）：那是一個美國河（American River）經過的三哩寬峽谷，位於加州科爾法克斯（Colfax）以東三哩，沙加緬度以東五十七哩處。他們必須先在一片又長又陡的峭壁邊開出一條平坦的路基，為此某位華人工頭向工程總監史卓布里吉建議，把中國人在長江峽谷邊興建碉堡的古法應用在這裡：他們可以把補給品擺在蘆葦織成的籃子裡，從峭壁頂端的山邊往下垂降，讓峭壁上工地的工人使用。[31]

公司很快就請人從舊金山把蘆葦運送到合恩角。華工們連夜把蘆葦編織成很大的籃子，繫上牢固的繩索。一切就緒後，他們用籃子把某些工人垂降到岩壁邊，工人就在籃子裡鑿洞，把炸藥塞進洞裡，這樣把幾乎垂直的岩壁雕鑿出可以鋪設鐵軌的地方。運氣好的話，在爆炸前就被人用籃子拉到上面；運氣不好的話則是會被花崗岩、頁岩碎片噴到，掉進下方山谷裡，死無全屍。

各國鐵路工因為氣力耗盡，普遍染上了各種疾病，但華工的狀況卻比白人好。白人的主食大致上都是醃牛肉、馬鈴薯、麵包、咖啡、已經壞掉的奶油，很少吃蔬菜，但華工因為自己開伙，所以飲食比較均衡。[32]白人鐵路工油膩膩的湯桶裡只有一支大家共用的湯勺，為此常常腹瀉，但華工喝的是用開水現泡的茶，存放在已經不用的威士忌酒桶或者火藥桶裡，茶桶吊掛在竹竿的兩端。[33]他們也不喝酒，「就是喝不慣威士忌，」如同當時某人在觀察華工後表示，「他們也比較不會打架，禮拜一上工時也不會精神不濟。」[34]最重要的是他們的衛生習慣很好，因此可以避免細菌傳染。某位作家寫道，「白人好像有恐水症似的，不愛洗澡。」但華工卻每晚在晚餐前把空火藥桶裝滿熱水，在裡面洗澡。[35]

工程進行到內華達山區時，鐵路工們剛好遇上了美國史上最可怕的兩年寒冬。一八六五年，積雪高達三十英尺厚，有好幾個禮拜他們都無法上工，只能忙著鏟雪。[36]隔年，也就是一八六六到六七年之間的冬天，則是被稱為「超級嚴冬」（Homeric winter）[37]，天候狀況之惡劣可以列入史上前幾名，各地平均降雪量高達四十英尺，山區積雪更是在八十英尺以上。[38]他們把十二輛火車頭並聯起來，用於推動掃雪機，勉勉強強才完成鏟雪的任務。[39]為了確保尚未完成的鐵軌不被積雪壓垮，他們必須搭建木棚，但即使木棚用的是最好的木材，還是會崩塌。[40]天候狀況最惡劣時，任何人都無法在雪地裡行走，有時候馬匹會把結冰的地面踩破，馬腳遭銳利的冰片割傷，傷口深可見骨。[41]負責送信給鐵路工的郵差是一位挪威移民，多虧他越野滑雪的功夫了得，才能完成使命。[42]

華工們把危機變成轉機，在厚重的積雪中造出一座工作用的超大雪屋。雪屋裡以油燈照明，宛如迷宮的隧道在屋內穿梭蜿蜒著，還有煙囪以及通往地面的台階。在雪屋裡他們持續為了鋪鐵軌而整地，所有的工具與材料都是從通氣孔往下傳遞給他們的。[43]

許多人為這工程犧牲性命。曾有一整組華工遭雪崩掩埋。一八六六年聖誕節當天，《荷蘭平地村詢問者報》（*Dutch Flat Enquirer*）做了以下報導：「一群中國佬鐵路工……遭到雪崩掩埋，在把他們挖出來以前已經有

四、五人罹難。後來，大雪下個不停，一整個工地的中國佬全都在夜裡被埋了起來，在本報的消息來源離開現場時，還有好幾組人馬正在開挖。」[44]等到春天雪融以後，鐵路公司發現華工們的死屍全都站得直挺挺的，結凍的手仍緊握著十字鎬或鏟子。[45]

寒冬不是他們遭逢的唯一阻礙。鐵路工們還得面對其他各種情況。好幾噸土壤在山崩時往下衝，把整條鐵軌埋住，擋住通道，也常有鐵路工被悶死。[46]雪融後到處泥濘不堪，馬車、手推車與驛馬車全都陷在大量汙泥裡。[47]工程離開山區後，鐵路工們必須面對的是內華達州與猶他領地裡四處可見的酷熱沙漠。沙漠的氣溫有時會驟降至攝氏零下四十五．五度，把地面凍得彷彿岩床，必須爆破後才能開鑿。[48]但有時候卻又突然飆升至攝氏四十八點八度高溫，讓許多人中暑脫水。[49]

華工們每週有六天都必須從日升幹活到日落，每一班的工作時間十二小時。[50]他們只有在禮拜天才有時間喘口氣，縫補衣服、聊天、抽菸，當然還有賭博。[51]〔白人鐵路工嗜喝威士忌，華工則是好賭。這些華工賭鬼甚至在內華達州留下了蹤跡：該州賭場把十九世紀華人鐵路工當成「基諾」（keno）這種賭博遊戲的創始人，而且是由一種叫做「白鴿票」（pak kop piu）的中國彩票賭博遊戲演變而來的。〕因為遭到鐵路公司高層以各種手法虐待與歧視，原本就極其乏味的生活變得更難捱了。華工的工作時間比白人長，要求也更嚴苛，但薪水卻比較少：因為華工必須自付伙食費，因此折算起來薪水只有白人的三分之二[52]、白人領班的四分之一[53]。（就連每一匹馬每個月的伙食費也高達五十美元，比華工的平均薪資還要高二十美元。）[54]最糟糕的是他們還得吃監工的鞭子，受到奴隸般的待遇。[55]

最後，華工們終於起身反抗了。一八六七年六月，中央太平洋公司瀕臨破產邊緣（後來，據史丹佛描述，曾有兩個禮拜公司金庫裡沒有任何現金）[56]，內華達山區的兩千名華工集體罷工。[57]他們罷工的方式非常溫和有禮，與其他許多行徑一樣，在白人看來可能會覺得很奇怪：他們指派幾位工頭向工程總監史卓布里吉反映，提出一連串要求，包括加薪、減少隧道裡的工時。[58]他們還自製中文傳單，用來解釋他們應該享有的權利，發送給所有同胞。[59]事後回顧起來，華工們能夠團結起來罷工，真是令人感到非常意外，畢竟我們也可以看到一些記錄顯示華工們往往會拉幫結派，互相看不順眼就拿起鏟子、鐵撬與尖鐵來械鬥。但他們的確成功發動了這次罷工行動。

中央太平洋鐵路公司很快就做出回應，而且完全不留情面。查爾斯．克羅克憤怒不已，與各家人力仲介公司聯絡，想要聘用那些剛剛被解放的美國黑奴來取代華工。[60]他把華工的薪水都扣住，也切斷糧餉的供應，以飢餓攻勢成功逼使他們回到工作崗位。[61]因為華工大都不會說英語，在別處也找不到工作，而且沒有返回加州的交通工具，所以罷工只持續了一週。[62]不過，這次罷工也不能說完全沒有成效，因為公司的確幫華工加了兩元月薪。[63]更重要的是，華人完成了十九世紀的第一次罷工行動，藉此讓他們目前與未來的雇主認清一個事實：儘管華工任勞任怨，非常好管理，但如果被逼急了，他們還是會團結起來保護自己，即使勝算不高也在所不惜。

後來，鐵路公司高層甚至盛讚這是一次井然有序的罷工行動。「假使有那麼多白人罷工，肯定會有人被殺，一堆醉鬼把場面搞得亂七八糟，」克羅克用驚訝的口吻表示，「但中國人罷工簡直就和禮拜天休息時沒兩樣。他們全都待在營地裡。他們會出來四處走動，但都沒有人說話，也沒做任何事。整條鐵路的各個工地都沒有發生持續性的暴力事件。」[64]

不過，華工當然還是有動手打架的能耐。就在鐵路工程接近完工時，華工在鐵路的中間點第一次遇上了聯合太平洋公司的愛爾蘭勞工。兩家公司的工地僅僅相隔一百英尺左右，聯合太平洋公司的愛爾蘭工人用噓聲奚落華工，對他們丟擲土塊。華工相應不理，愛爾蘭人便拿起十字鎬來對著他們揮舞，但讓在場所有的白人感到震驚的是，華工們展開反擊。雙方的敵對狀況持續升高。因為白人在工地偷埋火藥，導致幾位華工因為火藥爆炸而受傷。幾天後，一次神祕的爆炸意外奪走幾個愛爾蘭鐵路工的性命。大家都認為是華工採取以牙還牙的手段。就在這件事發生後，白人鐵路工面對華工的態度就開始沒那麼囂張了。[65]

華工與愛爾蘭人之間雖然常有嫌隙，但有時候也會展現出些許工人情誼。一八六九年四月，兩家鐵路公司舉辦一次比賽，看誰能夠以最快速度鋪設鐵軌。這次競賽的起因是查爾斯・克羅克吹牛，表示華工一天可以鋪設十英里長的鐵軌。[66]（在某些地區，聯合太平洋公司平均一週只能鋪設一英里鐵軌。）克羅克對華工的實力信心滿滿，甚至還願意和聯合太平洋公司的副董事長湯瑪斯・杜蘭特（Thomas Durant）對賭一萬美元。[67]比賽那一天，八名中央太平洋公司的愛爾蘭工人負責把鐵軌材料卸下來，華工則負責把鐵軌釘在地上、算好距離，最後栓起來，鋪設鐵軌的速度飛快無比。他們打破了聯合太平洋公司的紀錄，在十二小時又四十五分鐘內就鋪完了超過十英里的鐵軌。

一八六九年五月十日，從東邊與西邊開始鋪設的鐵軌終於要在猶他領地的普羅蒙特瑞角（Promontory Point）會合了：中央太平洋公司鋪設了六九〇英里的鐵軌，[68]聯合太平洋公司鋪的鐵軌則更是將近一〇八六英里。[69]此時這條鐵路終於把東西兩岸連接在一起。在這一條橫貫大陸鐵路完工前，橫跨美國必須耗時四到六個月。但如今可以搭火車，只消六天就可橫跨美國。此一成就為美國史上鍍金時代（Gilded Age, 譯註：指一八七〇到一九〇〇年）的大亨們創造出無數財富，但鐵軌卻是許許多多勞工用血汗與性命換來的。平均來說，每鋪設兩英里的鐵軌就有三位勞工喪命，[70]最後華人鐵路工喪命的人數高達一千多人，運回中國的屍骨重達兩萬磅。[71]〔多年後，某些華人鐵路工回到內華達山脈去尋找同伴們的遺骨。他們稱這種追尋舊人的活動為「找殉友」（jup seen you），四處尋找舊墓——但所謂墳墓，其實只是在鐵軌附近把屍體用石堆掩埋起來，然後插一根木樁，以茲辨別。開挖後往往會看到骸骨旁有一個用蠟封起來的瓶子，裡面擺著一塊布，上頭寫著死者的姓名、出生年月日與家鄉。〕[72]如果沒有華工貢獻出勞力與技術，這條鐵路也無法完成。儘管如此，中央太平洋鐵路公司還是盡可能把華工該有的一切都剝奪掉。他們想要把華工的貢獻從歷史上完全抹除掉。華工們不但無法參加完工儀式，[73]就連公司董事長史丹佛把最後一根長釘（紀念性的金色長釘）插到地上，慶祝完工時所拍的那張有名照片裡，也只有美國的白人勞工與他合照。對華工們造成最直接問題的是，中央太平洋公司立刻把大多數華工解雇了，[74]連原本說好要把他們載回加州的諾言也不遵守。[75]公司只留下幾百名華工來進行鐵路的維護工作，其中某些人的餘生就在鐵路沿線的一個個偏遠小鎮度過，[76]其中少數更是只能住在改裝的貨運列車車廂裡。[77]

其他被解雇的華人鐵路工此刻除了失業，也無家可歸，而且置身於一個非常不友善的惡劣環境裡。他們必須自謀出路，有些人在美國的內陸地區四處流浪，尋找得以餬口的工作機會，而這一趟旅程也讓他們分散流落到全國各地。

1 請參閱：Tzu-Kuei Yen, "Chinese Workers and the First Transcontinental Railroad of the United States of America," Ph.D. dissertation, St. John's University, 1976, p. 34.

2 請參閱："unsteady men, unreliable": David Haward Bain, *Empire Express: Building the First Transcontinental Railroad* (New York: Viking, 1999), p. 208.

3 請參閱：John Hoyt Williams, *A Great and Shining Road: The Epic Story of the Transcontinental Railroad* (Lincoln: University of Nebraska Press, 1989), p. 95.

4 請參閱：Tzu-Kuei Yen, p. 33.

5 請參閱：Thomas W. Chinn, H. Mark Lai, and Philip P. Choy, eds., *A History of the Chinese in California: A Syllabus* (San Francisco: Chinese Historical Society of America, 1969), p. 44.

6 請參閱：Stephen E. Ambrose, *Nothing* Like It *in* the World (New York: Simon & Schuster, 2000), p. 150.

7 請參閱：John Hoyt Williams, pp. 96-97; Lynne Rhodes Mayer and Kenneth E. Vose, *Makin' Tracks: The Story of the Transcontinental Railroad in the Pictures and Words of the Men Who Were There* (New York: Praeger, 1975), p. 27.

8 請參閱：Southern Pacific Relations Memorandum, *The Chinese Role in Building the Central Pacific*, January 3, 1966；也可以參閱：Charles Nordhoff, *California, A Book for Travelers and Settlers* (New York, 1873), pp. 189-90。兩者都是轉引自：Thomas W. Chinn, H. Mark Lai, and Philip P. Choy, p. 45.

9 請參閱：Tzu-Kuei Yen, pp. 40-42.

10 請參閱：William Deverell, *Railroad Crossing: Californians and the Railroad, 1850- 1910* (Berkeley: University of California Press, 1994), p. 15；也可以參閱：Stephen E. Ambrose, p. 243.

11 關於中央太平洋鐵路公司招募華工的方式，請參閱：Central Pacific recruitment tactics: David Haward Bain, *Empire Express*, p. 331. 查爾斯・克羅克聘了一位中國藝術家，把招聘資訊刻在印刷用的木版上，印了五千份傳單，張貼在中國與加州各地。

12 請參閱：Erika Lee, "Enforcing and Challenging Exclusion in San Francisco: U.S. Immigration Officials and Chinese Immigrants, 1882-1902," *Chinese America: History and Perspectives 1997* (Brisbane, Calif.: Chinese Historical Society of America, 1997), p. 3.

13 請參閱：Stephen E. Ambrose, p. 161.

14 請參閱：David Haward Bain, p. 221.

15 請參閱：Thomas W. Chinn, H. Mark Lai, and Philip P. Choy, p. 44.

16 請參閱：Lynne Rhodes Mayer and Kenneth E. Vose, *Makin' Tracks*, p. 32.

17 請參閱：Thomas W. Chinn, H. Mark Lai, and Philip P. Choy, p. 45.

18 請參閱：Sucheng Chan, *Asian Americans: An Interpretative History* (New York: Twayne Publishers, 1991) p. 30.

19 請參閱：Stephen E. Ambrose, p. 153.

20 請參閱：Charlie Crocker's testimony, November 25, 1876. Bancroft Library, University of California at Berkeley. 克羅克還表示，華工「值得信賴又非常聰明，花錢聘請他們實在是非常值得。」

21 引自："I think we were paying $35 a month and board to white laborers": cited in David Haward Bain, p. 222.

22 請參閱：David Haward Bain, p. 222.

23 請參閱：driving the Chinese off the job: Tzu-Kuei Yen, p. 36.

24 請參閱：John Hoyt Williams, p. 115.

25 請參閱：Neill C. Wilson and Frank J. Taylor, *Southern Pacific: The Roaring Story of a Fighting Railroad* (New York: McGraw-Hill, 1952), p. 18.

26 請參閱：John Hoyt Williams, p. 115.

27 請參閱：Ibid.; Lynne Rhodes Mayer and Kenneth E. Vose, p. 40.

28 請參閱：Tzu-Kuei Yen, p. 126.

29 請參閱：*Tzu-Kuei Yen*, p. 129; Neill C. Wilson and Frank J. Taylor, p. 19.

30 請參閱：Neill C. Wilson and Frank J. Taylor, p. 18. Also, John Hoyt Williams, p. 133.

31 請參閱：Stephen E. Ambrose, p. 156.

32 請參閱：Lynne Rhodes Mayer and Kenneth E. Vose, p. 32.

33 請參閱：Ping Chiu, *Chinese Labor in California*, 1850-1880: *An Economic Study* (Madison: State Historical Society of Wisconsin for the Department of History, University of Wisconsin, 1963), p. 49; Lynne Rhodes Mayer and Kenneth E. Vose, p. 32.

34 請參閱：Tzu-Kuei Yen, p. 35.

35 請參閱：John Hoyt Williams, p. 98。轉引自可能是在一八七六年出版的一本小冊子：B. S. Brooks, *The Chinese in California*, San Francisco. Bancroft Library, University of California at Berkeley.

36 請參閱：John Hoyt Williams, p. 130.

37 請參閱：John Hoyt Williams, p. 143.

38 請參閱：Lynne Rhodes Mayer and Kenneth E. Vose, p. 52.

39 請參閱：Tzu-Kuei Yen, p. 123.

40 請參閱：Lynne Rhodes Mayer and Kenneth E. Vose, p. 52.

41 請參閱：John Hoyt Williams, p. 143；轉引自：George Kraus, *High Road to Promontory* (Palo Alto, Calif.: American West Publishing Company, 1969), p. 148.

42 請參閱：John Hoyt Williams, p. 144.

43 請參閱：John Hoyt Williams, pp. 143-44；也可以參閱：Wesley S. Griswold, A *Work of Giants* (New York: McGraw-Hill, 1962), pp. 191-92.

44 請參閱：*Dutch Flat Enquirer*, December 25, 1866, as cited in Thomas W. Chinn, H. Mark Lai, and Philip P. Choy, p. 45.

45 請參閱：Ronald Takaki, *Strangers from a Different Shore, p. 86; Railroad Record*, October 31, 1867, p. 401，轉引自：John Hoyt Williams, p. 161.

46 請參閱：John Hoyt Williams, p. 115.

47 請參閱：Tzu-Kuei Yen, p. 121.

48 請參閱：Tzu-Kuei Yen, p. 132.

49 請參閱：John Hoyt Williams, p. 208.

50 請參閱：Tzu-Kuei Yen, p. 37.

51 請參閱：*Origins & Destinations: 41 Essays on Chinese America*, p. 125.

52 請參閱：Tzu-Kuei Yen, p. 111.

53 請參閱：Tzu-Kuei Yen, p. 130.

54 請參閱：Ibid., p. 130.

55 請參閱：Ibid., p. 38; Stephen E. Ambrose, p. 241。從歷史文獻看來，史卓布里吉根本不把華工當人看待。「當我剛剛接手這工程時，曾跟史卓布里吉吵過架，」公司大股東克羅克向某位傳記作者表示，「我說，『別用那種口氣跟他們講話，他們也是人生父母養的啊！別動不動就辱罵他們。』他則對我說，『那是必要的，以後你就懂了。別用對紳士講話的口氣跟他們講話，因為他們不是紳士。他們幾乎跟畜牲沒兩樣。』」請參閱：David Haward Bain, p. 208.

56 請參閱：John Hoyt Williams, p. 181; Tzu-Kuei Yen, p. 28.

57 請參閱：Thomas W. Chinn, H. Mark Lai, and Philip P. Choy, p. 45.

58 請參閱：Tzu-Kuei Yen, pp. 130-31; Thomas W. Chinn, H. Mark Lai, and Philip P. Choy, p. 46。根據這本書的三位作者表示，華工們要求把月薪增加到四十美元，將隧道裡的工時降低為八小時。

59 請參閱：Tzu-Kuei Yen, pp. 130-31.

60 請參閱：John Hoyt Williams, p. 181.

61 請參閱：John Hoyt Williams, p. 181.

62 請參閱：Tzu-Kuei Yen, pp. 39, 130-31.

63 請參閱：Ping Chiu, p. 47.

64 請參閱：Stephen E. Ambrose, p. 242.

65 關於愛爾蘭鐵路工騷擾華工的舉動，以及華工採取的報復手段，請參閱：Tzu-Kuei Yen, pp. 143-44.

66 請參閱：David Haward Bain, p. 639.

67 請參閱：Stephen E. Ambrose, p. 348。這次競賽的某位目擊者卯起來讚揚華工們：「我從來沒見過這麼井然有序的工班，他們就像行軍的部隊，所到之處都會留下一段又一段鐵軌。」引自：Stephen E. Ambrose, p. 350.

68 請參閱：“Condition of the Union Pacific Railroad.” Letter from the Secretary of the Interior, Transmitting Report of Isaac N. Morris, one of the Commissions appointed to examine the unaccepted portions of the Union Pacific Railroad. June 3, 1876, Referred to the Committee on the Pacific Railroad. June 20, 1876, Ordered to be printed. Forty-fourth Congress, 1st Session, House of Representatives, Ex. Doc. No. 180.

69 請參閱：Ibid.

70 據估計，這一萬到一萬兩千名的華工裡總計有一千人喪生。請參閱：*The Asian American Almanac*, p. 46; Connie Young Yu, "Who Are the Chinese Americans?," in Susan Gall, managing ed., and Irene Natividad, executive ed., *The Asian American Almanac: A Reference Work on Asians in the United States* (Detroit: Gale Research, 1995); Lynne Rhodes Mayer and Kenneth E. Vose, 28。另一本書則是指出華工總人數介於一萬兩千到一萬四千之間，請參閱：*The Harvard Encyclopedia of American Ethnic Groups*, p. 219。根據某位華人鐵路工後代的研究結果，平均來講，每鋪設兩英里的鐵軌就會有三位華工死於意外，請參閱：William Chew, *Salt Lake Tribune*, May 11, 1999.

71 請參閱：Lynn Pan, *Sons of the Yellow Emperor: A History of the Chinese Diaspora* (New York: Kodansha America, 1994), p. 55.

72 請參閱：Connie Young Yu, "John C. Young, A Man Who Loved History," *Chinese America: History and Perspectives* 1989 (San Francisco: Chinese Historical Society of America, 1989), p. 6.

73 請參閱：Sucheng Chan, *Asian Americans*, p. 31.

74 請參閱：Ibid., p. 32.

75 請參閱：Ibid.

76 請參閱：Ibid., p. 32.

77 請參閱：*Origins & Destinations: 41 Essays on Chinese America*, p. 129.

第六章
在大西部求生存

自從第一批華工開路先鋒踏上舊金山港的碼頭以來，二十年之後，也就是一八六九年，已經有數以萬計華人在美國生活。其中許多華人已經不年輕了，有些人已經在美國工作了十幾年，甚至將近二十年，而且大家都過著漫長又寂寞的苦日子，能休息的時間很少，報酬微薄。若換成其他人到了他們這個年紀，儘管生活艱困，但還是可以靠妻子陪伴與兒女帶來的歡笑而繼續過下去，但他們卻必須在他鄉異國獨自苦撐。也許最悲哀的是，他們沒有旅費可以常常回國，也有人是因為一敗塗地而不好意思回去，某些人則是透過信件得知，他們來到美國前妻子所懷上的兒女已經成年了。這一切值得嗎？

對於那些多年來工作始終不穩定，從來沒有好表現的人來說，答案肯定是「不值得」。也許，最可憐的是那些還在淘金的人。距離金礦的發現已經二十年了，不像過去那樣可以單打獨鬥，拿著篩子與淘金盤，再買一匹小驢當馱獸就夠了，而是變成大企業的獨門生意，因為採礦時必須使用昂貴機具去挖掘結晶石塊，然後靠大批廉價勞工從石塊中提取出黃金。仍待在金礦業的華工此時大都已淪為大公司的廉價勞工，而且在薪資待遇上飽受種族歧視——白人的日薪為七美元，華工卻最多只能拿兩美元。[1]不是只有金礦業有華人礦工，煤礦與汞礦也有，而且有些人因為吸入過多含汞廢氣而生了重病，最後會變成「不停顫抖的無牙殘軀」，已經藥石罔效。[2]這些人年輕時曾想來美國實現「黃金夢」，如今美夢早已永遠成為泡影。他們唯一看得到的未來，就是在這異地接受死神的召喚。

的確有數以千計的華工來到美國後只是被用完就丟，未曾嚐過一丁點美國夢的滋味，但並非所有華工的下場都是如此，而且這也不是最常見的狀況。少數運氣較好的華工的確在「金山」發了財（有些是靠淘金，但更多人是因為變成了勤勉的企業家），按原訂計畫回到了廣東，再也沒回美國。對這些人來說，去美國只是為了求財。至少從美國華人史的角度來看，他們的故事是以喜劇收場。有些華人新富回中國買地，在鄉下興建大宅院，實現了下半生要變得「有錢有閒」的美夢。他們和兒孫述說關於舊金山、關於加州金礦的故事，也許還會提到美國西岸的其他地方。他們所描繪的金山就像拍立得拍出來的快照，注定會隨著年月消逝而褪色。

另外還有一群人，在美國混得很好，會定期回中國待一小段時間，與家人團聚敘舊之後就回美國。儘管十九世紀美國華工的薪水往往比白人還少，但已經足以改善老家親戚們的生活。不過，正因為如此，華人前往美國的移民潮也造成了一個比較不為人知的負面影響。

十九世紀的這個時期，美國人一週的薪水相當於中國勞工好幾個月才能掙得的收入。因此，儘管美國華工的薪水微薄，但卻已經足以在廣東造就出一個新富階級。許多當時所謂的「金山家庭」享受著老祖宗們恐怕連做夢都想像不到的榮華富貴，而這全都是因為美金具有匯兌上的優勢，再加上他們在美國的華工親戚願意做牛做馬，忍受漫長的工時。華工拿著在外國賺到的美金回國幫家人蓋屋買樓，甚至購入暑假專用的別墅，為孩子們聘請東翁先生，甚至送他們去上相當於大學的西式學堂。很快的，這些人普遍出現一種心態：既然有親戚在美國賺大錢，幹嘛還要工作呢？

例如，廣東省台山縣是華工匯款數量最多的地方，原本當地人克勤克儉的工作精神早已在二十年間消失殆盡。[3]金山華工的妻子們本來都很節約，持家有方，甚至會刻苦地自製手工藝品在當地市場販賣，貼補家用，如今她們將手工的工作交給了家僕。舉凡金山華工的兒子、兄弟、子姪，本來都是勤奮的農夫，如今卻開始聘用農工幫自己做事，甚至任由農田與灌溉系統荒廢，花錢從其他地區進口食物。看來，再這樣下去，台山人遲早要拿外國匯回來的錢去購買外國的米，所以當地流傳著這樣一則笑話：「船隻偶爾不能開，廚房馬上就斷炊。」[4]台山縣原本是全中國最有企業精神的地方之一，在一八五〇年代時尚能自給自足，但短短幾十年間卻變成人人「茶來伸手，飯來張口」，只因很多老婆都有個華工丈夫在千里之外刻苦耐勞、日以繼夜地工作。

除了原來的工作技能與衝勁漸漸喪失之外，更具傷害性的，是他們開始培養出各種需要花很多錢的品味。這些「金山家庭」的數量愈來愈多，而且大家開始沉迷於追求享樂。女人買起了珍稀藝術品與珠寶，男人則變成爛賭鬼，染上鴉片煙癮，或者花錢買小妾。當時某位地方官後來在書中如此批評台山地區：「寧邑地本瘠苦（譯註：「寧邑」指新寧縣，是台山的舊稱。台山縣是一九一四年以後的正式稱呼），風俗素崇儉樸，」[5]但「自同治初以來，出洋之人多獲資回華，營造屋宇，煥然一新；服御飲食，專尚華美；婚嫁之事，尤鬥靡奢，風氣大變。」[6]這一切都是因為台山的年輕人出國賺錢，為當地帶來許多巨大改變。

某些家庭有先見之明，懂得存錢，但其他家庭則是大肆揮霍。因為海外資金源源不絕流回家鄉，誰也沒想到要去質問這種新的生活形態。所幸，並非所有的錢都被虛擲在個人享樂上面。許多「金山家庭」慷慨解囊，創辦新的中小學、大學、圖書館，或挹注在其他公共建設上。據《台山縣志》引用光緒十九年（一八九三）出版的《新寧縣志》所載：「近年藉外洋之貲，宣講堂、育嬰堂、贈醫院、方便所、義庄諸善舉，所在多有」（譯註：「宣講堂」即新式學堂；「育嬰堂」即孤兒院；「方便所」即收留遊民的地方），不過「民風轉入奢靡，冠婚之費（譯註：即弱冠之禮與婚禮的花費），動數百金。田既磽薄，力復不濟。」[7]

另外一個問題則令人感到更為憂心忡忡。台山地區人士原本恪守儒家道德與倫理，就在這些傳統價值幾乎蕩然無存之際，當地社會也陷入了動盪不安。從道光、咸豐兩朝（十九世紀中葉）開始，廣東地區的民變屢有所聞，而且常常在爆發後演變成龐大的叛亂勢力。例如，祕密會社洪門所屬的三合會（Triads）就曾在這裡組織紅巾軍起事，意圖推翻滿清。在起事之前，三合會的賊人早已長年恐嚇鄉村地區，脅迫農夫入會，並且向各個城鎮勒索保護費。到了咸豐三年（一八五三），廣東地區的三合會會眾以「紅巾軍」之名叛變，各地村民被迫把自己武裝起來，保家衛鄉。兩年後紅巾軍才遭剿滅，七萬五千人因為有附匪之嫌而在政府秋後算帳時被砍頭。[8]

同樣令廣東陷入腥風血雨的，還有所謂「本地人」（Punti，即廣東人）與客家人之間的械鬥（又被稱為「土客衝突」）：而且此一衝突的濫觴甚至早在清朝建立（一六四四年）以前就已經存在。講粵語的「本地人」早在宋元之際（十三世紀）就先在廣東的低窪地區落腳，他們佔有的土地較為豐沃，至於客家人則是因為比較晚移居廣東（而且就是因為這樣才會被稱為「客人」），不得不找地力貧脊的丘陵地棲身。土客之間生活條件如此懸殊，所以就開啟了兩個族群之間歷史悠久的對立關係，雙方不只爭奪土地，也競相鼓勵子弟透過科舉考試取得官職。結果客家人的表現太過傑出，清廷還得特地針對他們設定名額限制，但這更是讓客家人蒙冤含恨。土客之間的暴力衝突在咸豐年間（一八五〇年代）陷入白熱化，而且可說是紅巾軍之亂帶來的後遺症。村民們為了對抗紅巾軍而把自己武裝起來，此時則是轉而把武器用來進行械鬥。據統計，從咸豐四年到同治六年（一八五四—六七）之間，有二十萬人因為土客衝突而喪生。[9]

從美國匯回家鄉的錢顯然讓這情況更為惡化。在廣東人大量移居美國的二十年之間，該省大多數的時間都是盜匪猖獗，因為失業的人深信中國的腐敗已經無藥可醫，所以老實人根本無法出人頭地。打家劫舍、綁架與武裝搶劫等案件發生的頻率驟增。那些「金山家庭」如今在一般人眼裡已經與地方士紳無異，所以也就變成了盜匪的肥羊，結果他們就需要家人從海外匯更多錢回國，才能用來購買武器、興建碉堡高牆，抵禦外人入侵。最諷刺的是，華人移工在海外做牛做馬，就是為了讓家人有好日子過，沒想到有錢之後，他們的日子反而過得比以往更不平靜、更不安穩。

這就是為什麼有一群美國華工返鄉的目的與其他華工大不相同。有些華工事業有成，回國鼓勵子姪、兄弟也踏上他們的移民之路，到美國幫忙打理生意。他們認為，儘管美國充滿種族偏見與歧視，但還是處處都有機會——至少相對來說，比中國還多。他們並未懷抱著思鄉之情，留戀故人親友，而是展望未來，希望有朝一日能把所有的家庭成員帶到美國去過新生活。美國的確有種種不是之處，而且當然也不像過去那樣歡迎華人了。問題在於，這些華工就是有一種「回不去了」的感覺：每次返鄉，他們總覺得自己與過去在中國的人生愈來愈脫節了，而且漸漸覺得美國的生活才是他們想要的。就在他們自己沒有意識到這一點以前，家人們倒是都先看出來了。從流傳後世的一些軼事看來，他們的種種行為舉止，包括喝咖啡、戴美國人的帽子或者在與人聊天時不經意地混用英語和廣東話，總是讓仍然住在鄉間的親戚們感到困惑不已。

直到多年後回想起往事，華工們才會意識到自己的改變有多大。例如，紐約華埠第一中華長老教會創始人許芹牧師（譯註：許芹牧師，一八五四—一九三四），出生於廣東省台山縣永寧村）曾表示，他記得小時候在廣東曾聽說白人都是一些「滿臉是毛……紅髮碧眼的洋鬼子」，而且都是一些「野蠻粗暴的惡人。」[10]等到後來歸化為美國人了，對於自己以前居然曾經深信那些鬼話，他感到非常好笑。

有些華人即使沒有把美國當成一個奇怪的地方，還是覺得有某些小事讓他們驚訝不已，而且印象深刻。某位十九世紀華人移民回想起自己抵達舊金山那天的情景，他說：「走在街上，我們只覺得美國人的長相與服裝實在太有趣了，所以大家全都笑了出來。」[11]有些人則是對於白人身穿合身的西裝而感到很震驚，因為中國人都認為，紳士應該是身穿寬鬆的長袍馬褂才對。「我過了很久才開始習慣那些穿著緊身外套的紅髮洋人，」李恩富（Yan Phou Lee, 譯註：一八六一——一九三八，廣東香山人，後來在官方資助之下赴美留學，是耶魯大學畢業生）在他的自傳《中國的童年往事》（*When I Was a Boy in China*）裡如此寫道，「他們怎麼有辦法走路或跑步？」此外，也有人眼見白人女性穿著又長又寬的禮服，下襬在街上的泥土中拖行著，實在非常可笑。參與簽訂《中美天津條約續增條約》（Burlingame Treaty）的翻譯人員張德彝曾於同治七年（一八六八）在他的〈鷗蘭記〉一文中以訕笑的筆調稱白人女子為「番婦」，並且表示她們「曳長裙如狐尾拖地，竟體香氣襲人，雖蓮船盈尺（譯註：暗諷白人女子的腳沒有纏足，像船一樣大），亦具裊裊婷婷之態。」[12]

在華人看來，美國的某些風俗習慣更是奇怪而可笑。例如，讓張德彝感到最荒謬的是：他們為何不用筷子用餐，而是用刀叉？結果吃飯時「聲音錯雜，叮噹而響」。[13]還有一些肯定是美國特有的傳統禮儀，像是握手問好，張德彝在日記中表示是「拉手道名問好」，結果他「拉畢自覺手腕酸楚」。在名片上簽名，交換名片，更是讓他覺得「不勝其擾」。[14]不過，也許最令華人大惑不解的是接吻這種禮儀——就是張德彝所謂的「接唇為禮」。[15]頗受歡迎的上海雜誌《點石齋畫報》（譯註：由上海的《申報》報社出版）就曾論及外國的接吻禮儀，編輯們對此幾乎不知如何下筆，只能表示：「又聞親嘴之法須唧哩有聲，西語謂之恰斯。不通翻譯者遂謂其聲如魚吃水，則誤矣。」[16]

不過，時間一久，總有一天這些華人移民回國時，在親友眼裡他們不像中國人了：因為在新大陸住慣了，他們總會有一些行為舉止上的改變。

橫貫大陸鐵路於一八六九年完工後，數以千計的華工遭鐵路公司開除，他們頓失生計，也無法繼續匯錢回家，必須找新工作。儘管事實證明華工充滿幹勁又懂得如何創新，但還是無法找到一般比較正常的工作，只因他們並非美國人。不過，這些在美華人還是充分發揮聰明才智與勤奮的特質來解決這個問題，及時把握任何機會，即使工作環境髒汙危險也不在乎。

橫貫大陸鐵路開通後，從加州運送新鮮農產品到美國其他地區已經變得有利可圖，所以該州居民將許多沼地與谷地開墾成農田，也因此需要大量農工。某些比較有生意頭腦的華人乘勢做起了人力仲介的生意。因為他們會說粵語，所以可以招募、管理大批華人移工，而且由於他們已經融入美國社會，也能與持有農地、農場的白人談出比較好的條件。

這些華人仲介兩邊收錢，向華工收取幫忙找工作的錢，也向白人收仲介費。華人仲介也可以幫華工弄到任何他們需要的東西，藉此收取費用。我們不知道這些仲介是否曾主動從中國招募新的勞力，或者只是使用那些既有的鐵路華工，但可以確定的是，他們的確在勞資雙方之間扮演了某種實質性的必要角色。許多白人地主很想雇用華工，因為他們的工資不貴，而且自理生活的能力很強。例如，這些華人農工會在契約中與農地主人商定，伙食由他們自煮自理，或者另聘一位廚師。他們也會睡在自己的帳篷，或者在室外找地方睡覺。沒幾年光景，華人就已經變成農工的主力：在一八七〇年，只有十分之一加州農工是華人；[17]到了一八八四年，比例已提高到二分之一，[18]在一八八六年，比例已逼近十分之九。[19]

華人是當時美國西部農業生產活動的主要勞動力。他們負責播種、犁田，到最後加州大概有三分之二的蔬菜都是華人種出來的。[20]多虧華工們流血流汗，加州水果的輸出量才得以飆漲：一八七〇年代初期有近兩百萬磅，十五年後變成一千兩百萬磅。因為華工人力的大量投入，穀物很快就超越礦產，成為加州的最大收入來源。到了一八七〇年代，加州已經變成美國的「小麥穀倉」。

不過，無論上述種種貢獻再怎麼重要，也比不過華工在開墾沙加緬度—聖華金河三角洲（Sacramento-San Joaquin River Delta）時所立下的汗馬功勞。每年春天，沙加緬度河與聖華金河這兩條加州的主要河川都會發大

待在加州沙加緬度三角洲包裝工棚裡的華工。在西部各州，許多地主剝削華人移工的廉價勞力，用他們來發展農業。到了1886年，加州農工裡的華工比例幾乎已達90%。（照片來源：Frank Cowsert）

水，在兩者交會處形成一個面積高達幾百平方英里的三角洲。一種叫tule、生長在濕地的蘆葦，腐爛後堆積出一種被稱為「泥炭土」（peat）的肥沃土壤層，但若是要使用這種充滿養分的土壤，農工必須先把水抽乾，將三角洲的土地加以清理翻動，並且興建出許多堤壩溝渠，以免農作物遭遇氾濫之災。因為馬腳會直接陷入爛泥中，所以必須有人來做種種粗活，但很少白人願意把腳踩進深度及膝（有時甚至及腰），而且蚊蚋肆虐的沼地爛泥裡。只有華人願意幹這些苦差事，在爛泥裡工作，用刀把綿延數英里的腐爛蘆葦割掉，並且用雙手打造出許多水門、溝渠與堤壩，形成一個彷彿超大迷宮的灌溉系統。[21]

在三角洲沼地開墾出五百萬英畝農田的過程中，到底有多少華工因為生病、感染或過勞而死亡？並沒有相關的記錄流傳下來。在某些地主眼裡，華工的性命甚至不如牲畜重要。像是在一八七八年水災時，許多華工為了用沙包把堤壩加高而拚死拚活，弄得滿身泥濘，但地主派小船到上游卻只顧著搶救穀物，任由華工自生自滅、向經過的大船嚷叫呼救。[22]我們非常清楚華工對地主的貢獻：要不是華工們對於雇主交代的工作肩負著極其頑強的使命感，也不可能將沼地變成良田。此外，在墾地期間華工也發明出一種給馬穿的「蘆葦鞋」，讓牠們能在這種惡劣環境中工作。[23]據某位土地測量人員估計，這些地主從聯邦政府手裡買下土地，往往每一英畝僅需兩三美元，[24]在開墾工作完成後土地價值暴增為每英畝七十五美元——而他們付給華工的薪水，卻是每移除一立方碼的廢土只需要付大概十美分。[25]如果將鋪設鐵軌與開墾沼地這兩個龐大建設計畫的產值加起來，華工對於加州經濟成長的貢獻可說相當於當時的好幾億美元。[26]

儘管遠洋漁業的危險性相當於、甚至可能超越三角洲墾地的苦差事，但對華人來說也是個工作機會。某些華人承包商幫他們的同胞們找到了位於美國西北部太平洋海岸地區的工作：鮭魚罐頭工廠根據華工的工作生產量付錢給承包商，承包商發給華工的卻只有固定薪水。可以確定的是，這種薪水給付的制度產生了一個負面影響：華人承包商變成苛刻的工頭，而罐頭產業的工作環境則變得極度惡劣。在前往阿拉斯加的船上，華工沒有水可以梳洗，所以他們居住的船艙裡虱子與跳蚤為患。某位船長在檢查華工專用的船艙時，甚至必須換上膠鞋，以免染上寄生蟲。[27]到了一八八〇年代初期，美國西北部海岸區的罐頭工廠雇用的華工已經超過三千人，[28]他們的工作環境極度惡劣，所以英國小說家吉卜林（Rudyard Kipling）在參觀某罐頭工廠後在信裡寫道：「這種工作只有華人在做，而每當有陽光穿越裂縫、灑在地板上時，陽光下的他們看來彷彿沾滿血跡的黃皮魔鬼。」[29]另外也有人在看到罐頭工廠裡的場景後表示，「那些人在工廠裡處理堆積如山的鮭魚，但看起來不太像人類，倒是挺像一條條在鮭魚魚群之間扭曲蠕動的蛆蟲。」[30]

華人承包商有兩種增加利潤的手段：用最低的薪水壓榨華工，逼他們動作快一點。某位漁業局（Bureau of Fisheries）調查員在報告中寫道，承包商催促華工工作的模樣，「簡直像車夫用鞭子抽馬」，他並且表示，「製作罐頭的速度可說是前所未見，只有東部的刷子工廠可以與之比擬。」[31]

他們的工作速度的確驚人。某位哥倫比亞河地區的華人殺魚工一天內可以將重量高達十八噸的兩千尾魚砍頭去骨。[32]這些西北部海岸區罐頭工廠的華工被當成機器來使用，但沒有任何歷史文獻寫下其中有多少人死於工安意外或疾病。幾十年後，有人發明了一種殺魚的機器，工廠的勞力需求也從幾十位華工減少為兩個操作員。因為華工驚人的工作量，殺魚機的製造商特別把機器命名為「鐵製清狗」（the Iron Chink）——在肯定之餘，也帶有強烈的歧視。[33]

華人有生意頭腦，但並不是非得壓榨自己的同胞才行。許多華人來自廣東海岸地區、珠江沿岸的漁村，或曾住漁村附近，在他們看來，加州的豐富海洋資源蘊含著無限商機。北從奧勒岡州海岸，南迄墨西哥的下加利福尼亞半島（Baja California），都可以看到華人撒網捕魚。數以百計華人遷居加州蒙特瑞灣（Monterey Bay），在海灘上搭建小木屋，將鮑魚肉擺在屋頂、欄杆上，曬成魚乾。

不過，接下來他們將見識到白人漁業對於政界的強大影響力。就像白人礦工曾促使加州政府對華人礦工

在美國西北部太平洋海岸地區，許多罐頭工廠都曾經聘僱華工，一直到他們的勞動力被一種名為「鐵製清狗」（the Iron Chink）的機器所取代。（照片來源：Manuscripts, Special Collections, University Archives, University of Washington Libraries, UW9422）

華人經營的商店。華商在中國的社會地位低下，但在美國則較高。（照片來源：Arizona Historical Society, Tucson, AHS #78213）

徵收特別稅，在白人漁夫的遊說之下，州政府也從一八六〇年開始對華人漁夫收取每個月四美元的捕魚執照規費（但這捕魚執照規費後來在一八六四年撤銷了）[34]。此外，整個一八七〇年代，同樣靠捕魚為生的希臘、義大利與巴爾幹半島（斯拉夫人）等其他地區移民聯合起來對州議會施壓，要求限制華人捕魚網的尺寸，藉此縮減他們的漁獲量。在一八八〇年，加州政府曾一度決定撤銷華人漁夫的捕魚執照：表面上規定任何無法歸化為美國人的外國移民都不能捕魚，但事實上只有華人無法歸化，所以等於是針對他們。[35]儘管後來法院宣告此一規定違憲，但在審理案件的過程中，華人捕魚業還是受到非常大的衝擊。

與此同時，許多其他在美華人紛紛開始做起另一種截然不同的生意，形成一股風潮。都會區的華人愈來愈多，為了謀生，其中某些人看準加州鄉間的華人礦工與農工有許多需求，所以選擇在沙加緬度（當時也被華人稱為「二埠」）、史塔克頓（當時被稱為「三埠」）、馬里斯維爾（Marysville）與佛雷斯諾（Fresno）等地方開發出小型的中國城。也有華人前往洛杉磯發展，那裡本來只是個為淘金客提供馬車、裝備與牛肉的驛站，附近有些牧場，後來變成一個無法無天的城鎮，賭客與娼妓雲集，華人在當地開設賭場與各種商店。其他華人則遷居西北部太平洋海岸區一些快速成長的城鎮，像是塔科馬（Tacoma）、波特蘭（Portland）與西雅圖，在那裡開餐廳、洗衣店，或做起了各種與漁業相關的生意。不過，若以人口數來看，最重要的華人社群首推舊金山的中國城：到了一八七〇年，幾乎有四分之一的加州華人住在那裡。[36]

舊金山港是許多華工在一八四九年抵達美國的第一站。如果有任何華工在時隔二十年後重返舊地，肯定會有景物全非之感。淘金熱期間，舊金山的市容骯髒混亂，建築物要不是粗製濫造，就是一些棚屋、帳篷，沙灘上到處散落著行李箱、大皮箱與鑵子。但一八七〇年代的舊金山已改頭換面，到處高樓林立，市容變得美麗又氣派。馬車行走的泥濘小路已經擴建成鋪設平整的道路，從港區一路延伸到城裡的丘陵地。

沿途一棟棟石造或磚造建築富麗堂皇，採用哥德式、義大利式與其他各種古典建築的設計風格。城裡原本四處可見滿臉鬍渣、不修邊幅的礦工，他們大都身穿格紋襯衫與丹寧帆布長褲，如今在銀行、飯店與辦公大樓林立的街頭，都是一些穿西裝戴禮帽、氣質優雅嚴肅的男士。[37]曾有某位移民回憶道，「舊金山的街道曾是如此狹窄、髒亂不堪，各個廣場上堆滿了汙土與動物的糞便」，可是到了一八七〇年代，他卻驚訝地發現自己「已經認不出舊金山……它變成了一個美麗的大城市」。[38]

不過，儘管在外地人的眼裡，這奇蹟似的改變彷彿於一夜之間發生，但實際上卻歷經了難熬的過渡期。淘金熱消退後，舊金山曾歷經蕭條貧窮，也曾發生過好幾次可怕的大火。所幸當地企業家們總能將危機轉化為商機。因為屢次大火發生後，他們都充分利用那些被燒壞的鐵質建材，於是一家家鑄鐵廠應運而生，為修船產業提供非常需要的鐵材，也幫石英採礦業製作出許多裝備。橫貫大陸鐵路完工後，各種工廠如雨後春筍般出現，透過鐵路把它們的產品運往全美各地銷售。有些企業家則是開設食物加工廠，把小麥磨成麵粉，或醃製包裝肉品。其他人則輸出菸草、布料等比較不會腐壞的產品。到了一八七〇年代，舊金山已經搖身一變成為美國的製造業中心之一。

舊金山的華人也設法適應此一改變。儘管有華人用扁擔挑著籃子在街頭賣菜，數以千計的中國洗衣工也仍控制著該市的洗衣業，但其他華人卻成為製造業新世界的一份子，而且大多數在這過渡期中變成工人。到了一八七〇年代，該市四大產業（包括製鞋製靴、羊毛、雪茄與菸草、縫紉）的勞工幾乎有一半是華人。[39]此外，舊金山羊毛工廠大約有百分之八十的工人是華人，[40]雪茄工廠的華工比例更是高達百分之九十。[41]

不過，如今這些華工的老闆可能就是在美華人。而且對這些華人來說，他們所面對的是一個新的經商環境：在中國，經商者長久以來往往飽受謾罵，甚至因為儒家有「士農工商」的說法而被列為四民之末。不過，美國是個崇尚成功生意人的國家，這種態度對於華人圈與一般社會都產生了非常深遠的影響。

舊金山中國城的居民幾乎都是單身漢。大部分十九世紀的華人移民都是男性。（照片來源：Library of Congress, Arnold Genthe Collection）

到了一八七〇年代，有五千個華人在舊金山做生意，其中許多都非常成功，也是當地白人極大的競爭對手。[42]一八六六年時，該市的雪茄工廠有一半為華人所有，[43]到了一八七〇年，十二家拖鞋工廠裡有十一家的老闆為華人，而且雇用的也幾乎是華工。[44]這五千位事業有成的華人，有些是販賣或仲介農產品，也有零售商、用強力水柱來採石英礦（hydraulic quartz mining）的礦主，以及華工仲介或勞務承包商。他們不怕顯露自己的財富與成就，其中許多人都住在舊金山的豪宅，金碧輝煌的家中擺滿了水晶、瓷器與象牙飾品，而且僕役成群。[45]這些華人老闆的生活與華工相較可說有如天壤之別——華工的工廠開在公寓，住在裡面，也在裡面捲雪茄、縫襯衫或製作靴子、拖鞋。對這些按件計酬的製造業華工來說，工廠與住家並無區別。「儘管公寓才十五平方英尺大，但卻常見裡面至少有十幾個勞工工作，而且製作三、四種不同的產品」，有人在親眼目睹舊金山華工的工作環境後表示，「有些挑高公寓裡面設有夾層，十幾個工人就在屋裡忙著各種不同的製造活動，至於吃飯、睡覺等事，則全都在他們工作的板凳與桌子上面或下面搞定。」[46]

就像數以千計的歐洲移民住在生活條件惡劣的紐約貧民區裡，舊金山的華人也必須忍受昂貴而差勁的居住環境。為了節省租金，他們湊合著住在擁擠的房間裡，充分利用房裡的每一寸空間。一位當年在製造業黃金時代來到舊金山的盧姓華人移民（J. S. Look，音譯）回憶道：「人實在太多了，我們只能睡在地板上，因為中國城沒有足夠的床給當地居民。」[47]

因為許多華人買不起傢俱，他們把街上撿來的木條箱做成桌子與櫥櫃。[48]因為床鋪很少，他們必須輪班睡覺，或者像釘層架一樣，把鋪位釘在牆上，分上下鋪睡覺，整個公寓看起來就像陸軍營舍。[49]最不幸的是那些住在骯髒地窖的華人，就像有人在親眼目睹後所說的：「他們幾乎看不到任何光線，也呼吸不到任何純淨新鮮的空氣。房間裡上下鋪交疊的景象簡直像是帆船或汽船上的臥鋪，藉著油燈幽暗閃爍的微光，住在那裡的可憐蟲必須爬回自己的可悲鋪位。」[50]他們為什麼可以忍受這種生活條件？在尋求解答時我們必須牢記兩個因素：首先，他們深信自己的犧牲能讓老家的親人過更好的日子。其次，其中許多人顯然認定自己只需要忍受暫時的不適，不願承認往後長期都會過這種苦日子。

隨著新的經濟情勢發展，中國城也開始出現層級分明的財富與社會地位階級，而且很快的有一個非正式但影響力無遠弗屆的權力結構建立了起來。這結構的底層是由所謂的宗族（clans）所構成，每個宗族都會照應所屬華工的基本日常需求，像是幫他們找地方住。中間那一層由同一個僑鄉的不同宗族組成會館（civic associations）。至於頂層，則由勢力最龐大的六個會館把持，這些會館原來被稱為「六大公司」（Chinese Six Companies），後來更名為中華公所（Chinese Consolidated Benevolent Association of America）。[51]「六大公司」以中國城的最高權力機關自居，表面上以排解紛爭、保護成員與捍衛整體僑社福利為宗旨。「六大公司」的權勢驚人，因此在一八七〇年代第一間駐舊金山中國領事館出現以前，它們可說扮演著非正式大使的角色，是清廷在美國的代言人。[52]

「六大公司」之所以應運而生，是因為新興的華人商業菁英階層覺得必須有人出面維持秩序。事實證明，白人政府並不會保護華人的利益，只會加以打壓。[53]舊金山華人商界自組會館的歷史最早或許可以回溯到一八四九年，但可以確定的是，到了一八五〇年有一群廣東移民創立岡州會館（Kong Chow Association，岡州是珠江三角洲新會地區的古稱），是全美最早問世的華人組織。[54]但岡州會館內部其實包含了廣東境內不同地區不同方言的各路人馬，時有齟齬發生，鬧翻後三邑會館從岡州會館獨立出去，而兩者就是「六大公司」裡面最早的兩家。[55]後來在一八五〇年代又有人和、陽和、寧陽、合和等四個會館問世，各館辦公室都設在舊金山市鬧區。[56]

任何剛來的華工從抵達舊金山碼頭的那一刻起，就會受到這些會館的影響。會館總是派代表前往碼頭，把行李裝上馬車，將人帶往中國城，表面上是幫忙安排食宿與工作，但主要是為了確保新人能夠加入其中某個會館，並且說明他所繳納的會費絕對划算，因為「六大公司」會提供各種社會服務。這話的確沒錯：它們幫舊金山華工建構出一個社會安全網絡，缺錢就借錢，生病就幫忙照顧。「六大公司」也幫會員排解紛爭，開設一間華語學校，固定進行華人人口普查，並且透過各會館把會員的錢匯回鄉下老家。[57]

「六大公司」的服務也擴及信仰的領域，捐錢給佛堂、宮廟，讓華工有地方尋求內心平靜與禱告冥想。在那個年代，華人移民可以光憑陽台上的金箔或者雕在陽台扶手上的龍，就斷定自己眼前的建物是不是佛堂或宮廟。[58]走進去後，他可以在黑暗中思考自己未來的命運，在香火氤氳的空氣中聽到人隨著鑼鼓聲響禱告誦經。佛堂、宮廟裡的一切擺設，包括木雕或泥塑的佛像、神像，還有紅字或金字寫成的書法、裝滿油的玻璃燈籠，以及以中國神話故事為主題的雕刻作品，這一切似乎都能讓禮佛拜神者暫時神遊於一個超越中美的世界。

「六大公司」也花大錢幫忙舉辦葬禮，規模極其盛大，簡直就像製作一齣大戲。一般而言，葬禮都是先在往生者的家裡或店裡舉辦，由身穿袈裟的和尚一邊誦經，一邊搖鈴敲鈸。葬禮後由送葬隊伍將往生者送往孤獨山墓園（Lone Mountain Cemetery），「六大公司」在園內的各個不同角落各自擁有專區。身穿白色喪服的家人一路邊哭邊撒紙錢，紙錢則是象徵著往生者前往西天路上所需旅費。

墓園入口通常架著一個頂篷，再進去是一座磚爐、一張桌子，墳墓頂端立著一面刻有中文字的板子。朋友們在屍體旁邊焚燒符紙、紙紮的童男童女和紙錢，這些東西都是他們送給亡者的禮物，不久後就會在火焰與灰煙之中隨著亡者的三魂七魄一起消失。不過他們不會把屍體埋起來，而是把肉刮掉，將骨頭擺在陽光下曝曬，以白色棉布捆包起來，運回中國。「六大公司」為這些死者所做的最後一件事，就是把遺骨運回中國，藉此履行了保護他們的承諾——就算人死了，也會把他們送回鄉下老家。[59]

「六大公司」自成一格的社會體系，也許會在無意之間強化了華人的異邦人形象，讓外人認為華人終究並非大熔爐般美國社會的成員，但這負面的形象影響不大，真正對華人構成威脅的，反而是與「六大公司」截然不同的一種團體：一種被稱為堂會（tongs）的祕密會社。

那些會加入堂會的邊緣人，要不是與各姓宗族沒有沾親帶故，就是已經被他們所屬的會館驅逐除名了。這種堂會模仿的對象，是中國廣東的三合會：一個以推翻清政府為己任的地下兄弟會。三合會的宗旨是為窮人代言，幫平民申冤，招攬大量窮苦自耕農、受地主壓迫的佃農，與科舉始終名落孫山的讀書人，成為該會各級會員──總之就是任何對體制感到憤恨不平，想打倒地主與清廷的人。堂會發明出一套精細的入會儀式、暗號切口與特殊手勢，並且立下血盟，誓言永為兄弟：「今晚我等對天起誓，天下所有兄弟皆為同胞，如一父所生，一母所養，同祖同宗。」[60]

不過，與三合會不同之處在於，堂會並未以明確的政治動機為他們的行動宗旨，而且很快地他們就為了撈油水，而把數以千計的中國女人與少女帶來美國服務單身的華人男子。這些女性大都不是出於自願，而是被迫變成殘花敗柳。

娼妓與奴隸在中國有非常悠久的歷史。每逢饑荒，總是有一些快要餓死的中國家庭為了保全其他家人，而把家中年紀最小的女兒賣掉。清廷發現有十分之一的家庭必須這麼做才能存活下去，因此也准許他們這麼做。當然，許多家長並不是直接把女兒賣斷給別人，而是賣給別人當丫鬟，也就是粵語中所謂的「妹仔」──但如此一來也決定了她們的悲慘命運。[61]這些「妹仔」在其他家庭當丫鬟，理論上到了十八歲就能與人結婚，恢復自由之身。儘管有些丫鬟比較幸運，受到善待，但是被虐待、強暴，轉賣到妓院的也不在少數。既然為數眾多的男性華工在白人的世界裡幾乎不太可能找到女伴，所以就有一些「妹仔」最後被帶到美國為他們服務。

這些女性通常生在中國社會的赤貧家庭中，因此不識字，所以大都未留下回憶錄。不過，還是有一些辛酸慘烈的故事以口耳相傳的方式流傳下來，由傳教士與記者記錄下來。一個叫荷台（Ho-tai，音譯）的人回憶道，儘管家人都快餓死了，「四周有很多人陸續死去」，但她的母親說什麼都不肯把她賣掉。結果，有一晚母親不在家，父親就以幾兩銀子的價錢把她賣了。船開走時，母親最後一次在她眼前短暫出現，看來快要發狂：「她的衣襟打開，露出胸口，頭髮凌亂飛散，眼睛因為一直哭而變得又腫又乾，悲慘地嗚咽，在黑暗中踉踉蹌蹌，想要找我，但船已經開走了。」[62]

當過妓女的陳丁香（Lilac Chen，音譯）回憶道，他們家因為父親把所有的錢賭掉而變得一貧如洗。她六歲時父親說要帶她去找她向來很喜歡的祖母。但等到高高興興地上了渡船後，她才發現不對勁：「媽媽在哭，但我是要去找祖母啊，真不懂她幹嘛要哭。於是我對她說：『別哭了，媽媽。我只是要去找祖母啊，很快就回來了。接著我那一無是處的爸爸就在渡船上把我賣掉了。他在別人講價時還把我鎖在船艙裡。』」丁香又踢又叫，但最後她被放出來時，她的父親已不見蹤影，她就這樣踏上美國的航程。[63]

有些婦女則是被騙去美國。那些皮條客用花言巧語哄騙天真的女孩和她們的家人，說了許多美國讓人致富與悠哉度日的故事。有個陌生人謊稱自己是有錢的洗衣工，要帶她到金山去結婚，十九歲女孩王阿素（Wong Ah So，音譯）就跟著去了。旅途中她興奮不已，覺得自己即將前往一個「自由的大國，所有人都是如此富有快樂」。[64]不過，抵達舊金山後阿素才發現自己要被迫當妓女，她不但心碎了，也感到驚駭莫名。

通商口岸的西方政府官員有責任預防與偵查這種涉及女性與兒童的人口販運案，但那些皮條客卻只要出錢賄賂就可以輕易通過安檢程序。港口官員會透過盤問來確定她們來到美國是否出於自願，所以航程中那些人蛇會教女孩們怎樣應對，命令她們背下一些關鍵語彙。有些人蛇威脅道，如果她們答錯了，就會一輩子都被關在「美國的洋鬼子監獄」。[65]只有機靈的女孩懂得在船上或到港時引起騷動，尖叫著哭喊求救，說自己被綁架了，哀求路過的人救她們一命，才因此逃過一劫。[66]所以有少數被解救了，後來被送回中國，但大多數剛到美國的女孩都沒有機會爭取到自由，也無法獲得同情，與此尤其有關的是，舊金山早年本來就是一個沒有治安可言、由男性主宰的邊境城鎮。

這些年輕女性總是感到恐懼又疑惑，被囚禁在「巴攏坑」裡，遭人脫光檢查，然後在拍賣會上由出價最高者買走，而且售價將會決定她們會被帶往哪一種等級的妓院。儘管嚴格說來加州並不算是蓄奴州，但在南北戰爭之前，州政府對於販賣女性的惡行可說是睜一隻眼，閉一隻眼。至於華人女性的拍賣會更是厚顏無恥地在碼頭上公開舉行，大批圍觀的群眾裡甚至還有警察。[67]到了一八六〇年代，當地社會的道德氛圍變得比較濃厚，才開始不允許拍賣會公開進行。但拍賣會並未因此喊停，只是改在中國城的室內空間裡進行，例如某家中國戲院甚至寺廟、佛堂。[68]拍賣會上最年輕貌美者通常都被賣給中國城裡有錢的商人、貿易商或公司行號的老闆當情婦或小妾。相對來說，這些女孩算是比較幸運的，不過她們也只是財物而已，並未享有任何權利，男人可以隨意將她們賣掉或處理掉。次一等的女孩則被賣到一些以柚木、竹子與繡花絲綢等豪華物件裝飾起來的高級「交誼廳」（parlor houses），總是把自己打扮得優雅芬香，費心取悅男人。大多數女孩的下場，則是淪落到被稱為「小木屋」（cribs）的低下妓院，妓院坐落於陰暗窄巷中，室內空間最多也只有一六八平方英尺，裡面傢俱極少，只擺著一個臉盆、一張竹椅與床。[69]這些在粵語中被謔稱為「老舉婆」（lougeui，意思是她們必須老是張開雙腿）的妓女被迫提供性服務，華工、水手與酒鬼一個個很快地輪流上陣，每接一個客人她們只能分得二十五分美金的微薄酬勞，並且以哀傷的歌聲來攬客：「兩比特（bit，譯註：一比特相當於八分之一美元，也就是十二．五分）可以看，三比特可以摸，六比特可以做！」[70]

這些妓女如果是被帶往大西部的礦工營地，因為身在荒郊野外，那就更不敢脫逃了。曾有一名被賣到內華達州的華人女性逃離主人，在山裡被發現時已經奄奄一息，雙腳都嚴重凍傷，必須截肢。[71]到了內陸地區，她們必須面對的問題是，男多女少的狀況甚至比舊金山的中國城更為嚴重。她們還必須忍受白人礦工的侮辱與虐待，被人用「女中國佬」、「大眼小腳」和「女異教徒」稱呼。[72]

與此同時，為了爭奪地盤控制權與利潤，各個販賣妓女的堂會之間不斷彼此爭鬥。儘管敵對的狀態未曾消失過，但在正式開戰之前，他們總是必須編造某個冠冕堂皇的藉口，例如聲稱被對方羞辱，或者有妓女被對方擄走。華人堂會之爭在西部地區屢見不鮮，偶爾會有妓女遭擄，要其他堂會拿錢來贖，但也有妓女在堂會交火時死於非命。某次惡名昭張的爭鬥中，卡姆斯托克礦脈（Comstock Lode）有四個妓女遭擄，被發現時只有一個活著：她被囚禁在釘死的木條箱裡，那箱子是從舊金山運往內華達州雷諾（Reno）。[73]

到了一八六〇年代，性產業幾乎都控制在堂會的手上，自己做買賣的人沒有太大的發展空間。層級最低的妓女根本沒有喘息的時間：許多人被舊金山妓院的老闆剝兩層皮，白天必須到衣服工廠做女紅，晚上還得出賣自己的身體。[74]遭受虐待也是家常便飯：大多數常常遭人以棍棒伺候，用手槍威脅，甚至被燒紅的火鉗燒傷。如果賺不到足夠的錢，老鴇會「以火鉗毒打她們，用來折磨與處罰她們的各種殘忍方式還包括扯頭髮、踩腳趾等」。[75]有個華人演員因為痛恨自己必須與別人共享某位妓女，而用酸液潑她的臉。[76]有些女人因為無法忍受這種生活而自殺，最常見的手法是吞生鴉片或者縱身躍入舊金山灣。[77]

對某些淪為娼妓的女人來說，唯一的解脫之道就是死亡。有些人想要嘗試其他方式，卻發現自己必須對付的是一整個腐敗的體系：除了堂會，還包括與它們關係密切的鴉片商、賭館，還有警方、法院甚至「六大公司」。一八七〇年，平均每一家妓院都有九個妓女在賣身，[78]每人平均每年可以帶來兩千五百美元的淨利（相較之下，男性華工每年的平均收入卻只有五百美元）[79]，而且因為性交易的油水實在太多，堂會把這些金雞母視為禁臠，聘請一些「職業惡棍」（highbinders，指華人流氓）來監控旗下妓女。堂會在每個被帶來美國的華人妓女身上花了四十美元保險費，每週或每個月還有特別雇用警察來監視她們的規費。[80]妓院強迫妓女簽署不平等契約，規定如果她們生病或因為月經、懷孕而無法上工，就得被罰錢，讓她們就此幾乎無法擺脫奴隸的身分。以下這種契約內容是很常見的：

月琴（Yut Kum，音譯）同意藉由接客賣身來幫助美詠（Mee Yung，音譯），為期整整四年。等時間一到，就不需繼續賣身或還錢。如果月琴生病十五天，就必須多賣身一個月來補償。如果懷孕，就必須多賣身一年。如果這段時間內有任何人想幫她贖身，相關的條件必須經過美詠夫人同意才有效。如果月琴逃走後又被帶回來，那麼就永遠不會期滿。假使美詠夫人致富後衣錦還鄉，回到中國了，那麼月琴還是必須在另一個人手下賣身，直到期滿。[81]

到了一八七〇年代，在發現這種令人髮指的行徑後，許多基督教的社運人士開始為華人女性設立庇護機構，主其事者大都是信奉基督教的中產階級白人女性。舊金山有兩處庇護機構：一是由歐提斯・吉布森牧師（Reverend Otis Gibson）創辦的美以美會女性傳教士協會（Women's Missionary Society of the Methodist Episcopal Church），另一個則是女性西方協會（Woman's Occidental Board）設立的長老教會之家（Presbyterian Mission Home）。很快的，陸續有許多妓女逃離她們的「小木屋」，請求庇護。為了把人帶回來，妓院老闆會派人到教會，要求與他們旗下的妓女見面，只要交談幾分鐘就好。如果獲准了，他們會哄騙那些女人，如果她們拒絕回去就祭出威脅手段，把人嚇哭。[82]有時妓院老闆甚至會派律師出馬，到教會去遞交人身保護令，要求放人。[83]

為了保護這些華人女性，教會總是想盡辦法把她們藏起來，充分利用摺疊門之間的夾層，或是地板下的隱密空間。曾經住在長老教會之家的某人回憶道，堂會份子總是會「翻遍整間房子，甚至檢查我們的米箱，看有沒有妓女躲在裡面！」[84]長老教會之家的主持牧師唐納狄娜・柯麥隆（Donaldina Cameron）甚至遭堂會騷擾，把教會的窗戶砸破，在門檻與地基擺放炸藥。[85]

但勇敢的唐納狄娜並未放棄自己的理念。從十九世紀末開始，她甚至想出一種更激進的新策略。她不再等人找上門來求助，而是主動出擊去找人。在警方的幫助之下，她開始大膽突襲妓院：先到隔壁建物的屋頂上，然後爬往妓院的屋頂，從天窗爬進去。[86]為了瓦解這種最新的攻勢，堂會也設計出一種先進的警報系統，讓妓院的人手知道警方要去突襲。[87]這種大膽攻勢當然也促使媒體注意到中國城的犯罪問題，最後西岸的華人妓院會遭到全面禁絕，與媒體的報導有很大的關係。為了表彰唐納狄娜畢生功績，長老教會之家在一九四二年更名為唐納狄娜・柯麥隆之家（Donaldina Cameron House）。據估計，在她與其他人的共同努力之下，獲得營救的華人女性總數高達一千五百人。[88]

這些女性被救出來，或者自己逃出來之後，過的是什麼樣的日子？令人感到驚訝的是，其中某些人居然變成老鴇，甚至開始經營妓院，善用自己的經驗來剝削其他華人女性。最有名的例子是阿彩（Ah Toy，音譯）。她也許是第一個到美國賣淫的華人女性，而且很可能是為了「改善自己生活」才自願遠度重洋。[89]她在一八四九年年初從香港抵達美國，在陋巷的小屋裡開始自己的「老舉婆」生涯。沒多久她就變成舊金山最成功的交際花，在精華地段開起了妓院，其身分地位和名人幾乎沒有兩樣。如同某位男性用興奮口吻所描述的，在她最有名的時候，為了「一睹阿彩的迷人風采」，許多亞洲或白人男性情願付出一盎司金子的代價，而且排隊排了好幾條街。[90]她的事業有成，有一部分須歸功於她堅強的意志與自我推銷的手段。中國黑幫沒辦法控制她——儘管有一些堂會想要勒索她，但都鬥不過她。矇騙她的男人則會被告上法院（例如，曾有人付錢給她時用銅屑混充金粉）。她的名字常常出現在當地的報紙上。儘管她的同行女性大都早逝，但阿彩卻很長壽。據說，她安詳去世時只差三個月就是百歲人瑞了。[91]

另一個案例是水馨（Suey Him，音譯）：五歲時父親以一塊金子的代價把她賣掉。十二歲再次被賣掉時，售價為三把金子。她當了十年妓女，後來嫁給一個愛她的窮困華人洗衣工。他辛辛苦苦省錢存錢，花了八年時間才從妓院老闆手裡買回她的自由。但後來她的丈夫生病去世，迫使她重操舊業。不過這次她變成資方，從中國引進五十名年輕女孩來幫她工作。後來她改信基督教，不再當老鴇，讓旗下所有的女孩恢復自由之身。[92]

不過，仍有其他眾多的妓女融入主流社會，結婚生子。我們顯然可以從統計數據看出這一點：儘管住在美國的華人女性人數在一八七〇年代期間是下降的，但華人家庭主婦的人數卻從一八七〇年的七五三人成長為一八八〇年的一一四五人。[93]許多女性擺脫妓院生涯後都嫁給華工，也有少數嫁給白人。波麗・貝米斯與丈夫查理（Polly and Charlie Bemis）的事蹟在美國西部一直是最有名的愛情故事之一，而且華裔小說家林露德（Ruthanne Lum McCunn）以他們的人生為藍本，寫出了一九八一年出版的小說《千金》（*Thousand Pieces of Gold*），一九九一年改編為同名電影，主角是趙家玲（Rosalind Chao）與克里斯・庫伯（Chris Cooper）。

波麗・貝米斯本名拉露・納順（Lalu Nathoy，音譯），咸豐三年（一八五三）出生於中國的貧困農家。由於作物嚴重歉收，農村又遭土匪洗劫，父親不得不以兩袋種子的代價將她賣給土匪。在美國被人以兩千五百美元的價格再次賣掉後，她成為奴隸兼小妾，買主是在愛達荷州華倫鎮（Warren）開設交誼廳的華人洪金（Hong King，音譯），結果他又在某次撲克賭局上把波麗輸給了查理・貝米斯。查理受過良好教育，來自新英格蘭名門，他還給了波麗自由之身。此一義舉很快就獲得她的回報：有個礦工在查理的臉上開了一槍，波麗用剃刀幫查理開刀，救了他一命。查理復元後向她求婚，兩人共度下半輩子，在愛達荷州鮭魚河（Salmon River）河谷的谷地裡開了一間牧場。波麗・貝米斯善用中國草藥的知識，救了許多病童，深受當地鄰居的喜愛。[94]

不過，有些女人卻永遠逃脫不了賣淫的人生。有些女人為了逃離妓院而匆匆與人結婚，沒想到丈夫還是個皮條客。她們急於脫身，所以很容易被下流男人騙婚，這些男人逼她們重操舊業，一點也不會感到良心

舊金山中國城的娼妓，拍攝時間大約在1896-1906年之間。早期華人移民美國時絕大多數把家眷留在故鄉，因此造成了男女比例懸殊的美國華人社會。因為華人女性人數很少，也造成了性產業的蓬勃發展。（照片來源：Library of Congress, Arnold Genthe Collection）

一位嫁到愛達荷州波夕市的年輕美國華人新娘。儘管這是在1927年拍攝的，但新娘禮服仍是十九世紀的款式。（照片來源：Idaho Historical Society）

不安。有些女人離開妓院後嫁給愛她們的老實人，但卻在丈夫離家時被流氓擄走。根據唐納狄娜・柯麥隆表示，即使她們結婚後遷居偏僻農村，還是有可能被華人流氓尋獲，遭到綁架。[95]（有些女人即使不是娼妓，但一樣也被堂會份子視為禁臠，沒有人權可言。例如，在西雅圖有個華人寡婦屢屢拒絕幫會份子的求婚，結果被下了最後通牒：「她若不想嫁給其中一位堂會份子，就必須回中國，」某位鄰居回憶道，「這寡婦找我哭訴，她說孩子們都是在這裡出生，她不想回中國，想要繼續待在這國家。」不過，在堂會的逼迫之下，最後她還是回到中國。）[96]

隨著時間流逝，無法離開妓院的女性就會變成社會邊緣人，同樣受到華人與白人蔑視。等到她們老了病了，她們會被妓院像丟垃圾一樣，遺棄在街頭。美國西部的醫院無法幫助她們（在舊金山一些白人醫生的遊說之下，政府規定醫院不能醫治華人妓女），其中也很少人有錢接受中醫的治療。[97]各宗族與「六大公司」都曾設置療養機構來收留離開妓院的華人女性，但那些陰暗的病房又髒又小，甚至沒有床鋪，只鋪了一些墊子，在某些人看來簡直是「等死的地方」。[98]有人在參觀過那種療養機構後這樣描述裡面的模樣：走進低矮的門之後，只見一個掛著昏暗中國油燈的房間，「房裡又濕又臭……有四個人躺在地上，身形像是女人……她們都染上了最可怕的惡疾。」[99]

至於那些嫁到美國的華人女性呢？中國社會向來要求女人以家庭生活為重心，從小就要擔負照顧家人的責任，至死方休。根據儒家所謂「三從四德」的規範，凡女性皆應「未嫁從父，既嫁從夫，夫死從子」，而這就是「三從」。

因為一般美國華工太窮，無法成家，所以大多數移居美國的華人女性若非娼妓，就是商人之妻。她們大都來自廣州附近農村的小康家庭，但家裡不會太有錢。這一類家庭都是中產階級，因為上層家庭不容許女兒遠嫁外國。但她們也不會是出生於勞工階級家庭，因為許多美國的華商認為勞工之女配不上他們。

這些華商之妻一般都是從小生長在與世隔絕的閨閣中，在移居美國以前，連自己的村子都沒離開過。更大的問題是，中國的中產與上層階級從九百年前的宋朝就開始幫自家女兒纏足，所以女性的小腳向來有「三寸金蓮」之稱。其實，無論是西方社會女性以馬甲束胸的陋習，或是中國的纏足傳統，主要都是象徵著她們所屬家庭的權勢，用來向外界展示他們家有經濟能力讓女兒不事生產，像飾品一樣擺在家裡。

許多嫁到美國的商人之妻都認為自己不過是鍍金鳥籠裡的囚鳥，是備受珍惜的禁臠。某些華商之妻可以輕易地回想起自己一輩子出過幾次門。「我父親曾雲遊四海，」如同某位美國華人回憶道，「但他的老婆卻連上街都不能自己去。」[100]其中只有某些人在假日時獲准出遊，但必須由女伴陪同。蒙大拿州比尤特市（Butte）某位華商之妻回憶道：

當年我嫁到美國時，想都沒想過自己其實即將面對監獄般的人生……

我一年只能在新年時出門一次。跟著家人到別人家裡拜訪吃飯。我們會穿上手工的織錦百褶長裙，那是我們從中國帶來的嫁妝之一。上半身則是穿著長袖的錦緞或織花短外套。我們把所有的珠寶戴在身上，別上珠寶髮飾。

孩子的爹會雇一輛密閉式馬車，帶我和孩子們出門拜年。不過，因為中國習俗的規定，他當然不會跟我們一起去。就算只是到不遠處去拜年，我們也是搭馬車，因為已經成家的女人不能走路。馬車會一直等我們，那得要好幾個小時，因為我們這些女人家很少見面，所以要好好聊一聊，知道彼此從上次見面後過得怎樣。

離開前，我們會先叫孩子們出去看看街上有沒有男人。在街上遇到男人是很失禮的事。如果街上有男人時卻一定要出門，我們會用絲質扇子把臉遮住，然後快步通過。[101]

一般來說，只有最富裕的華人才能在美國娶妻成家。舊金山中國城的居民李剛（Lew Kan，音譯）是一位人力仲介商與店主，圖為他和兩個身穿綾羅綢緞的兒子在街道上漫步。（照片來源：Library of Congress, Arnold Genthe Collection）

無疑的，許多華人男性都覺得自己應該嚴加看管與保護妻子。因為美國西部的女性居民很少，而且暴力事件在邊境城鎮叢生，他們的妻子的確有很高的風險會在街上遭人綁架或騷擾。而且若真是有人要發動攻擊，這些纏足的女人既逃不了也擋不住。事實上，她們有一些腳趾都因為纏足而爛掉，幾乎都走不遠，甚至連站都站不久。從十九世紀加州史料中的一些案例看來，屢屢有可憐的華人女性遭人推進爛泥中，或是扯著頭髮拖行、被石頭砸，連衣服與耳環都被扯了下來。

所以，待在家裡或許是比較安全的，儘管人生會因此變得比較乏味。有個華人妻子就與僕人打牌來打發時間，或是照顧兒子、與鄰居聊八卦，找人來家裡幫她做頭髮，也可以請女性說書人來家裡講故事。以粵語的「水仙花」（Sui Sin Far）為筆名的伊荻絲・莫德・伊頓（Edith Maud Eaton）是個英中混血兒，她曾在〈美國華人妻子〉（"The Chinese Woman in America"）一文中稍稍透露這些女人是怎麼過日子的：

> 她們偶爾會到對方家裡串門子，就算是最平淡無味的話也能逗得她們開懷大笑，芝麻綠豆大的小事也足以令她們驚聲尖叫。她們對彼此的服裝髮型品頭論足，聊自己的丈夫、小孩還有食物，因為小事而吵嘴後再和好。她們用碗吃飯，也吃剁碎的雞肉，還有竹筍與蜜餞。[102]

相反的，其他華人妻子就沒有悠閒度日的好命了。有一些女性嫁給工人，所以必須和丈夫一樣做苦工，每天工時都很長。到了一八七〇年代末期，我們發現有些華人女性開始當女僕，或者做起了縫衣工、洗衣工、襯衫裁縫、園丁與漁夫等勞力密集的工作。有一些家庭式小本生意，像是洗衣店或雜貨店，店主本身就必須做苦工，所以為了節省經營成本，許多華人妻子不得不和丈夫一起工作。

儘管日子不好過，但與待在鄉下老家相較，美國還是一個能讓華人女性展現更多力量的地方。最重要的是，她們可以擺脫婆婆的蠻橫對待。在中國，常有住在夫家的媳婦必須要等生出兒子才能不再受到婆婆的刁難虐待。只有生男孩才能確保媳婦在家裡的地位，獲得家人尊敬。每多生一個兒子，媳婦的力量就愈大，等到自己變成婆婆，那氣勢更是不可一世，取得了虐待媳婦的傳統特權。

但此時美國的華人家庭都是小家庭，夫妻不用與長輩同住，而且媳婦通常不用忍受公婆的虐待。此外，女人在美國工作是非常自然的，不像中國人那樣對職業婦女有偏見。在農村的老家裡，女性只要工作就會飽受外人嘲弄或同情，因為這表示她丈夫或夫家太窮，讓她必須為了生計而拋頭露面。但美國某些華商妻子卻能在家裡靠針線活打發時間，因為幫單身華人男性縫補衣服而賺進數千美元。其中少數幾人甚至自己開起了裁縫店。娘家非常珍視這些女性的勞動成就，因為她們會匯款回中國，甚至變成了老家親戚們的救命錢。

也許，最重要的是這些華人移民之妻也養育了一群小孩，儘管在美國人口中只佔少數，但他們終究會變成美國人。根據「六大公司」的估計，一八七六年時美國共有幾百個華人家庭，養育的小孩也許有一千個。[103]這些嬰兒是第一代華裔美國人，長期來看，他們在美國所享有的基本權利與特權都會多過來自中國的父母。當時他們大多數年紀太小，不可能知道國會與全國各地已經開始如火如荼地展開一些充滿種族偏見的討論，各種關於公民權的協商也在進行中，終將對他們的未來造成深遠影響。

1 請參閱：Leigh Bristol- Kagan, "Chinese Migration to California, 1851-1882: Selected Industries of Work, the Chinese Institutions and the Legislative Exclusion of a Temporary Work Force," Ph.D. dissertation in History and East Asian languages, Harvard University, 1982, p. 38.

2 請參閱：Edwin Clausen and Jack Bermingham, *Chinese and African Professionals in California: A Case Study of Equality and Opportunity in the United States* (Washington,

D.C.: University Press of America, 1982), p. 14.

3 請參閱：Madeline Y. Hsu, *Dreaming of Gold, Dreaming of Home*, p. 42.

4 請參閱：Madeline Y. Hsu, p. 42.

5 請參閱：原文出自清朝李鐘珏著《寧陽存牘》（清光緒二十四年出版），轉引自：Madeline Y. Hsu, p. 40.

6 同上。

7 請參閱："various charities are everywhere": Madeline Y. Hsu, pp. 41-42.

8 請參閱：Jack Chen, p. 16.

9 請參閱：Madeline Y. Hsu, p. 27.

10 請參閱：R. David Arkush and Leo O. Lee, eds., *Land Without Ghosts: Chinese Impressions of America from the Mid-Nineteenth Century to the Present* (Berkeley and Los Angeles: University of California Press, 1989), p. 16; Lee Chew, "The Life Story of a Chinaman," in Hamilton Holt, ed., *The Life Stories of Undistinguished Americans* (New York: J. Pott, 1906), p. 285.

11 請參閱："Life History and Social Document of Mr. J. S. Look," Seattle, August 13, 1924 by C. H. Burnett, p. 1; Major Document 182, Box 27, Survey of Race Relations, archives of the Hoover Institution on War, Revolution and Peace, Stanford University.（從華人移民的回憶錄看來，最令他們感到興味盎然的，莫過於美國白人的髮色，衣服與男性追求女性時的某些慣例與禮儀。）

12 請參閱：R. David Arkush and Leo O. Lee, p. 34.

13 請參閱：Ibid., p. 34.

14 請參閱：Ibid., pp. 35-36.

15 請參閱：Ibid., p. 38.

16 請參閱：Ibid., p. 38.

17 請參閱：Betty Lee Sung, *The Story of the Chinese in America* (New York: Collier, 1971), pp. 35-36; Carey McWilliams, *California, the Great Exception* (New York: Current Books, 1949), p. 152.

18 請參閱：Ibid.

19 到了一八八六年，加州農工有百分之八十五點七都是華人。請參閱：Susan Auerbach, *Encyclopedia of Multiculturalism*, Vol. 2 (New York: Marshall Cavendish, 1994), p. 372.

20 請參閱：Jack Chen, *The Chinese of America*, p. 84; *Origins & Destinations*, p. 437.

21 一位雇用華工的地主C. D.艾伯特（C. D. Abbott）聲稱：「白人拒絕在水深及膝的爛泥與汙土裡工作。」請參閱：Sandy Lydon, *Chinese Gold: The Chinese in the Monterey Bay Region* (Capitola, Calif.: Capitola Book Company, 1985), p. 286.

22 請參閱：Julian Dana, *The Sacramento: River of Gold* (New York: Farrar and Rinehart, 1939), pp. 160-64：轉引自：Sucheng Chan, "The Chinese in California Agriculture, 1860-1900," in Genny Lim, ed., *The Chinese American Experience: Papers from the Second National Conference on Chinese American Studies (1980)*, p. 71.

23 請參閱：Sylvia Sun Minnick, *Samfow: The San Joaquin Chinese Legacy* (Fresno, Calif.: Panorama West Publishing, 1988), p. 69; Jack Chen, p. 87.

24 請參閱：Tzu-Kuei Yen, p. 103.

25 請參閱：Ibid.

26 據估計，透過鋪設鐵軌與開墾沼地，華工所創造出的產值大約相當於一八七六到七七年間的兩億八千九百七十萬美元。請參閱：Thomas W. Chinn, H. Mark Lai, and Philip P. Choy, eds., *A History of the Chinese in California: A Syllabus* (San Francisco: Chinese Historical Society of America, 1969), p. 56；也可參閱：Jeff Gillenkirk and James Motlow, *Bitter Melon: Inside America's Last Rural Chinese Town* (Seattle: University of Washington Press, 1987), p. 9.

27 請參閱：Robert A. Nash, "The 'China Gangs' in the Alaska Packers Association Canneries, 1892-1935," *The Life, Influence and the Role of the Chinese in the United States, 1776-1960,* Proceedings/Papers of the National Conference held at the University of San Francisco, July 10, 11, 12, 1975, sponsored by the Chinese Historical Society of America (San Francisco: Chinese Historical Society of America, 1976), p. 273.

28 請參閱：Thomas W. Chinn, H. Mark Lai, and Philip P. Choy, p. 42. 到了一八八一年，哥倫比亞河（Columbia River）流域地區的罐頭工廠總計已經雇用了三千一百名華工。

29 請參閱：Rudyard Kipling, *From Sea to Sea: Letters of Travel* (Garden City, N.Y.: Doubleday, 1923), pp. 33-34：轉引自：Chris Friday, *Organizing Asian American Labor: The Pacific Coast Canned-Salmon Industry, 1870-1942*, p. 25.

30 請參閱：Chris Friday, p. 30.

31 請參閱：Ibid., p. 40.

32 請參閱：Ibid., p. 30.

33 請參閱：Ibid., p. 84.

34 請參閱：Jack Chen, p. 100; Arthur F. McEvoy, *The Fisherman's Problem: Ecology and Law in the California Fisheries,* 1850-1980 (Cambridge, England: Cambridge University Press, 1986), pp. 112-14.

35 請參閱：Arthur F. McEvoy, pp. 112-13; Sylvia Sun Minnick, p. 74.

36 請參閱：Ronald Takaki, *Strangers from a Different Shore: A History of Asian Americans* (New York: Little, Brown, 1989; reprinted by Penguin Books, 1990), p. 79.

37 關於一八七〇年代的舊金山市市容，請參閱：Roger W. Lotchin, *San Francisco, 1846-1856: From Hamlet to City* (Urbana and Chicago: University of Illinois Press, 1997), p. xxxvii.

38 請參閱：Ibid., p. xxxviii.

39 請參閱：Benson Tong, *Unsubmissive Women*, p. 76.

40 請參閱：Jack Chen, p. 111. According to Jack Chen, 80 percent of the shirtmakers in San Francisco were also Chinese.

41 請參閱：Stephan Thernstrom, ed., Ann Orlov, managing ed., Oscar Handlin, consulting ed., *Harvard Encyclopedia of American Ethnic Groups* (Cambridge, Mass.: Belknap Press of Harvard University, 1980), p. 219.

42 請參閱：Otis Gibson, *The Chinese in America*, p. 59.

43 請參閱：Ping Chiu, *Chinese Labor in California*, p. 122.

44 請參閱：Chin-Yu Chen, "San Francisco's Chinatown," p. 86; Jack Chen, p. 113; Thomas W. Chinn, H. Mark Lai, and Philip P. Choy, p. 51.

45 請參閱：Lynn Pan, *Sons of the* Yellow Emperor, p. 102.

46 請參閱：Otis Gibson, p. 54.

47 請參閱："Life History and Social Document of Mr. J. S. Look," Seattle, August 13, 1924, by C. H. Burnett, p. 1.

48 請參閱：Victor G. and Brett de Bary Nee, *Longtime Californ': A Documentary Study of an American Chinatown* (New York: Pantheon, 1972), p. 70.

49 請參閱：Ibid., p. 69.

50 請參閱：Otis Gibson, p. 54.

51 關於這個非正式權力結構的描述，請參閱：Victor G. and Brett de Bary Nee, pp. 64-66.

52 請參閱：Chin-Yu Chen, p. 35.

53 請參閱：Jack Chen, p. 28.

54 請參閱：Christopher Lee Yip, "San Francisco's Chinatown: An Architectural and Urban History," Ph.D. dissertation in architecture, University of California at Berkeley, 1985, p. 37.

55 請參閱：Ibid., p. 37.

56 請參閱：Ibid., p. 94.

57 有關「六大公司」所提供服務的描述，請參閱：Chin-Yu Chen, pp. 34, 37.

58 請參閱：B. Lloyd, *Lights and Shades in San Francisco* (San Francisco: A. L. Bancroft and Company, 1876), pp. 272-74; Pauline Minke, "Chinese in the Mother Lode

(1850-1870)," thesis, California History and Government Adult Education, 1960, Asian American Studies Library, University of California at Berkeley.

59 以上有關葬禮與出殯過程的描述，請參閱：Linda Sun Crowder, "Mortuary Practices in San Francisco Chinatown," *Chinese America: History and Perspectives 1999*, pp. 33-46; Sylvia Sun Minnick, *Samfow*, p. 292; B. Lloyd, p. 367, and *San Francisco Daily Alta California*, September 1, 1868, April 4, 1868, and June 1, 1867，轉引自：Christopher Lee Yip, pp. 109-13. 直到一九九二年，舊金山還存放著一千三百副尚待運回中國的華人屍骨，請參閱：Chin-Yu Chen, p. 18; Sandy Lydon, *Chinese Gold*, pp. 131-32.

60 請參閱：Lynn Pan, p. 20.

61 有關「妹仔」的描述，請參閱：Judy Yung, *Unbound Feet: A Social History of Chinese Women in San Francisco* (Berkeley: University of California Press, 1995), pp. 37-39.

62 請參閱：Elizabeth Cooper, *My Lady of the Chinese Courtyard* (New York: Frederick A. Stokes, 1914), pp. 13-14：轉引自：Benson Tong, p. 18.

63 請參閱：Victor and Brett de Bary Nee, p. 84.

64 請參閱："Story of Wong Ah So." Major Document 146, Box 26, Survey of Race Relations, Hoover Institution of War, Revolution and Peace, Stanford University。後來王阿素被舊金山中國城的女傳教士唐納狄娜・柯麥隆（Donaldina Cameron）解救，改信基督教，學會用英文讀書寫字，並且嫁給了愛達荷州波夕市（Boise）的一位華商。她曾在一九三三年寫信給唐納狄娜，表示她有個主修細菌學的女兒即將從華盛頓大學畢業。

65 請參閱：Benson Tong, *Unsubmissive Women*, p. 57.

66 請參閱：Ibid., pp. 58-59.

67 請參閱：Ibid., p. 69.

68 請參閱：Ibid., p. 70.

69 關於交誼廳與低級妓院的描述，請參閱：Stephen Longstreet, ed., *Nell Kimball: The Life As an American Madam by Herself* (New York: Macmillan, 1970), pp. 226-27; Herbert Ashbury, *The Barbary Coast: An Informal History of the San Francisco Underground* (New York: Alfred A. Knopf, 1933), pp. 174-76; Judy Yung, pp. 27-30.

70 請參閱：Judy Yung, Unbound Feet, p. 29.

71 請參閱：Huping Ling, *Surviving on the Gold Mountain: A History of Chinese American Women and Their Lives* (Albany: State University of New York Press, 1998), p. 57.

72 請參閱：Ibid., p. 57.

73 請參閱：Ibid., p. 57.

74 請參閱：Ibid., p. 59.

75 請參閱：Otis Gibson, p. 156.

76 請參閱：Benson Tong, p. 142.

77 請參閱：Judy Yung, p. 33.

78 請參閱：Huping Ling, p. 59.

79 請參閱：Lucie Cheng Hirata, "Free, Indentured, Enslaved: Chinese Prostitutes in Nineteenth-Century America," *Signs: Journal of Women in Culture and Society,* Autumn 1979. As cited in Judy Yung, p. 30.

80 請參閱：Otis Gibson, p. 137.

81 請參閱：Benson Tong, p. 201；轉引自：*Congressional Record,* 43rd Cong., 2d sess., March 1875, 3, pt. 3:41.

82 請參閱：Otis Gibson, p. 208.

83 請參閱：Victor G. and Brett de Bary Nee, p. 88.

84 請參閱：Ibid., p. 88.

85 請參閱：Benson Tong, p. 185.

86 請參閱：Lynn Pan, p. 104. For additional sources on Donaldina Cameron, see Mildred Crowl Martin, *Chinatown's Angry Angel: The Story of Donaldina Cameron* (Palo Alto: Pacific Books, 1977); Peggy Pascoe, *Relations of Rescue: The Search for Female Moral Authority in the American West, 1874-1939* (New York: Oxford University Press, 1990); Carol Green Wilson, *Chinatown Quest: One Hundred Years of Donaldina Cameron House 1874-1974* (San Francisco: California Historical Society, 1974); Sarah Refo Mason, "Social Christianity, American Feminism, and Chinese Prostitutes: The History of the Presbyterian Mission Home, San Francisco, 1874-1935," in Maria Jaschok and Suzanne Miers, eds., *Women and Chinese Patriarchy: Submission, Servitude and Escape* (Hong Kong: Hong Kong University Press, 1944); Laurence Wu McClain, "Donaldina Cameron: A Reappraisal," *Pacific Historian,* Fall 1985.

87 請參閱："Statement of Chun Ho, Rescued Chinese Slave Girl, at the Presbyterian Rescue Home, Miss Cameron, Matron, in the Matter of Investigation into Chinese Highbinder Societies," p. 9. File 55374/876, Box 360, Entry 9, Record Group 85, National Archives, Washington, D.C.。

88 請參閱：Judy Yung, p. 35.

89 請參閱：Huping Ling, p. 24.

90 請參閱：Curt Gentry, *Madams of San Francisco: An Irreverent History of the City by the Golden Gate* (Garden City, N.Y.: Doubleday, 1964), p. 52.

91 請參閱：Judy Yung, *Unbound Feet,* p. 34.

92 有關水馨的一生之描述，請參閱：Ibid.

93 請參閱：Huping Ling, p. 61.

94 有關波麗・貝米斯生平事蹟的描述，請參閱：Huping Ling, p. 79; Benson Tong, p. 22; Vardis Fisher and Opal Laurel Holmes, *Gold Rushes and Mining Camps of the Early American West* (Caldwell, Idaho: The Caxton Printers, Ltd., 1990), pp. 273-74.

95 關於華人流氓綁架女性的經過，請參閱：Benson Tong, p. 172.

96 請參閱：Major Document #154, Box 26, Survey of Race Relations, Hoover Institution on War, Revolution and Peace, Stanford University.

97 請參閱：*The Chinese* Hospital *of San Francisco* (Oakland: Carruth and Carruth, 1899), p. 1; *San Francisco Chronicle*, July 1, 1871; California Department of Public Health, *First Biennial Report of the State Board of Health of California for the Years 1870 and 1871* (San Francisco: D. W. Gelwicks, 1871), p. 46. 以上全都轉引自：Benson Tong, *Unsubmissive Women*, p. 105.

98 請參閱：Benson Tong, p. 106.

99 請參閱：Ibid., p. 107.

100 請參閱：*Origins & Destinations: 41 Essays on Chinese America*, p. 83.

101 請參閱：Rose Hum Lee, *The Growth and Decline of Chinese Communities in the Rocky Mountain Region* (New York: Arno Press, 1978), p. 252.

102 請參閱：Sui Seen [Sin] Far, "The Chinese Woman in America," *Land of Sunshine*, January 1897, p. 62.

103 請參閱：Otis Gibson, *The Chinese in America*, p. 318.

第七章 在美國各地開枝散葉

根據一八七〇年的人口普查結果，美國有六萬三一九九名華人居民，[1]其中百分之九十九．四分布在西部各州與尚未加入聯邦的各地區，[2]而且這些居住在西部的華人絕大多數（比例高達百分之七十八）都住在加州。[3]假以時日，這些華人將會翻越洛磯山脈，繼而橫渡密蘇里河與密西西比河，遷居其他地方。有些華人橫跨了整個美國大陸，來到大西洋海岸區，也有人在勞力承包商的幫助之下，最後在美國南方落腳。這些華人都必須面對美國南北戰爭後的種族爭議，並且試著在新的社會階層中找到華人族群可以安身立命的地方。

美國華人史中最奇特的插曲，莫過於許多華工在戰後與南方許多棉花莊園主人簽署了勞動契約，而基本上此舉也讓他們變成黑奴的替代人力。所幸，此一插曲的結局對華人來說算是相當愉快的。當時許多南方莊園主人剛開始都以為，能與華工簽約簡直像是天上掉下來的禮物，因為華工的勤奮與配合度可說是有口皆碑。不過，這些莊園主人很快就會發現，儘管華工手腳俐落又任勞任怨，但他們大都了解契約內容，而且也希望勞雇雙方都能忠實履約。

相對來說，到南方農田謀生的華工還是比較少，因為任何一八五〇、六〇年代的美國居民都了解奴隸制對少數族裔所造成的傷害。既然這些莊園主人已經習慣於蔑視勞工的種種權益，別說是好雇主了，他們可能連公平地對待勞工都做不到，因此不難想像他們會怎樣對待那些取代黑奴的勞工。這些莊園主人大半輩子都深信一個道理：如果想要增加生產力，唯一的方法就是讓工頭鞭打勞工，讓他們乖乖聽話。既然如此，他們怎麼可能突然變得尊重勞動契約，並且把與他們訂約的華工當成有資格享受同等權益的勞方？

結果，無論是在南方或在地方，在美華人都不打算默默忍受白人種種的歧視手段，也不想永遠屈居人下。華人深知美國人向來是站在文化的制高點上，把黑人與美國原住民當成文化較為粗劣的族群，因此很快就體悟出一個道理：如果白人把任何一個族群拿來與黑人和美國原住民相提並論，就等於是在歧視該族群。例如，一八五三年某位加州法官曾禁止華人出庭做出不利於白人的證供，理由在於華人族群的地位應等同於印地安人與黑人。結果，當地華人認為不能出庭作證事小，他們自覺受到冒犯之處是被人拿來與印地安人、黑人相提並論。當時有一封措辭強烈的信件在舊金山華人商界廣為流傳，某位華商在信中寫道，中華民族的文明史源遠流長，有幾千年之久，美國白人怎敢「將我中華民族與印地安人、黑人混為一談？印地安人向來對社會關係一無所知，也不知互敬互重，且衣不蔽體，赤足行走，居住於荒野與洞穴。」[4] 毫不令人意外的是，這種態度當然也點燃了其他少數族群的怒火，他們認為既然自己長久以來都必須忍受白人的不公平對待，華人憑什麼有所不同？就像加州政府要把該州中部草谷市（Grass Valley）的印地安人遷移到保護區時，酋長威瑪王（King Weimah）就曾提出激烈抗議：憑什麼華人可以在美國各地自由來去，而他的子民卻要被政府圍捕，將他們隔離於美國社會之外？[5]

南北戰爭以前，大多數州的法律本身就有很多充滿種族歧視的條文，一直要等到戰後通過了《美國憲法》第十四條修正案，才確保了所有公民的權利，包括讓「所有土生土長或者歸化的美國人」都享有投票權，而第十五條修正案則是確保了美國人都應擁有投票權，不因種族、膚色或是否曾為奴隸而有所不同。但在戰後重建的時期，南方各州還是透過種種「吉姆・克勞法案」（Jim Crow laws，譯註：「吉姆・克勞」是非裔美國人的謔稱，相當於「黑鬼」），堅決不讓黑人享有投票權，其手段包括：不繳人頭稅就不能投票，甚至以暴力手段阻撓投票。

從北方各州的觀點來看，南方有許多充滿種族偏見的措施都是不義之舉，但值得注意的是，其實西部的政治人物也普遍反對讓華人取得投票權。加州的共和黨參議員柯內里烏斯・柯爾曾經提出警告：「如果華人獲准投票」，恐怕「我們這個黨就要走上絕路了。」[6]很多人害怕華人移民開始申請歸化為美國人，在取得公民權後進而獲得投票權，而這些人曾在一八七〇年代獲得重大勝利：不但國會宣稱華人是外國人，因此沒有資格取得公民權，所以立法禁止華人申請歸化，同時聯邦法院也做出一樣的裁決。[7]但第十四條修正案通過後，情勢大變，不但確保了非裔美國人應該獲得完整的各種公民權，同時也規定任何在美國出生的人生來就具有美國的公民權，結果在美國出生的華人就這樣取得了公民權。儘管美國國會還是不讓華人移民申請歸化為美國公民，但根據重建時期通過的憲法修正案規定，聯邦政府與州政府都不得否定任何在美國出生的兒童具有公民權。換言之，第二代華人移民與爸媽的不同之處，在於他們的公民權受到憲法之保障，這隨後也成為華人注意到的一個區別。

一八七〇年代以前，住在美國「舊南方」（Old South，譯註：舊南方是指美國最早的十三個州中位於南部的維吉尼亞州、北卡羅來納州、南卡羅來納州、喬治亞州。有時也包括德拉瓦州和馬里蘭州）各州的華人可說屈指可數，有幾個在當醫生，不過大都是經商、開店或者當廚師。其中有些華人選擇在查爾斯頓（Charleston）與紐澳良（New Orleans）等港市落腳。但是到了南北戰爭結束後，黑奴獲得了自由之身，南方的莊園主人們聽說華人都是模範勞工，而且沒有公民權，於是打算招募華人來當農工。西部各州的統治階級唯恐華工帶來競爭，影響白人權益，但南方的莊園主人卻認為引進外國人力是個好主意，而且引進華工更能對他們以前奴役過的黑人施壓，逼使他們接受過去奴隸制時代的勞動條件，回到田裡的工作崗位上，「解放黑鬼等於是寵壞了他們，讓他們離開了農田，」《維克斯堡時報》（*Vicksburg Times*）的社論如此寫道，「我們的經濟是否能夠繁榮，完全取決於是否能夠把那些荒廢的田地重新整理好，所以我們呼籲，應該引進苦力，而且也可趁機讓他們改信基督教。」[8]無疑的，他們最想讓華人學會基督教的美德之一，就是「被打了右臉，就要把另一邊也轉過來讓人打」。但顯然他們打的算盤不是為了解救華人的靈魂，而是想藉此牽制那些已經被解放的黑人。如同某位莊園主人的妻子寫道：「若能把五百萬個華工引進到這密西西比河河谷，我們不但能夠生產出足夠讓全世界使用的棉花，更能讓那些黑鬼學會怎樣才是守本分。」[9]

美國南方權貴還為此召開了一次大會來討論對策。一八六九年，數以百計代表性人物來到田納西州的孟斐斯市（Memphis），參加美國的第一個華工會議。會議第二天，一位名叫胡大全（Tye Kim Orr）的華人基督徒在所有與會者面前發表談話：先前他曾在英屬圭亞那（British Guiana）建立過一個華人社群，此時已遷居路易斯安那州。他向聽眾保證，溫順、聽話又勤奮是華人的特色——簡單來說，是一個非常容易操弄剝削的種族。[10]這個大型會議引發媒體矚目，尤其是與會者還包括全美國最知名的華工進口商柯內里烏斯．庫曼夏（Cornelius Koopmanschap），中央太平洋鐵路公司的華工都是他幫忙招募來的。他的談話深具吸引力，因為他對聽眾們保證，大約只要二十美元月薪，華工將會很樂意從舊金山遷居美國南方，至於從中國募集華工到美國，綁五年合約，月薪更可能低到僅十美元。[11]與會代表們認為苦力能夠幫他們打造出一個崛起的新南方，於是決議籌集一百萬美元來執行庫曼夏的計畫，而且他們也選出了一個招募委員會，負責促成五百到一千個華人遷移到南方來。

會後，南方各州開始如火如荼地招募華工。有一些本來在古巴蔗糖莊園工作的華人苦力在一八六六年來到南方。為了幫助吸引更多華工，幾家美國快船公司在華南地區的一些港市發送傳單。「如果來到紐澳良工作，所有的中國人都能賺大錢，」其中一份傳單宣稱，「老百姓也可以變得比國內的大官更有錢。」[12]有些廣告打包票，表示中國勞工在前往美國的航程中，「住得好，吃得好。有各種遊戲可以完，而且不用工作。」傳單催促中國人要趕快把握機會。「這是個很好的國家，比中國好。沒有疾病，不用面對死亡威脅。來吧！立即動身。再等就會後悔莫及。別跟老婆商量，也別理會敵人的威脅。你還是中國人，但可以到美國去工作。」[13]

大動作招工的結果，是讓南方各州在一八六九與一八七〇年網羅了大約兩千名華人。有些人前往路易斯安那州的莊園與養蝦場工作。其他人則是到了密西西比州與阿肯色州，成為黑人的替代人力。[14]也有人成為火車工。一八六九年十二月，大約兩百五十名華人前往美國，成為休士頓—德州中央鐵路公司（Houston & Texas Central Railroad）的雇員。[15]隔年八月，因為阿拉巴馬州正在興建一條通往田納西州查塔努加市（Chattanooga）的鐵路，也招到了一千名華工。[16]

不過，到了一八七一年年中，已經出現了一些嚴重衝突的跡象，而且勞資雙方對彼此都感到幻滅。某個莊園因為有名華人奴僕遭鞭打，結果華工們發起罷工。[17]另一個莊園則是有一群華工企圖對某位華人仲介動用私刑，理由是他騙了他們，營造出南方生活的美好假象。[18]還有些案例是莊園主人壓榨華工，引發反叛，結果導致一些華工遭主人槍殺。[19]

最主要的問題在於，南方莊園的主人早已習慣完全掌控手下的勞工，因此認為他們與華工之間的關係為主奴關係，而非資方與勞方。與此相反的，華工們則是認為他們只是拿錢辦事，那些莊園主人可不是什麼封建時代的大老爺，所以認為主人應該以雇主身分履行合約的條文。這些南方的莊園主人已經趕不上時代的腳步，而且華工的地位與黑奴不可同日而語，此時他們顯然佔上風。

一群華人農工在路易斯安那州某個蔗糖莊園裡工作的情況。南北戰爭後，一些南方莊園主人曾經嘗試以華人勞工來取代黑奴，但卻被華人倒打一耙：他們僱用翻譯人員幫忙協商契約內容，並且控告那些侵權的雇主。（圖片來源：The Historic New Orleans Collection）

理由之一是，華工們按照勞動契約內容工作，而讓南方權貴們感到不悅的是，很多華工在進行勞資談判時都很精明，動不動就提出告訴。為了解契約的細節，華工聘請雙語口譯人員，這些人不只幫忙翻譯，也是代理人與律師：其職責是針對契約的條文幫忙討價還價，向雇主轉達華工的種種抱怨，如果華工對工作不滿意，還要負責找新工作。若莊園主人有違約的情事，他們還要代替華工提出法律訴訟。[20]

其次，南方的華工可以把雇主告上法院。當地法官不但允許華工出庭用華語作證，而且後來還做出有利於原告的判決。就這方面而言，與當年華人在加州的情況相較，南方提供了更多的法律保障，因為加州法律明文規定華人不能出庭做出不利於白人的證詞。[21]

還有，因為南北戰爭後聯邦政府深深懷疑南方各州總是以各種小動作來壓迫少數族群，所以華工也受到聯邦政府的較多保護。最早在一八六七年八月，美國政府就已經禁止南方各州招募華工，除非華工能出面作證或提交書面資料，證明他們是自願前往南方，而且勞動契約的簽署也是出於自願。由於政府的警覺性很高，南方的莊園主人們很難將華工當成黑奴那樣對待。[22]

對南方的權貴來說，招聘華工的實驗本來是充滿希望的，但結果卻彷彿一場災難。短短幾年內，大多數的華工都選擇不繼續履行契約，也找到了薪水更好的工作。許多人受到紐澳良等都市的吸引，到城裡開設店鋪。有些人則是毀約逃走，但大多數的主人都沒有資源可以把他們抓回來。到了一九一五年，幾乎沒有任何南方莊園仍繼續雇用華工。[23]

透過引進華工，南方人打的算盤是藉此牽制已經被解放的黑奴，而北方人想要牽制的，卻是他們的白人勞工。北方人試著引進華工的時間點，是馬克．吐溫所謂的「鍍金時代」（Gilded Age）——那是一個以浮誇虛偽著稱的時期，「金玉其外，敗絮其內」正好可用來形容它，因為當時美國潛藏著許多腐敗的弊病。一堆心狠手辣所謂的「強盜資本家」（robber barons）在這個時代取得政經大權，他們發跡的故事不像霍瑞修・愛爾傑（Horatio Alger）寫的那些少年勵志小說，主角的成功全憑努力打拚，堪稱典範：這些資本家能夠成功，都是憑藉著全面的賄賂、勾結與恐嚇。有錢人在這時代揮金如土，大肆血拚，與此形成強烈對比的是勞工階級的絕望與幻滅。

南北戰爭期間，本來該去從軍的大資本家如J. P. 摩根（J. P. Morgan）、安德魯・卡內基（Andrew Carnegie）、約翰・洛克斐勒（John D. Rockefeller）與詹姆斯・美隆（James Mellon）都是付錢給人幫他們上戰場。儘管美國的貧富差距將會在十九世紀下半葉持續擴大，但在戰時已極為懸殊。許多北方富豪藉由販售劣等軍品給北方的聯邦軍，大發戰爭財，而變得更有錢。到了戰後，階級差異變得更為明顯，尤其是在格蘭特總統（U.S. Grant）任內：他雖然是南北戰爭期間的名將，卻治國無方。他當政時政府弊案叢生，聯邦官員始終袒護那些願意賄賂他們的人，對他們的種種暴行視若無睹。因為法院與國會都已被買通，在前者的默許與後者的幫助之下，那些所謂的強盜資本家肆意擴張事業版圖，所有的競爭對手都被他們打敗、併吞。在買通聯邦政府、州政府與市政府之後，銀行鉅子與鐵路大亨靠股票斂財，以鐵腕征服勞工，創建事業帝國。在股票禿鷹企圖壟斷黃金市場失敗後，華府不得不拿出數百萬納稅人的錢來幫華爾街善後。

隨著資方愈來愈貪婪，美國勞工的挫折感也逐漸累積攀升。忠勇的北軍士兵為國賣命，甚至斷手斷腳，在戰後卻四處碰壁。他們回到城裡破爛的小公寓，貧病交加，有成千上萬的人與他們搶工作，其中包括比他們更窮困的歐洲移民，這些歐洲人無論是男是女都願意接受工廠的最低薪資，忍受各種有害健康的危險環境。同樣要找工作的還有無法靠務農賺錢謀生的農夫，他們因為付不起昂貴的設備費或者火車大亨要求的昂貴運費，而被迫離開自己的土地。煤礦工人暴動，各種工廠都發生了罷工事件，許多人餓死街頭。為了與大企業對抗，白人勞工開始組織工會，為了爭取合理的勞動條件與薪資而抗爭。

為此，資方必須趕快想出掌控局面的新方法，並找到新的勞動力來源，藉此證明他們不一定需要工會會員，於是東岸的資本家便開始將腦筋動到華工身上。一八七〇年，麻州北亞當斯市（North Adams）一家女鞋女靴工廠鬧罷工，勞工要求把工時降為八小時並加薪，而且享有查帳的權力。工廠老闆喀爾文・參森（Calvin Sampson）把他們都開除掉，但勞工所屬的聖克里斯平祕密騎士會（Secret Order of the Knights of Saint Crispin）是全美最大，而且可能是最有力的工會，所以他根本找不到願意替代他們的白人勞工。不過參森還是拒絕接受自家工人所開出的條件，後來他在報上看到有人撰文稱讚舊金山製鞋工廠的華工工作效率很高，於是便和某家移民公司（即Kwong, Chong, Wing & Company）簽了一紙三年合約，由該公司負責從西岸派七十五名華工到參森的鞋廠工作。[24]參森是美國史上第一個為了終結罷工事件而將亞洲工人送到洛磯山脈以東去工作的製造商。[25]

這些罷工終結者抵達北亞當斯市車站時，在場民眾無不看得目瞪口呆。有些人根本不是要搭車，純粹是出於好奇心而來圍觀，因為大部分新英格蘭居民都沒有看過亞洲人，但也有很多人來騷擾甚至恐嚇那些華工。《國家週刊》（*The Nation*）寫道：「一大群充滿敵意的群眾到火車站去堵人，騷擾他們，對他們大呼小叫甚至丟石頭。」[26]在三十名警力的護送之下，華工們前往工廠宿舍，而且宿舍大門深鎖，還有保護他們的警衛。後來，有人在工廠牆上塗鴉寫道：「非工會勞工，還有鼠輩，都不准來此地。」但並未發生暴力事件。[27]

事後看來，參森雇用華工的決定是有用的。《新哈潑月刊》（*Harper's New Monthly*）在報導中指出，「沒有任何勞工比他們更為忙碌、更為井然有序了。」[28]僅僅幾個月內，華工的表現已勝過工會員工，製作鞋靴的速度甚至比罷工勞工中比較有經驗的那些人還要快。《史氏月刊》（*Scribner's Monthly*）則指出「華工的工作表現規律，工時很長，而且不會因為禮拜天狂歡而導致禮拜一心情低落，也不會在假日時無所事事，浪費時間。」據這篇文章估計，每週華工可以幫參森省下八百四十美元，一年下來幾乎可以省下四萬四千美元，而且如果整個美國的製鞋產業都雇用華工，那麼一年可以節省三百五十萬美元。[29]

北亞當斯市試用華工的狀況獲得媒體的廣泛報導，這也讓其他東岸的資本家起而效尤。參森引進華工三個月後，紐澤新貝勒維爾市（Belleville）帕塞洗衣廠（Passaic Steam Laundry）的老闆詹姆斯・赫維（James B. Hervey）也把旗下的愛爾蘭女工換成來自舊金山的華工，理由是她們屢屢罷工，導致他利潤下滑。華工的到來引起東岸各州白人勞工的恐慌。詹姆斯・赫維收到好幾封威脅信，其中一封表示，如果不把華工開除，就要殺了他。[30]賓州水獺瀑布鎮（Beaver Falls）一家製刀工廠雇用了一百多位華工，幾位鎮民在提交給國會的請願書裡抱怨道，雇用華工「顯然是想要試著恢復奴隸制」。[31]

許多資本家之所以雇用華工，就是要讓白人勞工對他們的未來感到莫名的恐慌。參森在北亞當斯市成功引進華工後，好幾家公司藉他的例子說服罷工的白人勞工返回工作崗位，而且還減薪百分之十。[32]但華工其實並不如資本家預期的那樣溫馴聽話。讓赫維後悔莫及的是，新來的華工和愛爾蘭女工一樣難搞，他還抱怨華工「愈來愈像他們的白人鄰居了」。[33]最後他不再愛用華工，他的助理在一八八五年把所有華工都開除掉。[34]

赫維無法預見此舉為東岸各個城市的中國城撒下種子。他的許多華工被開除後遷居紐約市，或者紐澤西州的紐華克市（Newark），然後從新的居所寫信給親戚，邀請他們一起來創業，自己開設洗衣店。

直到此時，紐約市的華人人數還是很少。其中有些是直接從中國移居美國東岸，他們本來是水手，轉行後換了很多工作，從當小販到自己開民宿，或者待過製作棒棒糖、捲菸的工廠。[35]根據一八八〇年的人口統計數據顯示，儘管曼哈頓的總人口數超過一千兩百萬，卻只有七四八位華人居民，這數字雖微不足道，但曼哈頓已經是內華達山脈以東最大的華人聚居地。[36]不過，就在赫維把華工都解雇後，短短幾年內大紐約地區（譯註：即metropolitan New York，也可譯為紐約都會區。整個都會區以紐約市為中心，範圍擴及紐約州、紐澤西州、康乃狄克州等三州二十幾個郡，以及賓州東北部一個郡）已經有大約兩千家華人經營的洗衣店。[37]

美國東岸華人史並不完全是由華工開啟，因此並非只是關於華工如何遭人剝削，成為資方破壞罷工行動的工具。早在十九世紀初，就存在著某種截然不同的發展模式，最後的結果也與華工在全美各地掙扎謀生的情況形成強烈對比，這些華人走出了一條有別於華工的路。有幾個華人學生獲准進入東岸地區一些預科學校（prep school，譯註：專門幫學生準備名校考試的學校）與常春藤名校就讀。這些學生的教育背景終將讓他們對美國與中國都產生極其龐大的影響力。

幫助這些中國學生打開學校大門的是一些基督教教會。教會不只在禮拜天為工廠的華工開設英語課程，隨後也開始贊助華人學子到東岸的中學與大學就讀。甚至早在第一批華人因為淘金熱而前往加州的二十幾年前，在一八一八到一八二五年之間，就已經有五位華人青年來到美國，在康乃狄克州康沃爾鎮（Cornwall）的傳教士學校就讀。[38]其中一人名叫阿倫（Ah Lum，音譯），後來回國獲聘為翻譯人員，其雇主即為燒毀大量英國鴉片，導致中英鴉片戰爭爆發的清廷欽差林則徐。[39]

不過，在十九世紀所有接受教會贊助的華人知識份子裡，最有名的也許是容閎。他的故事堪稱最具代表性，讓我們得以了解華人學者雖然總是很容易就能融入美國社會，但卻總是因為身分認同的問題而掙扎不已，尤其是容閎希望自己能夠促使中國更為壯大，但與此相互衝突的是，他愈來愈覺得自己與祖國和同胞們漸行漸遠了。

清道光八年（一八二八），容閎誕生於廣東省香山縣的南屏村，與葡國殖民地澳門僅僅相距幾英里。七歲時，容閎隨父親前往澳門一家新設立的教會學校就讀。[40]後來他在自傳《西學東漸記》（*My Life in China and*

America）中寫道：「當時中外交流剛剛開始增多，我的父母預測這可能很快就會成為一種潮流，覺得值得抓住時機……。」[41]清道光二十年（一八二〇），容閎的父親病逝後，母親與四個孩子頓失所依，學業也突然中斷。為幫助家庭生計，他在街頭賣糖果，也下田工作，在印刷廠幫忙摺紙。眼看著他一輩子就要這樣過下去了，澳門那所教會學校派一位醫生傳教士找上門，邀請他前往澳門的馬禮遜紀念學校（Morrison Education Society School）就讀。容閎在校期間，該校創辦者美國牧師薩謬爾・勃朗（Reverend S. R. Brown）與他交好，隨後勃朗牧師在返美之際邀請他與其他兩位學生到美國讀書。他們在道光二十七年（一八四七）抵達東岸，進入麻州西南部知名預科學校孟松學院（Monson Academy）就讀。

在美國，容閎努力向學，希望藉由他獲得的知識來幫助祖國。孟松學院的校董們提議幫他支付大學學費，前提是他畢業後必須當傳教士，但容閎的志向更為高遠，且充滿決心，所以拒絕了。「我想要擁有完全的行動自由，如此才能把握每個機會，在中國做出一番最有利於國家的事業。」後來他在自傳中如此描述自己的決定，「當時我的確很窮，但我絕對不會允許自己受制於貧窮，不會讓貧窮逼使我為了眼前的好處而出賣我心中的遠大志向。」[42]他的傑出表現克服了貧窮。勃朗牧師幫容閎在喬治亞州薩凡納市（Savannah）找到好幾位贊助人，容閎在他們的支持下於道光三十年（一八五〇年）進入耶魯學院就讀（一八八七年之後，耶魯學院才改名為耶魯大學）。令同學們印象深刻的是，大學期間容閎曾兩度獲得英文作文比賽的首獎。咸豐四年（一八五四年），容閎完成大學學業，成為第一位從美國知名大學畢業的中國人。

回到中國，他深感自己任重道遠，同時也因為些許的自負，容閎對母親說：「知識即力量，力量比財富更重要。我是第一個從耶魯學院畢業的中國人，所以妳何其有幸，在目前全中國成千上萬個母親裡，妳是第一個也是唯一一位母親能宣稱自己的兒子是美國一流學院的第一個中國畢業生。這實在是罕見的殊榮。」[43]但他很快就會知道，想要在中國推動重大改革，光憑他的美國大學學歷是遠遠不夠的。

容閎沒想到重新融入中國社會是如此困難的事。回國後他與某位傳教士一起住在廣州，在那裡他親身經歷了清廷的腐敗與對人民的欺壓。咸豐五年（一八五五）夏天，容閎親眼目睹政府以血腥手段鎮壓當地亂黨。在這之前，兩廣總督葉名琛已經下令處斬了七萬五千人，他們大都是無辜冤死的[44]，而容閎的居所與刑場相距僅半英里之遙。「喔，那真是可怕的景象！」他在回憶那情景時表示，「地上流滿了人血。車道兩旁都堆滿了無頭屍體，等著讓人帶走埋葬。」

無疑的，容閎的理想主義與獨立精神肯定是美國文化影響下的產物，這也讓他回中國後幾乎不可能在任何一個全職的工作崗位上堅持很久。為了生計，他一開始幫某個美國人當祕書，接著又到香港高等審判廳當通譯，但後來他宣稱英國律師串通好要把他趕走：「如果我當上了律師，他們全都要打包行李回英國了，因為我精通中英文，最後所有中國的法律業務都將由我包辦。」[45]不久後，容閎離開了龍蛇雜處的香港司法界，前往上海的海關翻譯處工作，但僅僅四個月就又辭職了。他對於海關各個層級收受賄賂、狼狽為奸的情形深惡痛絕，於是決定再也不碰公職。他很快就成為一名事業有成的茶商。

同治二年（一八六三），他放下利潤豐厚的茶葉生意，加入清廷要員，也就是兩江總督曾國藩的幕府，提出購置機械以壯大中國的實業計畫。他輔佐曾國藩在上海附近創設江南製造局，並返回美國為該局添購機械設備。曾國藩對容閎的表現印象深刻，因此承諾幫容閎實現夢想，送中國學生出洋接受西式教育。在總督的支持下，容閎說服清廷，推動所謂的「泰西肄業」計畫，挑選幼童前往美國接受教育與訓練。

容閎搖身一變成為文化大使般的人物，在同治十一年（一八七二）獲清廷任命為幼童出洋肄業局的副委員，負責監督中美兩國官方贊助的第一個留學生計畫。此外容閎也當上清政府駐美副公使，成為開啟兩國正式外交關係的首批外交官之一。結果，幼童出洋肄業局總共用官費派了一百二十個男童出洋留學，他們的年紀都介於十到十六歲之間，寄宿於民間，在英格蘭各地的學校就讀。

根據曾國藩與李鴻章兩位總督聯名向朝廷提出的〈幼童留洋肄業事宜摺〉，這些幼童會在美國留學十五年，而且最好是前往西點軍校與海軍學院（Naval Academy）等軍校就讀，然後在三十歲時回國，因為那是「他們為祖國效力的最佳時機」。[46]但直到多年後，清廷才會意識到這些到美國接受教育的留學生在心態上已經改變。他們並未帶著西方知識回來報效國家，中國反而把一些最有才幹的年輕人拱手送給了美國。

幼年是人類一生中可塑性最強的時期，任何被送往新環境去讀書的人，自然都會因為生活經驗而造成不可逆的改變。以這一百二十位學童為例，他們的改變就非常大。這些中國幼童很快就融入新英格蘭的生活。除了將中國學生穿的絲綢袍子與瓜皮帽換成西裝與藍色法蘭絨長褲，他們還把髮辮藏在襯衫的領子裡，要不然就是全部剪掉。[47]他們也參加美國人的體育活動（中國學生鍾文耀（Chung Mun-yew）加入耶魯學院的划船校隊，成為舵手，一八八〇與八一年時在康乃狄克州的泰晤士河（Thames River）幫助耶魯擊敗哈佛校隊。另一位學生梁敦彥（Liang Tun-yen）則是中國學生棒球隊的隊長，曾帶隊拿下好幾場勝績），甚至出席派對與跳舞，參與教會舉辦的社交活動。[48]其中許多人改信基督教。他們與美國人的友情與日俱增，其中有些人不免也會和白人女子約會，進而結婚。

光緒七年（一八八一），清廷突然終止了幼童留洋肄業計畫，表面上看來是因為西點軍校拒絕中國學生入學，有辱國格，但也許更重要的是，他們有充分理由相信這些學生受到美國價值的潛移默化之後，恐怕將背棄中國的傳統價值。不過，清廷終究無法抵擋改變的潮流。中國人有愈來愈多的機會接觸到美國的自由觀與民主觀，這些觀念最後將會啟發革命黨起而推翻滿清，接著在中華民國成立之後，當年那些赴美留學的幼童即將在新政府中位居津要，成為外交、運輸、海軍、礦務等部門的領導人。就像當初清廷的計畫，他們的確都帶著西方的知識回來幫忙中國了。（這些學生有幸目睹十九世紀美國產業與科技革命的顛峰：亞歷山大・貝爾（Alexander Graham Bell）發明電話，還有愛迪生（Thomas Edison）發明留聲機與電燈泡，都是在一八七〇年代，也就是清廷執行幼童留洋肄業計畫的年代。」——不過諷刺的是，這留學計畫的受惠者竟然是推翻清朝的新政府。其中一位學生唐國安當上了北京名校清華學校（譯註：即後來的北京清華大學）的第一任校長，另一位學生唐紹儀則是在一九一二年當上了中華民國首任國務總理。還有一個學生則是到耶魯大學的雪菲爾理工學院（Sheffield Scientific School）就讀，將所學用來幫中國設計與督造鐵路，幫祖國創建火車工業。[49]

從許多華人在美國各地顛沛流離的經驗來看，他們的旅程可說是心靈之旅：因為在這過程中，他們跨越了一條隱形的界線，從「在美華人」變成了「華裔美國人」。他們在美國各地開枝散葉，並未返回中國，儘管大家做的工作各有不同，但每個人的細微改變卻是一致的：他們在心態上漸漸轉變，為了在美國落地生根而決定把過去深植內心的中華古老文化予以調適修正。此一轉變跨越了階級界線，無論是華工、華商或華人知識份子都無不同。華人剛開始來到美國時，幾乎全都在加州定居工作，若非當礦工，就是為礦工提供各種周邊服務。後來他們各自走上不同的發展道路，華人開始分散成一個個不同的小團體，而且無論是個人或者小團體之間，落腳地方的距離都變遠了，大家的改變也變得愈來愈快，而且改變通常是更為深遠的。

與西部各州相較，美國南方與中西部的華人社群規模非常小。在許多地區，華人的人數根本少到不足以形成中國城，這也促使華人移民更密切地與其他種族的人進行互動。在紐澳良等南方城市，因為華人人數有限，不足以威脅當地白人，所以華人有幸逃過非裔美國人所承受的種族壓迫與隔離。華人毫無罣礙地在南方城市的民宿裡與白人同住，只不過在此應該特別注意的是，他們的許多鄰居是歐洲移民，而非土生土長的美國白人。中西部的狀況也與此相似，華人並未與義大利、波蘭移民或黑人一樣建立起群居的模式，像芝加哥後來發展出所謂的中國城，其實比較像是華人的社交中心，但他們的住處還是遍布於城裡各個角落，或在郊區一些較小的城鎮。

與大部分移民的故事一樣，即使不是完全沒有辦法，他們這些異鄉旅人也很難明確地指出，自己的內心世界到底是從生命中哪一刻起發生改變的，因為改變總是一個潛移默化的過程。他們的改變一開始通常微不足道，像是決定在美國改用英文名。（根據十九世紀末的人口普查資料顯示，東岸的某些華人移民已經改用西方名字，有些人甚至連姓都改掉了。）不過，最能讓人意識到自己已經改變的時刻，莫過於返回祖國探親之際，他們會發現改名換姓往往不如真正的改變那樣影響深遠。即使只是遷居別州後隔幾年才回老家一趟，許多美國人已經覺得不太適應了。理由是他們珍愛的地標可能已經不見蹤影，家人變老，以往那個到處是朋友的小鎮變成住滿了陌生人。就像湯瑪斯・沃夫（Thomas Wolfe）小說的書名：《再回家，家已不是家》（*You Can't Go Home Again*），那是一種時空錯亂的感覺。如果是遷居他國，返鄉的經驗可能會讓人感到更為詫異恐慌。

親戚老友通常會覺得震驚不已，覺得回家的那個人已與當年判若兩人。他們會養成一些新習慣，接受新價值，行為舉止也有很多不同，講話時英語偶爾脫口而出，大家對他們都報以異樣的眼光。呂金功（Lue Gim Gong）的經驗非常有助於了解箇中道理。同治七年（一八六八），呂金功年僅十歲就離開台山，一開始在舊金山工作，後來前往麻州北亞當斯市的製鞋工廠當工人。他利用禮拜天學習，與教他的女老師蒲芬妮（Fanny Burlingame）交好——這位老師有個大名鼎鼎的外交官堂弟，名叫蒲安臣（Anson Burlingame）。芬妮發現呂金功實在聰明絕頂，於是收他為養子。芬妮死後他繼承了一萬兩千美元，還有兩棟位於佛羅里達州德蘭市（Deland）的房子。由於德蘭是該州柑橘作物的重要產地，他把一生都貢獻於開發新品種水果：有一種得獎的柳橙以他的名字命名，不但不怕結霜，也禁得起長途運送，不會壞掉。還有一種抗霜葡萄柚也是以他的名字命名，此外他也開發出新品種的蜜蘋果、櫻桃與醋栗的混種水果，以及一種能夠在感恩節以前熟成的溫室水蜜桃。儘管他的成就在美國深獲好評，但回到中國鄉下老家，他卻發現自己是文化上的孤魂野鬼。他的鄰居敵視他，搞不懂他為何迷戀於各種農業實驗。呂金功引水上山種植柳橙樹，他的樹叢卻遭當地農夫破壞，他們抱怨他的樹擋住了風水，違反了中國某種強調和諧、均衡的古老設計原理與環境哲學。更糟的是，此時呂金功的父母堅持幫他安排婚事，為他選了一位適合的婚配對象。家人不顧他的反對，只管籌辦婚禮。

到了婚禮當天早上，呂金功逃離老家，返回美國，再也沒回中國，惱火的親戚們將他從族譜上除名——在美國社會，這就像爸媽因為某個兒子揮霍浪蕩而把他的名字從傳家《聖經》（譯註：傳家《聖經》是某些外國家庭代代相傳的老舊《聖經》，上面寫著這家庭世世代代的許多相關資訊）中槓掉。[50]

就許多華人而言，初次意識到自己的未來在美國而非中國的關鍵時刻，是他們與異族通婚時。「因為中國女性很少或根本沒有，前幾代美國華人只能與先前已獲得認可的其他族群成員通婚，藉此融入社會。」史學家露西・科亨（Lucy Cohen）在《南北戰爭後美國南方的華人》（*Chinese in the Post-Civil War South*）一書中寫道。其實她自己就是華人與猶太人通婚的後代。她還指出，與白人、黑人通婚相較，白人與華人通婚在社會上的接受度更高，主要是因為華人的種族地位含混不清：美國社會還沒有針對華人發展出一套種族分類的方案，結果他們就變成了「一個貨真價實的『混血民族』」。[51]

異族通婚在東岸華人知識份子社群中是常見的現象。容閎自己就娶了白人，與瑪莉・凱勒格（Mary L. Kellogg）在光緒元年（一八七五）結婚。至於他帶到美國去讀書的中國學生中，也有好幾位違反清廷規定，娶了白人女子後定居美國。（「泰西肄業」計畫之所以遭到清廷終止，理由之一就是許多中國官員不認同這種異族婚姻。）十九世紀晚期，愛爾蘭女子與華人男子之間的通婚也是紐約市常見的社會現象。

愛爾蘭女性與其他歐洲移民不同之處在於，她們往往是隻身前來美國，無依無靠，而且有時人數比愛爾蘭男子還多，比例為二比一。[52]所以，她們自然而然會與那些女性成員較少的移民族群發展戀情。最早在一八五七年，《哈潑週刊》（*Harper's Weekly*）就注意到紐約有許多華人雪茄小販娶了賣蘋果的愛爾蘭女性。[53]到了一八五九年，《紐約時報》也指出，在紐約經營民宿的華人男性大都娶了愛爾蘭或日耳曼女性。[54]

華人搶走了白人女性，白人的焦慮心理往往會轉化為種族對立的情緒。這是人類社會早在遠古時代就已經出現的現象，因為根據當時的慣例，部落衝突結束後，落敗部落的女性往往會淪為勝利方男性的禁臠。所以，毫不令人意外的是，某些報紙往往將華人男子描寫為性掠奪者，把窮苦的天真白人女孩當獵物。一八七三年十二月二十六日，《紐約時報》刊登的一篇文章就暗含這種意味，描寫某位「漂亮但卻衣衫襤褸的年輕白人女孩」淪落到了華人開的鴉片煙館。據說那煙館老闆向記者表示：「喔，紐約的景氣不好啊，年輕女孩餓肚子。很多都來我這裡。中國佬總是有東西吃，我們喜歡年輕的白人女孩啊！嘿嘿！」[55]

華人娶白人的現象往往不只是這樣遭人汙名化，各種冷嘲熱諷更是常見。紐約演員兼劇團經理愛德華．哈瑞根（Edward Harrigan）製作的喜劇裡往往會出現一些強化刻板印象的角色，像是「都柏林太太」（愛爾蘭女洗衣工），還有名為「豬眼」（Hog-Eye）的男性華人洗衣工。[56]商店櫥窗裡也可以看到造型為華人男子與愛爾蘭女子共舞的機械玩具。[57]一八五八年三月，幽默雜誌《洋基概念》（*Yankee Notions*）的封面是一幅漫畫，描述華人丈夫與愛爾蘭妻子之間的對話：

> 張菲周起太太（不遠處那位天朝子民的老婆）：好吧，張麥克你現在跑回家，帶著派特—周和魯尼—辛回去，等等幫你爹爹把那剩下的小狗派帶過來。還有，妳這小壞蛋，也幫媽媽帶一些馬鈴薯過來好嗎？
>
> （轉頭對丈夫說）張甜心，你還好嗎？

張甜心：嘰哩呱啦，嗚啦啦，嘻哩呼嚕，吧啦吧啦。[58]

儘管備受嘲諷，但華人與愛爾蘭人的婚姻似乎都沒有問題。《紐約世界日報》（*New York World*）的記者對兩位愛爾蘭婦女說，她們該嫁給白人，為什麼要嫁給華人呢？其中一位表示，她們的丈夫和任何人一樣「白」，甚至比她們大多數鄰居「更白」。[59]某些華人丈夫到夜校學英文，在美國社會力爭上游。一八七四年二月，《紐約太陽報》（*Sun*）某位作者描述自己探訪一家華人會館的見聞，還有他與「一位剛剛滿十八歲的年輕漂亮愛爾蘭女孩」之間的談話：

「今天我們晚餐吃得很好，有雞肉和其他東西，那些男人和老婆現在都在抽菸，還喝酸酒。那些妻子都是愛爾蘭女孩。我也已經結婚了。」

「喔，嫁給中國佬嗎？」

「當然，」她用自豪的語氣說。「兩週前的今天才結婚的。」然後她呵呵大笑，接著表示，中國佬都是「好傢伙」，他們工作認真，上夜校讀書，也都很愛老婆。[60]

許多華人移民並沒打算與外族女子談戀愛。以宋查理（Charles Sun，音譯）為例，他在一八七八年來到加州，後來遷居伊利諾州某個小鎮去幫洗衣工表親蘇福（Fook Soo，音譯）工作。某次蘇福去送洗好的衣服時，認識了富有白人家庭的女兒，兩人偷偷談了兩年戀愛。她懷孕後，蘇福逃離小鎮，回中國和中國女人結婚。查理對表親拋棄的愛人深感同情（她家立刻與她斷絕來往，然後又充滿怨恨地收留她），先是用金錢接濟她，接著又向她求婚。最後他們一起扶養了四個小孩。「要我不理會她實在太難了，」後來他向某位訪問他的人表示，「她好可憐！儘管當時我沒打算娶白人女孩……也沒打算一輩子都在小鎮生活，但事實上當時我已經愛上她了。」[61]

某些華人男子在老家已經結婚了，不過那是家人為防萬一而在他們到金山以前就幫他們安排好的婚事。而且，其中某些人肯定也真的很愛老家的妻子，年復一年都遵守丈夫的本分，固定匯錢回家。不過，等緣分到了，有些華人移民還是會在美國認識其他女人，此時那些留在中國的糟糠之妻對他們來說只不過是漸漸模糊的記憶罷了，與美國的新歡卻充滿了濃情蜜意。

與外族女子談戀愛，通常是促成華人快速融入社會的轉捩點。本來講話時習慣說「以前在老家時……」，有了新歡之後，會改口說「以前在中國時……」。有些男人交了美國女友，甚至另外娶妻，還是會繼續匯錢回中國老家，但也有人就不匯錢了。儘管這些人遠在千里之外的金山，老家的親人還是會靠一些時事通訊與公報掌握他們的消息。雙方很快就開始心照不宣。只要他們持續匯錢回家，即使他們另結新歡也無所謂，但他們的老婆卻不能變心。只要丈夫持續付錢扶養小孩，即使他們在美國已經娶了別人，家人還是會希望這些金山華工的糟糠之妻能夠守活寡。不過，如果他們不再匯錢了，那情況就相反了：就算那些糟糠之妻選擇改嫁，村人們也會睜一隻眼，閉一隻眼。

華人在美國各地開枝散葉的過程中，許多人與白人妻子生下了混血小孩。不幸的是，迄今仍沒有人針對這些後代的生活狀況進行全面性的研究。不過話說回來，關於早期華人移民的相關統計數據本來就很少，更別提他們的後代了。在一八六〇年的人口普查中，全美國各州只有加州把華人列為個別族群。[62]各州人口普查的類別通常只有白人、黑人與黑白混血等三種，而華人通常被歸類為白人或黑人。

有時我們會在報章雜誌上看到關於這些混血兒的報導。就像某位紐約的記者曾寫道：「我們可以聽到這些混血小孩在房間裡跑來跑去，有時和母親說愛爾蘭語，有時和父親說華語，真是太奇怪了。」[63]而且在這些混血兒成長的過程中，漸漸地他們會針對自己的身分認同問題做出選擇。也許大多數混血兒都選擇當白人，將當地社群的價值奉為圭臬，例如那對改姓邦克的知名暹羅華人連體孿生兄弟在南方娶妻生子後，他們的孩子就是這樣。但其他人則是回歸華人血統的文化傳承，例如容閎的兩個兒子從耶魯大學畢業後遷居中國，娶的也是中國老婆。[64]

在南方，華人男子娶了白人、黑人、印地安人或者克里奧人，所以他們的後代也取得了某種相當具有彈性的族裔身分。在某些場合，他們的子孫可以選擇當「白人」，其他時候則選擇了自己的「有色人種」身分。對他們來說，族裔身分不是受到社會制約的結果，而是出於自己個人的選擇。露西・科亨曾訪談過一位華人移民的孫子，他說自己因為具有多重血統，即使有些商店掛著「只准白人進入」的招牌，他還是可以進去。不過，他也認為自己可以算是「墨西哥人」或者「印地安人」，因此他「可以選擇自己要當哪一種人」。[65]科亨也遇過某個華人移民的混血孫女，她說自己有些家人選擇當白人，因此否認或遺忘了自己華人血統的傳承，而其他家人則是謹記著關於華人祖先的記憶。這位混血孫女回想起某天她兒子被一位遠親稱為「黑鬼」，但偏偏那遠親的膚色比她兒子還要黑。「我被惹火了，於是對他說：『我爸和你爸是表親呢，你這個只有一半是白人的賤——。我們的祖父母是華人和克里奧人。』」[66]

這些華人後代在長大後是不是會對自己的族裔身分感到五味雜陳？對於自己能夠擺脫種族的窠臼，能夠被好幾個不同人種的族群接受，有些人是不是會感到很快樂？或者是他們畢生都會因為自己的混亂身分而感到痛苦不已？我們只能透過一些蛛絲馬跡來揣摩他們當年的感覺。伊荻絲・莫德・伊頓是最早把這種混亂情緒記錄下來的混血亞裔美國人之一。她在一八六五年出生於英格蘭，父親是英國人，母親是華人，在加拿大長大，後來遷居美國，在美國以「水仙花」的筆名當作家。伊頓可說是華裔美國文學的先驅，作品不只刻劃出充滿敵意的美國白人社會讓華人必須掙扎求生，也訴說自己因為具有一半華人血統而備感衝突的複雜情緒。一九〇九年，伊頓在報上發表了一篇回憶往事的文章，名為〈一位歐亞混血兒的心情札記〉("Leaves from the Mental Portfolio of an Eurasian")，她寫道：

大家都說，在所有人種裡，我母親所隸屬的那個人種對於感情是最麻木不仁的。不過，回首前塵，我卻清楚看出自己能夠清楚地感覺到悲傷與哀慟各種不同的樣態與細微差異，而且這幾乎讓我痛苦到無法忍受。媽媽會跟我們述說中國的許多故事。儘管她小時候就離開祖國，但卻記得很清楚，而且她那關於自己怎樣遭人從家裡偷走的故事，我總是聽得津津有味。一遍又一遍，她說起了自己與我父親在上海認識的經過，還有結婚後的種種浪漫往事。我幻想著自己在一片大火中死去，在火焰中化為精靈，對著那些嘲諷我們的人大聲說：「看清楚了！中國人是一個偉大高貴，有著光榮歷史的民族！」一有機會我就會溜到圖書館，把每一本有關中國與中國人的書看完。我發現中國是這世界上最古老的文明大國，也學到了一些其他東西。滿十八歲時，讓我最感困惑的不是自己的華裔身分，而是其他人居然不知道我身上的血統比他們更為優越。[67]

伊頓在回憶錄中以懊惱的語氣問道：「為什麼我母親的種族會被鄙視？」在未來的世世代代，許多其他的混血兒仍會持續提出這問題。「我仔細端詳父親與母親的臉龐。難道她看起來不是跟他一樣可親而美好嗎？為什麼？為什麼？」[68]

1 關於十九世紀美國人口普查中的華人人數統計數據，請參閱：Thomas W. Chinn, H. Mark Lai, and Philip P. Choy, eds., *A History of the Chinese in California: A Syllabus* (San Francisco: Chinese Historical Society of America, 1969), p. 19, table II.

2 請參閱：1870 U.S. Census. Table II in Thomas W. Chinn, H. Mark Lai, and Philip P. Choy：根據這本書提供的數據顯示，一八七〇年時有六萬兩千八百三十個華人住在西部各州。這個時期很少華人住在東岸或中西部。根據官方數據，一八七〇年時只有一個華人住在伊利諾州，到了一八八〇年該州華人人口數則是成長為二〇九人。少數幾個住在中西部的華人都是從東岸的都市遷移過去的，而不是原來住在西岸。請參閱：Douglas Knox, "The Chinese American Midwest: Migration and the Negotiation of Ethnicity," unpublished paper；也可參閱：Adam McKeown, "Chinese Migrants Among Ghosts: Chicago, Peru and Hawaii in the Early Twentieth Century," Ph.D. dissertation in history, University of Chicago, 1997, p. 241.

3 請參閱：1870 U.S. Census. Table II in Thomas W. Chinn, H. Mark Lai, and Philip P. Choy：根據這本書提供的數據顯示，一八七〇年時有四萬九二七七名華人住在加州。

4 請參閱：Lai Chun-chuen, *Remarks of the Chinese Merchants of San Francisco on Governor Bigler's Message*, translated by W. Speer, Bancroft Library, University of California at Berkeley；轉引自：Charles J. McClain, "California's First Anti-Chinese Laws," *Chinese America: History and Perspectives 1995* (Brisbane, Calif.: Chinese Historical Society of America, 1995), p. 102.

5 請參閱：Gunther Barth, *Bitter Strength*, p. 145.

6 請參閱：Eric Foner, *Reconstruction: America's Unfinished Revolution, 1863-1877* (New York: Harper and Row, 1988), p. 447.

7 請參閱：Cheng-Tsu Wu, ed., *"Chink!,"* p. 14.

8 請參閱："The Coming Laborer," *Vicksburg Times*, June 30, 1869；轉引自：James W. Loewen, *The Mississippi Chinese: Between Black and White* (Prospect Heights, Ill.: Waveland Press, 1988; originally published by Harvard University Press, 1971), pp. viii, 22.

9 請參閱：Eric Foner, pp. 419-20.

10 請參閱：Andrew Gyory, *Closing the Gate: Race, Politics, and the Chinese Exclusion* Act (Chapel Hill: University of North Carolina Press, 1998), p. 31.

11 關於柯內里烏斯・庫曼夏的相關資訊，請參閱：Andrew Gyory, p. 31. Also, Gunther Barth, pp. 191-95.

12 請參閱：Lynn Pan, *Sons of the Yellow Emperor*, pp. 53-54.

13 請參閱：Ibid.

14 請參閱：Sucheng Chan, *Asian Americans*, p. 82.

15 請參閱：Ibid., p. 82.

16 請參閱：Ibid., p. 82.

17 請參閱：Lucy M. Cohen, "George W. Gift, Chinese Labor Agent in the Post-Civil War South," *Chinese America: History and Perspectives 1995* (Brisbane, Calif.: Chinese Historical Society of America, 1995), p. 174.

18 請參閱：*Jackson Weekly Clarion*, November 20, 1873；轉引自：James W. Loewen, p. 31.

19 請參閱：Ibid.

20 關於這些精通中英文的口譯人員的資訊，請參閱：Lucy M. Cohen, *Chinese in the Post-Civil War South: A People Without a History* (Baton Rouge: Louisiana State University Press, 1984), p. 83.

21 請參閱：Lucy M. Cohen, "George W. Gift, Chinese Labor Agent in the Post-Civil War South," p. 74.

22 請參閱：Ibid., p. 159.

23 請參閱：Powell Clayton, *The Aftermath of the Civil War in Arkansas* (New York: Neale, 1915), p. 214, as cited in James W. Loewen, p. 31.

24 關於北亞當斯市罷工的資訊，請參閱：Andrew Gyory, pp. 39-41.

25 請參閱：Andrew Gyory, p. 60.

26 請參閱：*The Nation*, June 23, 1870, p. 397.

27 請參閱：Andrew Gyory, p. 41.

28 請參閱：*Harper's New Monthly Magazine*, December 1870, p. 138；轉引自：Ronald Takaki, *Strangers from a Different Shore*, p. 98.

29 請參閱：William Shanks, "Chinese Skilled Labor," *Scrihner's* Monthly, Vol. 2, September 1871, pp. 495-96；轉引自：Ronald Takaki, p. 98.

30 關於詹姆斯．赫維的資訊，請參閱：Ronald Takaki, p. 99; Gunther Barth, pp. 203-6; Renqiu Yu, *To Save China, to Save Ourselves: The Chinese Hand Laundry Alliance of New York* (Philadelphia: Temple University Press, 1992), pp. 9-10; Arthur Bonner, *Alas! What Brought Thee Hither? The Chinese in New York 1800-1950* (Cranbury, N.J.: Associated University Presses, 1997), pp. 26-27, 30-32.

31 請參閱：Roger Daniels, *Asian America: Chinese and Japanese in the United States Since 1850* (Seattle: University of Washington Press, 1988), p. 42.

32 請參閱：Ronald Takaki, p. 98.

33 請參閱：Renqiu Yu, p. 9.

34 請參閱：Arthur Bonner, p. 32.

35 請參閱：John Kuo Wei Tchen, *New York Before Chinatown*, pp. 77, 81, 227, 233-35.

36 請參閱：Ibid., p. 225.

37 請參閱：Renqiu Yu, p. 8.

38 請參閱：Thomas E. LaFargue, *China's First Hundred: Educated Mission Students in the United States 1872-1881* (Pullman: Washington State University Press, 1987), p. 166.

39 請參閱：Carl T. Smith, "Commissioner Lin's Translators," *Chung Chi Bulletin*, no. 42, June 1967.

40 關於容閎的相關資訊，請參閱：Yung Wing, *My Life in China and America* (New York: Henry Holt and Company, 1909); Jack Chen, The *Chinese of America*, pp. 177-78.

41 請參閱：Yung Wing, p. 2.

42 請參閱：Yung Wing, p. 35.

43 請參閱：Yung Wing, p. 50.

44 請參閱：Jack Chen, p. 16.

45 請參閱：Yung Wing, p. 60.

46 請參閱：Timothy Kao, "Yung Wing (1828-1912): The First Chinese Graduate from an American University." Paper presented during "Chinese Pioneer Scholars in the Nineteenth-Century U.S.: A Little-Known Aspect of the Chinese Diaspora" conference, Yale University, September 21, 1998, p. 2.

47 請參閱：Ibid., p. 4.

48 請參閱：Ibid., p. 3.

49 關於唐國安，唐紹儀與詹天佑的相關資訊，請參閱：Ibid., p. 6.

50 請參閱：Ruthanne Lum McCunn, *Chinese American Portraits: Personal Histories 1828-1988* (San Francisco: Chronicle Books, 1988), pp. 33-39; Ruthanne Lum McCunn, "Lue Gim Gong: A Life Reclaimed," *Chinese America: History and Perspectives* 1989, pp. 117-35.

51 請參閱：Lucy M. Cohen, *Chinese in the Post-Civil War South*, p. 176.

52 請參閱：Roger Daniels, *Coming to America*, p. 142.

53 請參閱：*Harper's Weekly*, October 3, 1857；轉引自：Gunther Barth, p. 210.

54 請參閱：*New York Times*, June 20, 1859.

55 請參閱：*New York* Times, December 26, 1873；轉引自：Ronald Takaki, p. 101.

56 請參閱：John Kuo Wei Tchen, *New York Before Chinatown*, pp. 127, 219-20；原文的出處：Edward Harrigan papers, Manuscripts and Archives section, New

York Public Library.

57 請參閱：John Kuo Wei Tchen, *New York Before Chinatown*, p. 128.

58 請參閱：*Yankee Notions*, March 1858；轉引自：John Kuo Wei Tchen, *New York Before Chinatown*, p. 124-27. 譯註：原文為"Sky we po kee bang too, mucho puck ti, rum foo, toodie shee sicke."這一段話應該是沒有任何意義，只是用來嘲諷華人的英文很爛。

59 請參閱：*New York World*, January 30, 1877；轉引自：John Kuo Wei Tchen, *New York Before Chinatown*, p. 229.

60 請參閱：*New York Sun*, February 16, 1874. 到了一八八二年，《紐約太陽報》則是刊登了一篇報導，表示華人「是莫特街與公園街（Mott and Park Street）那些時髦俱樂部的成員……在切森廣場（Chatham Square）搭馬車，帶著大量烈酒與香菸……身邊有他們的愛爾蘭妻子作伴，她們很多都是年輕女孩，豐滿而有魅力。」譯註：切森廣場位於曼哈頓中國城。

61 請參閱：Interview with Paul Siu in Douglas Knox's unpublished paper, "The Chinese American Midwest: Migration and the Negotiation of Ethnicity"。

62 請參閱：Lucy M. Cohen, *Chinese in the Post-Civil War South*, p. 2.

63 請參閱：John Kuo Wei Tchen, *New York Before Chinatown*, p. 228.

64 關於容閎之子（Morrison Yung與Bartlet Yung）的資訊，請參閱本書作者與容閎之孫（Frank Yung）的通信內容。

65 請參閱：Lucy M. Cohen, *Chinese in the Post-Civil War South*, p. 170.

66 請參閱：Ibid., p. 171.

67 請參閱：Edith Maud Eaton (pseudonym Sui Sin Far), "Leaves from the Mental Portfolio of an Eurasian," *Independent*, January 21, 1909.

68 請參閱：Ibid.

第八章
仇恨在各地掀起波瀾

任何多元族群社會都有潛藏的族群衝突持續醞釀著，但通常要等到經濟危機爆發了，大家才會將禮貌的面具摘掉，讓醞釀已久的仇恨就此衍生出各種暴力事件。當生計發生問題時，誰都會狗急跳牆，因為家人的三餐眼看就要無以為繼了，爸媽也擔心孩子們沒有未來可言，所以自然而然會怨天尤人，覺得命運太過殘酷。這是我們最脆弱的時刻，很容易把問題歸咎於那些「非我族類」的人。也許人類從遠古時代就是這樣，每當受到威脅時，總覺得與族人聚在一起才能夠確保自己的安全。無論確切的理由為何，歷史的一般規律似乎是：當人們愈是覺得自己的日子過不下去，就愈會和身邊的人團結起來，共同對某個異族族群發動攻擊。

在一八七〇年代美國各地陷入了經濟蕭條的慘況，華人成為代罪羔羊，而且在華人群聚的情況最明顯的地方尤其如此。先前在經濟蓬勃發展的時代，某些華人遷居白人聚居的地區，或是與白人簽約做生意，也許就此被一種生活安穩的假象給騙了。等到經濟變差了，華人才發現他們的白人鄰居與競爭者有多討厭，甚至痛恨他們。

1870年代美國經濟蕭條期間，白人勞工開始把高失業率歸咎於華工與他們搶飯碗。隨著反華情緒高漲，美國媒體也開始把華人移民描繪為鴉片煙鬼與吃老鼠的人，為了省錢而擠在上下通鋪上。1878年，《淘氣精靈》（*Puck*）雜誌刊登了這則充滿種族歧視意味的漫畫，並加上了一行文字說明：「雇主們請瞧一瞧。這就是為什麼他們可以靠40分錢日薪過生活，而我們不行。」（圖片來源：Library of Congress）

這種種族仇恨最強烈的地方莫過於加州，因為各種促成種族衝突的要素都在該州出現了。金礦挖完後，所有與挖礦、探勘有關的產業也隨之崩盤。鐵路工也隨著鐵路完工而失業。成千上萬的失業礦工與鐵路工在加州地區四處遊蕩，尋找工作機會，其中有白人也有華人。南北戰爭期間，許多人上了戰場，全國勞動力都處於吃緊的狀態，看來加州的經濟體系本來是足以消化這些人力的，但偏偏南北戰爭在此時告終。北軍與南軍的士兵全都在此時解甲歸鄉，急著找工作，有些人前往西部的加州，只因那裡是「黃金之州」。

南北戰爭前，因為穿越美國大陸的旅費太昂貴，交通不便，只有充滿決心的人才能抵達西岸。不過，橫貫大陸鐵路完工後，求職者很容易就能前往西岸，所以不管是東岸或南方的南北戰爭老兵，或剛剛來到美國的歐洲移民，全都絡繹不絕地搭火車到加州去。即使像舊金山與洛杉磯這種快速成長的都市，也沒有足夠的工作能夠消化這些人力。

更糟的是，橫貫大陸鐵路並未帶來許多加州人原本所期待的經濟榮景。儘管鐵路的確可以幫忙將西岸製造的貨物與一部分農作物運往東邊的市場，但也讓某些來自東邊的低價產品進入加州，傷害了當地產業。東岸的工廠都是歷史較為悠久，商譽卓著，舊金山的新工廠無法與之匹敵。許多人逃離東部的血汗工廠與工業城鎮，想到西岸去尋覓新的機會與人生，結果卻發現當地的失業率居高不下，就業市場非常競爭。[1] 許多求職者都是華人：以舊金山為例，到了一八七〇年年底，平均每份工作都有一名華人與兩名白人搶著要做。[2]

可以預期的是，經濟不景氣時許多加州生意人都急著想削減成本，所以都雇用華工，因為他們通常願意拉長工時，而且工資不到白人的一半。與東岸的狀況一樣，某些生意人也利用華工來牽制白人的罷工行動，這更進一步促使族群之間的緊張關係升高。某位前往加州的旅人在一八七〇年出版的書裡寫道：「舊金山工廠的勞工一律都是愛爾蘭人，他們的日薪是三美元，以金子支付。他們罷工，要求加薪為四美元，結果很快這三百個勞工全都換成華工，他們的日薪只要一美元。」[3]

大量華工都不是工會會員，他們願意接受較差的條件，只要有工作就好，而這看在那些為了加薪而罷工的困苦愛爾蘭勞工眼裡，肯定是怒火中燒。當然，大多數的華工可能都不了解「非工會會員」（scab）是什麼概念；此外，由於工會不收華工會員，他們自然也不用效忠或支持工會。儘管如此，這兩個移民族群之間的關係還是愈來愈緊張。一八七〇年九月，《大陸月刊》（*Overland Monthly*）刊登了知名報人、作家兼詩人布萊特・哈特（Bret Harte）的一首打油詩，內容描寫愛爾蘭與華人族群之間日漸高漲的敵意。那首詩原名為〈老實人詹姆斯講的坦白話〉（"Plain Language from Truthful James"），但最後世人幾乎都只記得它的另一個詩名：〈異教徒中國佬〉（"The Heathen Chinee"）。這首詩描寫兩個虛構角色之間的撲克牌牌局，華人名叫阿辛（Ah Sin），還有愛爾蘭人威廉・奈伊（William Nye）。儘管奈伊公然在袖子裡藏牌，但還是不斷輸給阿辛。最後失去耐性的奈伊咆哮道：「廉價華人勞工毀了我們！」然後他攻擊阿辛，一腳踹過去，把阿辛藏在袖子裡的牌踹了出來。

哈特比較想要嘲諷的，到底是華人，或者愛爾蘭人？如果他的詩把華人刻劃為厲害的老千，那麼愛爾蘭人就是技遜一籌，即使他不斷作弊，但還是賭輸，而被迫訴諸於暴力。無論哈特的原意為何，〈異教徒中國佬〉在美國社會引起廣大的迴響，成為整個一八七〇年代該國最流行的一首詩。有人把這首詩配上樂曲，而且美國幾乎每一份報紙都重刊過，而且還以小冊子的形式印行，搭配插畫，擺在書報攤上販賣。[4]《紐約環球日報》（*New York Globe*）刊登過兩次，而且一八七一年一月某家商店在店頭櫥窗裡展示了插畫版的〈異教徒中國佬〉，引來數百人駐足圍觀，該報報導：「據本報對紐約的了解，這種事在百老匯可說是前所未見。」[5]哈特與馬克・吐溫甚至還合作將〈異教徒中國佬〉改編成劇本，以《阿辛》（*Ah Sin*）為名推出舞台劇。

儘管這首詩令人發噱，但笑聲背後卻暗藏著對華人強烈的恐懼，在加州尤其如此。有關華人的一切，從

「滅鼠靈」(Rough on Rats)——一則推銷蟲害控制產品的廣告。這廣告引用當時流行的反華標語「一定要把華人趕走!」(They Must Go),而且暗示華人不只吃老鼠,他們自己也是像老鼠一樣的有害動物,必須消滅殆盡。(圖片來源:Daniel K. E. Ching collection, Chinese Historical Society of America, San Fransisco)

面相、語言、食物到髮辮，在許多白人看來無不感到奇怪，因此他們也很容易將華人予以妖魔化。眼見華人的競爭導致生計受到威脅，許多白人開始感受到華人彷彿是某個龐大陰謀的共犯，想用較低工資搶走他們的工作。他們的抱怨有一部分是以事實為根據，華人的工資的確較低，也很少花錢，只和自己人做交易，在華人開的雜貨店購物，連食物都是從中國進口的。他們也深信，華人把部分收入匯回中國，導致美國的資金外流，經濟體系大失血，但完全忽略了華人在美國的貢獻事實上大於他們所受到的回報。加州各地的反華團體很快就開始像雨後春筍一樣大量出現，舊金山市政府甚至因為這些團體的施壓而通過了一連串不利於華人的市政法規，希望藉此將華人趕走。

其中之一是在一八七〇年通過的《立方空氣法》（Cubic Air law），該法規定所有的民宿必須為每位成年房客提供至少五百立方英尺的開闊空間。[6]表面上看來這法規並不具針對性，但市政府卻在華人群聚的地區嚴格執法，對於白人貧民區卻總是輕易放過。市府官員屢屢在半夜逮捕華人，把他們從床上拖走，「像牲畜似的」丟入牢裡。[7]諷刺的是，市政府在囚禁華人時卻觸犯了自己通過的〈立方空氣法〉：如同某份報紙所報導的，每個華人在牢裡只有二十立方尺的空間可以使用。許多華人採取消極抵抗的策略，拒付罰款，因此等於是到牢裡去靜坐抗議。舊金山市監督委員會（San Francisco board of supervisors）對此也祭出報復手段，以惡名昭彰的所謂《剪辮法》（queue ordinance）來反制：男性囚犯若拒付罰款，頭髮都會被剃掉，只留一英寸長的平頭。這嚴重打擊了華人的士氣，因為剃掉髮辮者會遭清廷以叛國罪處置，而且沒有了髮辮就等於是失去社會地位。[8]

另一個排華法規是一八七〇年的《人行道法》（sidewalk ordinance），該法規定任何人只要在城裡用扁擔挑籃子行走就是違法。[9]這規定當然是衝著華人而來的，因為在城裡到處都能看見華人洗衣工以肩挑扁擔的方式送乾淨衣服給客戶。市政府還規定，所有的洗衣店都必須用馬車送衣服，而且使用一輛馬車者每季都必須繳交兩美元規費，兩輛馬車則為一季四美元，如果不用馬車則是十五美元——幾乎所有的華人洗衣工都是徒步送衣服，並未使用馬車。[10]這些法規的動機很明顯，即使無法瓦解華人洗衣業，也能予以重擊。

這時期的華人移民特別脆弱無助，因為他們沒有投票權。儘管《美國憲法》第十五條修正案確保了「美國公民都應擁有投票權，聯邦政府或任何州政府都不得因種族、膚色或是否曾為奴隸等理由而否定或限制其權利」，但在修正案於一八七〇年通過時，美國國會卻宣稱亞洲人是「沒有資格取得公民權的外國人」，刻意否決了華人歸化為美國公民的權利，也藉此奪走其選舉權——因為他們必須先歸化為公民才能投票。[11]華人移民的兒子因為在美國出生，年紀到了就能夠投票，因為出生地在美國這一事實讓他們自動擁有投票權，不過他們大都太年輕，還不能投票，而且即使能投票，人數也太少，無法產生重大的影響力。成年的華人居民就因為這樣而無法參與民主政治，儘管他們都有繳稅，但卻不能透過投票來決定誰能代表他們制定法規。既然華人無法透過選票來表達他們的感謝或不滿，所以白人政客也就幾乎沒有理由關照華人的需要與利益。而且，白人勞工所組成的排華團體無論在數量或影響力上都與日俱增，任何加州政治人物若想當選，即使心裡不認同，表面上也要呼應他們的反華情緒。不可避免的是，在政治領袖的公開煽動之下，這種情緒將會演變成公然對華人施暴的事件，而且加州的情況特別嚴重，因為該州華人不僅無法投票，甚至也不能出庭指證白人。

一八七一年十月二十四日，在一次華人幫派衝突過後，許多洛杉磯華人慘遭暴民蹂躪殺害，這就是所謂的「華人大屠殺事件」（Chinese Massacre）。據說事件的起因是兩個華人堂會為了爭奪一個華人美女而發生槍戰。白人警察聽見中國城的黑鬼巷（Nigger Alley）地區傳來槍聲，於是到現場進行調查。那警察遭人槍擊負傷，血流不止，大聲求救。儘管目擊者高呼「有清狗開槍啊！」[12]但某個白人不顧警告，衝過去幫忙，很快就在幫派槍戰中中彈身亡。此時有一群為數好幾百人的暴民群聚，打算要整個華人社群血債血償。「有美國人流血身亡了，」後來其中一位參與者在信件中回憶道，「而且華人居然敢開槍殺害白人，這無法無天的行徑令人震驚不已。所以我們才會都聚集在中國城，憤怒咆哮，而且就像有人注意到的，在興奮之餘大家都感到非常愉悅。」[13]

在「吊死他們！吊死他們！」的呼喊聲中，暴徒把無辜的華人居民從家裡拖出來，開槍打死或在街頭動用私刑。[14]他們把華人家中的金子洗劫一空，隨意將民宅砸出破洞，在室內開槍。慘遭殺害的華人也許多達二十幾人。某位備受尊敬的華人醫生用英語和西班牙語求饒，結果還是遭公然套上絞索吊死，錢都被偷走，一個暴民拿不下他的戒子，索性割斷他的手指。[15]暴民還抓了一個小男孩，他的悲慘下場被記者多爾尼（P. S. Dorney）記錄了下來：「那小傢伙還不滿十二歲。他才剛來美國一個月，壓根就不會說英語。恐懼似乎令他無法動彈，臉色鐵青慘白，目瞪口呆，像個白癡一樣。結果他被吊死了。」[16]

一次又一次的血腥屠殺反映了群眾公開仇恨華人的心理，而且在過度投機促使經濟衰敗之後，仇恨又更為強化了。東岸某家大銀行倒閉後，發生了一八七三年大恐慌（Panic of 1873），繼而導致美國發生史上第一次嚴重的工業大蕭條。東岸與中西部有大量工廠關門大吉，迫使更多美國人前往西岸找工作。

城裡工作難找，有些白人避居鄉間，希望可以當小農過活，但還是遇到華人的競爭，而在當時社會動亂與財經崩盤的背景下，這競爭被更多白人扭曲理解為用來對付白人勞工階級的大陰謀，華人則是共犯。美國政府興建橫貫大陸鐵路時，將大約一千萬英畝的土地轉讓給鐵路公司，並且規定未來要把這些土地賣給美國人民。[17]不過，等到該出售土地時，那一塊塊土地的售價簡直就是天文數字，一般美國農家根本買不起。火車大亨們把土地拿來投機牟利，賣給有錢人，其中有許多人都大量雇用華工，將土地開墾成耕地。

戰後，美國的工業產能與資源逐漸被壟斷企業（也就是所謂的「托拉斯」（trust））掌控在手裡，經營這些企業的金融家深知，消滅競爭對手就能提高利潤。美國白人鬥不過鐵路大亨、土地投資客與其他工業鉅子，他們被逼入絕境，被華人給害慘了。舊金山的白人勞工開始舉行反華示威遊行。參與者舉牌抗議，上面寫著「我們不要貴族也不要奴隸」、「大批起用苦力，只會讓我們餓死或丟臉」，還有「誰把我們變成蒙古奴隸一樣慘，誰就要注意了：我們都有投票權」。[18]雇用華工的舊金山生意人很快就面臨商品被抵制、工廠被縱火與人身安全遭到威脅的問題。

在如此情緒化的衝突中，許多人早就失去理智。某些白人試著把各種社會問題歸咎於華人，聲稱華人讓美國的監獄、救濟院與醫院人滿為患。但從統計數據看來，事實正好相反：華人往往必須面對歧視性的稅法規定，因此他們繳的稅遠遠高於該負擔的稅額，但卻常常遭到醫院拒診，也享受不到舊金山市的其他公共設施與資源。根據舊金山的歐提斯·吉布森牧師表示，一八七五年時該市市立與郡立醫院的所有病患裡，華人只佔不到百分之二的比例，[19]但病患卻有百分之三十五以上是愛爾蘭移民。[20]更重要的是，他在書中表示：光是一年內，遷居美國的歐洲移民人數是先前二十五年之間華人移民人數的兩倍之多。美國各家公立醫院、救濟院、監獄與其他矯正機構每年收容的歐洲移民人數，平均也多於華人移民。[21]他說，這些反華人士根本是「搞錯了抗議對象」。[22]

但那些仇視華人的白人還是罔顧事實，持續提出一些顛倒黑白的主張。有些白人醫生宣稱，華人把一些莫名其妙的疾病帶來美國，而這等於是在幫反華運動背書。早在一八六二年，亞瑟·斯道特醫生（Dr. Arthur Stout）就出版了一本《華人移民與我國民族衰敗的心理因素》（*Chinese Immigration and the Physiological Causes of the Decay of the Nation*）的小手冊，主張華人嚴重威脅美國人的健康。[23]到了一八七五年，連美國醫學會（American Medical Association）都出面支持某研究結果，表示梅毒在美國的散播與華人妓女有關——但事實上這種研究結果根本沒什麼值得大驚小怪之處。[24]不過，儘管沒有明確的證據，美國醫學會的理事長還是提出嚴重指控：「就連八歲、十歲大的男孩也被那些低三下四的可悲女人傳染了梅毒。」[25]而且某家醫學期刊甚至刊登了一篇編輯室報告（editorial），題名為〈華人女性正用病毒汙染盎格魯—薩克遜人的血液〉（"How the Chinese Women Are Infusing a Poison in the Anglo-Saxon Blood"）。[26]這些因為種族仇恨而迷惑憤怒的醫生找不到任何數據來支持他們的主張，而往往訴諸不具科學性的華人神話形象，藉此加深群眾的恐懼。如同某位史家所說的，當時許多專家都認為華人的疾病是「數千年野獸般劣根性引發的結果，任何現代醫療手法都無法治癒」。[27]

面對白人鋪天蓋地而來的仇恨言行，一部分華人開始後悔移民到美國，但也知道自己回老家後也沒辦法謀生。他們覺得華人社群還是有遭人血腥屠殺的可能性，於是開始囤積武器，好像準備要開戰似的。許多舊金山的當鋪老闆都表示曾經賣了大量的布伊刀（譯註：即「藍波刀」，一種刀背帶有鋸齒的利刃）與左輪手槍給華人顧客。[28]一八七六年，該市某間槍鋪曾在一天內賣了六十把手槍給華人。[29]華商急著想讓族群衝突的氛圍暫時冷卻下來，於是開始對祖國的同胞提出警告，要他們千萬別到美國來。一八七六年四月一日，華人的「六大公司」發布了一則通告：

> 華人本來想到這裡待個兩三年，賺點錢後就回家。誰想過會碰到重重困難？房租與生活費都如此昂貴？一天沒工作就沒得吃。正因為如此，儘管工資很低，華人還是被迫每天工作，過著窮困的生活，也沒辦法返回祖國。……有人說，六大公司買了許多中國佬，進口到美國來。怎麼會有這麼誇張的傳言？我們六大公司每年都寫信回國，勸同胞們別來這國家，但沒有人理會我們的勸阻，還是一直過來。[30]

許多華人根本無計可施，只能硬著頭皮苦撐，等待情況改善。不過，情況反而變糟了——真的很糟。一八七七年，股市因為兩件大家沒意料到的事件而應聲倒地。首先是一場重創美國西部果園、小麥田與牧牛場的乾旱，[31]其次則是內華達州卡姆斯托克礦脈的產量銳減，銀礦開採量只剩先前的三分之一。[32]舊金山人在過去的淘金熱潮中就曾充分展現過魯莽的大無畏精神，後來又成為非常激進的股市投資客。如今金融市場崩盤了，許多人把畢生的積蓄都賠了進去，而且從高高在上的火車大亨到專業人士、店鋪主人、辦事員與僕人，各階層的投資客可說無一倖免。一八七六年冬天，該市本來已有大約一萬失業人口，如今在街頭遊蕩的人更多了，大家都搶著競爭所剩無幾的工作機會。[33]而且和往常經濟蕭條時一樣，又有許多人流浪來到舊金山，他們大都是破產的礦工、農工與來自歐洲的移民，大家都急需一點收入，但情況的演變卻令他們感到憤怒又困惑。

在這社會大眾普遍感到絕望的背景下，愛爾蘭移民丹尼斯．科爾尼（Denis Kearney）在政治圈嶄露頭角。年輕的科爾尼本來是個水手，他大量購入礦業公司的股票，在股市崩盤時變得一無所有。破產後他痛苦不已，開始在舊金山市政廳附近一塊當地人稱為「沙地」（the sandlots）的空地上滔滔不絕地演講，毫不在乎聽眾有多少人。一開始他的聽眾只有幾個遊手好閒的人和遊民，但等到一些鬱悶的工人開始於晚間聚集在「沙地」上，聽眾已經擴大到幾千人之多。在營火與火炬的照亮下，「沙地」上許多演講者開始解釋到底是誰用什麼方式害大家的生活變得如此辛苦，並挑起他們心中的怒火。始作俑者是那些鐵路公司與壟斷生意的大企業，華人是陰謀共犯。

三十一歲的科爾尼很快就深受群眾喜愛，他呼籲大家鼓起勇氣，以暴力手段親自解決問題。他宣稱：「為了免於在這個國家餓死，我甚至會割人喉嚨，奪走他身上的一切。」[34]他呼籲工人「把那些暴君的面具都扯下來，還有那些好色的債券大王、像賊一樣的政客、彷彿搶匪的鐵路大亨，然後發現他們都是被惡魔附身的豬玀，全都該被丟進海裡。」[35]他總是一邊發表挑釁的言論，一邊脫外套，好像準備好幹架似的。他還提倡推翻政府，答應要帶隊衝進市政廳，把警察幹掉，吊死檢察官，將所有法典燒毀，為工人撰寫新的法規。他還提議對鐵路大亨們動用私刑，並且把炸藥綁在氣球上，空飄到中國城，炸死所有的中國佬。他顯

隨著經濟蕭條的情勢加劇，舊金山爆發了多次反華暴動。煽動大師丹尼斯・科爾尼（Denis Kearney）帶領著加州工人黨（Workingmen's Party of California）在一個叫做「沙地」的地方示威抗議。（圖片來源：Hulton Archive）

然非常懂得運用大家的反華心理，每次演講結束前都會高聲呼喊：「一定要把華人趕走！」[36]

許多社會評論家發現這個現象實在太諷刺了：反華運動中最活躍的代言人怎麼剛好都是愛爾蘭人？明明在二十幾年前他們自己不是也曾在一八四〇、五〇年代親眼見識過反愛爾蘭移民的「一無所知運動」（Know-Nothing movement）熱潮？在徵人的告示後面往往會加上一個附註：NINA，也就是「愛爾蘭人勿應徵」的簡稱。英國小說家史蒂文森（Robert Louis Stevenson）曾在《美國遊記》（*The Amateur Emigrant*）裡寫道：「沒多久之前，人人喊打的是愛爾蘭人。現在又換成華人要被趕走了。」[37]無論如何，科爾尼靠著他的反華伎倆在一夜之間變成名人。對數以千計的受挫加州勞工（其中有許多是愛爾蘭人）來說，他的火爆措辭與街頭演出頗能洩恨，他們並且在一八七七年成立了加州工人黨（Workingmen's Party of California），丹尼斯・科爾尼獲選為主席。

某些倒楣的華人移民剛好在反華熱潮的高峰期來到舊金山。一位見證者曾在一八七七年生動地刻劃當時新的華人移民下船後踏上碼頭的情況。他說，在前往中國城的路上，騷擾他們的白人如影隨形，簡直像是「在野地裡一邊走路，一邊被一群野人拳打腳踢」[38]：「中國佬走在街上，他們跟在後面，咆哮尖叫，想要嚇唬他。他們抓住他的辮子，把他拖下馬車，對他投擲磚塊和各種東西，而這些可憐的異教徒中國佬通常都是在簽了勞動契約後來到這基督教國度，當他們抵達中國城時身上已到處是傷口與瘀血，甚至沾滿了鮮血。」[39]華人安德魯・甘（Andrew Kan，音譯）回憶起那黑暗時代，他說：「初來乍到時，華人受到的待遇連狗都不如。喔，那真是可怕，太可怕了……我們被流氓、暴徒和小男孩扯辮子，挨他們巴掌，還被人丟擲壞掉的蔬菜與臭蛋。」[40]

華人深知自己隨時會被殺掉，而且兇手很可能不會遭到處罰，因此人人自危。回想起一八七〇年代的舊金山，許芹牧師（Huie Kin）表示：「我們都像驚弓之鳥，天黑後只能躲在室內，唯恐出門時會遭人在背後放冷槍。走在路上連小孩都會對我們吐口水，罵我們是鼠輩。」[41]光是走在路上也可能會遭人平白無故的攻擊。盧姓華人移民（J. S. Look，音譯）的回憶和許牧師很像：「我記得我們走在路上時會被美國小男孩拿石頭砸。」到了夜裡，「所有華人開的商店都必須用厚重的木門擋住玻璃櫥窗，不然會被小男孩丟石頭砸破。」[42]

加州各地小鎮與城市一樣危險：因為偏僻封閉，甚至更為危險。因為華人願意拿較低的工資，工作機會受損的加州中部勞工便開始縱火燒毀華人的住宅，如果有地主不願解雇華人農工，穀倉與農田就會被燒毀。一八七七年三月十三日，一群武裝白人闖進加州奇可市（Chico）某間小屋，五名華人農工遭擊斃，屍體被人澆油焚毀。其中一位兇手後來坦承，教唆犯案的就是加州工人黨。[43]

一八七七年七月，衝突情勢升溫，大屠殺事件再度爆發，而且餘波盪漾，這也許是舊金山歷史上最嚴重的一次暴亂。當時在東岸鐵路工人罷工的帶動之下，全國各地勞工群起作亂，舊金山也有一萬人集會，對罷工表達支持之意。[44]某個反華團體上台後，把群眾的怒火點燃，現場情勢就此完全失控。他們一邊高呼「走！到中國城去！」一邊在城裡作亂，砸毀華人的洗衣店、縱火燒掉華人的房舍，甚至開槍攻擊街上的華人。到隔天早上，政府已經召集了國民警衛隊（National Guard），還有數百名市民主動組成民兵隊伍予以支援，但還是無法弭平暴亂。暴民企圖焚毀碼頭與太平洋郵船公司（Pacific Mail Steamship company）的船隻——因為數以千計的華人移民就是由這公司派船載來的。想要滅火的消防員甚至也遭到攻擊。暴民四處縱火，到了暴動第三天，在美國海軍的協助之下，四千名自願幫忙的市民才將城裡各地的大火撲滅，最後總計有四死十四傷。[45]

加州的反華氣燄最為張狂，整個東岸地區延燒著反華怒火。一八七七年紐約市雪茄工人大罷工，資方利用族群之間的對立情勢來牽制工人。據工會報刊《紐約勞工標準週報》（*New York Labor Standard*）指出，「就連中國佬也透過這次罷工展現出男子氣概，並藉此維護了美國工會成員的尊嚴。」[46]儘管華工也加入罷工的行列，但資方卻企圖分化工會而散播謠言，表示他們將會從外地引進並不隸屬於工會的華工。為此，有雇主雇了某位華人在他的工廠廠區走進走出，目的只是為了讓工會糾察隊相信資方已經從舊金山引進華工來破壞罷工行動。[47]還有製造商雇用一群白人穿上華人服飾，戴上假辮子，偽裝成華工。[48]最後這些伎倆奏效了，罷工工人起了內鬨。白人勞工開始把非工會勞工和華人畫上等號：如果有白人勞工家庭屈服了，回到自己的公寓去捲雪茄，就會被其他工人謾罵：「中國佬！」[49]罷工工人還把一個象徵非工會勞工的人偶吊起來，上面寫著警語：「我們會這樣伺候中國佬！」[50]

過沒多久就會有一連串法令通過，導致華工幾乎找不到工作。修正後的《加州憲法》於一八七九年通過後，該州也通過新法，規定華工只能當自營商或者為個人擁有的公司工作，股份有限公司則是不能雇用他們：「任何股份有限公司的主管、董事、經理人、成員、股東、辦事員、仲介、僕人、律師、員工、受託人或者承包商……都不能以各種方式或職務……雇用任何華人或蒙古人，違者即犯下行為不檢之罪。」[51]這種敵視華人的情勢導致一波華人出走潮在一八八〇年發生。某些付得起船票路費的人返回中國老家，其他人則遷居美國各地，搭火車翻越洛磯山，到東邊伊利諾州、俄亥俄州、賓州、紐約州與紐澤西州等地方的城市落腳。接下來的幾十年間這種出走潮將會持續不斷。[52]

不過，出走潮發生後西岸的政客仍不肯善罷甘休，因為他們想趕走所有的華人。有些政客決心促使聯邦政府立法禁止華人進入美國。在加州政客的施壓之下，格蘭特總統領導的聯邦政府修改了一八六八年與清廷簽訂的《中美天津條約續增條約》，這可說是反華運動的一大勝利，因為該條約的條文確保華人可以移居美國。格蘭特總統卸任後，高調進行世界之旅，他在一八七九年（清光緒五年）來到天津與清廷官員會面，商討是否可能在未來三到五年之內禁止華人移民美國。[53]當時清廷深恐俄國會發動軍事攻擊，與日本又有可能開戰，只能默默接受美國提出的新約要求。在隔年簽訂新約後，雖然還是沒有權力完全禁止華人移居該國，但美國可以針對移民行為進行各種限制、規定，甚至予以暫停。美國就此克服阻礙，準備好要通過一部名叫《排華法案》的新法，在未來幾十年這法案也將一直讓美國華人社群感到困擾煩憂。

1 關於一八七〇年代經濟大蕭條的資訊，請參閱：Victor G. and Brett de Bary Nee, *Longtime Californ'*, pp. 46-47.

2 請參閱：Victor Low, *The Unimpressible Race*, p. 29; Ronald Takaki, *Strangers from a Different Shore*, p. 105.

3 請參閱：John Todd, *The Sunset Land* (Boston: Lee and Shepard, 1870), p. 283.

4 請參閱：Ronald Takaki, pp. 104-5; Arthur Bonner, *Alas! What Brought Thee Hither? The Chinese in New York 1800-1950*, pp. 33-34.

5 請參閱：Arthur Bonner, pp. 33-34.

6 請參閱：Otis Gibson, *The Chinese in America*, pp. 361-62; *Origins & Destinations*, pp. 57-58; San Francisco Board of Supervisors, order no. 939，轉引自：Cheng-Tsu Wu, ed., *"Chink!"* pp. 65-66 (see also pp. 13-14).

7 請參閱：Otis Gibson, pp. 361-62.

8 請參閱：Diane Mei Lin Mark and Ginger Chih, *A Place Called Chinese America*, p. 33; Cheng-Tsu Wu, ed., *"Chink!"* p. 14.

9 請參閱：Diane Mei Lin Mark and Ginger Chih, p. 33.

10 請參閱：Ibid.; Otis Gibson, p. 282.

11 請參閱：Roger Daniels, *Asian America*, p. 43.

12 請參閱：Stephen Longstreet, *All Star Cast: An Anecdotal History of Los Angeles* (New York: Thomas Y. Crowell, 1977), p. 80.

13 請參閱：Stephen Longstreet, p. 80.

14 請參閱：Ibid.

15 請參閱：C. P. Dorland, statement delivered at the Historical Society of Southern California, January 7, 1894，轉引自：Cheng-Tsu Wu, ed., *"Chink!"* p. 151.

16 請參閱：David Colbert, ed., *Eyewitness to the American West: From the Aztec Empire to the Digital Frontier in the Words of Those Who Saw It Happen* (New York: Viking, 1998), p. 172.

17 請參閱：Sucheng Chan, *Asian Americans*, p. 31. 轉讓給鐵路公司的土地到底有多少英畝，取決於各種不同計算方式，總數介於九百萬到一千一百萬英畝之間。

18 請參閱：Roger Daniels, *Asian America*, p. 38.

19 請參閱：Otis Gibson, *The Chinese in America*, p. 364.

20 請參閱：Ibid., p. 364.

21 請參閱：Ibid., p. 22.

22 請參閱：Ibid., p. 23.

23 請參閱：John Hoyt Williams, A *Great and Shining Road*, p. 95；也可參閱：Stuart Creighton Miller, *The Unwelcome Immigrant: The American Image of the Chinese, 1785-1882* (Berkeley and Los Angeles: University of California Press, 1969), p. 161。亞瑟・斯道特醫生出版的小手冊《華人移民與我國民族衰敗的心理因素》主張梅毒與「精神錯亂的心理狀態」（mental alienation）是華人的特色。

24 請參閱：Stuart Creighton Miller, p. 163.

25 請參閱：Ibid.

26 請參閱：Ibid., pp. 164, 237；原文出處為：Mary Santelle, "The Foul Contagious Disease. A Phase of the Chinese Question. How the Chinese Women Are Infusing a Poison into the Anglo-Saxon Blood," *Medico-Literary Journal*, I (November 1878), pp. 4-5.

27 請參閱：Stuart Creighton Miller, p. 163.

28 請參閱：Otis Gibson, p. 306.

29 請參閱：Otis Gibson, p. 306.

30 請參閱：Otis Gibson, p. 300.

31 請參閱：Victor Low, *The Unimpressible Race*, p. 40.

32 請參閱：Ibid., p. 40.

33 請參閱：Ibid., p. 40.

34 請參閱：Andrew Gyory, *Closing the Gate*, p. 115.

35 請參閱：Ibid., p. 113.

36 請參閱：Betty Lee Sung, *The Story of the Chinese in America*, p. 43.

37 請參閱：Robert Louis Stevenson, *The Amateur* Emigrant (London: Chatto and Windus, 1895), p. 131，轉引自：Lynn Pan, *Sons of the Yellow Emperor*, p. 93.

38 請參閱：Otis Gibson, p. 50.

39 請參閱：Ibid., p. 51.

40 請參閱：“Life History and Social Document of Andrew Kan,” Seattle, Washington, August 22, 1924, by C. H. Burnett, p. 2. Major Document 178, Box 27, Survey of Race Relations, Hoover Institution on War, Revolution and Peace, Stanford University.

41 請參閱：Huie Kin, *Reminiscences* (Peiping, 1932), p. 27；轉引自：Ronald Takaki, p. 115.

42 請參閱：“Life History and Social Document of Mr. J. S. Look,” August 13, 1924. Major Document 182, Box 27, Survey of Race Relations, Hoover Institution on War, Revolution and Peace, Stanford University.

43 請參閱：Victor G. and Brett de Bary Nee, p. 22; Andrew Gyory, p. 94.

44 請參閱：Lynn Pan, p. 95.

45 請參閱：Andrew Gyory, p. 96.

46 請參閱：Ibid., p. 98.

47 請參閱：Andrew Gyory, p. 99.

48 請參閱：Ibid.

49 請參閱：Ibid.

50 請參閱：Ibid.

51 請參閱：Victor G. and Brett de Bary Nee, p. 53；也可參閱：Cheng-Tsu Wu, ed., *“Chink!” Anti-Chinese Prejudice in America* (New York: World Publishing Company, 1972), pp. 14, 69；原文出處為：*Criminal Laws and Practice of California* (A. L. Bancroft and Company, 1881)。加州憲法同時也明文禁止華人投票：「凡原籍中國，癡呆與瘋狂者，還有違犯重罪與挪用公款者，都不得在本州行使選舉人之特權。」

52 請參閱：Andrew Gyory, p. 177；報紙上之相關報導，請參閱：*New York Times*, March 6, 1880；*St. Louis Globe Democrat*, March 5, 1880.

53 請參閱：Andrew Gyory, pp. 186-87.

第九章
排華法案

一八八一年二月，美國國會內部有一場激烈爭論正如火如荼進行著：向來以反華態度著稱的加州參議員約翰・米勒（John F. Miller）提出一部法案，要讓華人在未來二十年內都不能移民美國。在立法意旨上，他的論述充滿各種對於華人的嘲諷與厭惡，如今讀起來反而像是在讚揚中國人勤奮的工作精神，承認他們對美國西部的建設有偉大貢獻，只是語氣不太甘願。米勒把華人移民比喻為「外星人」，說他們「神經遲鈍……宛如機器，幾乎不受冷熱影響，一身銅筋鐵骨，都是像自動引擎一樣的血肉之軀，而且很有耐性、麻木不仁，沒有情緒……總是彷彿獸群似的聚在一起。」

在米勒看來，美國是白人國家，而且只容得下白人。他夢想著美國成為一個「到處都聽得到金黃髮色孩童的甜美聲音」的國度。米勒籲請其他國會議員保衛「美國的盎格魯薩克遜文明，使其免受壞疽似的東方文明的汙染或混雜，」而且他認為族群本來就該根據血統來區分高下，這是理所當然的。「為什麼不能區分高下呢？為什麼要讓那墮落的劣等族群成員……在我國日漸壯大，且散居四處，任由他們生出愈來愈多劣等子孫？」

許多國會議員打從心底贊同米勒的提案，但麻州參議員喬治．佛瑞斯比．霍爾（George Frisbie Hoar）卻沒有因為當下的熱烈氛圍而迷失自己，獨排眾議，試著提醒其他議員：這法案其實還涉及一些更重要的問題。霍爾是個想法先進的政治領袖，他曾反對奴隸制，並支持勞工的基本人權。他深信，如果不看個人表現好壞，光憑族裔身分來排擠別人，那美國開國先賢當年在〈獨立宣言〉（Declaration of Independence）中所揭櫫的種種崇高理想不就淪為笑話了？霍爾痛批種族主義是「人類最終必須克服的一種妄想症」，「種族主義的影響力曾在我們的歷史上留下無法抹滅的醜陋汙漬」，他還砲轟那些訴諸種族偏見的美國政客都是一些偽君子，「我們自誇民主有多偉大，一再強調我們自己有多優越與強大，」他說，「對於這世上的各個民族，我們的國旗閃爍著希望的星星。十萬個華人前往加州後，改變了一切。……但不證自明的真理卻變成了不證自明的謊言。」

無論在國會或全美國，沒有多少人認同霍爾。他的言論在媒體圈與政界都招來嚴厲批判。《紐約時報》宣稱：「以這種愚蠢的心態思考根本就是在打混。」《紐約論壇報》（*New York Tribune*）將霍爾封為「半吊子的人文主義思想家」。西部各州的議員則指出，許多簽署〈獨立宣言〉的開國先賢其實都是奴隸主，某位科羅拉多州參議員卻堅稱白人「智力較高也較活潑，因此有權力看不起這世上的其他人種」。

儘管全國普遍支持，但這法案卻遭到切斯特．亞瑟總統（Chester Arthur）的否決。他宣稱禁令長達二十年實在是太久了，但顯然他害怕清廷會對這法案採取報復措施，對美國關閉中國的各通商口岸。亞瑟總統在某次演說中盛讚華人移工幫助興建橫貫大陸鐵路與發展美國工、農業，貢獻卓著，這顯然是為了強化美中外交關係，而且他還主張米勒的法案可能會損及美國的經濟利益。「從過去的經驗看來，與東方的貿易活動不但關乎國家財富，也能確保我們的國際影響力，」他說，「無庸贅言的是，若我們採用這政策，那肯定會直接得罪東方各國，也會促使他們和其他更為友善的國家進行貿易與商業活動。」[1]

社會大眾很快就開始對亞瑟總統採取報復手段。西部各州到處都有人把亞瑟的人偶吊死，也常有憤怒的暴民焚燒他的肖像。與米勒同屬共和黨的加州眾議員何瑞斯・佩吉（Horace Page）立刻提出一個折衷法案，把禁令的時間從二十年縮減為十年。此外，佩吉的法案也規定禁止華工輸入美國，惟獨具有商人、教師、學生（還有以上三者的家僕）這三種身分的華人可以入境。

參眾兩院通過了佩吉的法案。這次亞瑟總統一定已意識到上次否決法案的後果，所以未再度反對。一八八二年五月六日，他簽署了《排華法案》。如同某位學者所說，「美國史上最惡名昭彰、最悲劇性的法案」就此生效，「隨後多年內的移民問題爭論就此定調，想要前往美國尋求庇護與自由的外國人也開始受到愈來愈多的限制。」[2]

種種新的法律限制沒能安撫民眾的怒火，火勢反而一發不可收拾。反華勢力在成功地阻擋絕大多數的華人移民之後，開始推動要趕走所有的在美華人。這就是目前被稱為「驅逐運動」（the Driving Out）的恐怖時代，當時美國西部有好幾個華人社群遭到暴力攻擊，激烈的程度直逼種族屠殺。

一八八五年九月二十八日，某個西雅圖市反華聚會上的幾位代表性人物簽署一份宣言，聲稱要在十一月一日以前把所有華人趕出當時尚未加入聯邦的華盛頓領地（Washington Territory，譯註：華盛頓領地在一八八九年才加入聯邦政府，成為美國第十二個州）。為了向華人發出期限將至的最後通牒，他們成立了兩個委員會，在塔科馬市與西雅圖市挨家挨戶傳達訊息。[3]到了十月底，大多數華工已經離開，但許多華商因為不願意放棄貨物，還是繼續留下來。

一八八五年十一月三日，數以百計白人說到做到，對塔科馬市中國城發動大規模突襲。他們破門而入，把華人居民拖出來，在暴雨中六百名華人被拖往北太平洋鐵路（Northern Pacific Railroad）火車站，在白人的看管之下露宿了一夜。[4]結果有兩名華人男性因此凍死，[5]一名華商之妻被逼瘋，[6]其他人則是被火車解救，

在史上稱為「驅逐運動」（the Driving Out）的時代，美國西部各個墾荒地屢屢發生白人勞工攻擊、折磨與殘殺華人移民的慘案。其中最令人髮指的暴力慘案之一發生於懷俄明領地的岩泉市（Rock Springs），事件肇因於白人礦工罷工，結果聯合太平洋鐵路公司（Union Pacific）聘僱華工來取代他們。雖然聯邦政府派部隊前往弭平動亂，但已經有28個華人慘遭暴民殺害。（圖片來源："Massacre of the Chinese at Rock Springs," *Harper's Weekly,* September 26, 1885, California History Room, California State Library, Sacramento）

將他們安全送往波特蘭。

戰爭部部長派兵前往西雅圖，至少暫時避免了另一次反華大屠殺。[7]但部隊對華人的傷害之大，幾乎與暴民不相上下。某些士兵決定對中國城居民徵收某種「特別稅」[8]，他們本該以保護人民為己任，卻反而搶奪了許多現金。也有士兵加入暴民行列，把某個華人男性的髮辮剪了下來，另一個被他們推下樓梯，還有一個遭人丟入海灣。[9]

部隊離境幾個月後，白人又於隔年二月在西雅圖作亂，再次將城裡剩餘的華人居民拖出家園。華人在睡夢中被拽下床，被逼打包行李，全都送往一艘要開往舊金山的汽船上。這次即使未被大批暴民包圍，大多數華人都急於離開，卻沒有錢購買船票。其中八十名華人有錢，很快就用現金付了船資後離開，其他至少三百人只能在碼頭區發抖，包圍在四周的群眾非常堅持不讓他們返家。最高行政長官華生・斯奎爾（Watson C. Squire）發布命令，要求暴民解散，許多志工獲政府聘為警察，負責保護華人難民免於受傷。警衛隊（Home Guard）護送華人回家，兩千名暴民發動攻擊，在交火的過程中暴民一死四傷。一陣騷亂過後，美國總統格羅弗・克里夫蘭（Grover Cleveland）發布戒嚴令，派聯邦政府的部隊進駐西雅圖。[10]

一八八五年，懷俄明領地的岩泉市（Rock Springs）某個採礦地區發生了更悲慘的事件。當地銀礦採礦量減少，導致礦工人力過剩，白人礦工無法與接受低薪的華人礦工競爭，因此計劃聯手將華人都趕走。他們拿著刀斧、棒棍與槍枝，前往當地的中國城，沿路洗劫槍殺華人。到了中國城之後，他們命令華人居民在一小時內離開。華人很快打包細軟，但白人暴民等不及了，開始點火燒毀華人住的棚屋，許多從大火煙霧中逃出來的華人都被射殺。也有人被迫回到陷入火海的屋裡，慘遭活活燒死。設法逃走的華人躲進山區，因為吃睡都成問題，有些人被凍死，或是淪為狼群的食物。好幾百個華人流離失所，被路過的火車解救。最後據說這場大屠殺奪走二十八條人命，當地市政府無法平亂，請聯邦政府調兵來保護華人。[11]

清廷外交官為此憤恨不平，要求美國政府採取適當的措施，但美國國務卿托馬斯．貝亞德（Thomas Francis Bayard）解釋道：懷俄明尚未加入聯邦，所以對於發生在當地的犯罪活動華府沒有管轄權。後來，美國政府不情願地付了十四萬七千美元給清廷當財物損害賠償，但未能將凶手繩之以法。值得注意的是，在排華氣燄高張的時代，連清廷派駐美國的外交官也無法免於受暴力攻擊。據《紐約時報》報導，一八八〇年清廷派往美國的欽差大臣陳蘭彬（其官位相當於駐美大使）曾在紐約遭「一群年輕流氓以石頭攻擊辱罵」。警察只是袖手旁觀，哈哈大笑。[12]

再來就是一八八七年發生於奧勒岡州的蛇河大屠殺（Snake River Massacre），史家大衛．史特拉頓（David Stratton）曾說這事件是「發生在華人身上的最惡劣暴力事件，但最鮮為人知」，案發地點在該州地獄峽谷（Hell's Canyon），一群白人牧場工人與中學生覬覦華人礦工身上的金子，同時也想讓當地華人絕跡，於是將三十一名華人礦工打劫殺害後分屍。一位偵辦此案的聯邦官員表示，「從我一八四九年來到加州以來，就我所知，這是西海岸地區的凶案中最為冷血且令人不齒的。每個受害者都遭人槍殺、分屍，剝掉衣物後丟進河裡。」顯然凶手還把一些屍體部位保留起來當紀念品。史特拉頓說，「有個華人被殺掉後頭蓋骨被製作成糖碗，在某個牧場的住宅廚房裡擺了許多年。」州政府找出凶手後，只有三人遭審判，但全都獲無罪開釋。一位白人牧場工人後來針對此事評論道：「如果被殺害的是三十一名白人，我猜應該有人會被繩之以法，但陪審團成員都不認識那三十一名中國佬，對案件也不怎麼了解，所以就把人給放了。」[13]

不過，最令人痛心的事還在後頭。在各地暴力事件頻傳後，聯邦政府繼續透過修法來限制華人的生活。一開始，受《排華法案》規範的僅限於新的華人移民。但兩年後，國會又在一八八四年修法通過，只有在一八八〇年十一月（美中之間最新條約的簽署時間點）以前就來到美國的華工有權力自由地往來於美國與中國兩地。這些華工獲頒特別證書，確保了他們在離開美國後再度回來的特權。所以對於在這個日期以前來到美國的華工來說，他們還可以選擇離開美國。但是到了一八八八年，《排華法案》修正通過後沒幾年光景，國會又通過了《史考特法案》（Scott Act），藉此取消了美國政府原先對那些早期華工所做的承諾，將這些華工持有的重新入境證書全都取消掉。[14]在《史考特法案》生效後，非常不幸的有兩萬華人剛好不在美國，儘管美國政府曾給予保證，而且他們之中有許多人已經在美國置產或還有生意與家人，但卻不能回去。[15]法案生效時，大約六百名持有特別證書的華人正在返回美國的船上，到了之後卻未能獲准下船。

《史考特法案》通過後，清廷的駐美欽差大臣（譯註：此時清廷駐美欽差大臣是張蔭桓）曾對美國提出強烈的抗議，但國務院卻不予理會。[16]有關該法的排華意圖，克里夫蘭非常清楚地指出相關措施的必要性：因為事實證明，讓華人與美國人混居的實驗是「不智、失策而且有害的」。[17]他還說，如果華人在美國仍有財物，他們可以到法院去收取，「因為那裡是絕對不會對華人抱有任何一絲歧視的地方。」[18]

法院真的像克里夫蘭說的那樣不會歧視華人嗎？華人移民很快就一狀告到了聯邦法院。在「遲成平控告美國政府」（Chae Chan Ping v. United States）的知名案例中，遲成平是從一八七五年就開始定居舊金山的華工，後來在一八八七年離美返華時，手裡持有美國政府頒發的再度入境證明，但在一八八八年十月七日返回加州時卻不能下船。他的官司一路打到了最高法院，結果判決結果支持《史考特法案》，判決書中宣稱美國政府「認為這些屬於其他種族的外國人雖然住在美國，但無法融入我們，所以有損於國家的和平與安全，因此將他們予以排除是有必要的。」[19]根據此一精神，最高法院還認定華人移民是「具有群聚性格的民族，只會遵從祖國的風俗習慣」。[20]因此，該法院認定在美華人是「居住於我國的異邦人」。[21]

四年後，《排華法案》所訂的十年期限已到，但如果有人希望該法會就此走入歷史，後來還是幻滅了。國會通過《吉爾里法案》（Geary Act）來取而代之，華人的移民禁令再度延長十年，而且還規定美國境內所有華工都必須在一年內向政府提出登記，才能取得合法的居留證書。[22]任何華人如果沒有這居留證書，一經查獲就會遭遣返，該法並且強制要求華人證明自己是合法入境與居留，華人移民在法庭上也沒辦法受到應有的保護，遭羈押時雖得以向法院提出抗辯，但無法申請保釋。

許多在美華人深感受辱，拒絕遵守新法規定。某位清廷領事甚至呼籲國人不要去登記，洛杉磯與舊金山等城市的華人社群還把政府張貼的登記告示撕掉。[23]三位華人因為違反《吉爾里法案》而與政府打官司，一路打到最高法院。以「馮越亭控告美國政府」（Fong Yue Ting v. United States）的官司為例，法院的判決是，只有國家有權更新移民政策，也有權強制所有的外國人進行登記。[24]一八九五年，最高法院審理「林孟欣控告美國政府」（Fong Yue Ting v. United States，「林孟欣」係音譯）一案，判定往後各地方法院再也不能接受華人所提出的羈押抗辯，這判決結果等於讓各個移民局處享有不受牽制的行政權，可以隨意阻擋華人入境，或驅逐華人，不用擔心會遭法院反對，因此也為各種貪汙與濫權情事開啟了方便之門。[25]（反華人士甚至把黑手伸往美國大陸以外，影響了剛剛成為領地的夏威夷群島。一八九八年，美國政府開始在夏威夷群島上實施各種排華法規。儘管在夏威夷成為領地的那一刻起，居民就都自動獲得了美國公民身分，但華人卻必須申請居留證——儘管許多華人家庭早在夏威夷居住了許多世代之久。菲律賓在一八九八年成為美國領地時，當地華人也遇到了相同的狀況。）

在這反華氣燄高漲的時代裡，本該受法律保障的華裔美國人也難免發現有人想要剝奪他們的各種權利，甚至公民身分。約翰・懷斯（John Wise）是舊金山海關的收稅員，每逢華裔美國人向他提供證明來主張自己的公民身分時，他只接受白人提供的證詞。懷斯曾在一八九三年寫給某位律師的信裡自誇，他的對策「讓華人幾乎不可能證明自己是在美國出生的，因為華人家庭從來不會找白人醫生幫忙接生，而且二十年前華人出生時也都未曾留下出生證明」。[26]

一八九四年，舊金山市土生土長的二十一歲美國華人黃金德（Wong Kim Ark）回國探視父母。隔年返美時美國政府禁止他入境。儘管先前兩度受挫，美國華人還是針對這案子申請提審，黃金德主張他是在美國土生土長，所以應該享有美國公民身分。這官司同樣也一路打到美國最高法院。[27]

這案子關乎美國公民身分的定義。美國最高法院會支持「出生地主義」（*jus soli*）的法律原則，也就是讓所有在美國出生的人都取得美國公民身分嗎？還是會改採以種族為根據的「血統主義」（*jus sanguinis*），讓小孩能否擁有美國公民權完全取決於爸媽是不是美國人？理論上，在《美國憲法》第十四條修正案通過後，美國的公民權制度即使走上了「出生地主義」的路線，但政府卻還是未能完整地保障美國黑人與原住民的公民權。從法律層次來說，問題的關鍵在於在美國出生的非白人是否能夠和白人一樣享有平等的公民身分，還是注定永遠被當成下等的外國人？黃金德的案子迫使法院做出最後決定。

最高法院以六比二的投票結果裁定黃金德勝訴，並且在一八九八年三月二十八日正式宣告：即使爸媽沒有資格歸化為美國公民，但任何在美國出生的小孩一出生便擁有美國公民的身分。首席大法官梅爾維爾．富勒（Melville Fuller）在他撰寫的不同意見書中堅稱，所有華人無論是不是在美國出生，都不該有資格獲得美國公民身分，因為他深信華人無論住在哪裡都應該效忠大清帝國。但大法官何瑞斯．格雷（Horace Gray）代替其他五位大法官起草判決書，宣稱「儘管國會或各種條約都不准許在美國出生的華人歸化成為美國公民，但事實上《美國憲法》的條文還是清楚明白地規定『所有出生於美國的人都應受美國管轄，而且也是美國公民』，因此不能夠排除那些在美國出生的華人。」[28]〔包括黃金德的案子在內，華人在美國打了好幾個重要的官司，而這些官司可以說都是美國人為了爭取民權而展開法律大戰的先例。另外一個代表性的官司則是「益和洗衣店控告舊金山警長霍普金斯」（Yick Wo v. Hopkins），這案子也為美國確立了「法律之前人人平等」的標竿。一八七三到一八八四年之間，舊金山市監督委員會通過了十四條不利於華人的洗衣店法規，其中一條消防安全法規規定所有設立在木造建物裡的洗衣店都應該由店主提出執照申請，否則就會被課以重罰並遭囚禁六個月。因為該市所有華人開的洗衣店都開設在木造建物裡，華人認為這法規意在歧視華人，並企圖打擊華人生計。幾乎所有華人提出的洗衣店執照申請都遭監督委員會駁回，華人洗衣工們以違背法規來進行抗議，讓洗衣店維持正常營業。到了一八八五年，該會拒絕一家益和洗衣店（Yick Wo）的執照申請，但事實上在這之前該店早已拿到市政府的許可證，通過防火與衛生的檢查。華人洗衣同業公會的反制之道是提起集體訴訟，官司還打到了最高法院，據最後判決結果指出：儘管該法規「表面上看起來合情合理，對所有人一視同仁」，但在執法時卻不是如此。最高法院的結論是，任何法律如果在實施時不能毫無偏私，無論實施對象是美國公民或外國人，都是違憲的，因為這抵觸了《美國憲法》第十四條修正案。」

儘管最高法院判決讓華人社群鬆了一口氣，但打贏官司並不總是代表在美華人社群能夠贏得敬重，也不一定能幫在美華人掙得民族尊嚴。相反的，在十九、二十世紀交替之際，地方與聯邦政府屢屢以各種可恥的手法霸凌華人，這讓他們更進一步體認到，如果沒有地方官員支持並實現法院的判決內容，那麼任何判決都是沒有意義的。

一八九九年，夏威夷的美國官員得知香港有少數人死於鼠疫。因為他們害怕疾病已經傳染到檀香山，所以禁止該市華人登船前往美國。此外，該市衛生局還燒毀了檀香山中國城的一部分。[29]舊金山的衛生官員也有樣學樣，關閉所有華人開設的公司行號，並且規定華人在離開該市之前必須先接受預防注射。這些違法措施促使華人王偉（Wong Wai，音譯）把舊金山公衛部門告上法院，結果在地方法院與聯邦上訴法院都贏了。[30]一九〇〇年五月，法院命令舊金山公衛部門必須停手，但公衛官員不願從命，還找舊金山市監督委員會來助陣。過沒多久，市政府不顧法院命令，把中國城包圍起來，設下路障，藉此進行徹底檢疫，甚至還有官員提議放一把火燒了中國城，將其夷為平地。後來，經過「六大公司」與其律師團、華人媒體、當地中國領事與清廷派駐美國的欽差（即大使）的共同努力，才得以讓市政府停止檢疫，中國城也才得以免於徹底毀滅的命運。[31]

就在此時，中國爆發了庚子拳亂，這讓華人的處境更是雪上加霜。這些亂匪自稱「義和團」，全都是一些赤貧的農民，他們把中國的經濟不振都怪在外國人頭上，在華北流竄的過程中圍攻、屠殺了許多白人基督徒與改信基督教的中國人，就連北京的傳教士與外交官也無法倖免。儘管中國的民生凋敝絕非不能全然歸咎於外國勢力的影響，但道光年間（一八四〇年代）的鴉片戰爭的確讓中國的經濟元氣大傷，而且英國在戰後獲得了許多經濟特權，中國也對列強做出了種種讓步。八國聯軍發兵北京後義和團之亂才得以平定，戰後清政府同意以黃金支付彷彿天文數字的賠款。儘管美國的華人移民與拳匪之亂毫無關係，但中美之間的緊張關係注定要讓他們吃苦頭。拳亂之前，清廷駐美欽差每每能夠直接與華府對話，幫助美國的華人社群。如今中國國力愈加積弱不振，事實上幾乎已成為列強的附屬國，所以中國官員再也沒有幫華人請願的影響力了。

不過，華人還是持續針對美國政府的排華政策提出抗議。「我們幫你們建造鐵路、開礦墾荒，幫忙打造出今日加州的偉大光景，」十多年後一群華人在寫給總統的請願書裡寫道，「結果這一切讓我們得到什麼回報？只有被虐待、羞辱與囚禁。我們懇求總統幫忙改變現狀，讓我們獲得人道的待遇，而非動不動就被當成罪犯。」[32]

不過無論在西部或華府，一切都沒有改變。《吉爾里法案》的禁令在一九〇二年到期後，國會再度通過另一個排華法案，這次無限期地禁止華人入境，而且持續拒絕讓在美華人得以歸化為美國公民。一九〇四年，舊金山市第一份華文日報《中西日報》（*Chung Sai Yat Po*）的創辦人伍盤照（Ng Poon Chew）描述了當時在美華人的處境：「無論是商人、官員、教師、學生或觀光客，華人在美國都被當成是狗。因為是狗，出門前必須戴上能夠證明法律地位的項圈。否則就會像沒有登記註冊的無主流浪狗一樣遭到逮捕，關進拘留所。」[33]他所謂的「項圈」就是指華人必須申請的居留證明。

就在情況似乎不能更糟時，更糟的事情還是發生了：一九〇五年最高法院宣告了「美國政府與朱台訴訟案」（United States v. Ju Toy，朱台為音譯）的判決結果。[34]

在此必須先加以說明，歷年來的各種排華法案其實都沒有達到完全排華的效果。即使當年由佩吉參議員提出並通過的第一個《排華法案》也規定了華人商賈、教師、學生（及以上三者的家僕）可以入境。所以從一八八二年到這時，還是有少部分華人可以入境，有些人在美國永久定居，也有些人本來就是美國公民，離開後又重返美國。但是針對朱台的案子，最高法院的判決是：往後若有華人移民在返美時遭到拒絕入境，即使他們宣稱自己具有美國公民的身分，還是不能夠到法院去申請駁回美國政府的決定。這等於是將美國華人能否入境的決定權交給主管移民事務的聯邦政府商務與勞動部長。最高法院在判決書中聲稱，商務與勞動部長的決斷「就是最終的結論與決定，即使請願者聲稱自己具有美國公民身分也一樣」。[35]

儘管最高法院先前在黃金德案中聲稱華裔美國人的美國公民身分是不能被剝奪的，但此時在判朱台的案子時卻出爾反爾，而且顯然不覺得這有何不妥。這個新的判決結果等於讓美國的華人公民失去了正當的救濟途徑，讓主管移民事務的政府機關有權決定誰具有公民身分，其裁決結果完全不需經過法院再度審議。根據某位紐約法官所言，移民官員的權力大到「可以將某個外國人強行拖走關起來，然後丟上船，任何人都無法介入過問」。[36]

毫不令人意外的是，在移民官員獲得最高法院給予這等大權後，華人獲准入境的比率開始大幅減少。從一八九七到一八九九年之間，七七六二位申請入境美國的華人裡只有七二五位被拒絕，遭拒的比例為十分之一；[37]後來在一九〇三到一九〇五年之間，比例已經提高為四分之一。[38]

奇怪的是，面對美國的種種歧視措施，最激烈的抗議並非來自美國本土，而是在中國爆發了。一群有志之士發起抵制美國貨、不與美國人做生意的活動，直到美國撤銷各種排華政策。光緒三十一年（一九〇五年七月二十日），朱台一案的判決發布後，上海的中國人展開全面抵制美國的行動。他們不但不為美國人開設的洋行當買辦、翻譯，不當美國人的傭工，也將住家與商號遷出美國人所擁有的建物，若有小孩在美國人開設的學堂就讀，便辦理轉學。開設在租界以外上海市區的公司行號有百分之九十都掛出支持抵制美國的標語。（當時上海分為中國人居住的地區與各國的租界，來自西方國家的租界居民享有治外法權，不受清朝法律的規範。）中國商人紛紛與美國公司解約，並且拒絕購買或代銷美國產品。抗議人士阻止美國船隻卸貨，各大報也拒絕刊登美國人的廣告。

抵制運動本來只在華中、華南的沿岸大城進行（廣州地區本來就是北美大多數華人的家鄉，所以為這運動提供了大量金援），後來發展到中國的內陸省份與其他國家。抵制運動成為中國的全民運動，據當時前往中國造訪某間山頂寺院的一個美國旅人所言，「就連一些老僧都想要跟我談一談。」[39]亞洲各地的海外華人社群也支持這個運動，美國與夏威夷的華人紛紛慷慨解囊捐款，常舉行支持抵制運動的大型集會與募款活動。本來如同一盤散沙的各階層美國華人，包括華商、華工、記者、基督徒甚至堂會份子，居然能暫時放下歧見，為同一目標努力打拚，真是非常罕見的情況。

抵制運動的影響力重創了美國人在中國的生意，美國的貿易損失在三千到四千萬美元之間。[40]受到傷害的包括美國北部的紡織工廠，還有南部的棉花莊園。在廣州，標準石油公司（Standard Oil）原本每個月有九萬桶燃料的銷售量，結果大幅減少為一萬九千桶。[41]美國公司在中國的商譽一落千丈，就連英美菸草公司（British American Tobacco Company）都發現中國代理商不願收他們的免費香菸。[42]

一年後美國政府介入，對清廷施壓，要求打壓抵制運動。清皇室在庚子拳亂後蒙受奇恥大辱，元氣大傷，只能讓步，這無疑是因為他們覺得必須趕快採取行動，以免遭到美國報復。不過，清廷之所以願意打壓抵制運動，也可能是因為另一個理由。在當時，雖然抵制運動的目標只有美國人，但這個運動還是可能會演變成國內的反清革命，將王室推翻。於是光緒皇帝發布御令，要求地方政府打壓抵制美國的運動。

雖然遭到清廷打壓，但抵制運動在中國與美國都產生了具體的成效，儘管並未促使美國政府取消排華政策，但各種針對華人的惡劣凌虐的確已緩和下來。老羅斯福總統（Theodore Roosevelt）發布行政命令給全美各層級的移民官員，要求不得虐待華商與其他合法的旅美華人，並且提出警告：如有官員不善待那些持有合法文件的華人，將會遭到開除。[43]在處理華人的入境程序時，美國政府一改原本推託延遲的習慣，並且放棄了要求華人註冊的全新政策，還有那原本從一九〇三年開始採用的「貝蒂榮身分辨識系統」（由十九世紀法國警官阿方斯·貝蒂榮（Alphonse Bertillon）所開創的身體測量識別系統），也因為要求華人裸體接受測量有辱人格，而遭到取消。這些措施很快就產生了明顯的成效。一九〇三年，華人在取得美國駐華領事的簽證後，還是有百分之二十九的人會遭到境管機關拒絕入境；但在抵制運動後，境管機關的拒絕率已於一九〇六年降為只有百分之三。[44]

但更重要的是，老羅斯福總統以最高元首之姿為美國對待華人的方式定下了新的基調。羅斯福在國會演說時表示，「自從去年夏天的抵制美國貨運動後，為我們帶來許多麻煩，」他並且提出警告，「如果希望中國人善待我們的在華學生、貿易商與商人，我們就該以最寬宏大量的公義精神與禮儀來對待在美國的華人學生、貿易商與商人。」[45]

排華移民法規實施後，經年累月下來，導致新移民的人數大為銳減。《排華法案》通過一年後，有八〇〇三一名華人在一八八三年入境美國。[46]這裡面有多少是回中國探親後返國的美國華人，有多少是第一次前往美國？我們不得而知。到了一八八四年，入境華人的人數降為二七九人。[47]一八八五年為二十二人。[48]一八八七年更是只有十位華人入境美國。[49]能入境者幾乎都是上層階級人士，像是學者、富商、專業人士與外交官。與此同時，為了避免遭到迫害與屠殺，許多在美華人開始遷居他鄉。從一八九〇到一九〇〇年之間，在美華人男性的人數從十萬三六二〇人降為八萬五三四一人（當時在美華人有百分之九十五都是男性）。[50]

不過，雖然人數不明，但還是有很多華人無懼於《排華法案》的侷限，即使耗盡積蓄、賭上一命，也要進入美國。理由在於，即使美國的情況再怎麼惡劣，賺錢的機會還是比較多，這讓他們願意承擔各種風險。有些華人先設法前往加拿大、墨西哥或加勒比海地區各國，然後試著搭火車或搭小船偷渡入境。許多人沒能成功。根據那個時代遺留下來的邊境巡警紀錄顯示，常有小船翻覆，華人偷渡客幾乎溺死，也有華人上了前往美國的汽船，躲進米箱裡。「檢查人員會拿東西往白米裡面戳刺，躲在裡面的人有可能被戳死，」某位移民回憶道，「有時某些人會躲進棺材裡，結果很可能被悶死。」[51]成功偷渡的人不多，因此人數無法補齊大量流失的在美華人人口。

諷刺的是，幫華人打開移民美國窗口的，是一次驚天動地的歷史性天然災害，許多華人與其他美國人的人生從此改變。一九〇六年四月十八日清晨五點十三分，舊金山發生了一次大地震。「我和表親睡在華盛頓街上商店的地下室裡，」當時還在讀中學的華人梁修（Hugh Leung，音譯）回憶道，「他叫醒我，我感覺到天搖地動，屋裡的灰泥像下雨一樣不斷落下。我還以為自己在海上。我趕緊穿上衣服衝上街頭。對街的一棟建物倒塌了。」[52]驚慌失措之餘，舊金山中國城有數以千計的華人湧入佔地廣大的花園角廣場（Portsmouth Square）。據一位消防員回憶當時的情景：「地震發生後似乎不到幾分鐘，那廣場上就擠滿了好幾百名男女老幼的華人，身穿各種不同的服裝，激動驚恐之餘大家都嘰嘰喳喳，比手畫腳講個不停。」[53]《中西日報》也報導了當地居民的狼狽模樣：「大家拿著細軟離開，一邊走一邊回頭，有些人鬱悶不已，也有人輕輕啜泣。」[54]比較有錢的華人害怕遭到白人暴力相向，選擇逃離舊金山，但缺錢的窮人卻只能留下來。由於過去遭白人迫害的記憶猶新，有些華人根本不敢到市政府設立的救濟站覓食暫住。市府調兵維持治安，但有些士兵卻搶奪華人的財物，[55]或要他們做苦工。[56]市政府的官員不太確定該把華人安置在哪裡，安置場所一再更換，每次在遷移的過程中都有白人居民咆哮抗議，因為他們害怕華人會變成自己的鄰居。

最後，市政府將華人災民遷往普西迪要塞（the Presidio）旁的偏僻空地，結果卻讓白人得以徹底洗劫中國城。雖然當時中國城只剩下被燒焦的斷垣殘壁，卻還是有數以千計的男女老幼白人，到那裡去搬走一袋袋被燒熔的銅器、水壺、茶壺、藝術品與其他珍貴物品。城裡到處有人在洗劫財物，但因為政府不允許華人返家保護財產，所以許多華人開設的銀行、商號及華人住家的銀庫與保險箱都遭盜賊洗劫。為了避免全城陷入燒殺擄掠的無政府狀態，政府下達了「格殺勿論」的命令，但進駐中國城的陸軍軍官卻袖手旁觀，拒絕執行命令，聲稱他們無法分辨真正的盜賊與出於好奇而撿拾物品的無辜百姓，[57]但這顯然是荒謬無比的遁辭。根據當時遺留下來的一些紀錄顯示，就連舊金山灣區一些高貴的居民也加入了洗劫的行列，《舊金山紀事報》（*San Francisco Chronicle*）指出其中不乏「鐵路界高官」、「奧克蘭與舊金山的社會名流與知名商人」，[58]就連軍方也來湊一腳。清廷派駐舊金山的總領事在四月二十一日向州長提出抗議，表示「國民警衛隊把中國城裡有價值的東西全都搶走了」。[59]

地震引發的大火毀了城裡很多地方，但對華人來說，最重要的是許多出生證明與公民身分文件都付之一炬。市政府失去了檔案，這讓許多移民可以主張他們是生於舊金山而非中國，藉此取得美國公民身分。美國公民的小孩即使在外國出生，也具有美國公民身分，所以任何華人移民若可以說服美國政府，讓自己取得公民資格，那麼他就可以設法幫自己在中國老家出生的小孩取得公民身分。（一八五五到一九三四年之間，任何小孩即使是在海外出生，但只要父親在他（或她）出生時是美國公民，出生前父親住在美國，就可以自動取得美國公民身分。）[60]或者，即使在中國的妻子並未生兒育女，他們仍可向美國政府謊稱自己在中國有兒子，然後把這虛構兒子的公民身分文件賣給某位渴望移民美國的中國青年。販賣這些所謂「移民

1906年舊金山大地震過後，中國城變成一片斷垣殘壁，但也讓非法華人移民有機可乘。儘管當時處於排華時期，但因為該市大量的出生紀錄文件被燒毀，導致有些華人可以花錢購買假文件，宣稱自己的父親是具有公民身分的華人，母親在父親返國探親時懷了他們。這些非法移民大都為男性，人稱「假兒子」（paper sons）（照片來源：Library of Congress, Arnold Genthe Collection）

1923的舊金山移民拘留中心。為了把「假兒子」揪出來，新移民抵美後必須接受有關當局長時間的面談，回答各種關於家庭史的詳細問題。華人移民只要答錯一題就有可能遭到遣返。（照片來源：National Archives）

空缺」的人都是透過自己的親友介紹，或者由移民公司代為兜售。長期以來這些人們通稱的「金山公司」除了承攬進出口業務，也扮演了旅行社、旅館、郵局與外匯銀行等角色。他們是華人移民社群的重要仲介，也趁機就扮演起非法掮客的角色，負責把公民身分文件賣給那些「假兒子」。

這些假兒子自然引起美國政府的懷疑。有關當局注意到，那些小孩在回祖國時出生的華人裡，兒子的數量幾乎是女兒的四百倍。[61]而且許多政府人員都感覺到實在有太多華人出面主張自己具有美國公民身分。某位聯邦法官表示，「如果那些人在法庭上所言不假，那麼在二十五年前，每個美國華人婦女生的小孩肯定至少有五百個。」[62]為了查出哪些人是假兒子，美國政府把華人暫時安置在移民拘留所（immigration station），進行時間冗長的訊問。

一開始，舊金山市的官員把抵港華人拘留在「棚屋」（the Shed），那其實是一間位於太平洋郵船公司碼頭上沒有窗戶的兩樓木造建物。「棚屋」髒汙不堪，去過的人說裡面「蟲鼠為患」，而且地下水與船底汙水的味道非常噁心。[63]曾有位華商被拘留在「棚屋」一段時間，他宣稱「美國人是像豬一樣的民族」。[64]商人、專業人士與知識份子等上層階級份子不受排華法規的限制，可以移民，但即使他們抵達美國時也必須面對拘留的屈辱，然後被官僚折磨好幾週，備感挫折。

一九一〇年，政府在舊金山灣的天使島（Angel Island）上用圍籬圍出十英畝土地，用來興建拘留中心。天使島本來是美國軍方的新兵兵營，也曾在美西戰爭期間，還有和印地安部族打仗時用來充當戰俘營。[65]官方之所以看上那裡，是基於兩個優勢：與附近的惡魔島（Alcatraz）一樣，都位於海灣裡，所以成功逃脫的難度很高；其次，既然美國官員聲稱「那些來自東方國家的外國人滿身是病」[66]，所以這種徹底隔離的狀態應該可以算是有效的傳染病檢疫措施。

接下來的三十年之間，大約有十七萬五千華人移民與來自其他國家的新移民一樣，都必須先待過天使島才能進入美國。[67]其中大約有百分之七十五到八十的華人必須一直被拘留到有辦法證明他們的身分，但查證是需要詳細調查的。[68]曼哈頓附近有個埃利斯島（Ellis Island）更早被當成移民所在地，而且半世紀以來一直是歐洲移民進入美國的主要閘門，因此也成為天使島的範本，但天使島拘留中心的設置目的大不相同。埃利斯島只是個中途站，大多數的移民只要辦完相關手續，幾小時內就能離開。但天使島卻是個長期拘留中心，許多華人被囚禁了好幾個月，甚至好幾年。現在回顧起來，光憑兩者的營運方式就能看出埃利斯島是一處能讓移民更為便利的措施，但天使島卻是要讓人知難而退。

移民局用在偵別華人時手法非常細膩。大船入港後，市府派人登船檢查乘客的文件。也許會有幾位華人獲准下船，但大多數都改搭渡船前往天使島等待更詳細的申請案審查。拘留中心員工把男女華人隔開，即使夫妻也不例外，然後進行疾病檢查。「他們像牲畜似的被丟在一起，」[69]某位目擊當時狀況的人寫道：

那裡根本沒有隱私可言，各方面都讓人不舒適。人與行李都被丟在一起……在男子拘留區裡，某房間裡有一群人在抽菸聊天。另一頭遠處則是有一些少年與成年男人在賭博。有些人衣衫襤褸，蓬頭垢面，看起來也不太機靈，整個地方給人一種貧民窟的感覺，就連我們聊天時常常提起的「中國城」也沒那種地方。[70]

若有華人移民在天使島生病，那就倒楣了。因為舊金山市的醫院仍拒絕收治華人病患，所以在島上生病的華人只會被移往拘留中心附近，一棟曾被某位官員稱為「超大型易燃物」的木造建物。[71]那木屋裡面的空間並未按照疾病傳染性的強弱區隔開來，即使是染上砂眼或被鉤蟲寄生等小病也和重症患者共處一室。若有華人染上腦脊髓膜炎，移民局只會幫他在島上的某個偏僻角落搭建帳篷，任其自生自滅。[72]

屢見不鮮的虐待案很快就浮上檯面。一九一三年，幾位檢疫官員將一群華人學生囚禁在天使島好幾天，只因為他們搭船來舊金山時是住在二等船艙裡。有一位華人男性（名叫L. D. Cio）雖持有各種必要文件，但官員還是要求他出示財力證明，結果他被迫拿出三百美元現金。一直等到有人從紐約的基督教青年會（New York YMCA）發電報給他（發電報者顯然是他在美國的贊助者之一），官員才放他走，並准許他繼續前往東岸。後來，在他的描述中天使島是個「幾乎沒有任何空氣與陽光的監獄。大家都很悲慘，全擠在一起，吃得也很差，牢頭簡直把那些無辜的人當牲畜一樣對待。最糟的是他們未獲准與外界通信。」[73]

西雅圖的移民拘留中心也沒好到哪裡去。有些華人移民抱怨移民官把他們當「牛隻」一樣對待，他們「被丟進一個大概有七十五人的房間裡」，「像沙丁魚似的擠在一起」，「睡覺的地板旁邊就是一個開放式的馬桶」。他們寫道，「這就是我們對美國的第一印象。」[74]

有時候吃的東西不夠。對於這種三餐不繼的問題，天使島的官方託詞是：華人本來就習慣一天只吃兩餐。[75]為了抗議這種狀況，曾有年輕的移民在食堂裡憤怒示威，[76]因此移民局還得設置一個用中文寫的招牌，警告他們不能惹事或將食物丟在地上。[77]曾有被拘留者在一九一九年暴動，迫使政府派兵前往天使島平亂。[78]

但最糟糕的是訊問的過程。移民程序已經惡化成移民官與移民申請者之間「諜對諜」的遊戲，美國官員總是想要抓出那些假兒子、假女兒，採用手法是針對他們的過去與鄉下老家提出一堆問題。許多問題實在是枝微末節，與他們有沒有權利進入美國根本沒有關係。抵達拘留中心後，無論身分是真是假，任何華人移民都必須牢記自己剛剛和移民官說了什麼，理由在於，等到下次他們離開美國後，再次入境時也許會被抽問同樣的問題。這些對話紀錄通常長達好幾百頁，但即使只答錯一題，無論那個問題有多微不足道，都很可能導致他們遭到遣返。即使答對了，也可能被懷疑，以下這對話就是一個活生生的例子：

問：你家是一層樓還是兩層樓？

答：有個閣樓。

問：有通往閣樓的階梯嗎？

答：有。

問：階梯有幾個？

答：十二個。

問：你怎麼知道？

答：我算過了，因為有人說你們會問這種問題。

問：所以有人教你怎樣回答問題？你練習過怎樣回答，把答案背下來，好讓我們相信你是王興（Wong Hing，音譯）的兒子？

答：不不不！沒人教過我。我真的是王興的兒子，他現在住在舊金山。他說你們會問我這種問題，還要我搞清楚細節，才知道該怎樣回答。[79]

在這種環境下，有些被拘留的人難免會因為壓力而崩潰了。他們與家人分開，遭到充滿敵意的陌生人訊問，深恐自己會被遣返，有些人就此完全失控。受傷最深的莫過於那些孩子被人帶開的華人女性。一九二四年某機構在前往洛杉磯進行族群關係普查（Survey of Race Relations）時，盧姓華人移民（J. S. Look，音譯）對訪問人員表示，「許多華人婦女的丈夫是在美國出生的華人，到拘留中心後遭到拒絕入境，但她們的小孩卻獲准了。」[80]心情欠佳的移民在被訊問時如果過於抑鬱、驚慌失措或者歇斯底里，就會被丟到一間特殊的隔離室：那是一個只有三平方英尺大的無窗小房間，[81]在能夠「冷靜下來」以前他們都得自己待在裡面，[82]有時一待就是幾個禮拜。這種粗暴的移民程序維持了好幾十年，導致某些華人婦女自殺未遂，也有人因此死去。〔曾有一個「筷子自戕案」的受害者王氏（Wong Shee，音譯）是一名紐約華商之妻，該案案情可謂惡名昭彰。一九四一年十月，王氏到了天使島，結果移民局把她的九歲兒子帶開。聽說自己有可能會遭遣返中國後，王氏便用筷子往耳朵裡插，自戕身亡。[83]七年後（一九四八），三十二歲的梁碧霞（Leong Bick Ha，音譯）則因為訊問沒能過關而在洗手間上吊自殺身亡。[84]在同一年，王樂（Wong Loy，音譯）因為被告知即將遭到遣返中國而企圖從移民局大樓的十四樓跳樓自殺。〕

因為移民局禁止他們與外界聯絡，某些受過教育的華人移民便在拘留中心的牆上寫下或刻下詩歌，藉此抒發悲傷、挫折又憤怒的心情，有時候提到想要報復。有個署名「台山人」的移民寫道：「埃屋三椽聊保身，崙麓積愫不堪陳。待得飛騰順遂日，剷除稅關（譯註：稅關指天使島移民收留所）不論仁。」[85]另一個人則寫道：「留筆除劍到美洲，誰知到此淚雙流？倘若得志成功日，定斬胡人草不留。」[86]〔這些牆上的詩歌因歲月的摧殘而日漸模糊，但卻未獲得妥善保護。有些是用鉛筆寫的，一抹就掉，也會因為掉漆或者被水潑而消失。但有少數學者做了保存天使島上詩歌作品的耗時工作，以免這些珍貴的歷史遺跡煙消雲散。韓玉珊在一九二六年來到美國的波士頓大學就讀，首次看到那些詩歌作品。儘管這趟美國之行是由某位美國參議員贊助的，但他卻未受到移民局官員的善待，遭人用「清狗」的字眼辱罵，還被關在天使島上。被拘留時，他看到牆上的詩歌，深受感動，開始抄寫、翻譯。也有人設法把那些作品記錄下來。有一位移民（名叫Smiley Jann）在一九三一年被拘留，抄錄了九十二首詩；隔年，另一位（名叫Tet Yee）也抄了九十六首。他們抄錄的某些詩歌與其他天使島上的詩歌作品後來由史學家麥禮謙、林小琴與譚碧芳三人共同編纂，收錄在他們的著作裡。〕[87]

移民局官員也會寫詩，不過他們的詩文流露出的情感與移民截然不同。某位移民官寫了以下這幾行充滿諷刺意味的打油詩：

老林說可憐的王方病懨懨，
不吃燕窩也不唱歌。
為了讓王方好起來，
只能送他回中國吃老鼠。[88]

即使獲釋離開天使島，這些華人也不見得能夠擺脫移民局的騷擾，因為排華時期的政策讓移民局官員有極大權限，可以隨意逮捕、拘禁華人移民。這些移民很快就會發現，只要有某個華人犯罪，整個華人社群都會被貼上汙名化的標籤。

一九〇九年，一位名為艾兒喜・希格爾（Elsie Sigel）的白人女孩在紐約遇害，屍體被塞在自家公寓一個破舊的行李箱裡，已經開始腐爛了。嫌疑最大的人是曼哈頓一家炒雜碎餐廳的老闆梁威廉（William Leon，音譯），他曾追過艾兒喜，但因為她後來和另一個華人男子交往而醋勁大發。艾兒喜的屍體被發現時，梁威廉早已不見蹤影，肯定是逃之夭夭，即使沒離開美國，人也不在紐約了。政府佈下天羅地網搜捕梁威廉，使用了各種違憲手段。結果，任何人只要看起來有點像華人，就會惹禍上身。[89]

艾兒喜的謀殺案之所以令人難忘，並非因為她悲慘的下場，而是因為舉國上下都同仇敵愾，這對華人社群造成了深遠的負面影響。紐約市警局開始規定，任何華人若要離開紐約就必須先經過警局核准，在車站與碼頭，任何身上帶有火車票、傳票的華人也會被盤問調查。每艘離開紐約港的船也會被搜查，所有的華人船員都要接受盤問。這案件餘波盪漾，調查活動在全美各地展開，甚至擴及加拿大，從諾福克市

（Norfolk）到芝加哥，從溫哥華到英屬哥倫比亞的雷夫爾斯托克（Revelstoke），都有華人遭到圍捕，有些人是一下火車就被帶走了。全國各地由華人開設的公司行號全被監視，羅德島州普洛威頓斯市（Providence）警局局長甚至下令，該市所有的華人餐館的每個房間、攤架與雅座都不得加裝布簾，如此一來外面的人才能隨時看到室內的動靜。[90]甚至也有日裔美國人遭警方趕離街頭或騷擾。到最後，儘管人不是他們殺的，但卻有無數亞裔美國人變成嫌犯，但頭號嫌犯梁威廉卻未曾落網。華人在成為全美公敵之後，發現艾兒喜謀殺案讓他們看透一件事：在全民陷入歇斯底里的狀態、政府也認為事態緊急嚴重時，他們的各種權利很快就會遭到剝奪。

即使沒有受到這個轟動謀殺案的影響，整個一九一〇年代美國移民局官員本來就把侵入華人住家與商號當成家常便飯；而且即使沒有搜索令與正當理由，他們一整天隨時都可以進屋內搜捕非法居留的外國人。這些毫無理據可言的搜索行動大都以失敗收場。克里夫蘭市的華人曾抱怨道，這種突襲搜查行動有百分之九十以上都沒有任何結果[91]——儘管如此，移民當局甚至還會刻意在報社記者與攝影師面前上銬逮人，讓他們拍個夠，把華人帶往拘留所，留下指紋後加以訊問，藉此斷定他們是不是危險的重刑犯。[92]

一旦華人遭到拘禁，社會大眾便很少有機會看到政府對待他們的方式。後來，許多華人都宣稱他們被拘留了很久，移民當局都沒有提供食物或水，有時候還「被單獨關在烏漆麻黑的空間裡。」[93]他們通常未能獲准向律師諮詢，甚至也無法得知政府打算用哪些罪起訴他們。許多被拘留的華人還表示，訊問時間都經過刻意安排，希望他們因為錯過吃飯時間，又餓又累而表現失常，講出一些模稜兩可的答案，好讓政府可以藉此把他們定罪。

移民官突然找上門時，通常會要求華人出示居留證明，因為那是能讓他們待在美國的必要文件。有時移民官會把他們的居留證沒收卻不提供收據，導致證件持有人知道自己就此無法證明自己有權利居住在美國，有好幾個月都惶惶不可終日。如果無法提出證明文件，他們就必須解釋文件為何會遺失，但偏偏許多人都辦不到。在這種情況下，某些人甚至必須耗盡畢生積蓄聘請律師，雇用私家偵探找出能夠幫忙作證的證人。

將華人遞解出境的程序也很可怕。根據一九一三年中華總商會（Chinese Chamber of Commerce）與洛杉磯華裔美國人公義促進聯盟（Chinese-American League of Justice of Los Angeles）所提出的報告，移民當局把華人丟進「就連牛隻也不適合待的火車車廂」，只提供少量食物，然後將他們趕到船隻貨艙裡，當接近赤道時，「讓人簡直生不如死，尤其是在夏天時。」[94]華人無時無刻都必須面對遭到遣返的風險，這種法律上的弱勢地位讓他們很容易被敲詐，無論官員或流氓都能殘忍無情地剝削他們。有時華商會遇到白人提出的不實指控，威脅要告上法院，除非他們拿錢出來擺平。許多華人寧可用這種非法途徑和解也不願意找律師，因為後者要花更多錢。而某些最會敲竹槓的人根本就是知法玩法的惡劣移民官，他們可以隨意決定讓誰入境、將誰驅逐出境。移民當局手握大權，不受任何限制，因此許多官員憑藉著自己的影響力與公權力收取賄賂。

但並非所有美國白人都是無情的反華份子，也有人對於美國同胞的種種作為深惡痛絕。一九一六年，華府再也無法忍受甚囂塵上的天使島貪汙傳聞，於是聯邦政府指派勞工律師約翰・丹斯摩爾（John Densmore）領銜進行特別調查。丹斯摩爾發現移民局內部有一個人蛇集團，集體貪汙受賄的情況嚴重，而且最早從一八九六年就已經開始在檯面下蓬勃發展了。該次調查在一九一七年提出的報告中指出：「這種勾當已行之有年，最後導致華人移民中有很大一部分是非法入境，而且官方紀錄也遭到銷毀，相關交易所涉及的貪汙金額動輒以數十萬美元計。」[95]

非法移民的勾當是一門油水豐厚的生意，全球各地都有人拿錢來賄賂移民官。某些美國政府的移民部門一年可收取多達十萬美元的黑錢，[96]每個非法入境者要付出一千四百美元的代價。[97]這個共犯結構的成員不只是美國政府的高官，還有律師、公證人、攝影師與華商。他們共謀竊取文件、出售不實的生平資訊、銷毀或破壞資料、揑造新紀錄、將照片移花接木，並且偽造官方圖章與戳記。移民局內部的犯罪集團龐大無比，他們甚至在香港開設了一間教人怎樣冒充美國華人之子的補習班，專門教那些即將移民美國的華人在抵達舊金山後如何回答問題。[98]

丹斯摩爾的調查行動導致許多人被逮捕，移民局也有多達四十位官員遭解職。[99]調查人員曾在一九一七年竊聽某些電話通話內容，譯文揭露了華人人蛇與白人官員如何勾結。以下是一位華人男子與某位姓麥考爾（McCall）的官員之間的逐字通話紀錄：

五月二十七日晚間十點二十分，中國佬打電話給麥考爾。

麥考爾：喂？

中國佬：麥考爾先生嗎？

麥考爾：我是。

中國佬：我是易進（Yee Jim，音譯），路明（Louie Ming）怎樣了？

麥考爾：證詞都不對，恐怕他會被拒絕入境。

中國佬：給我兩天時間，我會再派一個證人過去，這次改派一個不會有問題的。

麥考爾：好吧。

中國佬：那你覺得我有機會嗎？

麥考爾：恐怕不行。

中國佬：如果我出雙倍價碼，就行嗎？

麥考爾：那我就看著辦吧。

中國佬：我會派一個好的證人過去。

麥考爾：派新的證人過來之前，你最好跟那律師見個面。[100]

在這個共犯結構中，不願賄賂官員的華人通常會在入境時遇到麻煩。根據一位名叫陳克（Chen Ke，音譯）的華人移民表示，他因為不願賄賂波士頓海關某位口譯人員而開始遇到麻煩。那一位口譯人員的報復手段是向海關表示他使用偽造文件，害他遭遣返中國。後來陳克還是設法偷渡到美國，結果欠下六千五百美元的債，二十年後才償還。[101]

種種經驗讓許多在華美國人深感羞恥、恐懼與不安。周保羅（Paul Chow，音譯）是位退休工程師，在他的領導下天使島上的移民局拘留中心才得以獲得修復，成為歷史古蹟。他說：「每次我媽提到天使島，總是說：『天使島，噓……』結果讓我以為真的有『天使島噓』（Angelislandshhh）這個詞彙。」[102]後來他才知道家人為何在提及島上拘留中心時會感到尷尬：因為他父親為了入境美國曾在一九二二年賄賂過某位移民局官員。

1 關於美國國會反華爭論的各方說法，請參閱：Andrew Gyory, *Closing the Gate*, pp. 224-44.

2 請參閱：Ibid., p. 258.

3 請參閱：Sucheng Chan, *Asian Americans*, pp. 50-51; Ruthanne Lum McCunn, *Chinese American Portraits: Personal Histories 1828-1988* (San Francisco: Chronicle Books, 1988), p. 48.

4 請參閱：Ruthanne Lum McCunn, p. 48; Lorraine Barker Hildebrand, *Straw Halls, Sandals and Steel* (Tacoma: Washington State American Revolution Bicentennial

Commission, 1977), pp. 49-59.

5 請參閱：Ruthanne Lum McCunn, p. 49.

6 請參閱：Lorraine Barker Hildebrand, p. 50。這位女性的丈夫藍枚（Lum May，音譯）如此說明其妻發瘋的原因：「因為暴動過程中我們情緒激動又害怕，而且變得一無所有，她才會失去理智。她瘋得無藥可救，如果沒人看管就會用小斧頭或者其他武器攻擊別人……暴動前她完全沒有精神問題。」

7 請參閱：Doug Chin, "The Anti-Chinese Movement," *The International Examiner*, January 6, 1982.

8 請參閱：Ruthanne Lum McCunn, p. 51.

9 請參閱：Ibid.

10 有關第二次西雅圖反華暴動的相關資訊，請參閱：*Harper's Weekly*, March 6, 1886; Lorraine Barker Hildebrand, pp. 69-74.

11 有關岩泉市華人大屠殺與培長的相關細節，請參閱：Judy Yung, *Unbound Feet*, p. 21; R. David Arkush and Leo O. Lee, *Land without Ghosts*, p. 57; Tzu-Kuei Yen, pp. 153-62; Craig Stori, *Incident at Bitter Creek: The Story of the Rock Springs Chinese Massacre* (Ames: Iowa State University Press, 1991).

12 請參閱：*New York Times*, September 10, 1880；轉引自：R. David Arkush and Leo O. Lee, p. 59; Kim Man Chan, "Mandarins in America: the Early Chinese Ministers to the United States, 1878-1907," Ph.D. dissertation, University of Hawaii, 1981, p. 127.

13 蛇河大屠殺的相關資訊請參閱：David H. Stratton, "The Snake River Massacre of Chinese Miners, 1887," in Duane A. Smith, ed., *A Taste of the West: Essays in Honor of Robert Athearn*, p. 124；轉引自：Roger Daniels, *Asian America*, p. 64.

14 請參閱：Cheng-Tsu Wu, ed., *"Chink!,"* pp. 82-85.

15 請參閱：Huping Ling, *Surviving on the Gold Mountain*, p. 2; Betty Lee Sung, *The Story of the Chinese in America*, p. 54; Cheng-Tsu Wu, ed., *"Chink!,"* p. 16.

16 請參閱：Betty Lee Sung, p. 54.

17 請參閱：Roger Daniels, *Asian America*, p. 57.

18 請參閱：Ibid.

19 請參閱：*Washington Post*, June 19, 1999.

20 請參閱：Ibid.

21 請參閱：Ibid.

22 請參閱：Victor Low, *The Unimpressible Race: A Century of Educational Struggle by the Chinese in San Francisco* (San Francisco: East/West Publishing Company, 1982), p. 75; Betty Lee Sung, p. 55; Cheng-Tsu Wu, p. 16; Jack Chen, *The Chinese of America*, p. 162.

23 請參閱：Betty Lee Sung, p. 55; Erika Lee, "Enforcing and Challenging Exclusion in San Francisco: U.S. Immigration Officials and Chinese Immigrants, 1882-1905," *Chinese America: History and Perspectives 1997* (Brisbane, Calif.: Chinese Historical Society of America, 1997), p. 9.

24 請參閱：Sucheng Chan, *Asian Americans,* pp. 91-92.

25 請參閱：Ibid., pp. 91-92.

26 請參閱：Erika Lee, p. 7.

27 請參閱：Charles Park, "American by Birth: One Hundred Years Ago, a Chinese American Man Won the Right for All American Born People to Claim U.S. Citizenship," A magazine, March 31, 1998.

28 請參閱：Ibid.

29 有關檀香山中國城被焚毀的經過，請參閱：Sucheng Chan, p. 57; L. Eve Armentrout, "Conflict and Contact Between the Chinese and Indigenous Communities in San Francisco, 1900- 1911," *The Life, Influence, and the Role of the Chinese in the United States, 1776-1960.* Proceedings, papers of the national conference held at the University of San Francisco, July 10, 11, 12, 1975, sponsored by the Chinese Historical Society of America (San Francisco: The Chinese Historical Society of America, 1976), pp. 56-57.

30 請參閱：*Wong Wai v. Williamson* (1900).

31 有關舊金山市政府官員企圖焚毀中國城的經過，請參閱：Sucheng Chan, p. 57; L. Eve Armentrout in *The Life, Influence, and the Role of the Chinese in the United States, 1776-1960,* pp. 57-59.

32 請參閱：Petition to President Wilson of the United States, June 1914. File 53620/115 A, Entry 9, Box 229, Record Group 85, National Archives, Washington, D.C.

33 請參閱：Silas K. C. Geneson, "Cry Not in Vain: The Boycott of 1905," *Chinese America: History and Perspectives 1997* (Brisbane, Calif.: Chinese Historical Society, 1997), p. 30; editorial, "The U.S. Government to Extend the Exclusion Agreement, Part 6," *Chung Sai Yat Po,* April 2, 1904.

34 請參閱：Silas K. C. Geneson, p. 29.

35 請參閱：Ibid., p. 29.

36 請參閱：bid., p. 29.

37 請參閱：Ibid., p. 29.

38 請參閱：bid., p. 29.

39 請參閱：R. David Arkush and Leo O. Lee, p. 58.

40 請參閱：Betty Lee Sung, p. 65.

41 請參閱：Silas K. C. Geneson, pp. 40-41.

42 請參閱：Consul General Julius Lay to Acting Secretary of State Francis Loomis, September 28, 1905, Foreign Service, Despatches of United States Consuls in Canton, 1790-1906, Washington, D.C. National Archives microfiles；轉引自：Silas K. C. Geneson, p. 34.

43 請參閱：Silas K. C. Geneson, p. 36.

44 請參閱：Ibid., p. 37.

45 請參閱：Ibid., p. 36.

46 請參閱：Erika Lee, "Enforcing and Challenging Exclusion in San Francisco: U.S. Immigration Officials and Chinese Immigrants, 1882-1905," *Chinese America: History and Perspectives*, p. 3.

47 請參閱：Ibid., p. 3.

48 請參閱：Ibid., p. 3.

49 請參閱：Ibid., p. 3.

50 請參閱：U.S. Census.

51 請參閱：Judy Yung interview with Mr. Chew, file 20, "Angel Island Oral History Project," Asian American Studies Library, University of California at Berkeley.

52 請參閱：K. H. Wong, *Gum Sahn Yun (Gold Mountain Men)* (San Francisco: Fong Brothers, Inc., 1987), p. 187.

53 請參閱：Gladys Hensen, *Denial of Disaster* (San Francisco: Cameron and Company, 1990), p. 26.

54 請參閱：*Chung Sai Yat Po*, May 10, 1906.

55 請參閱：*San Francisco Chronicle*, June 10, 1906, and April 29, 1906；轉引自：Erica Y. Z. Pan, *The Impact of the 1906 Earthquake in San Francisco's Chinatown* (New York: Peter Lang Publishing, 1995), pp. 43 and 54.

56 請參閱：*San Francisco Chronicle*, June 10, 1906.

57 請參閱：Erica Y. Z. Pan, p. 53.

58 請參閱：*San Francisco Chronicle*, April 29, 1906.

59 請參閱：Gordon Thomas and Max Witts, *The San Francisco Earthquake* (New York: Stein and Day, 1971), p. 259.

60 請參閱：Stanford Lyman, *Chinese Americans* (New York: Random House, 1974), p. 110.

61 請參閱：Betty Lee Sung, p. 99.

62 請參閱：U.S. Treasury Department, Annual Report 1903, p. 98；轉引自：Madeline Y. Hsu, *Dreaming of Gold, Dreaming of Home*, p. 75。報告中的引文出處

為：p. 51 in "Report of Proceedings of a Chinese-Exclusion Convention," which was held in San Francisco, November 21-22, 1901.

63 請參閱：Silas K. C. Geneson, "Cry Not in Vain," p. 29.

64 請參閱：Ibid.

65 有關天使島的描述，請參閱：Him Mark Lai, Genny Lim, and Judy Yung, *Island: Poetry and History of Chinese Immigrants on Angel Island, 1910-1940* (Seattle: University of Washington Press, 1991).

66 請參閱：bid., p. 13.

67 請參閱：Ester Wu, "Chinese Immigrants Remember Detention at Angel Island," *Dallas Morning News*, May 21, 2000.

68 請參閱：Unpublished paper given to author by Bob Barde, Academic Coordinator of the Institute of Business and Economic Research at Berkeley.

69 請參閱："The History and Problem of Angel Island," p. 3. Major Document #150, Box 26, Survey of Race Relations, Hoover Institution on War, Revolution and Peace, Stanford University.

70 請參閱：Ibid., p. 1.

71 請參閱：Letter from the Special Immigration Inspector in Meredith, New Hampshire, to the Commissioner General of Immigration in Washington, D.C., August 21, 1915. File 53438-54, Box 208, Entry 9, Record Group 85, National Archives, Washington, D.C.

72 請參閱：Ibid.

73 請參閱：Letter from L. D. Cio to F. S. Brockman, July 19, 1913, p. 2. File 53620/211, Entry 9, Box 230, Record Group 85, National Archives, Washington, D.C.。

74 請參閱：Letter from J. C. Huston, American Consul in Charge at American Consulate General in Tientsin, China, to the Secretary of State, April 10, 1923. File 53620/115C, Entry 9, Box 229, Record Group 85, National Archives, Washington, D.C.

75 請參閱：Letter, Office of the Commissioner, Chinese Division in Boston, Massachusetts, to Commissioner General of Immigration, June 5, 1915. No. 2513, File 53775-139 and 139 A, Box 235, Entry 9, Stack Area 17W3, Row 2, Compartment 17, Shelf 1, Record Group 85, National Archives, Washington, D.C.

76 請參閱：Him Mark Lai, Genny Lim, and Judy Yung, *Island*, p. 19。在某次口述歷史訪談中，華人女性劉詩羅（Law Shee Low，音譯）曾描述過天使島提供的伙食：「煮好的豆苗看起來很噁心，讓人一看就想吐。有米飯，但卻是冷的……食物都已經被蒸得乾巴巴，聞起來很糟，也不好吃。蔬菜都太老了，肥膩牛肉的品質非常差。他們肯定把我們當成豬。」請參閱：Judy Yung, *Unbound Voices: A Documentary History of Chinese Women in San Francisco* (Berkeley: University of California Press, 1999), p. 216.

77 請參閱：Him Mark Lai, Genny Lim, and Judy Yung, *Island*, p. 19.

78 請參閱：Ibid.

79 請參閱：Betty Lee Sung, p. 102.

80 請參閱："Life History and Social Document of Mr. J. S. Look," Seattle, August 13, 1924, by C. H. Burnett." p. 3. Major Document #182, Box 27, Survey of Race Relations, Hoover Institution on War, Revolution and Peace, Stanford University.

81 請參閱：*Origins & Destinations*, p. 82.

82 請參閱：Ibid., p. 82.

83 請參閱：Case 4139/11-29, Record Group 85, National Archives, Pacific Sierra Region, San Bruno, California.

84 請參閱：Yen Le Espiritu, *Asian American Women and Men: Labor, Laws and Love* (Thousand Oaks, Calif.: Sage Publications, 1997), p. 55.

85 請參閱：Him Mark Lai, Genny Lim, and Judy Yung, *Island*, p. 94.

86 請參閱：Ibid., p. 84.

87 請參閱：Him Mark Lai, Genny Lim, and Judy Yung in their book *Island: Poetry and History of Chinese Immigrants on Angel Island, 1910-1940.*

88 請參閱：Letter, Collector of Customs, Port of San Francisco, to Mr. H. A. Ling, Attorney, August 21, 1895, National Archives, Pacific Sierra Region, San Bruno, California. Given to author from the personal files of Neil Thomsen, archivist at NARA San Bruno.

89 關於這樁謀殺案的相關資訊，請參閱：Arthur Bonner, *Alas! What Brought Thee Hither? The Chinese in New York 1800-1950*, pp. 120-22.

90 請參閱：*Providence Daily Journal*, June 25, 1909；也可參閱：*Providence Sunday Journal*, June 20, 1909，轉引自：*Origins & Destinations*, p. 423.

91 請參閱：Letter written on behalf of United Chinese Association of Ohio and the Chinese Merchants Association of Cleveland, Ohio, to William B. Wilson, Secretary of Labor, March 30, 1916. File 53775/139, Entry 9, Box 235, Record Group 85, National Archives, Washington, D.C.

92 關於華人遭逮捕與囚禁的情況，請參閱：Petition to President Wilson, stamped June 1, 1914. File 53620-115A, Box 229, Entry 9, Stack Area 17W3, Row 2, Compartment 1, Shelf 6, Record Group 85, National Archives, Washington, D.C.

93 請參閱："Report of the Special Committee in Charge of the Investigation of the Treatment of Chinese Residents and Immigrants by U.S. Immigration Officers." By the Special Committee appointed by the Chinese Chamber of Commerce and Chinese-American League of Justice of Los Angeles, California, January 4, 1913. File 53620/115, Entry 9, Box 228, Record Group 85, National Archives, Washington, D.C.

94 請參閱：Ibid.

95 請參閱：Letter to the Attorney General, December 16, 1917. File 54184/138, Box 259, Entry 9, Record Group 85, National Archives, Washington, D.C.

96 請參閱：*San Francisco Examiner* news clip, October 1917. File 54184/138B, Box 259, Entry 9, Record Group 85, National Archives, Washington, D.C.; Valerie Natale, "Angel Island 'Guardian of the Western Gate," *Prologue: Quarterly of the National Archives Record Administration* 30:2 (Summer 1998).

97 請參閱：Valerie Natale, "Angel Island 'Guardian of the Western Gate.'"

98 關於移民局貪腐的情況，請參閱：Letter, John Densmore to the Secretary of Labor, May 1, 1919. File 54184/138-B, Box 259, Entry 9, Record Group 85, National Archives, Washington, D.C; Valerie Natale, "Angel Island 'Guardian of the Western Gate.'"

99 請參閱：Letter, John Densmore to Alfred Hampton, Assistant Commissioner-General of Immigration, May 14, 1917, National Archives。也可參閱加州大學柏克萊分校商業經濟研究院研究人員鮑勃・巴德（Bob Barde）提供給本書作者的個人研究資料。

100 請參閱：Page 16, "Copy of Complete Telephone Conversations; May 23, 1917 to July 4, 1917. Inclusive." File 54184/138B, Box 259, Entry 9, Record Group 85, National Archives, Washington, D.C.

101 請參閱：Renqiu Yu, p. 23.

102 請參閱：Donald Dale Jackson, "Behave Like Your Actions Reflect on All Chinese," *Smithsonian*, February 1991.

第十章
二十世紀初華人的工作與掙扎求生

從國會通過《排華法案》以後，幾十年之間，美國華人在文化認同上始終如孤魂野鬼一般：一方面無法完全獲得美國社會的接受，但也沒辦法（或者不願意）返回中國，就此放棄他們在美國賺取的收入。由於美元在匯兌上的優勢，某些華人的收入足以讓遠在中國老家的親人過著相對非常奢侈的生活。對工資最低的華工而言，如果不寄錢回家，家人就活不下去。如今，在各種排華法規開始實施後，這些人必須面對一個殘酷的事實：他們必須過著與家人長久分離的奇怪人生。即使只是回家探親一趟，他們的命運就算是被握在移民官的手裡了，因為這些官員有權決定他們是否可以重返美國，若回不去了，就等於是永遠失去了珍貴無比的收入來源。

還有另一個因素是他們必須考慮的。儘管美國的法律處處與他們作對，但中國的政治環境卻遠比美國更為動盪與危險。到了光緒末年（十九世紀末），日本幾乎已徹底擊垮了清朝。光緒二十一年（一八九五），中國在甲午戰爭中遭擊敗，清政府被迫簽署《馬關條約》，把遼東半島某些部分、臺灣與澎湖割讓給日本，開放沙市、重慶、蘇州、杭州等四個通商口岸。儘管日本與列強施加的壓力愈來愈大，清政府似乎不覺得需要找出富國強兵之道。同治皇帝離奇駕崩後，慈禧太后指派自己的姪子繼位，是為光緒帝（譯註：光緒也可以算是慈禧太后的外甥與兒子，因為他是慈禧之妹婉貞之子，後來過繼給慈禧為子），但他卻只是個傀儡皇帝，朝廷大權實際上掌握在垂簾聽政的慈禧手裡。慈禧的豪奢貪腐在中國已是傳奇，北洋海軍亟需軍費來打造現代化的船隊，卻被她挪用於夏季行宮頤和園裡的「清晏舫」——一座只有裝飾功能，不能開動的大理石石船。

隨著民間的反清情緒日漸高漲，革命已經勢在必行。過沒多久，這些華人就會發現，即使他們是美國社會的邊緣人，但因為天高皇帝遠而享有他們在祖國無法想像的政治權力與自由。他們可以發起反清組織，不用害怕遭到報復，也能為國內的激進份子提供急需的經濟援助。這些激進份子可以分為兩類：一邊是想要從體制內改革清朝政府的維新派人士，另一邊則是想要推翻滿清的革命志士。

維新派人士以康有為與其弟子梁啟超馬首是瞻。他們原本的目標是透過變法圖強來解救清朝。光緒二十四年（一八九八年），康有為說服年輕的光緒帝發動「戊戌變法」，施行一系列將中國的教育、國防現代化的政策，又稱「百日維新」。康有為同時也認為清朝必須仿效日本的明治天皇，改採君主立憲制。

這些改革儘管是中國救亡圖存的關鍵，但慈禧太后卻認為自己的地位因改革而備受威脅。慈禧向來是宮廷政治的高手，這次又發動政變，把姪子光緒皇帝逮捕軟禁於瀛台，迫使康、梁為了自保而逃離中國。流亡的康梁在加拿大成立「保救大清光緒皇帝會」（簡稱保皇會，又稱為中國維新會），有許多美國華人都是他們的追隨者。這組織很快就開始在全美各地甚至夏威夷開了分會。一位名為荷馬李（Homer Lea）的白人軍事家向來夢想在中國闖盪出一番偉大功業，於是在加州成立了專門為康梁訓練保皇軍的西方軍事學院（Western Military Academy），但這軍校未能維持太久。

然而，不久後許多華人移民已無法繼續忍受清朝政權的貪腐，不想繼續追求保皇大業。事實上，到了十

九、二十世紀交替之際，他們開始逐漸轉而支持新興的革命運動，以「推翻滿清，建立共和體制」為己任。領導這革命運動的英雄是孫逸仙，與康有為同為廣東人，而廣東向來是反清份子的大本營。康有為是來自仕紳階級的知名學者，但孫逸仙卻是農家之子，無意支持既有體制。從早年開始他就胸懷大志，力爭上游，這點很像許多在清末移民美國的華人。他的老家是廣州附近靠海的翠亨村，在他之前已經有許多親戚前往美國追尋更好的發展契機，其中兩位在淘金熱期間死於加州。其他家族成員則已定居夏威夷，他也在光緒四年（一八七八）隨母前往夏威夷投靠兄長孫眉。他進入一家教會學校就讀，成為基督徒，也學會了西方民主體制的概念與運作方式。

多年來，孫逸仙一直在各地飄泊，尋找自己在社會中的定位。他就讀香港西醫書院，但英國殖民政府認為他的醫術不夠格，禁止他在香港行醫（譯註：孫逸仙行醫的地點為澳門、廣州）。後來孫逸仙曾草擬〈上李鴻章書〉，提出富國強兵之道，但滿腔熱血卻遭當權者漠視。清光緒二十年（一八九四），孫逸仙於憤怒挫折之餘在夏威夷檀香山創立祕密革命組織，名為興中會，以「驅逐韃虜，恢復中華，創立合眾政府」為創會宗旨。該會與各地堂會建立起密切的合作關係，因為當時堂會在中、美兩地雖然有許多非法勾當，但愈來愈傾向於投入反清大業。孫逸仙與廣州附近其他的祕密會社共謀進行武裝革命，但經費不足而且計畫未盡周詳，很快就遭當地清朝官員發現，舉事失敗。許多革命志士慘遭處決，但孫逸仙設法逃往日本。此時孫逸仙已經變成一個被自己國家通緝的革命人士——僅僅四年後，康梁也因為變法失敗而走上了他這條路。

接下來發生了一件事，清廷原本只是想要孫逸仙的命，沒想到卻改變了現代中國的歷史。光緒二十二年（一八九六），滿清駐倫敦公使館綁架他，原本要用船將他運回中國。孫逸仙臨危不亂，靠口才說服看守他的人幫忙傳遞訊息給一位朋友（譯註：解救孫逸仙的是他在西醫書院時期的英籍老師康德黎（James

Cantlie）」，才得以獲救。經過這次遭綁架未遂後，孫逸仙立刻變成英雄人物。西方媒體大幅報導他遭綁架後獲釋的神奇事蹟，世人也開始對他的革命理想寄予同情。聲名大噪後，孫逸仙才得以將他的革命運動提升到另一個層次。他前往美國各地公開露面時，總能吸引數以千計的熱情支持者，美國華人社群也幫忙募集大筆款項，用於推翻滿清。

孫逸仙的革命盟友終究發動了一場成功的革命：一九一一年十月十日，清政府派駐武昌的新軍遭革命人士策反叛變，隨後終結了滿人在中國建立了長達兩百六十七年的政權。革命人士宣布成立中華民國政府，孫逸仙獲選為臨時大總統。這些革命人士仿效美國民主體制，自組國民黨。國民黨在華人聚居的各個美國大城建立地方黨部，而美國政治文化對於孫逸仙治下的新共和國顯然一開始就影響深遠。他的三民主義論述，包括民族主義、民權主義與民生主義，都是以英文撰述，靈感源自於林肯總統蓋茲堡演說中所說的，他將致力於建立一個「民有、民治、民享」的政府。

不過，孫逸仙的中華民國早早就種下敗因。一九一二年（民國元年），為了避免中國爆發內戰，他選擇辭職，讓位給大權在握的華北軍閥袁世凱。儘管後來國民黨成為國會第一大黨，但袁世凱很快就僭取獨裁政權，對國民黨加以清算，打壓媒體，清除了數千個政敵，剛剛萌芽的共和國就此遭他扼殺。在中國實施民主制的美夢告吹後，孫逸仙再次逃往外國。袁世凱在一九一六年猝逝後，大一統政府分崩離析，中國進入了軍閥割據的時代。[1]

就在中國陷入一片混亂、血腥戰役屢見不鮮之際，數以萬計華人移民也在美國默默地為自己的人生戰鬥，每天都必須掙扎謀生。在二十世紀初，他們還不知道該怎樣選擇職涯才能獲得機會，而不是走入死胡同。

許多人很快就發現，如果繼續待在農業發展，日子將會愈來愈難過。許多加州華人本來還做著成為自耕農的美夢，但加州政府在一九一三年開始實施的《外國人土地法》（Alien Land Act）卻令他們夢碎，因為該法規定，沒有資格歸化成為美國公民的外國人不得擁有土地，即使有錢也不能購地。[2]「《外國人土地法》原本的立法意旨是為了阻擋日本人移民加州。日本移民與華人一樣也必須忍受美國對亞洲人的各種歧視，無法歸化為美國公民，但美國並沒有用《排華法案》那種鋪天蓋地的方式對付日本人。對於日本移民在美國海岸地區遭到排擠厭惡的情況，日本政府深感受辱，於是在一九〇七年簽署了《日美紳士協約》（Gentlemen's Agreement），規定日本將會主動限縮、管制前往美國的日本契約工。不過，某些日本移民開始在加州購地放租，讓該州許多政治人物覺得苗頭不對，因此遊說聯邦政府立法阻止日本人移民美國。遊說不成後，他們決定在州政府層級推動立法。因為認為日本人如果無法購地就不會移民加州，加州州議會通過了《外國人土地法》，禁止所有亞洲人都不得在加州購置不動產，而該法一直到一九四八年才遭廢除。」因為沒有購買與擁有土地的權利，某些華人移民只好被迫成為農工。在接受某次口述歷史訪談時，華人移民孫宋（Suen Sum，音譯）的說法讓我們得以一窺華人農工的飄泊人生。他用錢買到「假兒子」的身分，來到美國加州沙加緬度—聖華金河三角洲地區的樂居村（Locke）定居，全村都是華人。他曾在許多農場當雜工，包辦過洗廁所、砍柴、摘果子、照顧果園等各種工作。他回憶道：「白人好像把我們華人當奴隸使喚。」儘管他受過一點教育，在中國讀到了中學，能用中文讀書寫字，但賺到的錢幾乎連過活都很難：時薪十到二十美分，一天工作十小時。這收入讓孫宋無法成親，除了工作之外也不可能有什麼作為。有些時候他甚至沒錢買食物。「每年的日子都沒兩樣。年復一年都得工作，從年輕做到老，到頭來我還是沒有積蓄。」[3]

在某些州，華人可以當地主，因此有少數人靠農業功成名就，但這種情況只能說是特例。像是移民夏威夷的廣東人林業舉（Lum Yip Kee）在各地擁有許多芋頭莊園與加工廠，因此得以稱霸芋泥市場，贏得了「芋頭

上：1926年加州樂居村（Locke）大街上的國民中學舉行創校儀式。樂居村是全美僅存的全華人鄉間村鎮。（照片來源：Sacramento River Delta Historical Society）

下：1905年，舊金山一間豪華的中國餐廳，大約拍攝於舊金山大地震前一年。對當時的遊客來說，中國餐廳多樓層的裝潢充滿了吸引力。（照片來源：California Historical Society, Doheny Memorial Library, University of Southern California）

王」的美名。[4]夏威夷的另一位華人移民陳阿芳（Chun Afong）則是因為經營糖業有成而變成百萬富翁，美國小說家傑克・倫敦（Jack London）甚至以此為靈感寫出了一篇名為〈陳阿成〉（"Chun Ah Chun"）的短篇故事。[5]某些加州華人因為可以租地給人，或者收成比其他競爭者更快而獲利。儘管有《外國人土地法》的規範，少數華人甚至還是能設法購得土地。舊金山華人趙燦垣（Thomas Foon Chew）獲得「蘆筍大王」的稱號。他的鄰灣罐頭公司（Bayside Canning Company）設在加州小鎮艾爾維索（Alviso），是全美第一間製造綠蘆筍罐頭的罐頭廠。該公司後來日漸發展茁壯，成為全世界第三大罐頭公司，僅次於德爾蒙（Del Monte）與利比（Libby's）兩家公司。[6]廣東人陳龍（Chin Lung）年幼時體弱多病，移民美國後一開始前往沙加緬度—聖華金河三角洲開墾沼地，這工作讓他常常手腳流血，每天晚上以淚洗面。存夠錢後他開始在三角洲地區放地收租，最後成為當地的「華人馬鈴薯大王」。[7]

不過，大多數的華人移民能夠獲得較好發展機會的地方並非美國各地鄉間，而是小鎮與城市。假以時日，華人會全部離開農工的崗位，取而代之的是來自日本、菲律賓與墨西哥的移民勞工。許多華人朝各種產業發展，最後幾乎獨霸了那些產業。

餐廳向來是一個頗受華人歡迎的工作選擇。到了一九二〇年，大約有四分之一的華工都是在美國的餐廳工作。[8]這些餐廳都是家庭式餐館，老闆同時兼任廚子與洗碗工，如果有老婆的話，她們則是幫忙跑堂結帳。少數華人的資本雄厚，租房子開餐館，內部裝潢走的是奢華亞洲風，聘了許多主廚與男女服務生。

無論經營餐館的規模大小，許多華人都意識到能讓他們獲利的並非純正故鄉風味，而是看起來有中國風，但卻能收服美國人味蕾的菜餚。以煎麵（fried noodles）為例，就是某個華人廚師不小心把一團中國麵條丟進滾燙熱油裡而發明出來的。這種金黃色煎麵酥酥脆脆，賣相極佳，顧客都很喜歡，因此才被放入菜單裡。[9]這種新式麵點立刻大受美國顧客的歡迎，其他中國餐館也趕緊跟進。一九一六年鍾大衛（David Jung）

在洛杉磯開了一間麵條公司，據說幸運餅乾就是這家公司發明的。[10]（一般人都誤以為幸運餅乾是中國古代流傳下來的點心，但其實並非如此，甚至中國人也沒有把字條擺進糕餅餡餅裡的習慣。元朝漢人在起義時的確曾經將把祕密紙條擺進中秋月餅裡，紙條上寫著進攻計畫，就此推翻蒙古人，建立明朝。不過，想到把生活雋語寫在紙條上擺進脆餅裡的，是在美國的華人。）至於「雜碎」則是一道將菜、肉炒在一起的雜燴菜餚，深受許多白人喜愛，到了二十世紀初甚至因為曾在辛克萊．路易斯（Sinclair Lewis）的小說《大街》（*Main Street*，一九二〇年出版）裡提及這道菜，而成為某種主流文化的代表性元素。美國各地的雜碎口味不一，因為主廚都會根據當地口味進行調整。東岸某些中國餐館的菜單上甚至還有雜碎三明治。

某些華人深諳傳統中國醫術，當起了中醫。在十九、二十世紀，加州嚴重缺乏受過紮實訓練的西醫，而促使很多病患開始嘗試另類療法。有些白人宣稱西醫對他們藥石罔效後會轉而尋求中醫的幫助。中醫譚富源（Tan Fuyuan，音譯）表示：「一般而言，白人都不願意來看中醫，除非他們已經試過各種既有的療法。因此，每一個我們醫好的病人都可以說是已經被其他醫生放棄的案例。」[11]

某些中醫診斷能力強且醫術高明，因此客戶源源不絕。儘管這些醫生都是在華人地區開業，但大多數的病人都不是華人。（最早在一八五八年就已經有舊金山的華人中醫胡雲曉（Hu Yunxiao，音譯）使用英文招牌來招攬白人病患，[12]後來從一八七〇年代開始則是有中醫在加州的英語報紙上面刊登廣告，有些甚至是半版廣告，並且帶有華人醫生幫白人病患把脈的照片。）[13]到了十九世紀末，西部地區各地的中國城至少有一位中醫，有些甚至多達三、四位。一九一三年出版的《國際華人商業名錄》（*The International Chinese Business Directory of the World*）上列出了二十八位洛杉磯華人中醫的名字（但實際上華人中醫的人數也許遠多於此）——儘管當時全洛城的華人居民也不過區區兩千人。[14]

與其他華人行業一樣，中醫藥鋪一般都是家庭事業。史家劉海明（Liu Haiming）在書中描繪美國華人中醫張頤棠（Chang Yitang，音譯）的日常生活。[15]他在一九〇〇年移民洛杉磯，家人住在樓上，一樓同時充當診間、藥丸工廠、藥鋪與茶館。張頤棠在診間幫病人把脈，然後診斷與開藥。他的妻子奈莉（Nellie）負責在廚房泡草藥茶，她的姪兒余白（Yee Pai，音譯）拿餅乾給候診室裡的病人吃。草藥藥丸是張家自製的，整個過程非常累人，需要好幾個人通力合作完成。他們利用一種兩邊有手把，名為「藥船」的沉重船狀鐵器，以雙腳或雙膝施力，把中藥磨成細粉。將藥粉篩濾之後混進蜂蜜，蒸製烤乾後成為小小的藥丸，然後裝瓶出售。張家的藥丸還能以郵購方式購買，事業蒸蒸日上。

某些中醫之所以能成功，與其說是醫術精良，不如說是行銷有道。一九一〇、二〇年代期間，梁湯姆（Tom Leung）在洛杉磯經營中醫藥事業有成，主要就是因為他特別會包裝宣傳自己。儘管他宣稱自己出身中醫世家，而且畢業於北京皇家醫學院（Imperial Medical College of Peking，譯註：這醫院名稱顯然是梁湯姆自己瞎掰的，不過北京的太醫院的確也有醫學教育功能），但他女兒梁露薏（Louise Leung Larson）認為那些顯赫身世經歷都是父親編造出來的。[16]梁湯姆常在洛杉磯各大報刊登廣告，甚至寄聖誕卡片給病患，贈送上面印有「梁湯姆草藥公司」（T. Leung Herb Co.）字樣的日曆與尺。除了在當地執業有成，他的郵購服務遍及全國，病患先填寫問卷，描述病徵，然後他就把草藥寄過去。他最受歡迎的自製產品之一是「千奇油」（Thousand Wonders Oil），號稱「能治百病」，從牙痛到蚊蟲叮咬都沒問題，宣傳海報上還說它是「世上最珍貴但最便宜的藥品之一」。梁湯姆的聲名遠播，中醫藥事業也愈做愈大，很快就有錢購買豪宅，家裡擺設昂貴的中國藝術品，聘了許多女傭、廚子，還有孩子們的家庭教師。

美國醫界將梁湯姆這一類人物當成可怕競爭者，共謀對策，敦促政府把他們趕出醫界。二十世紀初期，中醫因為無照執業而被罰款或囚禁的事件屢見不鮮。梁湯姆就曾被捕超過一百次，但他卻淡然處之。他體認到自己若要成功就必須以身試法，所以與政府之間的問題可說是他營業成本的一部分，甚至還把政府的逮捕行動列入自己的行程裡，並且規定祕書在警察找上門那一刻就打電話給銀行，安排保釋金的給付事宜。不過，這些逮捕行動卻成了免費廣告，讓他意外受益。他的老婆曾回憶道：「他愈常被捕，生意就做得愈大。」[17]

零售業是爭議性遠低於醫藥業的華人事業。二十世紀初，最有名的華人百貨業老闆是曾當過華工的周崧（Joe Shoong）。[18]一九〇三年，他在加州瓦列霍市（Vallejo）開了一家小店，後來擴增為名為「一元商店」（National Dollar Stores）的知名連鎖店，到了一九二〇年已經是公認的全美最大華人事業之一。儘管員工（還有幾乎所有的客戶）都是白人，但管理階層成員與股東卻清一色為華人。短短幾十年間，周崧的百貨王國讓他成為全加州收入第二高的居民，他在西岸各州開了五十幾家店，《時代》雜誌也因此封他為「全美最有錢與最有名的華商」。[19]

當然華人開設的都是一些小店。美國南方的雜貨店事業幾乎可說是華人的天下，一般的店鋪都是在前面的較大空間陳列貨物與售貨，後面則有個可供店主吃飯睡覺的小房間。華人移民周雷（Ray Joe，音譯）在一九二〇年代初期來到密西西比河三角洲地區，就開了那樣一間小店，吃住工作都在店裡。[20]白天他販賣雜貨、派餅、餅乾與熱狗，到了晚上「睡覺的地方是兩個大行李箱併在一起充當的床鋪」，他的兄弟「把四張板凳靠在一起，在上面睡覺——我們努力打拚，想要事業有成」。[21]

對於想要成為華商的人來說，在南方開雜貨店的確會遭遇某些風險。因為英語不靈光，在當地又沒有熟人，所以很容易碰上想佔便宜的供貨商，也常有顧客抱怨或者遭小偷。不過，華人移民也有一些優勢。由於他們大都來自廣東，有許多親戚經商，所以不乏取得創業資本與商務經驗的管道，因為親族成員往往會湊錢給他們移民到海外創業。更重要的是，南方華人雜貨商幾乎沒有競爭對手可言。他們大都願意每天長時間努力工作，換取微薄的利潤，而這是南方美國人不會起而仿效的。

排華時期，許多華人移民家庭在美國南方各州開設雜貨店。大多數是夫妻一起經營，老闆與家人都住在店鋪後方。（照片來源：Herbert and Diana Kai）

沒有人想到莊園奴隸制會導致南方黑人與白人都難以在資本主義經濟體系中競爭求生。如同《密西西比華人》（*The Mississippi Chinese*）的作者詹姆斯．洛溫（James W. Loewen）在書中指出的，南方白人的問題是心態停留在前資本主義時代，甚至可說是思想封建。許多白人不願從事服務業，因為那是一種必須服侍顧客的行業，即使有利可圖，但在他們的文化看來卻與奴僕無異，有損人格。至於黑人則對白人統治階級有一種根深柢固的恐懼，因此不敢開自己的店。若有黑人經營事業有成，那在白人眼裡簡直就和造反一樣，是一種「高傲的表現」，等於是蔑視社會體制。

特有的種族歧視文化讓南方人嚴守階級分際，但也導致零售產業變成一片荒地，這也為華人創造出商機。因為白人把零售交易當成一種低下的行業，所以不覺得華人雜貨商對自己構成威脅。至於黑人則比較喜歡光顧華人開的商店，因為華人不像白人那樣：如果黑人忘了稱呼白人為「先生」或「老爺」，白人就會動不動對他們騷擾甚至打打殺殺。華人的地方型雜貨店同時也具備非正式的銀行功能，讓黑人佃農可以賒帳或借貸，這都是白人不願意提供的方便。

奴隸制嚴重斲傷南方人的企業精神，所以即使華人雜貨商不懂英語也沒關係，他們自然會找出不用說話的買賣方式。華人雜貨店裡大都擺了一根棍子，讓顧客可以拿起來指出自己要買什麼。[22]遇到需要補貨時，華人店主也會把最後一個商品留下來，拿給批發商派來的業務員看。這些華人的商店不僅存活了下來，甚至從白人的標準看來，他們可以說是經營得有聲有色。到最後，在密西西比河三角洲等南方地區，華人的收入居然可以達到白人平均收入的兩倍。[23]

但最受華人歡迎的產業還是洗衣業，而且自從淘金熱以降，這一行在許多地區幾乎都是由華人掌控著。根據一九二〇年的普查結果，受雇華工裡幾乎高達百分之三十是洗衣工[24]：華工人數為四五六一四人，其中有一二五五九人在洗衣業工作。[25]許多華人移民喜歡開洗衣店，因為這樣很快就能做起自己的生意。只要洗衣板、肥皂與熨斗就能開工，幾乎不需要創業基金[26]，而且營運成本也低，因為洗衣店老闆往往住在自己的店裡，省下了租金。而且這工作也不需要接受特別訓練。「以前啊，有些傢伙真的完全沒受過教育呢！」[27]一位洗衣工向史家蕭成鵬（Paul C.P. Siu）表示：

他們連數字都不知道怎麼寫。一堆衣服洗完後，他們必須把該收取的費用記錄下來。可是他們根本不識字，也不會寫數字。但還是有辦法的，多麼聰明的辦法！懂吧？他們會畫圈圈，跟半美元硬幣一樣大小的就代表半美元，跟一角一樣大小的就代表一角，依此類推。等到顧客進門拿洗好的衣服，他們只要看看有幾個圈就知道要付多少錢。這真是可笑的方法。

但洗衣業的現實面是很殘酷的。大多數的華人洗衣工之所以能在這一行存活，是因為他們生活節儉，而且收費至少比其他白人洗衣工低百分之十五，這讓他們的利潤變得微薄無比。[28]龐大的工作量讓他們幾乎是睜開眼睛就得一直工作到睡覺前。他們工作時會吸入大量的蒸氣與棉絨，地板又濕又滑，洗完後還得把衣服熨好，把重達八磅的熨斗擺在一具煤爐上加熱，然後徒手把客戶的衣服摺好。最後一道工就是要把衣領、袖口等可以打開的地方及襯衫的前面上漿，除了需要細心之外也很費時。如果處理衣領時不小心就會皺起來。他們必須先用一具特製的軋布機把衣領壓過，用一把小刷子弄濕，最後用手捲起來。幾十年後，這些年邁洗衣工將會記得當年的日子有多慘：每天早上起床後到休息前，必須幫一千件衣服的衣領上漿。

過沒多久，他們開始覺得洗衣間就像一個潮濕的牢房。一般洗衣工不只在店裡工作，晚上也睡在那裡。他們不太需要離開店裡，因為許多供應商意識到有利可圖，會自動找上門：推銷員到店裡販售洗衣用品，也有人把煮好的食物用車載過來。有時候洗衣工必須連續工作二十小時，連停手吃飯的時間都沒有。「我爸曾經打趣說他的胃像橡皮筋一樣充滿彈性，兩天沒吃飯都沒問題，」一位紐約的華人洗衣工之子回憶道。「一旦他吃了東西，又可以撐好一陣子！他沒有時間照三餐吃飯。」[29]另一位洗衣工之子則是回憶道：「我聽說有些洗衣工會從天花板垂吊一個麵包下來，擺在身前，有時間就吃一口。」[30]

大多數的洗衣工在美國都沒有妻子，但有些人設法讓自己被政府認定為「華商」，把老家的妻子也接了過來。她們來到丈夫的洗衣房時通常會被嚇一跳。「以前啊，中國女人覺得這裡是到處黃金的地方，」一位資深洗衣工的老婆回憶道，「唉！是真的！他們本來是以為自己來金山撿金子的。難道你以為他們知道自己是來洗衣店工作的？」[31]

這些被丈夫設法弄來美國的妻子必須與丈夫並肩工作，還要在洗衣間後面的住家照顧小孩與煮飯。她們把小孩背著，彎著腰洗一堆堆衣服，長年下來變得頸部肌肉僵硬，雙腿浮腫，有了靜脈曲張的毛病。其中一位回憶道，她的血管膨脹成球狀，「必須用布把兩條腿纏起來。」[32]髒衣服多到令人筋疲力盡，幾乎崩潰，她們也和丈夫一樣，很少出門。某位洗衣工之妻向訪談人員表示，她在洗衣業做了三十八年，只出門過三次，另外還有一次是到其他城市去參加某次家庭慶典。[33]

他們之所以像奴隸一樣拚死拚活，是因為知道自己能夠讓遠在中國的老家親戚過上更好的日子。「某些老一輩的洗衣工每天工作時間幾乎高達十六小時，」紐約市容工洗衣店（Wing Gong laundry，音譯）的經理黃安迪（Andy Eng，音譯）表示，「他們能夠多存幾塊錢，因為根本沒時間做別的事。他們不會把攢起來的錢花在任何其他地方，只會用來照顧遠在中國或香港的家人。」[34]整個廣東省有許多地方都因為這些錢而重獲新生，獲得了新的科技設備與路燈，也蓋了公路與新學校。第一波美國的華人移民有一半以上都是來自於廣東台山縣。多虧台山人從海外匯回龐大金額，當地的成人識字率到了一九一〇年之際才得以成長為令人驚詫的百分之九十。[35]

親人為了他們在美國做牛做馬，但許多台山人卻不知心懷感激。從中國的標準看來，他們匯回家的錢通常都算是鉅款，所以這些台山人把自家親戚想像成美國衣服產業的富商，但移民華工往往也樂於遭人如此誤解。在寫回家的信件與偶爾返家探親時，這些自豪的洗衣工總是語帶含糊地提起自己是開「衣裳館」的，意指他們是開「服飾店」或是做服飾生意的。[36]我們完全可以理解這種作為。既在鄉下老家被當成名人，可說是他們畢生唯一值得驕傲的事，他們為何要說破呢？為什麼他們要揭穿自己的真面目，宣稱自己不是超人或英雄，只是卑微的華工？對大多數的洗衣工而言，他們畢生能稱得上光宗耀祖的事蹟，就只是讓自家孩子們用讚嘆敬佩的眼神看著他們。〔藉由掩蓋真相，他們也促使許多人誤信了任何人到美國都很容易成功的迷思，所以渴望移民美國。而且這迷思還維持了好幾十年。于仁秋（Renqiu Yu）是《舊中國，舊自己》（*To Save China, to Save Ourselves*）的作者，該書主題是介紹紐約華人的手工洗衣業，當他為了相關研究而進行實地訪談時才發現，直到一九七九年許多洗衣工的後代仍然壓根不懂父祖輩們所謂的「衣裳館」實際上是什麼意思。〕

然而，為了維持住這個假象，他們也必須付出代價。許多親友深信這些洗衣工在美國是大亨，所以在向他們要錢時完全沒有罪惡感。透過芝加哥華人洗衣工蕭得勝（Hsiao Teh Seng，音譯）在一九二〇年代和中國親人之間的信件內容，我們可以發現許多海外華人常常被親人催討金錢。家人寫給他的信件只有一個共同主題：要錢。他兄長的小妾遭土匪綁架，他們家必須付兩萬美元贖人。某個表親想要領養兒子，向他要了兩百美元。親族裡的年輕晚輩求他給錢，讓他們可以在廣州買一個宅院，因為去廣州度假時他們沒有好地方可以待。（「我們真的很丟臉……拜託別把這當成不重要的事。」）得勝的鄉下老家遭匪徒洗劫後，他的家人求他給錢，讓他們可以蓋一堵牆壁。（「所有村民的生死就操在你手上。可別忘了。」）還有個姪子因為「遭到某位叔伯竊佔錢財，為了雪恥」而向他請求金援。就連那一位佔人錢財的叔伯也向得勝求助，為了某件丟臉的事而向他借錢紓困。得勝的女兒寫信向他要一支金錶，她寫道：「大伯的女兒們都有金錶，但我們沒有。至於錶面需不需要鑲翡翠，就由父親大人您自行定奪了。」得勝之妻則罵他太過自私，她在信中表示：「每個月我都渴望你能寄錢回來，但收到的卻只有信件。」她還寫道，得勝待人過於慷慨，害他們家破產了。（「我現在很窮，甚至要靠典當才有錢買食物，但你還是在捐錢，想要幫自己『戴高帽』。」）她還威脅得勝說，「我不想再幫你持家了。儘管你幫兄弟們做牛做馬，但他們沒人愛你。你幹嘛同情自己的兄弟？」最後她寫道：「廣州附近有一間可以落髮的尼姑庵，我去那裡當尼姑好了，孩子就交給大伯小叔他們照顧了。我不是你的終身伴侶。請好好想想：等你老了，你的生活要依靠自己的小孩，還是兄弟？懇請你寄兩百美元，這樣我在尼姑庵裡才有生活費。現在，我不管你在美國工作有多辛苦，我一點也不同情你。」得勝無法得知自己到了老年能夠依靠誰，因為他隔年就去世了。[37]

儘管如此，美國的華人洗衣工還是為自己能照顧老家的家人而感到驕傲。對其中許多人來說，這是讓他們能夠繼續忍受堅苦生活的唯一動力。也許，最能刻劃出這種持久大愛與自我犧牲精神的，莫過於 L. C. 宗（L. C. Tsung，音譯）的小說《邊緣人》（*The Marginal Man*）：書中的角色林查理（Charles Lin）走進一家洗衣店，即使過了晚上十點，他看到還是有個華人糟老頭在沒有燈罩的燈泡下用熨斗熨衣服。聊了幾句後，老頭對林查理說他自己已經在美國工作居住了四十年，寄錢回老家。他自豪地給林查理看一張照片。「照片中間有個坐著的白髮老女人，她被十五或二十個男男女女包圍著，其中有各年齡層的小孩……從這全家福照看得出大家都很滿意，他們全都是這消瘦老頭的子孫，他靠自己那一雙皮包骨的顫抖雙手養活自己與家人。為著這一大家子，他做牛做馬四十年，這可以說是他的生存目標，他唯一的人生意義。那照片對他來說無異於學位證書，就像優等畢業生手裡的成績優異證明。」[38]

1 關於康，梁，孫三人的生平，請參閱：Eugene Anschel, *Homer Lea, Sun Yat-sen and the Chinese Revolution* (New York: Praeger, 1984); Michael Gasster, *Chinese Intellectuals and the Revolution of 1911: The Birth of Modern Radicalism* (Seattle: University of Washington Press, 1969); Jane Leung Larson, "New Source Materials on Kang Youwei and the Baohuanghui: The Tan Zhangxiao (Tom Leung) Collection of Letters and Documents at UCLA's East Asian Library," *Chinese America: History and Perspectives 1993*; Jung-Pang Lo, ed., *K'ang Yu-wei: A Biography and a Symposium* (Tucson: University of Arizona Press, 1967); L. Eve Armentrout Ma, *Revolutionaries, Monarchists and Chinatowns: Chinese Politics in the Americas and the 1911 Revolution* (Honolulu: University of Hawaii Press, 1990); Franklin Ng, "The Western Military Academy in Fresno," *Origins & Destinations: 41 Essays on Chinese America*; Young-tsu Wong, "Revisionism Reconsidered: Kang Youwei and the Reform Movement of 1898," *Journal of Asian Studies*, August 1992; Robert Worden, "A Chinese Reformer in Exile: The North American Phase of the Travels of K'ang Yu-wei, 1899-1909," Ph.D. dissertation, Georgetown University, 1971.

2 請參閱：Sandy Lydon, Chinese Gold, pp. 408-11.

3 請參閱：Jeff Gillenkirk and James Motlow, *Bitter Melon: Inside America's Last Rural Chinese Town* (Seattle : University of Washington Press, 1987) p. 89.

4 請參閱：Lynn Pan, *Sons of the Yellow Emperor*, p. 73.

5 請參閱：Ibid., p. 73.

6 請參閱：Thomas Foon Chew: J. C. Wright, "Thomas Foon Chew: Founder of Bayside Cannery, in Gloria Sun Hom, ed., *Chinese Argonauts: An Anthology of the Chinese Contributions to the Historical Development of Santa Clara County* (San Jose, Calif.: Foothill Community College, 1971), pp. 20- 41; Thomas W. Chinn, *Bridging the Pacific: San Francisco Chinatown and Its People* (San Francisco: Chinese Historical Society of America, 1989), pp. 105-7; Eric A. Carlson, "Fortunes in Alviso," *Metro*, April 12-18, 2001, p. 15.

7 請參閱：Ruthanne Lum McCunn, *Chinese American Portraits: Personal Histories 1828- 1988* (San Francisco: Chronicle Books, 1988), pp. 89-97。關於他生平的更詳細介紹，請參閱：Sucheng Chan, *This Bittersweet Soil: The Chinese in California Agriculture, 1860-1910* (Berkeley and Los Angeles: University of California Press, 1986), pp. 206-12.

8 四五六一四名華人裡，大約有一一四三八人是餐廳員工，請參閱：*Asians in America: Selected Student Papers*, Asian American Research Project, University of California at Davis, Working Publication #3, p. 31.

9 請參閱：Imogene L. Lim and John Eng-Wong, "Chow Mein Sandwiches: Chinese American Entrepreneurship in Rhode Island," *Origins & Destinations*, pp. 417-35; Peter Kwong, *The New Chinatown* (New York: Hill and Wang, 1987, first edition, and 1996, revised edition), p. 34.

10 請參閱：*Chicago Tribune*, February 17, 1988.

11 請參閱：Tan Fuyuan, *The Science of Oriental Medicine, Diet and Hygiene* (Los Angeles, 1902), p. 11；轉引自：Haiming Liu, "Between China and America," Ph.D. thesis provided to author, p. 96.

12 請參閱：Haiming Liu, p. 89.

13 請參閱：Ibid., p. 94.

14 請參閱：International Chinese Business Directory Co., Inc., Wong Kin, President, *International Chinese Business Directory for the World for the Year 1913* (San Francisco, 1913)；轉引自：Haiming Liu, p. 90.

15 請參閱：Haiming Liu, pp. 97-99.

16 請參閱：Louise Leung Larson, *Sweet Bamboo: Saga of a Chinese American Family* (Los Angeles: Chinese Historical Society of Southern California, 1990), p. 19.

17 請參閱：Ibid., p. 71.

18 請參閱：Thomas W. Chinn, *Bridging the Pacific*, pp. 185-86; "Joe Shoong, Chinese Merchant King, Dies," *San Francisco Chronicle*, April 15, 1961; Ronald Takaki, *Strangers from a Different Shore*, p. 252.

19 請參閱：*Time*, March 28, 1938, p. 56.

20 請參閱：Oral history conducted by Sam Chu Lin and provided to author.

21 請參閱：Ibid.

22 請參閱：James W. Loewen, p. 33.

23 請參閱：Ibid., p. 53.

24 請參閱：Betty Lee Sung, *The Story of the Chinese in America* (New York: Collier, 1971), p. 188.

25 請參閱：*Asians in America: Selected Student Papers.* Asian American Research Project, University of California at Davis, Working Publication #3, p. 31.

26 請參閱：Betty Lee Sung, p. 190.

27 請參閱：Paul C. P. Siu, *Chinese Laundryman: A Study of Social Isolation* (New York: New York University Press, 1987), p. 52.

28 請參閱：Interview with Danny Moy, New York Chinatown History Project, archived in Museum of Chinese in the Americas, 70 Mulberry Street, New York City.

29 請參閱：Judith Luk oral history interview with Tommy Tom, assistant manager of Wah Kue wet wash, January 9, 1981, New York Chinatown History Project, Museum of Chinese in the Americas, New York.

30 請參閱：Renqiu Yu, *To Save China, to Save Ourselves*, p. 26.

31 請參閱：Interview with Loy Wong, April 26, 1982, New York Chinatown History Project, Museum of Chinese in the Americas, New York.

32 請參閱：Ruthanne Lum McCunn, p. 155.

33 請參閱：Yen Le Espiritu, *Asian American Women and Men*, p. 38.

34 請參閱：James Dao interview with Andy Eng, manager of the Wing Gong laundry, New York Chinatown History Project, Museum of Chinese in the Americas.

35 請參閱：Renqiu Yu, p. 38.

36 請參閱：Renqiu Yu, p. 28.

37 以上信件內容，請參閱：Correspondence of Hsiao Teh Seng, translated by Paul C. P. Siu and archived in the Ernest Burgess Papers, Regenstein Library Special Collections, University of Chicago；這些信件內容的精彩描述，請參閱：Adam McKeown, "Chinese Migrants Among Ghosts: Chicago, Peru and Hawaii: The Early Twentieth Century," Ph.D. dissertation in history, University of Chicago, 1997, pp. 80-86.

38 請參閱：Jack Chen, *The Chinese of America*, pp. 158-59.

第十一章
新世代美國華人的誕生

華人文化向來重視大家庭，但諷刺的是，美國的華人移民卻無法享受養兒育女的特殊滿足感。許多華人的確還是常常匯生活費給鄉下老家的妻子兒女及其他親戚，但這和能夠看著自己親愛的子女長大成人根本是兩回事。不過，這本來就是華人男性必須付出的代價，因為美國的華人女性人口極度缺乏。成千上萬的華人就此必須一輩子打光棍，或者與家人過著長時間分隔兩地的生活。

光從數字看來就知道他們有多慘。一八八〇年，也就是在《排華法案》問世前夕，美國華人社群的男女人口比例曾高達二十比一：男性人口有一〇六八六人，女性則為四七九九人。[1]到了一九二〇年，因為許多華人男性日漸凋零或離開美國，造成人口減少，而少數女性在美國誕生導致人口增加，不過男女比例仍然高達七比一。[2]這種男女人口懸殊現象的主因之一，是因為美國政府的移民政策禁止華工帶妻子到美國來。根據法律規定，女性的身分類別附屬於丈夫，所以如果丈夫是「勞工」，他們的妻子也是，在《排華法案》實施後就無法申請赴美。反觀那些富裕華商的妻子若想要前來美國，則受到政府歡迎。

正因如此，早期很少有華人女性來到美國。從一九〇六到二四年之間，大約只有一百五十位華人女性以合法方式入境美國。[3]一九二四年的《移民法》（Immigration Act of 1924）開始實施後，更是禁止任何在外國出生的亞洲女性入境美國。雖然這主要是為了禁絕日本新娘的仲介交易，但美國華人社群也因此受到傷害：從一九二四年到一九二九年，沒有任何一位華人女性獲准入境美國。[4]

儘管這些數字看起來的確不樂觀，又有種種歧視華人的法律規定，但漸漸地還是有少數華人得以在這段時期組織家庭。因為一般華人移民沒錢在美國結婚，政府也禁止他們把遠在中國的妻子帶來，所以有幸與家人廝守的幾乎都是華商或者華人企業家，也就是美國華人社會的小資產階級。正因為如此，在美國出生的華人家庭小孩（一般被簡稱為ABC，也就是新生代華人）通常都是位居社經階層上端的美國社會成員。不過，如果從美國的標準看來，這些家庭也不算太有錢。這些新生代華人儘管不用像爸媽那樣，為了在一個陌生國度安身立命而戒慎恐懼，拚命自我調適，但他們在社會上還是遭遇了一些別人不用面對的挑戰。

第一個重大挑戰是受教權備受威脅。因為深受儒家文化的影響，華人社群比其他外國移民社群都更看重子女的教育，這也是他們在家裡對孩子們諄諄教誨的重點。他們幫人洗衣服、在血汗工廠裡打拚、進燠熱的廚房裡煎煮炒炸，以各種方式掙扎謀生，在背後支撐他們的動力是所有移民都難以忘懷的夢想：讓他們的小孩，尤其是兒子，能夠過比自己更好的生活。他們認為教育會帶來身分地位，而且某些思想傳統的華人父母深受儒家社會那種「萬般皆下品，唯有讀書高」的觀念所影響，說怎樣也不希望孩子被貼上「商賈」的俗氣標籤，因此認定讀書本身就是某種崇高目標，而不只是把讀書當成學習技能的途徑，可以藉此獲得生活保障或者功成名就。不過，對他們來說教育之所以特別重要，也是因為接受教育後能帶來直接而實際的成效。移民家庭的父母特別喜歡孩子當醫生與工程師，這不只是因為這兩種行業的收入與名聲都相對比較高且生活穩定，也是因為兩者都不需要政治人脈、龐大資本或者高超的英語技巧。「我爸媽希望我們都能成為專業人士，」某位新生代華人在回憶童年生活時表示，「如果當年我的兩位兄弟裡有一位能夠當上醫生，我媽肯定會非常興奮。」[5]

無論是基於什麼理由，許多爸媽也都相信，如果孩子們不能在美國當上醫生、工程師或科學家，他們還是可以帶著過去在美國所接受的專業訓練，回到中國去當專業人士。只有教育是任何人都無法從孩子們身上奪走的，家長們也常常用一句格言提醒他們：「你可以賺到一百萬，但接受教育比賺一百萬更棒。你有可能會失去一切，但沒有人能夠奪走你過去所接受的良好教育。」[6]

不過，透過種種痛苦的經驗，華人移民家長往往會發現自己的小孩在美國並無法直接享有受教權——就連上公立學校也一樣。對他們來說，受教育是一種必須努力爭取才能獲得的特權。最早從十九世紀中葉開始，各州政府就試著禁止美國華人小孩就讀全都是白人學生的公立學校，置華人家長的抗議與請願於不顧。

一八五九年，舊金山學校委員會（San Francisco school board）的委員們公然發表蔑視華人的言論，稱華人為「狒狒」與「猴子」[7]，接著關閉一家專給華人學童就讀的學校[8]——但事實上華人家長與該市其他居民沒兩樣，也是要繳交學校稅。在輿論壓力下，州政府讓華人學校重新開張，但後來還是在一八六〇年代開始實施種族隔離法，亞洲人、美國原住民與黑人都不能到白人專屬的公立學校就讀。[9]過了十多年，加州政府又在南北戰爭後的重建時期立法准許黑人與原住民接受與白人隔離的公立學校教育，但亞洲人的受教權仍遭到漠視，各地教育官員有權關閉他們先前專門為美國華人學童開設的學校。[10]（根據一八七〇年的《學校法案》（The School Law of 1870）規定，黑人與原住民兒童的教育必須與白人學童隔離，另設學校讓他們就讀。）

從一八七一到八五年，在全加州所有的族群中，只有華人學童無法就讀州政府所開設的公立學校。[11]某些華人家長在家裡教小孩讀書，讓他們就讀私立學校，或者接受傳教士的個別指導，但也有華人家庭窮到無法以這些方式提供教育。華人社群屢屢急切地呼籲學校委員會允許他們的孩子到公立學校就讀，但總是遭到漠視。

最後，華人只能訴諸法律。因為女兒趙遠香（Mamie Tape）申請到一家白人的小學就讀遭拒，在中國領事館擔任口譯員的趙洽（Joseph Tape）與攝影師兼藝術家的妻子趙瑪莉（Mary）把舊金山教育委員會（San Francisco Board of Education）告上法院。校方辯稱，「若與華人學童一起受教，對白人學童的智力的發展不利，也有損他們的道德觀」[12]，並且試圖把趙遠香抹黑成「生活習慣骯髒或有種種缺陷，以至於染上了許多傳染病」[13]。趙家人提出醫療記錄，顯示遠香非常健康，但該委員會拒絕讓步。這就是史上知名的「趙洽控告珍妮・赫利訴訟案」〔Joseph Tape v. Jennie Hurley，赫利女士係春谷小學（Spring Valley School）校長〕，案件在法庭審理時剛好是加州反華暴力事件屢屢肆虐之際，州政府的督學們自認該擇善固執：雖然禁止華人學童到公立學校就讀有違憲之嫌，但有必要，因為他們「危及該州人民的福祉」。[14]某位教委會委員堅稱自己寧可入獄也不會允許華人學童入學。[15]

至少在這個案件中，法院讓正義得以伸張，並未屈從於公憤。高等法院的判決有利於趙家，而且上訴到加州最高法院後還是維持原判。後來，某些老師與校長准許讓那些「蒙古學童」入學，教委會甚至做出了開除他們的決議，[16]某位法官對此提出警告，如果該委員會真的要執行決議，那麼他就會以藐視法庭罪來懲處委員會的委員們。[17]

在法庭受挫後，舊金山學校委員會遊說政府為華人學童建立另一個教育體系，將他們排除在白人的公立學校之外。因此加州州議會順利通過某個法案，以「緊急條款」授權該委員會另外創設東方公校（Oriental Public School）。[18]趙瑪莉怒不可遏，儘管措詞有許多不合文法之處，但她寫了一封情感豐富的信函給學校委員會，抒發己見：「莫德先生〔Mr. Moulder，譯註：指舊金山市督學安德魯・莫德（Andrew J. Moulder）〕，希望您永遠都不會像趙遠香小朋友一樣被人迫害。生為華人是丟臉的嗎？我們不都是上帝創造的嘛！！！您有何權力以我的小孩是華人後代為由禁止她到學校就讀？趙遠香絕對不會去您所創立的任何一家華人學校就讀的！！！我會讓全世界看到，當權力掌握在有種族偏見的人手上時，就根本沒有公理正義可言！！！」[19]

到了十九、二十世紀交替之際，這種採取種族隔離措施的學校並非只有在加州是合法的，其實全美各地都是如此。透過一八九六年「普萊西控告弗格森訴訟案」（Plessy v. Ferguson），美國最高法院建立起判例，接受了「隔離但公平」（separate but equal）的原則，也藉此認定種族隔離並不違憲，州政府有權禁止非白人學童去公立學校就讀，並且不讓他們享受其他政府資金支持的服務，但前提是必須為他們創設其他在各方面條件相當的教育機構。「隔離但公平」原則就這樣成為美國的金科玉律，直到一九五四年——最高法院在這一年審理「布朗控告托皮卡市教育委員會訴訟案」（Brown v. Board of Education of Topeka，譯註：托皮卡市位於美國堪薩斯州），判決結果推翻了先前普萊西案的判決，創立了另一個法律里程碑。

在普萊西案的判決出爐後，華人還是持續透過一次次的訴訟來挑戰政府的隔離政策，但幾乎沒有成效可言。其中最著名的案子是一九二四年由密西西比州小鎮羅塞代爾（Rosedale）的華人雜貨商林功（Lum Gong，音譯）提出的，因為當地白人學校禁止他女兒瑪莎（Martha）就讀而控告政府。[20]最後這官司也是打到最高法院，判決結果認定州政府有權將白人專屬的學校保留給白人學童。

只有少數華人學童設法進入白人專屬的學校就讀。[21]一個不成文的規定是，如果當地白人不反對，學校就能收他們，而這種情況當然也會促使華人學生養成溫順、恭敬的品行，並勤奮向學。不過，若過於用功、功課太好而招致白人忌妒，有時也會惹禍上身。例如在一九〇五年，舊金山的華盛頓文法學校（Washington Grammar School）有一群白人堅稱四位成績頂尖的華人學生考試作弊，以中文偷偷交換答案。[22]於是校方將這些學生隔離，再考他們一次，分數出爐後還是全年級前四名。這些家長仍不肯罷休，把事情鬧到該市教委會，結果該會把四名學生開除了。一九二八年在密西西比州某個白人社群決定禁止所有亞洲人就讀當地白人專屬的學校，起因是某個華人學童以全年級第一名的成績畢業。[23]由於最高法院認定各地學校委員會可以隨意或找藉口開除華人學生，並不違憲，隔離政策就這樣永遠糾纏不休，隨時可能傷害華人學童。

到了一九二〇年代中期，加州政府若想將華人學童隔離開來，已經變得愈來愈困難，主要是因為華人社群願意團結起來，以政治力量對抗政府。政府本來想在舊金山灣區設立一間種族隔離的國中，結果因為華人社運人士與組織的高分貝抗議而作罷。雖然正式立法禁止種族隔離措施是好幾十年後的事情，但種族的藩籬看來是早已漸漸被打破了。所以，這幾十年間有愈來愈多美國華人學童得以前往種族融合的學校就讀，而就在與白人學童開始接觸之後，他們也開始對自己混亂的身分認同感到困惑不已。

在情緒上，大多數的小孩若不是對自己的華人傳承感到極度自豪，就是完全唾棄自己的華人身分。有些人認為自己是匯通中美文化的橋梁，不但為白人同學解說中國文化，在老師面前也扮演起模範學生的角色，彷彿他們動見觀瞻，一言一行都足以影響中國的聲譽。其他小孩則是在成長過程中深受種族主義的毒害，最後變得痛恨有關中國的一切，甚至討厭自己的長相。為了淡化自己的亞洲味，某些華人少女會把眼皮黏貼起來，看起來像是雙眼皮，至於美國華人少年就比較不可能採用這種策略了，所以某些人在一九二〇年代期間一定對自己的外形也感到非常焦慮。根據後來某位華人男性的回憶，即使到了二十世紀中葉，他還記得：「那一年我大概十一、二歲，某天中午我衝回家，絕望之餘看著浴室裡的鏡子向上帝祈禱奇蹟出現，希望自己的臉變成白人的臉。我是因為怕痛怕死才沒自殺的。」[24]

少數在美國出生的華人根本就認為自己是白人。他們大都住在鄉間，因為華人居民人數稀少，白人認為他們比較不具威脅性，甚至還鼓勵他們成為主流社會的成員。柏妮絲・梁（Bernice Leung）在一九一七年出生於加州佛雷斯諾市的農村，她記得小時候她與家中兄弟姐妹曾經不認為自己是華人。他們不覺得白人奇怪，反而看不慣亞洲人，甚至納悶自己為何不是天生藍眼金髮。[25]蔡娜兒（Noel Toy，音譯）生長在北加州某個小鎮，他們家是唯一的華人家庭，後來到專科讀書時遇到一個亞洲女同學，反而覺得很驚訝。「家人用純粹白人、西方人的方式養育我，」她回憶道，「就讀專科時，我遇到一位東方女同學。我說：『東方人！天啊！東方女同學！』我從沒想過自己就是東方人。」[26]

也有人在這兩個極端之間掙扎，希望自己能夠同時符合中華與美國文化的要求與預期。在舊金山出生成長的華人王維特（Victor Wong，音譯）回憶道：「因為我們陷入了『左右為難』的窘境，所以花了很多時間討論該怎麼辦。」[27]

想要在一個族群階層分明的社會裡找到安身立命之處。某些ABC甚至花了幾十年的時間才能做到。混淆的身分認同只是其中一個問題，另一個是他們必須面對各種隱約或公開的種族歧視。若成長於白人為主的地區，通常要等到青春期他們才會感覺到種族歧視對自己的全面影響。「我們從來沒有住過中國城，都是住在美國人為主的地區，」梁莉莉（Lillie Leung，音譯）於一九二四年回憶道，「我和所有的小孩處得非常好，很自在，但等到我大概十二歲了，他們就開始疏遠我了。我的感受非常強烈。在那之前，我未曾意識到自己有何不同，但後來我就開始思考這件事了。」[28]（二十世紀初，對許多ABC而言，即使他們是美國公民，但卻不是白人，「白人」與「美國人」這兩個詞還是可以交替互換的。不過，這種語言習慣只會讓他們更強烈地認為自己是美國社會裡的外國人。）

那些就讀白人專屬學校，或是學校沒有種族限制的華人學生最能強烈感受到種族歧視的創痛。舊金山華人女性王愛忒（Esther Wong）還記得自己的法文老師從不諱言自己有多討厭華人。上課時那位女老師要求她朗讀課文，然後說：「哼，妳讀得還可以，但我就是不喜歡妳。妳那些同胞會對傳教士吐口水，真是髒死了。」[29]

在課程與教課書中，種族歧視也無所不在，這在華裔美國人與他們的白人同學之間形成了一道圍籬。「讀小學時，我曾經成功混進他們的『小圈圈』，」一位出生於美國的華人女性如此回憶自己於一九一〇年代的童年生活，「兒童通常不會仔細思考自己的『社會身分』，而且既然我的英語和他們一樣好，會玩他們的遊戲、穿同款式的衣服，所以沒有被當成外人。」[30]不過，等到地理與歷史課教到中國之後，情況就不同了：

等課堂上教到了中國，其他學童會轉身瞪著我，彷彿我是編號A的教具。記得有一課講的是中國古代史，讓我覺得特別糟糕；課文用字詳細無比，提及「古怪矮小的中國佬，留著辮子，眼睛歪斜」……接著把中國人描述得簡直不像人，最多也只是不文明的人。即使當時我年紀還小，卻非常厭惡那些被其他小學生當成金科玉律的誇大描述。我還想過那天自己有沒有什麼方法或手段可以逃課，就算是突然生一場重病也無所謂，或者是猝死，但惱人的是我非常健康，所以不得不尷尬地坐在那裡，把那一小時課上完。[31]

放學返家後，他們必須面對另一種掙扎。許多華裔美國孩童不僅每天都必須面對白人的歧視，回家後還得應付爸媽早在中國就養成的嚴厲態度。基於恐懼與不安的心理，許多華人家長總是設法不讓自己的孩子（尤其是女兒）受到外在世界的異國文化影響。「母親總是緊盯著我們，」馮蘇愛莉（Alice Sue Fun，音譯；譯註：Fun是這位華人女性的夫姓）回憶起一九一〇年代她在舊金山的成長經驗時表示，「無論做什麼我們都得對她說。除非有兄長、姐姐或某人的陪伴，我們是不能出門的。」[32]

某些家庭會要求女兒從小就開始分擔家務。許多第二代華裔女性的家教甚嚴，除了要做很多家事，而且家長嚴令她們不得外出，不過她們的兄弟卻可以到街上去玩。就讀東方公校的馮蘇愛莉每天回家後都必須「幫母親做許多家事，像是洗碗、用手搓洗孩子們的衣服，或幫她做針線活。」她說等到八、九歲大時，「我已經會煮飯。如果把米給煮焦了，就會被打頭。」[33]

男孩也必須盡早養成勤奮工作的習慣，只是他們所受的家教和姐妹們不同，通常可以離家工作。加州某個華裔美國人的家境貧寒，不得不在放學後去打工，有時候就連上課前也得去：

小時候我們只能圖個溫飽。如果沒其他東西可吃，就吃飯配水。怎樣都好，反正就是把飯沖下去。我曾經在早上七點起床，到花市打工。一小時後去上學。花市位於第五街和教會街（Mission Street）路口，我會一路騎腳踏車到伽利略中學（Galileo High）。下課後我會到某一間公寓去清洗廚房或者做家事，一小時後回家吃晚餐。然後在五點開始上中文學校。從五點到八點，讀中文三個小時。課後我會回家洗衣服或者打掃家裡什麼的，接著做完功課才上床睡覺。[34]

某些家庭不准小孩在家裡講英語，要求他們放學後再去上學中文的特殊學校，每週上六天。第一波華人移民總是渴望在美國出生的孩子們能夠學習某些中華文化傳統，中文學校就代表他們在這方面抱持的希望與做出的努力。最早期的中文學校並不是正式的，看來比較像是華人家長請老師幫忙教小孩。這種類似私塾的小型學校通常會被冠上「館」的名號，在老師家裡上課，一班學生只有二、三十人，學習基礎的中文、書法、哲學與古典文學。到了一九二〇年代晚期，全美國約有五十所中文小學與六家中文高中，大都位於西岸地區。[35]

對於這種額外的教育，孩子們有各種不同的反應。成長於一九一〇年代的梁露薏（Louise Leung Larson）回想起小時候學中文的情況：「我愈來愈覺得學中文很痛苦。既然我一直都會住在美國，實在看不出自己為什麼必須學中文。學中國字時我老是記不住發音，只能在旁邊註記音標。」[36]住在洛杉磯的周羅尼（Rodney Chow，音譯）有個中文老師對待孩子們「態度非常專制」，他說：「他只會要我們背誦、寫字與閱讀，而且非常非常嚴格，因為他真的會拿棍子打我們。」[37]

就算老師不會體罰學生，孩子們也很難專注學習。有個問題與華人的許多方言有關：如果學生的爸媽在家都講粵語，中文學校卻錯把某位講國語的老師聘來教書，學生往往會非常挫折，半途而廢。但通常他們只是無心學習而已。來自洛杉磯的華裔美國人劉裔昌（Pardee Lowe）成長於一九二〇年代，史丹福大學畢業後又在哈佛大學取得法學學位，他曾描述自己在中文學校的痛苦學習經驗：「並不是我完全不想學中文，而是我的腦袋無法中英並用。每當我背對著老師，嘴裡想把那些關於歷史、地理或者倫常的中國文言文唸好，但心裡想的卻是碉堡山戰役（Battle of Bunker Hill）的細節，還有卡斯特中校（George Custer）與印地安人的最後決戰，或者莫尼特號（Monitor）與梅理馬克號（Merrimac）之間的海戰。」[38]

不過華人家長深信，若想維繫家庭與祖國之間的連結，讓孩子牢記自己的華人身分，這些課程是必要的。一位生於洛杉磯的華人女性回憶道，一九二四年時「因為父親諄諄教誨，表示我永遠當不了美國人，因為我是黃種人，而只有白人是美國人，所以我不得不開始學中文。」[39]

然而，無論是中文學校或者華人家長都無法讓孩子們免於美國文化排山倒海般的影響。在中國城與華人家庭的狹隘生活圈之外，有一個更廣闊的世界在呼喚著他們。即使在最封閉的少數民族聚落裡，流行文化也無孔不入，因此華人青年的慾望也受到牽引，並藉此接觸到新價值、新觀念，這是家長無法控制的。新生代華人以聆聽收音機為娛樂，也閱讀英文報刊，閱讀那些從附近藥房買來的漫畫書與通俗小說，週六下午泡在當地的廉價電影院裡看電影。特別為孩童舉辦的公民團體與宗教團體活動也會促使新生代華人設法融入社會。教會紛紛前往中國城開設教堂，而且到了一九二〇年代，幾乎所有的舊金山新生代華人（人口接近一千）都會去上主日學。[40] 舊金山中國城的基督教青年會分會常常舉辦足球、棒球之類的運動賽事。（隨著較多華人移民家庭的財力足以負擔孩子們的休閒活動，壘球、網球與高爾夫也漸漸成為受到中產階級華人歡迎的運動項目。）與此同時，新生代華人也開始自組社團。一九一四年，八位華人少年聚集在舊金山一家衛理公會教堂附設的操場上，一起研究童軍手冊，決定自創童軍團。結果他們組織了舊金山的第一個童軍團，而且也很可能是全世界第一個華人童軍團。[41]

隨著新生代華人的年紀增長，他們想要吸收和接受美國社會風俗的動力就愈強。無論在電影與廣告中，及在學生以白人為主的公立學校中看到什麼，青少年的新生代華人都無不熱切渴求。到了美國史上經濟最繁榮的一九二〇年代，新生代華人一方面受到家長的制約，另一方面美國的消費文化卻又充滿誘惑，這兩股力量愈來愈讓他們感到掙扎不已。在那個年代裡，大都市裡的華人聚落已經徹底改頭換面，讓第一代華人充滿景物已非的感嘆。舊金山《中西日報》的創辦人伍盤照博士曾在一九二三年寫道：「從各方面看來，現在的中國城已經和往日截然不同了。」伍盤照與其他華人注意到中華傳統已被美國傳統取代：愈來愈少人穿中式服裝與戴瓜皮帽，大家都留起了俐落的短髮，身穿西服。華人婦女也趕時髦，以娃娃頭或者大波浪捲髮為流行髮型，腳踩高跟鞋——但年邁華人婦女仍是用三寸金蓮踩著搖搖欲墜的小碎步。[42]

不過，最戲劇性的改變是只有仔細觀察才能查覺到：新生代華人的思想、態度與價值觀也改變了。伍盤照指出，新生代華人習慣講英語，而且滿嘴美式俚語。新生代華人女性獨立而有主見，喜歡與心儀的人約會，也會自尋婚配對象，而不是聽任家長安排。另外，伍盤照也觀察到華人學生都是企圖心強烈且熱愛美國，渴望取得第一流大學的學位。

到了二十世紀初的幾十年，已有不少新生代美國華人幫家長實現美夢，接受良好的教育，如今已進入西海岸各大學（其中以加州的大學為最），而他們的爸媽大都是做小生意的。但這些家長與學生很快就會發現，在美國即使獲得了大學學位，也不一定能受人敬重、事業一帆風順，有時候連找工作也有問題。

在主流社會的刻板印象中，華人男性大都是洗衣店、餐廳與農產品市場等服務業的工作人員。許多華人在大學畢業後取得工程、建築或科學領域的學位，渴望成為專業人士，但卻發現自己很難進入白人所控制的大公司服務。加州的種族歧視傳統未曾間斷過，因此許多大公司對於聘用亞洲人都有相當具體的規定。根據史丹福大學就業輔導中心（Stanford University Placement Service）在一九二八年提出的報告，「無論是第一、二代的華裔或日裔畢業生，想要輔導他們取得任何與工程、製造或商業有關的職務，幾乎不可能。」[43]

劉裔昌在為自家寫的回憶錄《父親與繁盛後代》（*Father and Glorious Descendant*）裡，道出自己在求職時所面對的種種歧視，就是有某些白人無法擺脫刻板印象，總覺得華人是家僕或苦力。就讀史丹福大學時，劉裔昌曾應徵某位銀行家妻子的司機職務，她堅持用洋涇濱的英語說話，問道：「你素中國男孩還素日本男孩？」[44]「當然是中國男孩，不過是在這國家出生的。」劉裔昌驚訝地答道。「偶不喜番你，偶不喜番中國男孩。」她說。劉裔昌想哈哈大笑，但強忍住了，他答道，「比特恩夫人，我完全能夠了解。」

劉裔昌沮喪不已，也能清楚看出自己之所以求職遭拒，並非資格不符，而是膚色不受喜愛。即使他的英語無懈可擊也很文雅，但仍無法破除雇主對華人的偏見。他寫道，「我四處碰壁，他們覺得我很煩、可笑，同情我或者被我惹惱，但最後得到的答案總是千篇一律。」[45]

「很遺憾，」他們總是會說，「這職缺已經找到人了。」自信滿滿的我很快就開始失志了。我意識到這肯定有哪裡不對勁，非常有問題。怎麼可能所有的職缺都在一夜之間找到人，尤其是在這種大家都嚷嚷著人力不足的時候？我開始起了疑心。父親曾說過什麼？「美國大公司一般是不會雇用華人的。」為了印證他的話，隔天早上我又把報紙看了一遍，隨後一週也一樣，結果如同我預料的，那十個徵人啟事都還刊登在報上。[46]

若是到白人開的大公司去應徵，美國華人大學畢業生不但無法獲得專業職務，有時候連最低微的工作也沒他們的份。在排華的年代裡，連加州以外的公司也嚴禁雇用亞洲人。「最近我有兩個朋友寫信給全美國至少五十家大公司應徵工作，希望能在自己的領域裡獲得一些經驗，但全都被拒絕了，」華盛頓大學畢業的王佛瑞（Fred Wong，音譯）在一九二〇年代曾向訪談人員表示，「他們到東方上將航運公司（Oriental Admiral Line）去應徵船上的雜役。主管原本說，該公司的政策是只能雇用美國人。他們說他倆都是在美國出生，不在排華限制之列。和那位主管又談了一下，最後他們得到的答覆是：『年輕人，真的很遺憾，我就是不能雇用你們。』」[47]

華人往往被當成外國人，甚至求職時必須符合較高的語言條件，但公司對白人就不會有這種要求。某些雇主希望美國華人必須精通中英文，希望他們能夠在白人與華人社群之間扮演溝通的橋梁。例如，某家洛杉磯銀行聘了一位新生代華人，要他專門幫美國華人客戶服務。儘管他的英語很流利，但卻因為中文不夠好而被解雇，為此他父親還特別送他回中國去學中文。[48]其他雇主則是希望新生代華人的英語能力較差，中文要流利無比。例如某個華人在應徵教職時以道地的英語腔調回答問題，結果居然被質問：「你就沒有腔調嗎？你可是華人誒。」[49]

某些華裔美國人學會了忽略種族歧視，憑著自己的企圖心勇往直前。法蘭克．趙（Frank Chuck）是夏威夷某位華人教師之子，前往史丹福大學就讀時口袋裡只有二十五分美元。由於缺錢又沒地方住，他知道該大學宿舍向來不歡迎華人學生（他回憶道，當年曾有個華人學生「被攆出恩席納廳宿舍」（Encina Hall）），法蘭克找上該校某位教授，幫他煮飯，換取食宿，最後在史丹福一路讀到博士：一九二二年他取得有機化學學士學位，後來在一九二五年成為化學工程博士。

透過接受教育，法蘭克改變的不僅是自己的人生，還有美國民眾的飲食習慣。畢業後他拿到洛克斐勒獎金（Rockefeller Fellowship），曾短暫在中國教書，後來在一九二七年成為西方濃縮公司（Western Condensing Company）的化學研究人員，而該公司就是康乃馨牌牛奶（Carnation Milk）的母公司。他在做研究時發現如何將牛奶脫水，並且將乳清予以穩定的化學機制，藉此發明了奶粉與即溶可可粉。後來，在那球蟲病（Coccidiosis）肆虐家禽養殖業的年代，他又找出了預防方法。他同時也研發出家禽專用的維他命，對美國食品產業的貢獻卓越。[50]

另一個為了追求事業而不屈不撓、全神貫注的新生代華人是陳春榮（Chan Chung Wing）。他出生在加州納帕市（Napa），小時候被送回中國，扶養他的祖父是一名商人。九歲時他回到納帕，當時已經快要二十世紀。早年他讀書時就顯現出聰穎的天資，一年內從一年級直接跳級到四年級。後來他前往舊金山灣區繼續接受教育，先後從洛爾高中（Lowell High School）與柏克萊大學畢業，主修工程。祖父希望陳春榮當工程師，但他卻選擇法律這條路。後來他從聖依納爵法學院（Saint Ignatius School of Law，譯註：舊金山大學本名聖依納爵學院，所以這是舊金山大學法學院的前身）畢業，律師考試以九十六分通過，是史上最高的分數之一，隨即成為第一位在加州執業的華人律師。

朋友們紛紛告誡陳春榮，說他當律師可能會餓死。的確如此，就像他在回憶時所言：「我發現要幫我的客戶們辯護很難，因為那時候華人普遍受到歧視，甚至許多法官都想把我趕出法庭……但我不屈不撓，很快就發現如果常跟一些法官與地區檢察官打高爾夫球，就有機會與他們討論華人社群的問題。」過沒多久，華人發現陳春榮總是能仗義直言，為他們的公民權辯護。例如，某一次陳春榮發現舊金山警察常會攻擊失業華工，用警棍打他們或者把他們趕出城，於是對警方提出多達三十件訴訟，結果有效阻止了這種暴力行徑。[51]

新生代美國華人女性也是許多領域的開拓者，但他們所面臨的挑戰遠比華人男性更為嚴峻。二十世紀以前，因為家境的關係，絕大多數華工家庭最多只能讓女兒讀到小學畢業。但美國在一次大戰後開始實施義務教育制度，因此無論是華人女孩或男孩，能從中學畢業的人數是一樣多的。[52]不過她們大都無法就讀大專院校。事實上，就在她們出生的三、四十年前，女子如果出門拋頭露面，往往會被當成不夠端莊嫻淑，而且無論白人或華人女性都是如此。此外，許多美國華人家庭在教育問題上往往採用雙重標準：勸兒子接受大學教育，女兒則只要待在家裡或趕快結婚就好，而且丈夫最好受過教育——在這方面，其他移民家庭或者絕大多數白人家庭也一樣。在自傳《華女阿五》（*Fifth Chinese Daughter*）中，華人女性作家黃玉雪（Jade Snow Wong）寫出了一九二〇年代她年輕時在舊金山度過的悲慘歲月，書中就曾提及父親因為要送她的哥哥就讀醫學院而拒絕資助她的大學學費。[53]

即使這些新生代華人女性獲得大學學費資助，開明的家長也給予鼓勵，她們卻沒有什麼可以仿效的模範人物。十九世紀時，無論是在美國或外國出生的華人女性，能從大專院校畢業的人數真是屈指可數：從一八八一到九二年，總共只有四位華人女性獲得美國大學的醫學學位，而且她們都是由教會資助。[54]據信她們就是史上最早在美國讀書的華人女性。即使在中學層級，想要幫華人女孩找女老師來教她們也是很困難。直到一九二〇年代，舊金山的公立學校體系才開始雇用華人女性教師。[55]想要接受高等教育的華人女性需要特別強韌的毅力，並且加倍努力，才有辦法達到目標。

教育只是第一道門檻而已。既然新生代華人男性的工作環境已非常艱難，華人女性當然就更不用說了：在一切講求「白人優先，男性第一」的勞動市場中，她們可說是地位最低下的族群。無論出生地是否在美國，二十世紀初的華人女性勞工大都是在按件計酬的低新產業工作。縫紉與剝蝦殼等工作逐漸從家庭手工業走向工廠形態，有許多女性在這些血汗工廠裡充當廉價勞工。一戰後，華人移民女性開始主宰製衣產業。白人製造商把案件發給各地華商承包，他們開的血汗工廠往往通風不良、燈光昏暗，也沒有恰當的托兒服務，許多母親在廠裡工作時都背著嬰兒，或者讓孩子們在工廠裡滿地爬來爬去。在回溯最早的童年記憶時，某些在舊金山、紐約中國城長大的新生代華人都記得母親總是不發一語，伏在縫紉機上拚命工作，筋疲力盡。

不過，如果與她們的移民母親們相較，這些新生代華人女性的確得以享受稍好的機會。她們受過教育、英語流利、熟稔美國文化，因此不用再被侷限於勞力密集的產業，可以找到各種需要專業技能的工作。到了一九二〇年代，我們可以看出有愈來愈多充滿天分的新生代華人女性得以力爭上游。這些高中畢業的女性精通中英文，在工廠工作可謂大材小用，於是開始到中國城的禮品店或當地公司行號上班。有些成為舊金山中國城電話交換台（Chinatown Telephone Exchange）的接線生，這工作必須精通英語與中國各省方言，同一省方言還有各種不同的腔調，同時還得記住兩千兩百組電話號碼，因為交換台每天平均須處理一萬三千通電話。[56]

然而，想到中國城外面去找工作仍是一大挑戰。她們之中有一些成為所謂的「粉領族」，進入白人的大公司當祕書、辦事員或倉儲人員，主要是因為美國社會普遍認為華人工作認真又溫順。但性別歧視讓種族歧視問題雪上加霜。白人公司雇用華人年輕女性只是為了利用她們的外表，穿上亞洲風制服，到華人百貨公司當櫃姐、電梯服務員，或戲院帶位員、餐廳服務生，藉此讓白人顧客感受到異國風味。但這只佔華人女性中的極少數，她們絕大部分都是求職碰壁，就連薪水最低、毫無發展機會可言的工作都找不到，許多公司甚至直言不諱，表示他們「不會雇用東方人」。

到了二十世紀的二、三〇年代，美國社會開始出現一群華人女性的專業人士階層。原本由中產階級白人女性主宰的職場，例如教學、護理與圖書管理等，也開始出現新生代華人女性。一九二六年，方玉屏（Alice Fong Yu，結婚後她冠上夫姓，因此也可以稱為尤方玉屏）被舊金山公立學校體系聘為教師，成為全美第一位華人女教師。[57]此外，三位舊金山華人富家千金也選擇了自己的專業，成為該行業的開拓者：方瑪莎（Martha Fong，音譯）是第一位當上護理學校老師的美國華人、方米琪（Mickey Fong，音譯）是第一位美國華人公衛護士，而方瑪莉（Marian Fong，音譯）則是第一位華人口腔衛生師。[58]受過大專院校教育的新生代華人女性也進入了以男性為主的職場。梁細蘇（Faith So Leung）在一九〇五年當上牙醫，應該是全美第一位華人女性牙醫[59]，朱朵麗（Dolly Gee，音譯）則在一九二九年成為第一位華人女性銀行經理。[60]

職場的阻礙重重，因此女性要特別有毅力才能登上頂峰，張玉燕（Bessie Jeong）就是一個例子。她是全美國最早成為內科醫生的華人女性之一，早年她就清楚看出女人不能把人生的主導權交給丈夫，否則下場會很淒涼。十幾歲時，爸媽幫她的姊姊張蘿絲（Rose Jeong，音譯）安排了兩位結婚的對象，其中一位才二十幾歲，另一位是五十歲的廚師，但蘿絲都只看過照片，要靠家人的指點才能做選擇。爸媽的建議是，「與其幫年輕人做牛做馬，不如嫁給老人疼愛。」所以她選了老廚師。結果那廚師卻是個善妒多疑的霸道丈夫——如張玉燕所說，「像個嚴厲的工頭」。蘿絲年方十六，儘管只在公立學校讀過兩年書，但美國味太重，教育程度也太高，不對他的胃口，隨後她發現自己的婚姻陷入愁雲慘霧，一生都與貧窮為伍，而且人生的機會愈來愈少。他們住在加州威德市（Weed）某個伐木場裡，住的小木屋既不隔熱也無法保暖，蘿絲的丈夫做生意屢屢失敗，她甚至得賣掉婚禮上戴的珠寶，來填補他的損失。最後蘿絲實在是體弱氣虛，才二十六歲就因為流感而病逝。

張玉燕決心不要步上姊姊的後塵。當父親開始邀請一些男人來家裡，然後問她想不想回中國，她認為這次輪到自己要被嫁掉了。「或許他可以因此得到聘金，也可能他只是想要履行父親的義務，」張玉燕猜想，「但我還是變成待價而沽的女人，就像獲獎的乳牛！『貝西』這個名字總讓我聯想到一隻肥美的母牛！」一九一五年，十四歲的張玉燕逃家，到舊金山投靠唐納狄娜·柯麥隆牧師，她所主持的長老教會之家專門收留逃出妓院的華人娼妓或者被家暴的華人妻子。在柯麥隆牧師的庇護與資助之下，張玉燕先後從拉克斯女子師範學校（Lux Normal School）與史丹福大學畢業（她在一九二七年成為該校第一位華人女性畢業生），最後又從賓州女子醫學院（Women's Medical College of Pennsylvania）取得學位。為了賺取醫學院的學費，她曾經做家事打工，包括清掃、洗衣、當保母，也幫忙煮晚餐。

與許多成功人士一樣，張玉燕生來樂觀，而且能屈能伸。對她那非常傳統的家庭，她可以說是毫無怨尤，甚至還與父親和解，父親後來也接受她拒絕回中國的決定。（父親曾去探視她好幾次，但在她從史丹福大學畢業以前就去世了，沒有機會看到她成為醫生。）她的交遊廣闊，有很多華人與白人朋友，還宣稱自己畢生未曾遭受過任何種族歧視。張玉燕也是位職場家庭都能兼顧的職業婦女，選擇嫁給了學養俱佳的中國駐舊金山領事陳應榮（譯註：陳應榮有牛津大學、哥倫比亞大學的雙博士學位，二〇一八年年初剛剛過世的美國華人記者陳香梅女士就是他的女兒。陳香梅的母親在中國病逝後，陳應榮才在舊金山續絃，娶了張玉燕醫生，兩人育有一女陳杏竹），婚姻生活幸福美滿，自己開業，行醫將近四十年。[61]

不過，像張玉燕這種女性畢竟少之又少。絕大多數的華人女性還是常常被迫把家庭放在事業前面，為此承受龐大壓力。許多年輕女性雖然決心走入家庭，但因為傳統觀念逐漸消散褪色，她們也開始懷疑自己在戀愛與婚姻中該扮演哪一種角色。

就戀愛觀與婚姻觀而言，華人家長與新生代華人的看法大相逕庭，不可避免的也造成許多誤解。二十世紀初，儘管有些華人已經用美式約會的方式談戀愛，但還是有人固守著中國的古老習俗。某些新生代華人接受父母安排的媒妁之言，也有人起身反抗。「我爸媽的觀念古板，想幫我挑選丈夫，但我不接受他們的選擇，」洛杉磯居民梁莉莉（Lillie Leung，音譯）曾在一九二四年向族群關係普查的訪問人員表示[62]：

中國自古以來講求媒妁之言，由家長幫忙安排親事，但我們年輕一代的華人卻覺得這很可笑。每次只要有某個年輕的華人朋友要回中國，我們就取笑他：你要回去娶老婆喔？這已經變成我們的老梗，就連年紀較大的華人也把這笑話給學了起來。

一旦接觸到西方的愛情觀之後，許多年輕的美國華人也漸漸發展出自己的一套遊戲規則。一九一〇年代期間，舊金山中國城的青少年往往無視於父母的告誡，在杜邦街上「打啵擁吻」（spooning）。[63]按照爸媽的老規矩，這些青年男女是不能在光天化日之下聚在一起的，所以他們公然親吻的畫面往往被老一輩中國城居民視為醜聞。

聯誼是一種比較能被接受的社交行為：例如，由基督教青年會等信譽較佳的西方組織主辦的短途旅遊。這類活動有主辦單位派人陪同，無論是野餐、參觀博物館或者去教堂參加晚宴，都是形象比較正面，而且能幫青年男女製造認識交往的契機。許多新生代華人都是在這類活動中認識未來的配偶。一對舊金山的新生代華人夫妻向史家譚碧芳（Judy Yung）表示，他們相識於一九二〇年代，一直等到參加聯誼活動四年之後，他們才開始單獨約會。[64]

在新生代美國華人之間逐漸興起的一種次文化，也讓他們有機會選擇自己的婚配對象。由於被白人的兄弟會與姊妹會排拒在外，加州的美國華人大專院校學生也開始自組一些以希臘字母命名的聯誼會。一九二八年，六位主修工程的加州大學柏克萊分校華人學生自組「拍—阿爾發—菲」兄弟會（Pi Alpha Phi，別名「鳳梨」）。[65]兩年後，州立舊金山師專（San Francisco State Teachers' College）的華人女學生也籌組了美國第一個華人姊妹會，名為「西格瑪—歐米克隆—拍」（Sigma Omicron Pi）。[66]

在中國城規模較大的城市裡，例如洛杉磯與舊金山等，當地高中與大專院校都會籌組美國華人專屬的聯誼會，讓學生可以在會館裡辦舞會與派對。一九二九年，舊金山某位記者發現一張大海報裡有個時髦華人女郎與年輕華人男子擁舞，兩人都身穿正式服裝，海報上寫著一排說明文字：「華人大學生大秀舞技！」[67]「那些老一輩中國佬如果有機會看到此情此景，會怎麼想呢？」那位記者寫道。「這舊金山華人學生辦的舞會如此熱鬧，爵士樂流洩其間，雲裳秀衣，美女如雲，所有人都盡興享樂，就像某個舞會參加者所說的：『除了不能喝酒之外，什麼都行！』」在華人社群規模較小，或者只有少數華人居民的地區（例如美國南方），某些新生代華人則是願意大老遠前往別的地方與其他年輕華人交誼共歡。王艾德（Edward Wong，音譯）回憶道：「我們的爸媽總是諄諄告誡，要我們娶華人。我們也會辦舞會。我們也曾在週六夜裡大老遠從聖安東尼奧（San Antonio）開車前往紐奧良或休士頓參加舞會，當晚又開車回家。」[68]

這種新的自由氛圍讓某些華人家長感到憂心忡忡。許多華人移民仍然珍視「三從四德」與「百善孝為先」等儒家理想，深信他們的兒子只有在出生於中國的新娘身上才能找到這些美德。他們擔心在美國出生的年輕華人女性「被寵壞了」、「美國味太重」，將來成為媳婦一定很難搞。曾有人回憶道，當年在他住的那個地方，如果家裡娶到來自中國的媳婦，爸媽總是感到特別驕傲，因為那才是「理想中的好媳婦」。

此外，某些華人家長希望女兒嫁給在中國出生的中國籍丈夫，但法律規定與文化隔閡卻往往變成無法跨越的鴻溝。在美國出生的華人女性如果嫁給中國人，將會失去美國公民的身分。根據一九〇七年的《放棄國籍法》（Expatriation Act of 1907）規定，女性在嫁給丈夫後就必須改歸化為丈夫所屬國家的國民，[69]後來在一九二二年又改實施《凱伯法案》（1922 Cable Act），規定美國婦女只要嫁給了沒有資格歸化為美國籍的外國人，就等於放棄了自己的美國公民身分。[70]

某些在外國出生的華人移民儘管接受的是西方教育，也認為自己是現代人，但並不總是能夠認同美國社會賦予女性的高度自由。一九二〇年代的新生代華人女性有多自由，是大多數在中國的家庭都無法想像的，包括她們可以離家工作、為了各種社會理念而去當志工、自己選擇丈夫，並且採取避孕措施。看到美國男女之間那種毫不拘謹的親暱表現，某些中國人甚至會被嚇一跳。中國學者韓玉珊說他在一九二六年來到美國時，某位朋友的女友在打招呼時親了他一下。受到驚嚇的他後來參加芝加哥舉辦的文學獎，比賽題目是〈我最尷尬的時刻〉，他就用自己被親的經驗寫了一篇散文。他沒有獲獎，後來他自己也了解為什麼會這樣：在美國，被女孩主動親了一下根本就沒什麼好大驚小怪的。[71]

馬遂赫（Mar Sui Haw，音譯）出生於中國，是個在西雅圖力爭上游的第一代移民，他曾在一九二四年宣稱：「在這裡出生的華人女性通常都是一些時髦女郎。」[72]早年他曾到舊金山幫叔父的商店與報社工作，把英語學好，然後從一家商校畢業。儘管他認為自己是個美國化的現代人，但仍然渴望娶到一位傳統的中國妻子：

> 她們〔美國華人女性〕根本沒有任何美德可言。中國女人來到這裡後也受她們影響，根本不會試著去學自己該學的東西。在中國，沒有任何女人是不守婦德的。這裡的女人則什麼都不在乎。我在這裡很難找到配偶。我想要結婚，自組家庭。在新的移民法規開始實施以前，我想我還可以回中國娶老婆，但現在不行了。真令人難過。這個國家的華人女孩全都什麼不在乎，無時無刻都在表演，在跳舞。我不能忍受那種女人。

不少其他男人也深有同感。「在中國出生的華人男子不該娶在美國出生的華人老婆，」江安德（Andrew Kan，音譯）宣稱，「他們不會快樂的。與中國女孩相較，那些華人女子所接受的教養不同，對於家庭的感覺也不一樣。」[73]住在紐約州水牛城的華人移民李華立（Wallace Lee，音譯）在一九二〇年尋找結婚對象時，他有個堂哥曾經告誡他，「不要在美國結婚！這裡的華人女孩一天到晚把自由掛在嘴邊，自由！自由！太自由了！太新潮，太新鮮，當不了好老婆。」[74]

然而，還是有許多禁忌有待打破。某些在美國出生的華人因為與他族通婚而遭人訕笑、排斥、指指點點，許多州甚至根本就以法律全面禁止異族通婚。而對許多華人家長來說，這種婚姻根本就是無法想像的。某些家長無法忍受兒子、女兒與華人以外的美國人結婚，也有少數美國華人回想起當年的狀況，表示自己只是因為與日裔或韓裔美國人結婚就遭到親友排斥。甚至還有少數家庭的要求更為嚴格，光與華人結婚還不夠：周羅尼（Rodney Chow，音譯）說，當年他的祖父母甚至希望後代子孫的結婚對象都是和他們講同樣方言的。[75]

不過，異族聯姻的情況還是比我們想像中更常見。根據某些研究顯示，所有涉及華人的婚姻裡居然有高達四分之一是與異族通婚。米爾頓・貝隆（Milton L. Barron）曾調查過一九二四年到三三年之間的九十七樁華人婚姻，其中有百分之二十三・七是與異族通婚。[76]他也針對同一時期內紐約州（不包括紐約市）的六百五十樁華人婚姻進行調查，結果發現其中有一百五十個人的配偶並非華人。如此看來，華人與異族通婚的比例實在是遠遠高於其他少數民族：日裔美國人只有百分之六・三，至於非裔美國人更是僅僅百分之一・一。

不久後，開始出現了一些足以超越偏見藩籬的異族通婚案例。例如，在天使島擔任口譯人員的華裔美國女性梁亞娣（Tye Leung）嫁給了白人移民官員查爾斯・舒爾茲（Charles Schulze），結果他倆都被舊金山市政府開除。許多華人也奚落他們。一開始，中國城居民把這種異族通婚夫婦所生的小孩謔稱為「番鬼仔」。[77]但舒爾茲夫婦最後還是靠自己的努力被接受，或許是因為梁亞娣奉獻出自己許多寶貴的時間，幫華人社群當志工。後來她回想起婆婆與自己的爸媽都「非常不認同」他們的婚姻，但如同她所說，「墜入愛河的人是不會顧及未來的。」[78]

儘管某些華人家長對於孩子們的言行感到頭痛不已，但是讓更多家長憂心忡忡的卻是老家親戚們的安危。一九二〇年代，美國在各方面都繁榮鼎盛，但中國卻變成無法無天，整個國家落入了貪婪成性的軍閥手裡。到了一九二〇年代晚期，終於出現了中華民國得以存續的希望與跡象。年輕的國民黨領導人蔣介石崛起，結束了國家分崩離析的狀態。蔣介石出身東海岸省份浙江，是個商人之子，具有日本軍校的學歷，後來獲得孫逸仙的賞識，被派往蘇聯學習政治與軍事體系。一九二六到二八年之間，他擔任北伐總司令，擊敗各省軍閥，統一全國，鞏固了國民黨政權。在北伐過程中，國民黨於一九二七年定都南京，而蔣介石更在北伐結束不久前取得國民黨內的最高領導地位，旋即就任國民政府主席。

不過，此時的中華民國仍然紛擾不斷。中國共產黨本來是支持北伐的，但在這個軍事行動開始不久後，蔣介石即於一九二七年發動「清黨」，消滅國民黨內部的共黨勢力。他與許多黑幫組織密切合作，屠殺了數以百計的左翼工運份子，其中又以聲名狼藉的上海青幫出力最多。屠殺共黨人士的行動擴及華南各個地區，迫使該黨殘部遁入山區。接下來的幾年內，蔣介石數度剿共，希望能斬草除根，共黨部隊卻和他打起了游擊戰。

日本政府認為國共內戰是他們在中國進行軍事擴張的大好機會，因此屢屢發動無情的軍事攻擊，讓蔣介石腹背受敵。其實這外患的惡兆早在一次世界大戰結束後就浮上檯面。一九一九年簽訂《凡爾賽和約》（Versailles Treaty）時，西方列強決定把山東省的德國租界歸還給日本，而非中國。此舉點燃了中國百姓的民族怒火，五四運動就此爆發，許多中國知識份子在北京與全國各地展開大規模的抗議行動，但當時國民黨政府尚未取得統治全中國的政權，勢力薄弱，無法阻止日本的種種侵華舉動。不到十年後，日軍於一九二八年砲轟山東省濟南市，導致中國軍民死傷七千多人。[79]日軍在一九三一年竊佔東北地區，將其改名為滿洲國，扶植末代皇帝溥儀為傀儡君主。隔年，日本又派陸戰隊進攻上海，但遭中國守軍擊退，史稱中日淞滬會戰。

透過華語報紙與親人的來信，美國的華人社群成員得以時時掌握中國國內情勢的發展，常感心情沉重。許多華人移民希望能幫這尚處於萌芽期的民國對抗日本入侵，但除了寄錢回家給自己的家人，不知道還能做些什麼。但就在不久之後，他們對於能否繼續匯錢也不太確定了，因為美國即將陷入史上最嚴重的經濟大蕭條危機，他們也自身難保了。

---

1 請參閱：1880 U.S. Census.

2 請參閱：Diane Mei Lin Mark and Ginger Chih, *A Place Called Chinese America*, p. 173。根據一九二〇年美國人口普查的結果，華人男性有五萬三千八百九十一人，女性則為七七四八人。

3 請參閱：*Origins & Destinations*, p. 89.

4 請參閱：Victor G. and Brett de Bary Nee, *Longtime Californ'*, p. 25; Jack Chen, *The Chinese of America*, p. 176.

5 請參閱：Interview with Herbert Leong, interview #141, Southern California Chinese American Oral History Project, sponsored by the Asian American Studies Center at the University of California, Los Angeles, and the Chinese Historical Society of Southern California.

6 請參閱：Victor G. and Brett de Bary Nee, p. 151.

7 請參閱：Victor Low, *The Unimpressible* Race, p. 15.

8 請參閱：Victor Low, p. 14.

9 請參閱：Ibid., pp. 20-21。例如，一八六四年的《學校法》（1864 School Law）宣稱：「黑人、蒙古人與印地安人皆不得進入公立中小學就讀，除非有家長或監護人幫上述三種有色人種學童提出入學申請，其等便可逕向任何學區之委員會陳情，委員會即可用公立學校經費特別為黑人、蒙古人與印地安人學童另外設立一學校。」

10 請參閱：Ibid., pp. 26-27.

11 請參閱：Victor Low, pp. 37, 49.

12 請參閱：Judy Yung, *Unbound Feet*, p. 48.

13 請參閱：Victor Low, p. 50.

14 請參閱：Ibid., p. 60.

15 請參閱：Ibid., p. 61.

16 請參閱：Ibid., p. 61.

17 請參閱：Ibid., p. 63.

18 請參閱：Ibid., p. 66.

19 請參閱：Ibid., p. 71。這封信的日期為一八八五年四月八日，後來於同年四月十六日刊登於舊金山的《艾爾塔加州日報》（*Daily Alta California*）上。

20 請參閱：James Loewen, pp. 65-68; Sucheng Chan, p. 58.

21 請參閱：在加州聖荷西、夏威夷等地方，華人學童可以進入白人學校就讀。這些地方的法律規定，只要沒有白人家長反對，他們就可以去白人學校就讀。請參閱：Darlene T. Chan, "San Jose's Old Chinatown, Heinlenville, 1850-1930: A Historical Study," Ph.D. dissertation in education, University of San Francisco, 1994, p. 26.

22 請參閱：Victor Low, pp. 109-10.

23 請參閱：Author interview with Sam Chu Lin, November 2002; Cheng-Tsu Wu, ed., *"Chink!,"* p. 147.

24 請參閱：Ruthanne Lum McCunn, *Chinese American Portraits*, p. 133.

25 請參閱：Interview with Bernice Leung, interview #137, Southern California Chinese American Oral History Project.

26 請參閱：Huping Ling, *Surviving on the Gold Mountain*, p. 78：原文出處為：Arthur Dong, *Forbidden City, U.S.A.*, color video, 56 minutes, 1989, in *The American Experience*.

27 請參閱：Victor Wong, "Childhood II," in Nick Harvey, ed., *Ting: The Caldron: Chinese Art and Identity in San Francisco* (San Francisco: Glide Urban Center, 1970), p. 71.

28 請參閱："Interview with Lillie Leung," by Wm. C. Smith, Los Angeles, August 12, 1924. Major Document #76, Box 25, Survey of Race Relations, Hoover Institution on War, Revolution and Peace, Stanford University.

29 請參閱："Story of a Chinese College Girl," p. 4, Major Document 54, Box 24, Survey of Race Relations, Hoover Institution on War, Revolution and Peace, Stanford University. Also Judy Yung, *Unbound Voices*, p. 301.

30 請參閱：Interview conducted October 13, 1924, in Los Angeles, unnamed participant. Major Document #233, Box 28, Survey of Race Relations, Hoover Institution on War, Revolution and Peace, Stanford University.

31 請參閱：Ibid.

32 請參閱：Oral history interview with Alice Sue Fun, in Judy Yung, *Unbound Voices,* p. 269.

33 請參閱：Ibid.

34 請參閱：Grace Pung Guthrie, *A School Divided: An Ethnography of Bilingual Education in a Chinese Community* (Hillsdale, N.J.: Lawrence Erlbaum, 1985), p. 63.

35 請參閱：Haiming Liu, p. 19.

36 請參閱：Louise Leung Larson, *Sweet Bamboo,* p. 65.

37 請參閱：Interview with Rodney Chow, interview #149, Southern California Chinese American Oral History Project. Sponsored by the Asian American Studies Center at the University of California, Los Angeles, and the Chinese Historical Society of Southern California.

38 請參閱：Pardee Lowe, *Father and Glorious Descendant* (Boston: Little, Brown, 1943), p. 140.

39 請參閱："Interview with Mrs. C. S. Machida," by Wm. C. Smith, Los Angeles, August 13, 1924. Major Document #73, Box 25, Survey of Race Relations, Hoover Institution on War, Revolution and Peace, Stanford University.

40 請參閱：Judy Yung, *Unbound Feet,* p. 151.

41 請參閱：Thomas W. Chinn, *Bridging the Pacific: San Francisco Chinatown and Its People* (San Francisco: Chinese Historical Society of America, 1989), pp. 122-25.

42 請參閱：Victor Low, pp. 112-13.

43 請參閱：Betty Lee Sung, p. 236.

44 請參閱：Pardee Lowe, *Father and Glorious Descendant* (Boston: Little, Brown and Company, 1943), pp. 191-92.

45 請參閱：Ibid., pp. 146-47.

46 請參閱：Ibid., p. 147。劉裔昌還是青少年時胸懷大志，想當美國總統，因為他的老師麥金泰小姐（Miss McIntyre）曾對全班同學說過：「你們每個人總有一天都可能成為美國總統！」但經過這次種族歧視的體驗後，這他稱之為「總統病」（Presidentitis）的熱忱好像被冷水澆熄似的。據他後來回憶道：「我崩潰啜泣。這是我第一次承認了那殘酷事實。常言道『中國佬的機會』（Chinaman's chance），幾乎等於沒有機會，所以我就是沒機會當美國總統了。麥金泰小姐幫我編織的美夢破碎之際，我並未想到，其實無論是法蘭西斯科．特魯希略（Francisco Trujillo）、松山裕理（Yuri Matsuyama，音譯）或者潘妮洛普．林肯（Penelope Lincoln）（以上皆為劉裔昌的同學），他們能當上美國總統的機會也沒比我好到哪裡去。」

47 請參閱："Life History and Social Document of Fred Wong," p. 6. Date and place given on document, August 29, 1924, Seattle, Washington. Survey of Race Relations, Hoover Institution on War, Revolution and Peace, Stanford University.

48 請參閱：Interview with Clarence Yip Yeu, interview #102, Southern California Chinese American Oral History Project.

49 請參閱：Victor Low, p. 170.

50 法蘭克・趙的相關資訊，請參閱：Connie Young Yu, *Profiles in Excellence: Peninsula Chinese Americans* (Palo Alto, Calif.: Stanford Area Chinese Club, no date listed, possibly 1986), pp. 19-23.

51 陳春榮的相關資訊，請參閱：Lillian Lim, "Chinese American Trailblazers in the Law," unpublished paper presented at the Sixth Chinese American Conference, July 9-11, 1999.

52 請參閱：Judy Yung, *Unbound Feet*, pp. 126-27.

53 請參閱：Jade Snow Wong, *Fifth Chinese Daughter* (original publication, Seattle: University of Washington Press, 1945; reprint edition, 1997), p. 109.

54 請參閱：Huping Ling, p. 45.

55 請參閱：Judy Yung, *Unbound Feet*, p. 129.

56 請參閱：Ibid., p. 139.

57 請參閱：Ibid., p. 129; Thomas W. Chinn, *Bridging the Pacific*, pp. 236-38.

58 這三位姐妹的資訊，請參閱：Judy Yung, *Unbound Feet*, p. 131.

59 請參閱：Ibid., p. 133；也可參閱：Thomas W. Chinn, *Bridging the Pacific*, pp. 187-89.

60 請參閱：Judy Yung, *Unbound Feet*, pp. 138-39.

61 張玉燕的相關資訊，請參閱：Interview with Bessie Jeong, interview #157, Southern California Chinese American Oral History Project; "Story of a Chinese Girl Student," Major Document #5, Box 24, Survey of Race Relations, Hoover Institution on War, Revolution and Peace, Stanford University; Judy Yung, *Unbound Feet*, pp. 131-33, 142, 165-66.

62 請參閱："Interview with Lillie Leung," by Wm. C. Smith, Los Angeles, August 12, 1924. Major Document #76, Box 25, Survey of Race Relations, Hoover Institution on War, Revolution and Peace, Stanford University.

63 請參閱：Judy Yung, *Unbound Feet*, p. 166.

64 請參閱：Description of Daisy Wong Chinn and Thomas W. Chinn in Judy Yung, *Unbound Feet*, p. 167.

65 請參閱：*A magazine*, February/March 1995, p. 14.

66 請參閱：Judy Yung, *Unbound Feet*, p. 128.

67 請參閱：onald Riddle, *Flying Dragons, Flowing Streams: Music in the Life of San Francisco's Chinese* (Westport, Conn.: Greenwood Press, 1983), p. 145；轉引自：Huping Ling, p. 104.

68 請參閱：Diane Mark and Ginger Chih, *A Place Called Chinese America*, p. 86.

69 請參閱：Expatriation Act of 1907: Judy Yung, *Unbound Feet*, pp. 168-69.

70 請參閱：Sucheng Chan, "The Exclusion of Chinese Women," in Chinese Historical Society of America, *Chinese America: History and Perspectives 1994*, p. 124.

71 請參閱：Interview with Yu-Shan Han, interview #152, Southern California Chinese American Oral History Project.

72 請參閱："Mr. Mar Sui Haw," Seattle, Washington, by C. H. Burnett, August 28, 1924, p. 11. Major Document #244, Box 29, Survey of Race Relations, Hoover Institution on War, Revolution and Peace, Stanford University.

73 請參閱："Life History and Social Document of Andrew Kan," Seattle, Washington, August 22, 1924, by C. H. Burnett, p. 12. Major Document #178, Box 27, Survey of Race Relations, Hoover Institution on War, Revolution and Peace, Stanford University.

74 請參閱：Lee family oral history project, 1991, p. 21；轉引自：Erika Lee, "The Chinese American Community in Buffalo, New York 1900-1960," honors thesis at Tufts University, 1991.

75 請參閱：Interview with Rodney H. Chow, interview #149, Southern California Chinese American Oral History Project.

76 請參閱：Milton L. Barron, *People Who Intermarry* (Syracuse, N.Y.: Syracuse University Press, 1946), pp. 11-19；轉引自：Betty Lee Sung, *The Story of the Chinese in America*, p. 258.

77 請參閱：Judy Yung, *Unbound Feet*, p. 170.

78 請參閱：Tye Leung Schulze, "Ting," in Louise Schulze Lee private collection；轉引自：Judy Yung, *Unbound Feet*, p. 170.

79 請參閱：Him Mark Lai, "Roles Played by Chinese in America During China's Resistance to Japanese Aggression and During World War II," *Chinese America: History and Perspectives*, 1997, p. 76.

第十二章
大蕭條時代的美國華人

大多數的美國人都是在無預警的情況下遭受經濟大蕭條（Great Depression）的襲擊。一九二〇年代曾經是美國史上最璀璨華麗的時代之一，但就此結束了。這個年代也被稱為「爵士年代」或者「狂飆的二〇年代」，如今能讓我們聯想到的，往往是當年那些驚人的新潮事物與享樂，像是販賣私酒的地下酒吧，身穿短裙的「飛女郎」（flappers）在狂野派對上跳著誘人的新舞步，那景象真可用酒池肉林來形容。大家似乎都很有錢。這種「美國錢淹腳目」的感覺源自於一九二〇年代各種經濟指數飆升，這是一個政府放手不管，任由美國商界大展身手的時代。一億多美國人再也不用做單調乏味的家事了，因為汽車、收音機、洗衣機與吸塵器等新奇科技的發明一一出爐，從工廠生產線上誕生後立刻就被消費大眾買走。樂觀無比的他們大都是用「先享受後付款」的方式購買。此時美國已經是世界史上最富庶的國家，國家總收入幾乎可以抵得上歐洲與其他十幾個國家。美國的大企業競相興建摩天大樓，藉這些超大紀念碑來展現財力。玩股票已非大亨們的特權，就連女僕與擦鞋匠都對股市趨之若鶩，希望能藉此累積財富，而且大多數人也都能賺錢。這個繁榮的年代似乎可以不斷持續下去，有些公司甚至開始實施員工優先認購股票的制度，看來工會很快就要走入歷史了。

不過，經過十年的瘋狂投機炒作後，股市撐起來的泡沫經濟終於垮了。一九二九年十月二十四日，也就是俗稱的「黑色星期四」，華爾街股市第一次崩盤，接下來又出現一次次較小的跌幅，後來變成長期走跌，最終陷入全國性的經濟大蕭條。（根據另一種說法，股市大崩盤出現於十月二十九日，這是股市受挫最嚴重的一天。）這效應像漣漪似的從紐約往美國內陸地區擴散，銀行與公司行號一家家倒閉，最後總計有兩千萬美國人失業，相當於美國總人口數的百分之十六。

資本主義的輪子突然間轉不動了。破產的公司高層一個個從高樓躍下自殺，希望能用自己的人壽保險金救自己的家人。成千上萬的工人失業挨餓，而農產品的新價格比過去更低，導致農夫付不起運費，只好一把火燒了農作物。眼看抵押出去的農地就要被收走了，許多青年男女變成遊民，跳上貨運火車搭便車，為了找工作而橫越全國，但希望還是落空了。愈來愈多無家可歸的美國人睡在報紙、厚紙板搭成的破爛小屋裡，這種聚落被謔稱為「胡佛村」（Hooverville），用來影射胡佛總統沒有挽救經濟的能力。最後經濟大蕭條席捲全球。就在人們對資本主義感到愈來愈悲觀，覺得它無法自癒之際，許多年輕人開始閱讀共產主義書籍，嚷嚷著要革命。

加州得以倖免於經濟大蕭條的最深禍害，主要是因為該州不同於高度工業化的美國東岸地區，經濟發展仍以農業為主。不過，一九三〇年代是加州農工勞動條件最糟糕的時代。經濟大蕭條剛好與中西部大平原地區（Great Plains）各州嚴重的乾旱同時發生，原本已經過度耕種的土壤在烈日曝曬下，彷彿「巨碗裡裝成的灰土」。這個地區的白人農夫紛紛把家當裝上老爺車（人數最多的莫過於奧克拉荷馬州），逃往加州當農工，住進又擠又髒的私人勞工營地小屋裡，遭受的待遇幾乎與奴隸無異。這些不久前才淪為加州農奴的貧窮白人通稱為「奧佬」（Okies），取代了幾十年前華人農工在田裡所扮演的角色，史坦貝克（John Steinbeck）

透過小說《憤怒的葡萄》（*The Grapes of Wrath*），讓他們的悲慘處境永留青史。

大多數的華人都得以避開加州鄉間的動盪劇變。到了一九三〇年代，華人大都已經住在大都市裡，而且聚居在城裡的某個區域。一九三〇年代經濟大蕭條對於各地中國城的影響程度還不及一八七〇年代的排華風暴，主要是因為華人社群都能自給自足。華人深知白人通常不會借錢給他們創業，這根深柢固的觀念也促使他們早就養成一些自我保護的習慣，例如節約、仰仗親族人脈，而且不隨意舉債。他們自外於美國的主流社會，對白人的銀行充滿不信任感，因此大多數的華人公司行號都是靠華人獨有的非正式管道來融資。想把生意做大的華人企業家會向自家親戚借錢，或與其他華人以「標會」的方式籌集資金，按月繳錢給會頭，若有誰需要錢就把利息拉高，當月就由他把大家繳的錢拿走。

不過，這並不意味著華人完全沒有受到經濟大蕭條的衝擊。隨著愈來愈多美國白人失業，他們也就比較沒有錢來支付華人所提供的服務，像是到華人餐廳吃飯或者光顧洗衣店。因為收入漸少，華人家庭和數以百萬計的美國白人家庭一樣，也必須想辦法節流度日。「我記得小時候穿的運動鞋上面有很多破洞。」劉莉安（Lillian Louie，音譯）回憶起自己在紐約中國城度過的童年時表示。她會自己用厚紙板把洞補起來，不讓爸媽知道。「唉，我們不想去煩他們，他們要做的事已經夠多了。他們都得拚命工作。」[1]

大蕭條開始幾年後，美國國會通過一些緊急法案來進行紓困。小羅斯福總統（Franklin D. Roosevelt）在一九三三年入主白宮，他開始了一項名為「新政」（New Deal）的計畫，要求聯邦政府以各種措施來規範銀行，展開新的公共建設計畫，讓失業人口獲得工作機會。某些計畫由政府提供職缺與經費補助，華人因此受惠。多虧了《聯邦緊急紓困法》（Federal Emergency Relief Act）的幫助，到了一九三五年，舊金山已有百分之十八的華人（相當於兩千三百人）獲得政府補助。[2]與一般美國大眾接受補助的比例相較（百分之二十二）[3]，這數字偏低，理由在於許多華人拒絕申請補助，蔑視這種措施，視其為施捨。「大蕭條期間，我看到許多人都從學校領取罐頭食物回家，」在美國出生的舊金山華人王馬克（Mark Wong，音譯）表示，「但我爸拒絕。他只是淡淡地對我說：『不准帶罐頭食物回家，這沒得商量。』我想華人的自尊心真的很強。就算吃的東西變少了，但我們還是不能接受別人提供的食物，即使那可以用來填飽我們的肚子。」[4]

儘管華人討厭接受政府補助，但是每當華人社群的利益受損時，他們總是會毫不猶豫地起身反抗。大蕭條期間，紐約市的華人洗衣店曾遭遇白人競爭者打算以市府法規限制他們的發展，但華人群起反抗成功。幾位紐約市議員提案，規定必須要有美國公民身分才能開洗衣店，並且把執照規費與保證金提高到遠遠超過絕大多數華人洗衣店所能支付的金額，因為這些店家大都是小本經營。如果這法案通過了，即使不會全面摧毀紐約市的華人洗衣業，業界也會受到重創。

他們立刻採取反制之道。華人洗衣店業者組織了華人手工洗衣業聯盟（Chinese Hand Laundry Alliance，簡稱CHLA），在公開聲明中表示他們如果不馬上對抗這法令，「這國家將會有數萬華人洗衣工失去立足之地，我們遠在老家的妻子兒女也都會餓死。」[5]他們一起籌資聘請白人王牌律師，成功地迫使市府大幅降低執照規費與保證金，並且准許「東方人」即使沒有美國公民身分也可以在該市開洗衣店。CHLA持續活躍好幾年，會員人數在一九三四年達到最高峰，最多曾有三二〇〇人。[6]

有些華人奮鬥求生的規模較小，歷史意義沒那麼大，但一樣也是很重要，都是華人在大蕭條期間為了保住事業而努力掙扎的案例。有些華人家庭展現出相當了不起的毅力。李莉安（Lillian Lee Kim）曾經寫過一篇名為〈最早到巴爾的摩定居的華人家庭之一：李義友與劉幼歐〉（"An Early Baltimore Chinese Family: Lee Yick You and Louie Yu Oy"，人名為音譯）的自傳，痛陳家人為了家業而奮鬥的經過。在文章中她描述自己與兄弟姊妹們在大蕭條開始就遇到雙親先後去世的慘劇。先是她父親在一九二八年因病去世，後來他父親前一任妻子生的兒子來和他們爭產，導致母親筋疲力盡。某天晚上母親在吐血後就臥病在床，他們家洗衣店的營運全靠幾位還在中小學讀書的手足一起支撐。令人驚訝的是，在沒有大人監督的情況下，洗衣店仍能繼續運作。他們的做法是找一家洗衣工廠幫忙在早上洗髒衣服，下課後他們匆匆返家進行分類、上漿與燙衣服的工作，其中年紀比較小的甚至還要站在凳子上才能使用燙衣板，就這樣一直工作到睡覺前。年紀漸長後，他們找到週末的兼差工作，像是做家事、幫忙雜貨店送雜貨，或者幫忙販售水果蔬菜。大無畏的團隊合作精神讓他們得以解救自家洗衣店，並且安然度過大蕭條時期。[7]

大蕭條期間，許多華人為了維持家庭事業而更拚命工作，另一方面，華人社群的領袖們也集思廣益，為了增加收入而想方設法。觀光業顯然是可靠的財源。舊金山華商早就意識到這可能是一個有利可圖的產業：舊中國城在一九〇六年遭地震與大火摧毀後，根據《舊金山紀事報》描述，華商重建的新樓房「非常現代化」，但卻散發著「東方魅力與吸引力」。[8]在舊金山商會（San Francisco Chamber of Commerce）與華人社群自己的努力之下，再加上各種文章、手冊、廣告與當地媒體報導的大肆宣傳，中國城已經成為該市的景點之一。為了吸引白人男性蒞臨觀光，舊金山中國城在一九一五年舉辦了第一次選美會。主辦選美會的王姓華商（H. K. Wong，音譯）說他是為了「表彰那些讓中國充滿吸引力的美麗臉龐」。[9]參賽者個個身穿緊身綢緞旗袍（清朝女性傳統服飾），展露出玲瓏曲線。這些宣傳活動果然奏效。到了一九三〇年代，中國城的觀光收入幾乎已達該市觀光產業總收入的五分之一。[10]

大蕭條期間，舊金山華人對生意下滑深感憂心，因此加倍努力賺取觀光收入，而且往往不擇手段：「要讓觀光客想來，來了之後，我們要有東西讓他們大開眼界！」[11]結果他們設法創造出一個充滿活潑幻想的「邪惡東方」形象，善加利用各種最低級的華人刻板印象。旅行指南裡把中國城的地下世界描寫成一個神祕的迷宮，到處都可以弄得到毒品禁藥，賭館林立，妓院裡關押著許多艷麗的性奴隸，有華人也有白人女性。中國城裡甚至還有假的鴉片煙館與痲瘋病院，讓觀光客看得目瞪口呆。

美國各地的其他中國城也開始玩起招攬觀光客的把戲。洛杉磯許多華人青少年在下課後幫白人觀光客拉黃包車，賺取零用錢。[12]紐約市中國城的觀光業則是已經蓬勃發展了幾十年，許多嚮導都勸戒觀光客，為了安全起見，在逛街時要手牽手。[13]當地華人居民拿錢上演行動劇，假扮成「抽鴉片抽到瘋掉」的男人，為了妓女爭風吃醋，拿刀在街頭械鬥。[14]

事實上，一九三〇年代的中國城已經沒有以前那麼暴力了。旅行指南裡充斥著持斧幫派份子與流氓打手的故事，讓白人讀者看得如癡如醉，但那都是舊時代的往事，完全無法反映出現代華人幫派的組織化現象。二十世紀初的華人堂會在運作上早已變得更為專業化，比較不願意打殺見血，以免把白人觀光客嚇跑。在過去，華商與堂會曾因為錢的問題爭鬥過，而此時他們為了尋求利潤而開始合作。但事實上，華商常常加入堂會，藉此擴大勢力範圍，甚至有些令人敬重的華商骨子裡就是犯罪組織的老大。史家亞當・麥克恩（Adam McKeown）曾指出一九三〇年代舊金山的協勝堂（Hip Sing tong）曾經是個會強索保護費的龐大犯罪組織，他們的會議記錄與「股份有限公司」沒兩樣。[15]全美各地支堂選出一「代表」前往總堂開會，為地方利益發聲，會中討論議題包括保護費的金額、勒索時該要求多少錢、付款期限，還有收入的分配方式。

在傳教士與中產階級華人有志之士的奔走努力之下，這個年代中國城的性產業已大不如前，但還是有觀光業者持續靠出賣女性皮肉而獲利。一九三〇年代期間，劉英培（Charlie Low）在舊金山中國城開了一家紫禁城夜總會（Forbidden City），雇用數以百計的華人女性來表演舞蹈（她們大都來自中產階級家庭，且受過大學教育）。與紐約市哈林區知名的棉花俱樂部（Cotton Club）一樣，到紫禁城夜總會看秀的觀眾也大都是為白人，兩者也都以少數族裔女性的才藝表演為最大賣點。劉英培安排旗下小姐裸體演出，結果被整個中國城視為醜聞，批評那些舞女與娼妓無異。怒不可遏的華人母親禁止女兒到這家夜總會上班，甚至不准她們到那附近去。但許多年輕華人女孩還是持續在那裡工作。以性為賣點果然好賺，紫禁城夜總會大發利市，每年都吸引了十幾萬名觀眾，其中不乏參議員、州長，而且至少有一個人當上了美國總統。[16]〔據聞當時還是個年輕演員的雷根總統（Ronald Reagan）就頗好此道。譯註：二次大戰期間，雷根因為視力太差而沒有到海外去打仗，只是被派往舊金山港服役。他就是在這段期間於一九四二年與紫禁城老闆劉英培以及雷根當時的妻子珍・惠曼（Jane Wyman）留下了一張合照。〕到了一九三〇年代末期，因為世界博覽會（World's Fair）在舊金山舉辦，更是讓許多中國城華商磨拳擦掌，充分利用白人獵奇的心態，為他們提供扭曲的華人女性形象，藉此牟利。世博會當局砸了一百二十萬美元在展覽舉辦地點金銀島（Treasure Island）建了一座原汁原味的中國村莊，居然有華商建議，可以安排裸女從蛋糕裡跳出來，肯定能吸引大批觀眾。[17]許多人對此猛烈抨擊，表示這個構想不但下流無比，而且根本無法呈現真正的中華文化風味，提案也就胎死腹中了。

每當觀光客造訪各地中國城，許多當地居民其實都氣憤不已。理由之一是他們不喜歡像動物園裡的動物一樣供人欣賞，而且早在華商開始於大蕭條期間主打觀光產業之前，他們就已表達自己心中的憤怒。「一年到頭，每天在紐約市商業區的中心地帶都停著一輛輛遊覽車，車上以日本紙燈籠為吊飾，車子前面掛著巨大看板，兩三個人繞行車子四周，大聲嚷嚷著：『中國城，喔，中國城，只要一塊錢就能去看中國城！』」哥倫比亞大學學生鄭班傑（S.J. Benjamin Cheng，音譯）在寫給《紐約時報》的投書裡表示，「你們覺得任何一位華人或者有血有淚的人類經過這種遊覽車，聽到喊叫聲時，會做何感想？」[18]

當時還有一個迷思是，城裡存在著熱鬧的華人地底世界，許多華人對此也感到惱怒不已。「我從來沒看過什麼地底隧道，」某個華人男子堅稱，「只有設在地下室的麻將間。」[19]洛杉磯居民並不覺得華人蓋了什麼祕密地底隧道，不過他們倒是記得中國城的小巷都是有天花板的，可以用來養雞。[20]有些憤恨不平的華人威脅要把白人觀光客痛扁一頓，而且偶爾的確有人真的動起手來。「我們討厭那些觀光客！」紐約中國城居民秦龍（Lung Chin，音譯）宣稱，「因為他們老是來來去去，說一些醜化中國的故事。」[21]最令他義憤填膺的是那些關於鴉片煙館與年輕女孩淪為性奴隸的流言。他說，華人來美國「無非是為了賺錢，沒有人會把白人女孩抓來當奴隸。」他還承認，「我們會和他們吵架。我常常會走上前對他們說：『你們說謊！』然後我就動手打他們了。」〔許多白人深信這些流言蜚語。「去年夏季某天午後不久，有個身材高大健壯的中年美國紳士走入基督教青年會，故意用破爛的英文問道，那些地下隧道與鴉片煙館在哪裡？」某個舊金山人表示，「一聽到沒有那種地方，他大失所望，覺得『中國城』再也不像以往那樣獨具風味了。」十幾歲的白人女孩則常常聽說華人畜養白人奴隸的傳聞，如此惡名昭彰的中國城卻似乎讓她們感到興味盎然。根據《芝加哥論壇報》（*Chicago Tribune*）報導，在前往教會學校的路上她們往往會在狹窄巷弄中尋找華人男子，也會成群結隊到紐約中國城觀光。〕

靠著營造華人社群的假象，也許這些華人從一般白人手上賺了不少錢，但他們也糟蹋了自己的傳統，這可是非常昂貴的代價。在那個排華的年代裡，許多白人觀光客畢生唯一與美國華人接觸的機會就是在中國城裡匆匆的一瞥，但導遊卻讓他們對華人心生疑慮，甚至開始感到恐懼。到底有多少白人在離開中國城後開始認定華人永遠不可能融入美國社會？白人觀光客在看到觀光業塑造出來的迷思後，自以為「親眼見識了中國城的真實樣貌」，結果加深了白人社會的種種誤解，又有多少美國華人因此必須忍受種族歧視，求職時處處碰壁？這是兩個我們永遠無法解答的問題。最糟糕的是，某些負面形象因為電影作品而得以遺臭萬年，能看到的人可不是只有那些花錢到中國城的觀光客，而是人數遠多於此的電影觀眾。

好萊塢向來很擅長幫少數族裔塑造刻板印象。自從電影誕生以來，影壇早就開始把一些殘酷的笑話當成電影橋段來使用，美國華人也無法倖免。在一八九四年推出的默片《華人洗衣工》（*Chinese Laundry Scene*）裡，我們看到某個華人角色與愛爾蘭警察展開了你追我跑的戲碼，電影藉此取悅白人觀眾。一九〇六年另一部默片《頑童》（*The Terrible Kids*）則是有一群惡作劇的男孩圍攻一個華人，用力拉扯他的髮辮。但很快地影壇又塑造出一個更為邪惡的華人形象。一九〇八年，大衛・格里菲斯（D. W. Griffith）推出電影《千鈞一髮》（*The Fatal Hour*），裡面有個名叫彭力（Pong Lee）華人惡棍角色，手下有一票會耍刀的流氓，許多無辜白人女孩被他們綁架，淪為奴隸。

到了一九二〇年代，隨著中國城觀光業愈來愈蓬勃發展，傅滿洲（Fu Manchu）這個角色開始出現在週六下午上映的電影中。亞瑟・薩斯菲爾・沃德（Arthur Sarsfield Ward）以薩克斯・羅默（Sax Rohmer）的筆名寫了一系列驚悚小說，把傅滿洲描述為「夢想著由中國人來統治歐美的邪惡狠角色……他的存在對所有白人來說都是個重大威脅。」[22]羅默創造出來的傅滿洲不僅是個天才，也是個怪物：「他生就一雙彷彿巨貓才有的靈動大眼，閃爍著綠光……棕色皮膚散發著油亮光澤，剃著光頭像是一隻矮小人猿，充血的眼睛卻宛如瘋狗！他上下排白亮的牙齒都露了出來，緊緊咬在一起，嘴唇上沾著口沫。」[23]

除了傅滿洲之外，也有個邪惡的華人女性角色。曾有一段時間，電影中的華人女性若非受害者、脆弱纖細的中國閨秀、永遠屈服於白人男性的雄性魅力，就是女流氓、母老虎或者奸詐危險的蕩婦。史上第一位美國華人（事實上也是第一位亞裔美國人）電影明星黃柳霜（Anna May Wong）整個演藝生涯就都是扮演這一類角色，例如傅滿洲的邪惡女兒。

到了一九三〇年代，不僅中國城觀光業進入了全盛時期，電影也已經發展為全美國最受歡迎的娛樂產業。有聲電影的發明引領好萊塢黃金年代的誕生，許多人走進巨穴般的電影院看片，至少可以暫時忘卻大蕭條時代的苦難，沉醉在光輝燦爛的銀幕世界裡。電影裡的華人往往並非真實描寫，而是影壇塑造出來的華人形象，藉此滿足白人觀眾對於他們不完全了解的民族所懷抱的禁忌情慾，也能符應於他們對華人的隱約焦慮。像這樣在電影中把華人角色妖魔化或者在情慾方面過度描寫，很像是某些疏於考證的小說家或編劇往往把義大利美國人描繪成黑手黨成員，藉此遷就大眾心目中將他們當成罪犯的刻板印象，但事實上，無論過去或現在，絕大多數的義裔美國人都是奉公守法的公民。

大蕭條期間，白人觀眾喜歡的華人角色神探陳查理（Charlie Chan），是一個集華人的神祕與滑稽刻板印象於一身的矛盾人物。一九二五到三二年之間，厄爾·比格斯（Earl Derr Biggers）在《星期六晚間郵報》（*Saturday Evening Post*，譯註：這其實是一本每兩週出版的雜誌）上連載了六部「神探陳查理」系列偵探小說，後來陸續改編拍攝成四十八部電影。陳查理是個矮胖聰穎的華人神探，儘管並不邪惡，但和傅滿洲一樣渾身散發著神祕的東方氣息。這個角色曾經由許多白人扮演過，其中最著名的莫過於出生於瑞典的華納·奧蘭（Warner Oland），他們都被化妝成像是戴著一面古老中國面具，臉上掛著一抹撲朔迷離的微笑時，雙眼總是瞇了起來。他彷彿是孔子筆下老年智者的化身，隨口能說出各種諺語，其數量多過壞人留下來的線索。但不可避免的是，他的行徑卻往往引人嘲笑。他那些雋語聽起來就像引自幸運餅乾裡的字條，他的個性則往往被人簡化，用中國餐廳的菜餚來加以比擬：在一九三七年的電影《劇場血案》（*Charlie Chan at the Opera*）裡，某位白人警官說陳探長簡直像「芙蓉蛋」，而且他對探長說，「你不賴啊。就跟雜碎一樣，看起來神神祕祕的，不過是一道美味好菜。」

因為最好的華人角色都被白人搶走了，真正的華人反而難得有機會扮演好人。好萊塢電影把白人化妝成黃色臉孔，讓他們飾演華人，這不但讓華人無法演出主角，也讓華人在銀幕上飽受嘲諷。許多白人演員，包括約翰·韋恩（John Wayne）與凱薩琳·赫本（Katharine Hepburn）等一流紅星在內，都曾在臉上打了厚厚的粉底，或者戴著面具演出華人角色，故意擠眉弄眼或者用怪腔怪調的英語說話，心裡一點也沒有違和感。儘管有些白人演員很高興能夠藉由扮演異國角色來挑戰自己的演技，但他們大都未想到華人演員被剝奪了許多類似機會——因為無論是誰，想都不會想到要把華人化妝成白臉，由他們扮演白人的角色。但除此之外，即使他們想要演華人的角色，往往也爭取不到。

黃柳霜（Anna May Wong）是第一位華裔與亞裔美國電影明星。（照片來源：Hulton Archive）

在黃柳霜最紅的時候，由賽珍珠（Pearl Buck）小說改編而成的電影《大地》（*The Good Earth*）正在籌拍（這是少數幾部以正面形像描繪中國的電影之一），她曾爭取過女主角阿蘭（O'Lan）的角色。結果飾演阿蘭一角的卻是露薏絲．蕾娜（Luise Rainer），而且還因此獲得奧斯卡金像獎。電影公司曾邀黃柳霜飾演邪惡的小妾蓮花（Lotus），她提出抗議：「在這部所有華人角色都由美國演員演出的電影中，因為我的華人血統，你們居然要求我演出整部片裡唯一不受歡迎的角色。」[24]黃柳霜遭到電影公司怠慢，心碎之餘，在洛杉磯出生的她遠走中國，結果卻在祖國飽受批判，「因為我太常在電影中扮演惡女，我的同胞覺得我並未真誠對待他們，」後來她向某位記者表示，「某天下午我用四個小時才說服中國政府並非這麼一回事。我不能放棄自己的演藝事業，因為我覺得這實際上有助於拉近中國與觀眾之間的距離，也能讓他們更了解、更喜歡中國。」[25]

如果連黃柳霜這種巨星都沒辦法在一部以中國為故事背景的電影裡拿到女主角的角色，其他華人演員的演藝事業前景當然就更黯淡了。在影壇工作的華人不多，大多數都只是跑龍套，很少有台詞。他們之所以有機會露臉，大都只是因為故事以亞洲為背景，需要異國臉孔。[26]他們的工作機會不多，往往要隔好幾個月，甚至好幾年才會有人找上門。每當有中國故事為背景的鉅片要開拍時，某些華人臨時演員往往不敢離開電話旁，唯恐錯失罕見的工作機會。

少數華人胸懷大志，體認到自己如果在好萊塢當經紀人，能賺到的錢可能遠遠多於當演員。這些比較有生意頭腦的美國華人在好萊塢扮演起掮客的角色，專門幫白人電影公司找華人工作人員。女演員盧貝西（Bessie Loo，音譯）在洛杉磯開起了自己的演藝經紀公司。亞細亞戲服公司（Asiatic Costume Company）的老闆湯姆．古賓斯（Tom Gubbins）是中、歐混血兒，他可以同時靠華人演員與各大片廠賺錢。身為經紀人，《大地》（一九三七年上映）與《閻將軍的苦茶》（*The Bitter Tea of General Yen*，一九三三年上映）兩片的臨時演員都是他找來的，他可從華人演員的片酬中抽取百分之十的傭金。他也靠出租黃包車、戲服與道具給片廠而賺大錢。因為古賓斯精通粵語和英語（他在上海出生，成長於香港），他還有第三份收入：在片場擔任口譯人員，把導演的指令翻譯給華人演員聽。[27]在這些中間人的幫助之下，好萊塢為廣大的美國觀眾創造出許多華人的形象，有時甚至以假亂真，連美國華人都信了。電影場景「是我們最接近中國的地方」，記者梁露薏（Louise Leung）曾於一九三六年在《洛杉磯時報》的禮拜天雜誌上撰文寫道。她曾如此描述華人臨時演員的日常生活：這些「年輕人身穿好萊塢最流行的南美牛仔襯衫，頭戴貝蕾帽，身邊站著幾位迄今仍未融入美國社會的中國城老爹。」臨時演員走過片場裡布置出來的華南村莊，「鴨肉乾、香、醃製薑片與一捲捲芬香絲綢的味道混雜在一起，讓整個市場散發著最純粹的中國味，這是中國城的味道，中國的味道。」那些來自中國的老爹們看著布景，鄉愁浮上心頭，就連某個裝上假睫毛的年輕華人演員也喃喃說道，「天啊！中國肯定就是這一副模樣。」[28]

對許多在美國出生的華人來說，中國所代表的是一個理想的烏托邦，他們在那裡能完全被接受。一九三〇年代在舊金山出生成長的華人王維特（Victor Wong，音譯）表示，「老人家們總是說想要回家。他們老是說個不停：『回中國後我們要什麼就有什麼，再也不會受到歧視。』」[29]

即使在大蕭條之前，某些華人移民家長就已經開始鼓勵自己的孩子，雖然他們在美國出生，但仍然能夠遊走於兩國之間：在美國接受教育後回到中國去發展事業。張山姆（Sam Chang）是一位前往南加州墾荒有成的農場主人，在一九二五年他就曾這樣勸誡兒子。他一方面勸自己的弟弟留在中國（其弟是喬治城大學醫學院的畢業生，後來獲聘為北京協和醫院的醫生，但正在考慮回美國謀職），另一方面寫信告訴兒子：「你叔叔如果現在回到美國，或許能賺得到一點錢，但名聲與社會地位都會較為低下，他的知識也就浪費掉了。因為美國的社會是種族歧視最嚴重的地方，對黃種人有嚴重的偏見，所以他永遠不會受到敬重。」[30]

大蕭條似乎印證了這番話。根據美國勞工部就業服務處（United States Employment Service）設於舊金山的東方人分處（Oriental Division）表示，一九三〇年代期間，他們幫亞裔民眾進行就業媒合的成功案例，百分之九十都是取得了服務業部門的職缺，而且主要為食物業。[31]某些華人工程師與科學家發現自己只能回到中國城，在洗衣店與餐廳打零工，這讓他們洩氣不已。在美國出生的華人劉詹姆（James Low，音譯）曾有個老闆學的是礦業工程，沒想到最後卻淪落到衣服工廠工作，於是他說：「我爸曾對我說，『看看你老闆！本來他是要當工程師的，你看他的下場怎樣！』」[32]有個從麻省理工學院畢業的華人則是成為服務生。加州櫻木鎮（Cherrywood）有個華人社區叫做小廣州（Little Canton），那裡的居民曾回憶道，當地有好幾名華人擁有工程學位，但卻被迫在餐廳工作，因為別無選擇。「喔，我們沒辦法在華人社群以外找到工作啦！理由很簡單，看看我們的臉就知道！」一位擁有學士學位的年邁華人居民說。「我們是華人，不是美國人。所以就算我們拿到了十個學位又怎樣？」[33]

那麼，對他們來說也許中國是比較好的選項。一九三三年，聲譽卓著的舊金山華文報紙《中西日報》曾公開呼籲年輕的美國華人回到祖國求職，他們在那裡比較不會遭受到種族歧視。[34]某些年輕人即使未曾見過自己的祖國，但因為大蕭條時期實在求職不易，他們會比較容易選擇效忠中國。周羅尼（Rodney Chow，音譯）記得他的美國華人朋友們都夢想著「回到」中國去，即使他們都不太會說華語，也未曾去過中國。[35]一九三五年在太浩湖（Lake Tahoe）舉辦的華人青年暑期會議（Chinese Young People's Summer Conference）上，有百分之七十五的與會者表示他們想要為中國效力，許多人甚至宣稱那是他們的義務。[36]

在一九三六年的一次全國性論文比賽中，這種身分認同與效忠對象的衝突問題更是變得更加劇烈，因為比賽的題目是：「我未來的路在中國或美國？」（Does My Future Lie in China or America?）贊助此次比賽的是紐約市基督教青年會國際學院（International Institute）創辦的組織群鷹俱樂部〔Ging Hawk Club，譯註：據悉"Ging

Hawk"二字有「努力求知」（striving for knowledge）的含意，或許是兩個中文字的拼音，但無法確定是哪兩個字」，結果這競賽促使第二代美國華人進行激辯，最後入選的幾篇文章刊登在《中華文摘》（*Chinese Digest*）週刊上。

首獎得主是哈佛大學學生鄧羅伯（Robert Dunn），他認為自己可以在兩種文化之間扮演溝通的橋梁。他寫道，如果他在美國能夠設法促進中美兩國之間的理解、友誼與商業夥伴關係，成就將會比較高。但他同樣也表示，「自我有記憶以來，我爸媽、我的華人朋友與華語學校的老師都告誡我必須效忠中國。」[37]他們告訴羅伯，中國是有四千年輝煌歷史的古國，既然他是華人就不能忘本，而且他也不該忘記華人在美國所承受的屈辱。「難道你不知道華人被人嘲笑、踐踏、羞辱與吐口水嗎？」他引用爸媽對他說的話。「你自己難道不是也曾經被人用一些下流的名字取笑嗎？難道你不知道該愛惜自己的顏面，沒有羞恥心和榮譽感嗎？你怎麼還會想要留在美國、效忠美國？」

不過，羅伯也覺得自己該為美國辯護。他寫道：「令我深感榮耀與感激的，是美國所堅守的自由與平等原則，還有政府對我提供的保護，以及我過去接受教育的學校與機構。沒有這一切，我當然無法成為今天的我。除了中國讓我受惠良多之外，美國也一樣。」他還寫道，中國的工作機會不多，而且身為一個美國人，他應該很難適應那裡的生活。結論是，他還是要待在美國才能找到未來的路。

第二名是華盛頓大學的洪凱伊（Kaye Hong，音譯），他一點都不感到左右為難。他說自己「在承受了那麼多羞辱之後」，覺得該為中國盡義務。他寫道，「中華民族常常受到嘲笑，長久以來令他感到義憤填膺。」他深信中國有更多工作機會可以提供給新生代的美國華人，因為中國如果要變成更偉大強盛的國家，就會需要他們。為了嘲弄向來反華的十九世紀美國報人何瑞斯・葛里利（Horace Greeley），洪凱伊故意誤用他的話來鼓勵自己也呼籲他人：「『往西走吧，青年們！』沒錯，跨越太平洋，前往中國。」[38]（這兩位比賽贏家最後的作為都違背了自己在論文中寫下的初衷。鄧羅伯從哈佛大學畢業，獲得國際法學位後被國民政府雇用，成為某位中華民國駐聯合國代表的祕書。至於洪凱伊則是留在美國，經商有成。）[39]

某些新生代華人的確辦到了。據估計，一九三〇年代期間大約每五個新生代美國華人裡就有一個移居中國求職。[40]不過他們大都只是過客，在祖國暫住幾年後就返回美國。受過專業訓練者獲聘為工程師、科學家、醫生、教授、社工、政府官員，或者經商。無論是美國大企業的外國分公司、美國政府機構、教育機構、類似基督教青年會的宗教組織，都需要這些華人大學畢業生提供技術——中英文都很流利當然更好，但即使國語不靈通，還是可以教授英文。國民政府的工商部正在尋找有鑄造鋼鐵經驗的工程師，上海航空協會（Shanghai Aviation Association）也在招募飛機駕駛員，政府甚至邀請美國華人農夫移民中國，承諾提供資金、農機與土地。[41]這些第二代美國華人以外僑的身分旅居中國（不過，其中有些人的確把自己當成熱愛中國的華人），和他們的爸媽一樣，生活水準比一般中國人還高：許多人居住在精華地段的住宅區，居民幾乎全都是美國華人，家中僕役成群。

有趣的是，遷居中國後，某些美國華人卻拚命想保留過去在美國的生活習慣——就像他們的爸媽當年遷居美國後，也是頑固地維持著過去在中國的生活習慣。以鄭容金（Flora Belle Jan）為例，她丈夫是芝加哥大學的畢業生，因為獲聘為北京某大學教授而在一九三二年遷居中國。鄭容金來自加州佛雷斯諾，是個新生代華人作家，長久以來一直夢想著在祖國定居，即使如此她還是無法與北京的中國人交心，因為她看不懂也不會寫中文。她在美國戰時情報局（U.S. Office of War Information）的駐北京辦事處找到工作，與許多會說英語的商人、外交官與學生變成朋友。自己的小孩在中國出生後，她也堅持要他們看美國影片、穿西方服飾、吃美國食物。[42]

無論他們個人對中國懷抱著怎樣的情感，許多在美國出生的華人最後為求自保，都不得不回到美國。因為在美國漸漸脫離大蕭條時代之際，國民政府掌權的中國開始面臨史上最重大的危機之一，幾乎讓他們一切的努力都前功盡棄。

---

1 請參閱：Interview with Lillian Louie, p. 4, New York Chinatown History Project, Museum of Chinese in the Americas.

2 請參閱：Judy Yung, *Unbound Feet*, p. 183.

3 請參閱：Ibid.

4 請參閱：Interview with Mark Wong, in Victor G. and Brett de Bary Nee, *Longtime Californ'*, p. 168.

5 請參閱：*Chinese Nationalist Daily*, April 24, 1933, p. 1；轉引自：Renqiu Yu, *To Save China, to Save Ourselves*, p. 35.

6 請參閱：Renqiu Yu, p. 55.

7 請參閱：Lillian Lee Kim, "An Early Baltimore Chinese Family: Lee Yick You and Louie Yu Oy," *Chinese America: History and Perspectives 1994* (Brisbane, Calif.: Chinese Historical Society of America, 1994), pp. 155-74.

8 請參閱：Ronald Takaki, *Strangers from a Different Shore*, p. 247.

9 請參閱：Judy Tzu-Chun Wu, "The Loveliest Daughter: A Melting Pot of the East and the West," *Journal of Social History*, Fall 1997, p. 7.

10 請參閱：Ronald Takaki, p. 248.

11 請參閱：Ibid., p. 24.

12 請參閱：Interview with Rodney H. Chow, interview #149, Southern California Chinese American Oral History Project。洛杉磯中國城（China City）於一九三八年開張，但隔年就毀於祝融。重建後它再度於一九四九年付之一炬。請參閱：Asian American Studies Center at the University of California, Los Angeles, and the Chinese Historical Society of Southern California, *Linking Our Lives: Chinese American Women of Los Angeles* (Los Angeles: Chinese Historical Society of Southern California, 1984), p. 16.

13 請參閱：Betty Lee Sung, p. 130.

14 請參閱：Ronald Takaki, p. 251.

15 請參閱：Adam McKeown, "Chinese Migrants Among Ghosts," p. 284.

16 關於紫禁城夜總會的資訊，請參閱：Huping Ling, *Surviving on the Gold Mountain*, pp. 119-20; Judy Yung, *Unbound Feet*, pp. 202-3; author interviews with

Chinatown residents.

17 請參閱：Gloria Heyung Chun, *Of Orphans and Warriors: Inventing Chinese American Culture and Identity* (New Brunswick, N.J.: Rutgers University Press, 2000), p. 35.

18 請參閱：Letter to *New York Times*, October 1, 1922, from S. J. Benjamin Cheng, a Columbia University student，轉引自：Arthur Bonner, *Alas! What Brought Thee Hither?*, p. 107.

19 請參閱：Victor G. and Brett de Bary Nee, p. 71.

20 請參閱：Interview with Rose Wong, interview #80, Southern California Chinese American Oral History Project.

21 請參閱：*The Life and Times of Lung Chin: A Story of New York Chinatown*, manuscript in folder labeled "Chinatown 19[15]-? Restaurants, Tongs, Opium, Sports, basketball, social culture," Museum of Chinese in the Americas.

22 請參閱：Cheng-Tsu Wu, ed., *"Chink!,"* pp. 136-38，原文出處為：Sax Rohmer, *The Return of Dr. Fu-Manchu* (New York: McKinlay, Stone and MacKenzie, 1916).

23 請參閱：Ibid.

24 請參閱：*Los Angeles Times*, July 12, 1987.

25 請參閱：*Hollywood Citizen News*, 1958, as cited in Judy Chu, "Anna May Wong," in Emma Gee et al., eds., *Counterpoint: Perspectives on Asian America* (Los Angeles: Asian American Center, University of California at Los Angeles, 1976), p. 287.

26 請參閱：Interview with Lillie Louie, interview #135, Southern California Chinese American Oral History Project.

27 關於湯姆・古賓斯的資訊，請參閱：Tom Gubbins: Interviews with Eddie E. Lee (#17), Gilbert Leong (#19), Mabel L. Lew (#22), Lillie Louie (#35), Bessie Loo (#38), Ethel Cannon (#64), and Gim Fong (#89), Southern California Chinese American Oral History Project.

28 請參閱：Louise Leung, "Night Call in Chinatown," *Los Angeles Times Sunday Magazine*, July 26, 1936, pp. 3-4.

29 請參閱：Victor Wong, "Childhood II," in Nick Harvey, ed., *Ting: The Caldron*, p. 70.

30 請參閱：Letter, Sam Chang to Tennyson Chang, January 4, 1925，轉引自：Haiming Liu, unpublished manuscript, p. 205，還有：*Origins & Destinations*, p. 260.

31 請參閱：Hsien-ju Shih, "The Social and Vocational Adjustments of the Second Generation Chinese High School Students in San Francisco," Ph.D. dissertation, University of California, Berkeley, 1937, p. 72，轉引自：Gloria Heyung Chun, *Of Orphans and Warriors*, p. 17.

32 請參閱：Interview with James Low, in Victor G. and Brett de Bary Nee, p. 169.

33 請參閱：Grace Pung Guthrie, *A School Divided*, p. 35.

34 請參閱：Haiming Liu, p. 20.

35 請參閱：Interview with Rodney H. Chow, interview #149, Southern California Chinese American Oral History Project.

36 請參閱：*Chinese Digest,* July 3, 1936, p. 14.

37 請參閱：Robert Dunn, "Does My Future Lie in China or America?," *Chinese Digest,* May 15, 1936.

38 請參閱：Kaye Hong, "Does My Future Lie in China or America?," *Chinese Digest,* May 22, 1936.

39 關於鄧羅伯與洪凱伊兩人後來的發展，請參閱：Gloria Heyung Chun, p. 31.

40 請參閱：Gloria Heyung Chun, *Of Orphans and Warriors,* p. 26; Judy Yung, *Unbound Feet,* p. 159.

41 關於美國各個組織在中國招募美國華人的情況，請參閱：Gloria Heyung Chun, p. 26.

42 關於鄭容金的資訊，請參閱：Judy Yung, *Unbound Feet,* pp. 143, 169.

第十三章
我們這個時代最重要的歷史事件：第二次世界大戰

就在美國於一九三〇年代努力掙扎擺脫經濟大蕭條之際，中國卻比世界各國早了將近十年，提前面對生死存亡的危機：也就是由日本所挑起的歷次戰端，最後終於走向中日大戰。早在一九三一年，日本就藉由發起九一八事變而奪取東北。後來日軍又在中國各地尋釁開戰（其中包括上海），每次都以粗暴手段殘殺中國軍民。中國政府積弱不振，且無法及早把軍隊予以現代化，導致日軍屢屢得逞，在各地勢如破竹。長期看來，光靠國民政府是沒辦法把日本人逐出中國的——這要等到日本被西方各國打敗才能辦到。

可嘆的是，儘管這些侵略行動顯然違反了國際法，而且日本根本把中國老百姓視如草芥，任意殘殺，但在國際聯盟（League of Nations）首先出面回應後，竟然沒有任何國家跟進。日本拒絕接受國聯的公開譴責，選擇退出國聯，偏偏這是該組織最需要公信力的時候，因此日本的退出也讓它威信全無。國聯身為世界和平的維持者，幾年內又陸續受到義大利與德國的大膽挑戰，進一步削弱其維和能力。到了一九三五年日本又來參一腳，派軍入侵察哈爾等地，將勢力範圍擴及如今通稱內蒙古的地區。

原本的侵略行動雖然是有計畫的，但卻只是在各地局部進行。不過，兩年之後，日軍終於在一九三七年七月間展開全面性的侵華行動。日軍將侵華戰爭予以升級的藉口，其實是一件芝麻綠豆大的小事：日軍在北京市郊盧溝橋舉行軍事演習，結束後發現有名士兵神祕失蹤。某位日軍指揮官聲稱他遭到中國人綁架，於是揮兵攻陷了北京旁邊的宛平城。儘管該士兵後來自己回到部隊，而且顯然未曾遭受侵犯或傷害，日本的攻勢依舊沒有放鬆，不到一個月就竊據了整個北京地區。

日本政府擴大戰爭的規模，把部隊派往華北、華中，還有位於東岸的全中國第一大城上海。國民政府領導人蔣介石調派龐大兵力用來進行上海保衛戰，但中國軍隊在訓練與裝備上都不是日軍對手。在這史稱松滬會戰的戰役中，中國國軍的死傷高達二十五萬人。[1]上海失守後，日軍又在年底前攻陷中華民國首都南京，隨即發生了南京大屠殺：這堪稱二十世紀最令人髮指的大屠殺事件之一，日本皇軍血洗南京城，遭到姦淫殘殺的老百姓人數高達數十萬，就此開啟了中國的對日抗戰序幕，在這八年內喪生的中國人口總計高達三千五百萬人。

素來有美國僑鄉之稱的台山地區損失特別慘重。日軍奪走當地農作物，充當軍糧，許多台山人只能活活餓死。[2]後來，日軍在一九四一年攻下香港，阻斷了中美之間來往的重要據點。過去許多世代以來，香港早已成為各家主要移民公司的總部，讓在美華人能夠以安全可靠的管道匯錢給台山的家人。香港的陷落意味著此一現金流動的管道被切斷了，許多「金山家庭」的生計也在一夜之間從雲端跌入人間。他們早已躋身當地有錢有閒的中上階級，因此受到的傷害特別大，因為這些人早已失去了為自己與家人謀生的技能。為了購買食物，一開始他們先典當珠寶、傢俱，接著賣掉房產，最後甚至把自己都賣了。[3]走投無路之際，某些金山家庭的妻子甚至必須賣身，把自己的小孩賣給別人當奴僕奴婢。在戰爭於一九四五年結束以前，至少有十五萬台山人死亡或失蹤，大約佔當地總人口數的四分之一。[4]

在美華人因為家人的困厄而深受刺激，日軍的殘酷行徑也令其驚恐不已，於是他們齊心齊力促使美國大眾注意中日大戰的戰況。大多數的華人移民都不是在美國接受正式教育，英文並不流利，表達無法盡善盡美，但仍盡力讓美國民眾了解遠東地區的狀況。戰事的消息除了在華人社群內部流通，他們也向社會大眾大肆宣傳。一般來說，新近華人移民使用的宣傳管道不外乎華文報紙、廣播節目，並透過街頭遊行讓華人同胞了解中國所遭逢的苦難，至於在美國接受教育的華人則利用英語媒體與巡迴演講，讓一般美國人了解狀況。紐約市的華人手工洗衣業聯盟（CHLA）透過當地各家華人洗衣店散發了數以千計的傳單，呼籲美國民眾抵制日貨。[5]

在美華人不只坐而談，更能起而行。他們可以為中國做出的貢獻之一，就是提供飛航技術人力。太平洋戰爭初期，中國空軍的實力與日方的差距實在太過懸殊，根本無法造成威脅。能夠安全應戰的國軍飛機一度不到九十架，[6]但日本空軍卻有兩千多架飛機。[7]不過，為了因應日益劍拔弩張的中日情勢，美國華人早在一九二〇年代就已經創辦了好幾家私人飛航學校或俱樂部，藉此將年輕華人子弟訓練成飛行員，有朝一日得以保衛祖國，而這類飛行訓練機構主要都聚集在華人人口較多的大城市，例如舊金山、紐約、波士頓、芝加哥、波特蘭與匹茲堡。[8]〔當上飛行員的美國華人女性也不在少數。最早的幾位華裔美國飛行員中就有一位名為歐陽英（Ouyang Ying）的女性，早在一九一〇年代她就發願幫中國強化國防。不幸的是，她在一九二〇年因飛機失事身亡，享年僅二十五歲，終究沒能返回祖國貢獻己力。另一位空中女傑是張瑞芬（Katherine Cheung），她在一九三二年成為首位考取飛行員執照的華人女性。張瑞芬因為令人歎為觀止的優異飛行特技而聲名大噪，屢屢登上舊金山各報版面。思想前衛的她曾批評國民黨政府禁止飛行學校招收女性學員。張瑞芬曾想在中國推動訓練飛行員的計畫，但在某次飛機失事倖存後，她年老體弱的父親懇求她別再開飛機，而因此作罷。〕[9]某些畢業生日後成為美國空軍的戰爭英雄，像是P-39戰鬥機飛行員劉史丹

（Stanley Lau）曾在歐戰戰場上執行過五十幾次飛行任務，總計擊落七架德軍軍機，獲頒飛行優異十字勳章（Distinguished Flying Cross）。[10] 也有人加入中華民國空軍，例如最後官拜二級上將的雷炎均（Clifford Louie）。[11]

在美華人也組織起來，設法阻止日本人取得美國的廢鐵，以免更多中國人死於那些廢鐵所製造而成的兵器。一九三八年一月，三十九名舊金山華人水手拒絕把一批廢棄鋼材搬上即將開往日本的貨輪，結果立刻被開除。[12] 幾個月內，紐約與美國西岸各地陸續爆發大規模的華人抗議遊行，結果導致各種軍用原物料都暫時禁運日本。其中一項規模最大的抗議行動於一九三八年十二月在舊金山爆發。日商三井物產（Mitsui Company）租來將鋼材運往日本的希臘貨輪史皮洛斯號（SS Spyros）停泊於舊金山港，結果一些美國華人團體與支持者用尖木樁把碼頭給圍了起來。兩百名華人聚集在史皮洛斯號前面抗議，到場聲援的希臘裔、猶太裔美國人與其他白人總計有三百人。[13] 過沒多久，愈來愈多華人從附近的城市趕來聲援，最後抗議人數高達八千人。滂沱大雨把大家都淋濕了，那場景令人不忍卒睹：抗議海報上的紅墨水不斷往下流，用某位記者的話說來，他們的臉彷彿「沾滿了血水與淚水」。[14]

但無論是不是這悲情攻勢發揮了功效，總之碼頭工真的被打動了。國際碼頭工人工會（ILU）與倉庫工人工會（ILWU）都通過了支持華人的決議，兩會都聲稱「百分之百反對任何人越過那一道尖木樁欄杆」。[15] 裝船作業為此中斷五天，在倉庫工人工會與華人領袖幾度磋商後達成協議：倉庫工人工會將召開大會，推動全面禁運戰爭物資前往日本。在這次罕見的團結行動中，各工會一起加入中國戰爭援助協會（Chinese War Relief Association）、在美中國友人協會（American Friends of China）與教會聯盟（Church Federation）的陣營，一起發動全國性的禁運活動。皇天不負苦心人，美國國會果真在一九四一年年初授權小羅斯福總統，暫時禁止美國販售軍火與某些物資到亞太地區（英國旗下各殖民地不在此限），此舉也激怒了日本。

除了推動禁運的抗議行動如火如荼地進行，也有許多為國民政府募集捐款與物資的活動。從一九三八年

上：二戰期間，洛杉磯華人志工為了募款而辦活動，合力舉起巨型中華民國國旗。（照片來源：Chinese American Museum, Los Angeles）

下：美國華人抗議人士把載運廢鐵到日本的貨船擋下，同時也獲得美國各界的支持，而促成對日本禁運。這照片是1939年2月在奧勒岡州港市阿斯托里亞（Astoria）拍攝的，在抗議人群的阻擋下，一整天貨物都無法裝上船。（照片來源：Oregon Historical Society）

開始，舊金山中國城在街頭舉辦了許多盛大的「飯碗派對」（“Rice Bowl” parties），吸引了數以十萬計的民眾共襄盛舉。[16]華人人口較多的紐約與洛杉磯等城市也舉辦了類似的活動，但活動內容各自不同。這一類活動往往像紐奧良狂歡節（Mardi Gras）一樣歡騰喧鬧，五花八門，並往往持續幾天之久。在繽紛紙片漫天飛舞的街道上，華人社群精心準備了舞龍舞獅、花車、煙火等表演，設法重現「老中國城」的情景，進行模擬空襲警報的演練，也販售上面印有「人道關懷」等字樣的小徽章。許多欣賞活動的民眾慷慨解囊，支持中國政府的抗日行動，把錢放進飯碗裡。當華人婦女高舉一面巨大中華民國國旗在街頭遊行之際，他們則是把硬幣或美鈔丟到旗面上。

為太平洋戰爭募款的行動促使各個階層的美國華人團結起來。無論華人移民或者在美國出生的華人，都挨家挨戶募款與販售戰爭債券。華人醫生在紐約成立了一座血庫，[17]也創辦了美國醫藥援華會（American Bureau for Medical Aid to China），藉此幫助日軍入侵中國後暴增的病人與傷患。[18]華人志工紛紛投效紅十字會，準備船運繃帶、藥品與疫苗前往中國。中產階級婦女將她們報效祖國的行動和社交生活結合在一起，舉辦各種募款義賣會、舞會與時裝秀。洗衣店老闆把捐款箱擺在店頭櫃檯上，用募來的錢購買並捐贈救護車、棉襖與藥品給中國國軍。[19]製衣工人利用寶貴的休閒時間為成千上萬的負傷國軍弟兄縫製冬衣。[20]就連青少年和孩童也不落人後，為國民政府募集鐵罐、金屬箔片等廢鐵。[21]

最後全美大約二十個城市總計為中國戰爭援助協會募到了兩千萬美元左右的款項，[22]此外在八年抗戰期間，美國華人社群捐給中國的款項也高達兩千五百萬美元。[23]這些捐款的金額看來並沒有多了不起，但如果把華人人口數考慮進去，卻很驚人。太平洋戰爭期間，美國大陸上的華人人口非常稀少：一九三〇年代初期大約只有七萬五千人，[24]過了十年之後也才增加區區幾千人而已。平均起來，每位在美華人所募集到的款項為三百美元[25]——如果把兩個因素納入考慮，這數字可說相當可觀：首先，一九三〇年代的美元幣值非常

1938年，紐約中國城為日軍侵華的受害者舉辦募款活動，參加者把街頭擠得水洩不通。這些在紐約、舊金山、洛杉磯等大城舉行的募款活動，就是所謂的「飯碗派對」（“Rice Bowl” parties）（照片來源：AP/Wide World Photos）

高，而且大多數中國城居民的生活並不寬裕，許多人都只能掙得到五、六美元週薪。甚至有些人把自己所有的存款都捐給中國，一毛也不剩。[26]

儘管募款動機純正高貴，但任何人都無法確定這些款項對中國能有多少貢獻，讓他們最終能戰勝日本。儘管有些錢的確用於添購衣服、毒氣面具、蚊帳與飛機給國民政府，但誰也無法肯定所有募來的善款、物資究竟有多少真的用於中國士兵身上。如今我們顯然可以看出國民黨軍隊普遍有紀律與效率不彰的問題。抗戰時往往有許多農夫是被部隊綁架強徵的，獲得的配給糧食根本就吃不飽，而且常遭上級動粗霸凌。曾以美國華人對二次世界大戰的貢獻為主題拍攝紀錄片《我們帶著榮耀報效國家》（*We Served with Pride*）的導演譚立人（Montgomery Hom）表示，他深信本來應該捐給士兵的錢最後大部分都被貪汙的國府官員給中飽私囊了。[27]

不過，這些感人的具體行動的確在美國華人社群內部累積出一股政治上的凝聚力。而且諷刺的是，由於和祖國仍保有直接關係的美國華人人口愈來愈少，本來已經沒多少人效忠中國，但一股對於祖國的熱忱卻因為這些募款活動的進行而出現了死灰復燃之勢。一九四〇年，在美國出生的華人比例首度超越了在外國出生的華人移民人口。[28]因此，在美國長大的美國華人已佔多數，而且他們大都沒有到過中國，這導致他們本人並不太覺得自己是中國人，只能透過父母來認同中國。就在這讓華人徹底融入美國社會的動能逐漸增強之際，戰爭的爆發又把整個華人社群凝聚了起來。

到了一九四〇年，中國的沿海各大城市幾乎已都遭到日軍佔領，蔣介石被迫將國府遷往戰時陪都，也就是位於中國內地的四川省重慶市，不過日軍對重慶的猛烈轟炸還是從未停歇。由於沿海地區落入日軍嚴密的掌控中，國府能夠獲得外國軍援的唯一通道就只剩滇緬公路了——這條泥土路面公路在中國與緬甸之間的山區蜿蜒延伸，路況艱險。儘管中國的情勢危如累卵，但這國家似乎就是打不倒，擁有無法徹底征服的廣衷土地。中國以游擊戰與人海戰術應戰，令日軍防不勝防，而且國土面積實在太大，也讓他們感到力不從心。

儘管美國各報刊登了那些派駐中國的外國記者寫的可怕報導，電影院也會播放關於日軍侵華戰況的新聞短片，但中日之戰對大多數美國人而言仍然沒有太大的意義。美國國民絕大部分都是歐洲裔，因此他們比較關注歐戰，眼睜睜看著希特勒以閃電戰攻勢竊佔一個又一個歐洲國家。在希特勒崛起後，由於有許多難民流亡美國，因此得以訴說他們親眼目睹第三帝國〔譯註：希特勒統治德國的時期（一九三三—一九四五）一般通稱第三帝國（Third Reich）〕所犯下的可怕罪行，但美國民間的孤立主義氛圍實在是太過濃厚了，因此無法刺激該國再度投入另一場世界大戰。深謀遠慮的美國領導人高聲疾呼：如果美國不趕快參戰，到時很可能難逃魔掌，來不及自救。即使這一句句警語彷彿暮鼓晨鐘，但許多人仍充耳不聞，因此無法累積出足夠的支持力量。因為民心大都傾向於不要介入戰局，爭取第三任總統任期的富蘭克林・羅斯福在一九四〇年選戰期間也將保持中立當成選戰主軸之一。他向美國年輕子弟的家長喊話，承諾他們：「這句話我已經說過了，往後我還會一遍又一遍予以重申。你們的兒子絕對不會被派往外國參戰。」

一九四一年十二月七日，日軍對珍珠港發動突襲，這無疑是幫了美國政界領袖們一個大忙。

那一年稍早，羅斯福已下令禁止將戰爭物資運往日本，不過從政治的角度來看這禁令是合理的，美國華人在各大港口貨運碼頭區進行的抗議行動可說是理由之一。深恐征服亞洲的計畫會因此受阻，短視的日軍高層遂向裕仁天皇倡議一次事後看起來簡直與自殺無異的反制行動：對駐防夏威夷的美國太平洋艦隊發動空襲。十二月七日破曉時分，從航空母艦起飛的日機轟炸了美國珍珠港的海軍基地，總計有二十一艘海軍船艦沉沒或嚴重受損，摧毀了將近兩百架停在地面美軍飛機，海軍將士與軍方人員的傷亡人數大約為三千人。

從這一刻起，美國大眾不再認為太平洋戰爭是遠在天邊的亞洲戰事。隔天羅斯福對國會發表演說，把一九四一年十二月七日稱為「一個會讓我們永遠蒙羞的國殤日」，他並且請求參眾兩院對日宣戰：「由於日軍於十二月七日禮拜天在未受挑釁的狀況下對我們發動了卑劣的攻擊，因此美國與日本帝國之間就此進入對戰狀態。」與日本為盟友的納粹德國與義大利也迅速對美宣戰，就此把一個本來採取孤立主義立場的超級強國捲入了東西半球的兩大戰區。

珍珠港事變發生後，美國人心目中的中國與日本形象幾乎在一夜之間翻轉，美國華人與日人的刻板印象也被重塑。突然之間，媒體開始把華人描繪為忠心耿耿的高貴盟友，日本人與日裔美國人則都是搞破壞的邪惡間諜。事變發生後，蓋洛普民調公司進行的一項調查顯示，美國人心目中的華人都是「勤奮、誠摯、勇敢、有虔誠宗教信仰、聰明且務實」[29]，至於日人則都是「奸險、狡詐、殘忍又好戰」——這兩種說法與好萊塢電影中塑造的華人形象幾乎完全吻合，前者比較像是神探陳查理，後者則是傅滿洲。儘管沒有說出口，但許多美國人心裡都有個疑問：到底怎樣才能斷定誰是好人，誰是壞蛋？一九四一年十二月二十二日，當時美國首屈一指的新聞週刊《時代》雜誌刊登了一篇名為〈如何辨別我們的朋友與日本鬼子〉（“How to Tell Your Friends from the Japs”）的專文：

> 幾乎所有的日本人都是矮子……與一樣是矮子的中國人相較，日本人可能較為矮壯，屁股更大。除了相撲選手之外，日本人很少是胖子，通常來說都是年紀越大越顯得枯乾、精瘦。中國人的體重往往比較重，尤其是那些有錢人（在中國，由於饑荒頻繁，肥胖身形往往被當成「福態」，是可靠的象徵）。中國人的毛髮不像日本人那樣濃密，他們通常長不出好看的八字鬍。大多數中國人都會避免配戴厚框眼鏡。儘管兩者的上眼皮都是典型的內雙眼皮（所以他們看起來才會生來一副丹鳳眼），日本人的左眼與右眼往往會長得比

較靠近一點。最了解他們的人通常都是憑藉著臉部表情來區分兩者：中國人的表情可能比較溫和、和藹、開明，日本人則是比較正向、獨斷與高傲……日本人在談話時會顯得比較猶豫、緊張，在不該笑的時候大笑。日本人走路時往往打直腰桿，顯得比較僵直、硬挺。中國人則是步態比較輕鬆自在，有時候會拖著腳步走路。[30]

不過，這篇文章的結論是：「沒有任何百分之百可靠的方式可以將兩者區分開來，因為他們的血統有一部分是相同的。即使人類學家拿出卡尺，耗費大量時間來測量他們的頭部、鼻子、肩膀與臀部，有時候還是會搞錯。」最後這篇文章提及該雜誌的華府特派員蔣約瑟（Joseph Chiang，音譯）「（他）的做法簡單多了：他在西裝翻領上面別了一個大大的徽章，上面寫著『我是華人記者，不是日本人，拜託別搞錯了。』」

儘管日本移民與日裔美國人與珍珠港事變毫無關聯，但事後他們的平靜生活卻被毀了。美國司法部在太平洋海岸地區與夏威夷逮捕了十萬個日本移民與日裔美國人，全都關進地處偏遠的集中營裡（位於懷俄明、猶他、愛達荷等州），問題是其中有許多人根本就是世世代代都生活在美國，忠心耿耿的美國公民。小時候居住在洛杉磯的周羅尼（Rodney Chow，音譯）還記得珍珠港事件改變了他家附近兒童玩耍場地的「生態」。他回憶道，當時有幾個日裔美國孩童仗著自己會幾招日本柔術，常常在街頭修理華人孩童。可是在十二月七日之後，這些惡霸突然間變成想要試著說服同學們，讓大家相信他們是華人，並非日本人。後來他家附近的華人開始戴上徽章，藉此與日本人劃清界線。過沒多久，那些日本孩童完全消失了，直到戰後他們離開了那些安置中心，歸返故里，周羅尼才又看到他們。[31]

有幾位激進的美國華人幫在美日本人的權益仗義執言，夏威夷的社運人士金洪維（Hung Wai Ching）是其中一位，不過夏威夷的亞裔美國人本來就有歷史非常悠久的社會運動傳統，而且華人與日人社群之間的關係也比較融洽。（儘管蒙受美國政府的歧視待遇，夏威夷的日裔美國人還是充分展現出愛國精神，甚至為國捐軀。二次世界大戰期間，主要由日裔美國人組成的陸軍第四四二步兵團成為戰功最為彪炳的美軍部隊。）不過，美國本土絕大部分的華人在其他亞裔美國人的民權受損時，都是選擇沉默以對，並且在這短暫時期內接受美國社會關愛的眼神，成為較受歡迎的少數族裔。而且某些美國華人深恐被誤認為日本人，他們甚至會隨身攜帶中華民國總領事簽發的身分證件，戴上寫著「我是華人」的徽章，並且在店頭櫥窗掛上類似標語，以免有保安委員會的人來找麻煩。[32]

不過，這種往各個族裔身上貼標籤的方式卻對整體美國亞裔族群造成傷害。無可避免的，某些白人就是不願意費心辨別，無論是效忠天皇的日本人，日裔美國人或華人，對他們而言都沒兩樣。將所有的亞裔美國人歸為一類，全都謔稱為「日本鬼子」，不是比較省事嗎？中國學者韓玉珊說他在戰時曾於加州比佛利山地區賃屋而居，結果成為當地居民反日排外心態的受害者。[33]某些鄰居深信韓玉珊是日本人，屢屢報警抓他，堅稱他使用一台祕密的無線電發報機向敵國情報員通風報信。就連美國華人入伍服役後也難免遭受種族歧視與攻擊。一位志願役華人女兵曾回憶起自己在巴爾的摩街頭遭到某個白人男子糾纏，對她大聲吼道：「可惡的日本鬼子，我要妳把身上的軍服脫下來！」[34]

華人形象才剛剛變好，某些美國華人認為終於等到撥雲見日之際，可以趁機把一些排華法規撤銷掉。珍珠港事變後，一些頗具影響力的社會人士（有華人也有白人）開始推動遊說工作，希望能廢除一八八二年就開始實施的華人移民美國禁令。一九四二年五月，一百八十幾個美國白人成立了「廢除《排華法案》公民委員會」（Citizens Committee to Repeal Chinese Exclusion），主張無論是以道德為出發點，或者基於與戰爭相關的務實考量，美國都應該趕快廢除《排華法案》與相關措施。[35]（公民委員會推動廢除排華法案的舉動也觸動某些美國白人內心最深處的恐懼。某位仇外人士寫信表示，華人都是「美國人的公敵」，還表示「如果你們想讓我們變成一個多語的混種民族，那就儘管撤銷排華法案吧，跟黑鬼與中國佬都打成一片吧！」[36]此一運動的領袖包括《中西日報》的編輯伍盤照、曾榮獲諾貝爾文學獎的小說作品《大地》（*The Good Earth*）作者賽珍珠（他的父親是基督教牧師，曾長期在中國傳教）、紐約出版家理查・華許（Richard Walsh，賽珍珠的第二任丈夫）。不過，在整個運動中發揮最大影響力的，莫過於國民政府領袖蔣介石的夫人宋美齡女士。

宋美齡出生於清末中國的一個名門世家。她的父親宋嘉澍（Charlie Soong）是上海商界大亨，因為幫西方傳教士印刷《聖經》而致富。他曾當過牧師，年輕時待過波士頓與北卡羅萊納州，因此靠教會的門路把小孩送到美國留學。宋美齡初到美國時曾在喬治亞州梅肯市（Macon）求學，在那裡學會了稍帶南方口音的流利英語。後來在一九一三年她前往名校衛斯理學院（Wellesley College）就讀，主修英國文學。回到中國後，她與家中那些都曾留學美國的兄弟姐姐們建立起「宋氏王朝」，在剛剛成立的國民政府中呼風喚雨。她的二姐宋慶齡嫁給了中華民國臨時大總統孫中山，大姐宋靄齡的丈夫是山西巨富、熱中於實業的孔祥熙，她的哥哥宋子文是哈佛大學畢業生，曾負責籌集北伐行動的軍費，幫助蔣介石擊敗華中、華北各省軍閥，因此獲得了財政部長職位的酬庸。

對日宣戰後，羅斯福總統邀請宋美齡造訪美國。她在一九四二年十一月抵美，呼籲各界支持中國抵抗日本的入侵。隔年春天，她花了一個月在美國各地巡迴訪問，足跡遍布紐約、麻州衛斯理鎮、波士頓、芝加哥、舊金山與洛杉磯。這次訪美的成果豐碩，她的演講有條有理，口齒清晰，為中國爭取到成千上萬支持者，也藉由美貌、魅力與優雅氣質擄獲許多美國人的心。她堪稱美國媒體的寵兒，各大報章雜誌都刊登了她的照片。她最大的粉絲之一是《時代》與《生活》（*Life*）兩大雜誌的發行人亨利・魯斯（Henry Luce）。魯斯是傳教士之子，對於中國的第一家庭篤信基督教這件事非常有好感。他把蔣氏夫婦的合照放上《時代》雜誌封面，並且為蔣介石冠上「遠東偉人」的稱號。

宋美齡也成為第一位在美國參眾兩院聯席會議上發表演說的華人女性，並且博得滿堂彩，議員全都起立為她歡呼——事實上在她之前全世界女性中也只有荷蘭女王曾獲此一殊榮。[37] 據說後來曾有一位眾議員低聲嘟噥道：「天殺的，我還真沒見識過這種場面。宋美齡幾乎把我弄哭了。」[38] 宋美齡訪美後，華盛頓州參議員華倫·曼紐森（Warren Magnuson）提案廢除《排華法案》，而且廣獲支持，他的提案在一九四三年十二月十七日通過，《排華法案》自此遭撤銷，不但為華人移民提供每年一〇五人的名額，也讓合法入境的華人享有歸化為美國籍的權利。與歐洲各國移民的配額相較，這數字的確非常低，但在美國華人史上，曼紐森法案卻是個里程碑：經過六十年的等待之後，在外國出生的華人終於有資格成為美國公民了。

記者梁查理（Charlie Leong）表示：「我那個世代的華人普遍認為，二次大戰是當時最重要的歷史事件。那是我們第一次覺得自己能夠融入美國社會。」他寫道，那一場戰爭讓他們得以離開中國城的貧民區，穿上美國軍裝，被派往海外，在戰場上成為「愛國的美軍精銳部隊的一份子，與敵人決一死戰」。[39]

這是在華人社群中很常聽見的一席話。因為美中兩國在大戰中面對同一個敵國，這讓他們能夠幫中國救亡圖存，同時也為美國打贏戰爭。有些華人則是幫政府當口譯員，或者破解密碼、分析情報的人員。戰功彪炳的陳運來上校（Colonel Won-Loy Chan）就是其中的楷模：他是一九三六年的史丹佛大學畢業生，珍珠港事變後進入美軍軍情局語言學校（Military Intelligence Service Language School）就讀。成為軍情局一員後，他加入史迪威上將（General Joseph Stillwell）的幕僚團隊，後來被派往中緬印戰區，接著當上了馬里蘭州里奇營區（Camp Ritchie）太平洋軍情研究部（Pacific Military Intelligence Research Section）的主任。在他的領導之下，一群翻譯人員（其中某些為美國華人）負責蒐集與散布那些從太平洋戰場上日軍手裡截獲的文件。[40]

也有許多美國華人到前線去作戰。如今，任何人在想像二次大戰美軍部隊的模樣時，腦海裡的士兵都不會是華人面孔。不過，如果用人口比例來算的話，捐軀的華人人數可說非常驚人。據估計，在美軍部隊中服役的華人大約有一萬五千到兩萬人之多，[41]相當於美國本土華人人口的百分之二十。[42]與此相較，被徵召入伍的美國人則是只佔總人口的百分之八．六。[43]紐約市幾乎有百分之四十華人應召入伍，[44]這個數字在該市任何一個族群中都是最高的。之所以有這麼高的比例，主要還是因為《排華法案》導致大多數美國華人人口都是沒有家眷的單身男性，其中紐約市的華人大都是中國城的單身男性居民。儘管如此，我們似乎還是可以清楚看出，因為被應召入伍的比例高達百分之四十，所以這意味著華人在接獲徵召令時很少設法躲避徵召。

「當紐約市中國城的華人發現他們是政府首先徵召的對象，大家都高聲歡呼，」知名女性華人社會學家譚金美（Rose Hum Lee）寫道，「有些青少年的年紀太小，但為了入伍而謊報華人慣用的『虛歲』，藉此讓自己多個一兩歲。不過出生證明上的歲數可假不了，所以他們還是得耐心等待。」[45]

許多華人根本沒等到政府徵召就志願入伍，甚至可說是迫不及待。李理查醫生（Dr. Richard Lee）的父親是安納波利斯美國海軍學院（United States Naval Academy）畢業生李克倫（Clarence Lee，音譯）之子，李醫生在一篇會議論文中寫道：「我記得清清楚楚，那天是十二月七日禮拜天。當時我們在位於西伊斯里普鎮（West Islip）的家裡掃樹葉，我爸一聽到消息就很難過。我也很害怕！隔天他想要入伍，但軍方說他年紀太大了。但他糾纏不休，一直去嘗試，儘管有扁平足，視力不好而且年紀又大了，最後終於獲准接受陸軍軍官訓練。」後來，李克倫成為美國陸軍航空隊轟炸訓練指揮部（Army Air Force Bomber Training Command）的副參謀長，在一九四七年才以上校官階退役。[46]〔李克倫的母親是美國白人，其父李恩富（Yan Phou Lee）是滿清末年「幼童留洋肄業計畫」的參與者之一，留洋後在一八八七年（清光緒十三年）以最優等（summa cum laude）的成績從耶魯大學畢業，他所寫的《我在中國的童年》（*When I Was a Boy in China*）是最早的美國華人英文自傳之一。」

重賞之下必有勇夫——有些華人的確是因為政府承諾給予美國公民身分才入伍的，但也有些華人是在美國出生的公民，為了證明自己忠於美國，消除他人的疑慮才會投身軍旅。但其他人加入部隊的理由就只是純粹因為愛國，而且這種人的人數也許最多。據社會學家譚金美所言，蒙大拿州比尤特市所有單身的華人男性在政府徵召以前就全都自願入伍了。美國華人顏大衛（David Gan，音譯）曾在某次訪談中為無數華人同袍發聲，他回憶道：「那是一種前所未有的感覺，在入伍後我因為自己是美國人而感到如此高興且自豪，即使這意味著我必須為國捐軀，我還是準備好隨時都可以上戰場了。」[47]

華人在美國部隊中的地位非常特別，據某些人說，他們可說是處於某種灰色地帶：儘管未能獲得全面接受，但也沒有像社會邊緣人那樣遭到迫害。非裔、日裔美國人的部隊都是獨立的，與白人是完全區隔開來，但華人的處境卻有所不同，有一部分得以被編入白人的部隊中。這種軍旅經驗恰好反映出他們在美國社會的地位往往模稜兩可，而且就在華人被派往全國各地接受軍事訓練時，他們所受到的待遇也因各個區域的差異而有所不同。在中西部，某些華人新兵遇到某些未曾見過亞洲人的同袍，甚至有人問他們：你們是來美國受訓的中國軍人嗎？[48]有些到南方受訓的華人回憶道，當地白人還是用有色眼光看待他們，但若與黑人相較，他們卻享有較大的自由空間，例如搭乘公車時可以坐在黑人不能坐的白人專用座位上。

大部分參加二戰的年輕人都是生平第一次有機會與來自全國各地的陌生人朝夕相處。有些人過去未曾與其他族裔的成員當過朋友，更別說和他們一起睡覺、淋浴了。儘管華人新兵因為有機會穿上美軍軍服而備感榮耀，但軍服畢竟不是護身符，無法幫他們擋掉那些充滿敵意的人。有名華人士兵說自己被稱為「該死的清狗」，部隊甚至把所有的骯髒差事全都指派給他，[49]另一位華人所有的衣物全都被丟出窗外，只因為某個白人拒絕與他睡在同一間寢室。[50]「有人跟我說，『我不會准許我的部隊錄用任何中國佬當飛行員』，」賓威廉（William Der Bing，音譯）回想起他加入海軍前的遭遇時表示，「說這句話的人是名醫生——海軍軍醫。他在幫我做體檢時對我說，『你給我聽清楚，我一定會在體檢時用各種手段把你刷掉。』我盯著他說，『如果你這麼做，那你就是全美國海軍最無恥的軍官。怎麼可以這樣對待自己的海軍同袍呢？』」那位軍醫說到做到，果真把他刷掉，不過賓威廉設法讓另一位軍醫幫自己做體檢，終於過關了。[51]

儘管歧視他們的人如此明目張膽，但投身軍旅終究是利大於弊。許多原本身處美國各地中國城，與世隔絕的華人就此獲得了力量，也變得比較世故老成、見多識廣。由於朝夕相處，對他們來說白人變得比較沒那麼具有威脅性，也沒那麼神祕。王保羅（Paul S. Wong，音譯）原本認為白人總是比較優越，但等到他開始幫一群白人新兵教英文課之後，那種迷思就自動破除了。「看到他們連自己的名字都不會寫，甚至也不會加減乘除，我真是覺得太意外了。」[52]

軍方也讓美國華人有機會當英雄，高登・鍾雲（Gordon P. Chung-Hoon）就是其中一個例子。他是在檀香山出生的美國華人，一九三四年畢業於安納波利斯美國海軍學院。一九四五年春天，鍾雲當上了海軍艦艇席格斯比號（USS Sigsbee）的指揮官，在九州島外海摧毀了二十架日軍軍機。一架神風特攻隊飛機撞上了席格斯比號，導致左舷引擎與船舵失控，鍾雲臨危不亂，同時解決了這兩大危機：一方面指揮地對空砲火禦敵，另一方面則是設法進行損害控制，最後讓船艦得以安全返航。出色優異的英勇行徑讓他榮獲海軍十字勳章與銀星勳章。鍾雲最後官拜海軍少將，海軍為了表彰他的功績，在他去世後於二〇〇一年將一艘搭載導彈的驅逐艦命名為「鍾雲號」。[53]

不過，對投身軍旅的美國華人而言，因為從小爸媽就要他們別忘了自己是中國人，要遵從各種中國的價值觀，所以服役的最重大意義也許是讓他們開始質疑自己的身分與價值。許多在美國出生的華人都把二戰當成決定人生的關鍵時刻，那幾年徹底改變了他們，讓他們在心態上從「華人」蛻變成「華裔美國人」。

大約一千三百名成員被派往中國，全都是美國華人的美軍十四航空地勤大隊（14th Air Service Group，是所謂「飛虎隊」的一部分），堪稱此一轉變的明證。陳羅倫（Lawrence Chen，音譯）從小就時時聆聽雙親的諄諄教誨：「中國是你的家鄉。」[54]但在他加入美國空軍，被派往太平洋戰區之後，中國就再也不像以往與家人在晚餐討論時那樣是個美好的抽象概念，而是變成每天都要面對的現實人生。陳羅倫與美軍其他新生代華人很快就會發現，中國並非他們的「家鄉」，而且往後永遠也不會是。生活體驗毀了他們對於中國的各種浪漫幻想。讓他們感到震驚不已的，除了國民黨政府貪汙問題的嚴重程度，還有那些只能穿草鞋（有時甚至打赤腳）行軍的國軍士兵，以及親眼目睹許多農夫遭人從家中強行拖走，被迫當兵。[55]這些新生代華人的生命不僅受到日軍威脅，國軍部隊有時候也充滿敵意。〔新生代華人趙約翰（John Chuck，音譯）遭到某位國軍衛兵以槍枝威脅，要他拿錢出來，直到後來有人說他是美國人，那衛兵才罷手。〕[56]當時中國某些地區實在是一窮二白，家家戶戶都沒有抽水式馬桶、淋浴間或自來水，造橋鋪路也全都靠人力，而且國府官員往往對於大批躲避日軍侵害的飢餓難民視若無睹，這一切都讓他們感到心煩意亂。就像一些年輕的新生代華人所說的，中國「非常落後，簡直像停留在穴居時代」，「原始」而且「令人害怕」。[57]根據美國空軍五五五飛行中隊（555th Air Service Squadron）成員賴榮（Wing Lai，音譯）的描述，中國人「都是如此窮困。天啊，那裡的乞丐真是讓人同情。任何人都會想要拿東西給他們吃，但到底要有多少東西才夠？人數實在太多了。」

這些文化隔閡導致新生代華人在海外服役時無法與當地中國人建立起真摯的友誼。儘管許多十四航空地勤大隊的新生代華人能夠說流暢的當地方言，但該隊成員總是覺得中國村民非常不信任他們。有些當地人甚至譴稱那些美國華人為「洋鬼子」。也有當地人與美國華人士兵攀交情，但實際上只是看上他們可能幫自己移民美國。

二戰對於十四航空地勤大隊成員所造成的深遠影響，是把他們塑造成一種有別於以往的美國華人，但這並不意味著這些成員原本的身分背景都很相似。他們的年紀、出生地與文化背景可說形形色色，各自不同：某些小伙子還不到二十歲，但也有中年男子，而且不光是來自紐約與舊金山的大學畢業生，還有一位會彈吉他的蒙大拿州牛仔。有些人以華語為主要語言，但也有一些人不懂華語，或兩者都很流利。但在共度二戰難關之後，他們終究能夠克服區域差異，一起創造出某種新的美國華人民族意識。

據林哈瑞（Harry Lim，音譯）的回憶，在日軍節節敗退，失去華東海岸地區控制權之際，他曾與幾位美國華人士兵一起沿著上海外灘漫步，但卻遇到一件令他們內心惴惴不安的事，突然意識到自己在美國社會的地位有多不穩固，而且某些美國白人無論如何都不可能把他們當成同胞。他們遇到一群日本戰俘在路邊掃地，對所有的人來說都是第一次有機會如此近距離接觸敵軍士兵。「除了身上的制服不同，那些年輕士兵看起來就跟我們一樣，」林哈瑞表示，「他們甚至與我們年紀相仿。我覺得震驚不已。任何人遇到這種事都會想起美國社會的雙重標準，開始擔心自己回家後會受到什麼待遇。」58

先前在經濟大蕭條時代，華人曾經飽受種族歧視，工作也非常難找，但如今二戰大大提升了華人的形象，而且美國戰時的經濟景況一片大好，需要任何有工作能力的人出來幫忙。隨著新科技與新武器的需求量愈來愈大，各家工廠開始在生產線上製造一架又一架戰鬥機，華人可以在任何先前無法進入的工作領域找到職缺。要做的工作實在太多了，但卻有上千萬白人士兵到海外服役去了，美國人發現他們所遇上的勞工短缺問題可能是史上最為嚴重的。加州有許多國防產業公司如雨後春筍冒出來，於是該州在一九四四年撤銷了自十九世紀以來一直沒有改變的禁令，開始允許州政府與上市公司雇用華人。

結果，一個到處是機會的時代就此揭開序幕。許多受過高等教育的華人在業務蒸蒸日上的高科技產業找到工程師、科學家與技師的工作。在低階勞動部門，華人也終於不用再幹粗活，獲准進入產業部門。成千上萬名服務生與洗衣工在造船廠與飛機工廠找到工作，而且也拿到了工會成員等級的薪水與福利。大批工人為了薪水更高的工作而離開中國城，這導致中國城裡那些小型家族企業發生嚴重缺工的問題。二戰期間，在芝加哥、紐約一些規模較大的中國城，中國餐廳往往只能靠人數較少的服務生來營業，因為人力都流向了匹茲堡、費城等城市。

女性的工作機會也成長了好幾倍。許多華人女性離開中國城，進入政府承包商開的公司當起了祕書、辦事員與助理。美國的陸軍航空隊招聘許多新生代華人女性，全都編入婦女工作大隊（Women's Army Corps），負責航管、照片判讀等工作。（這些陸軍航空隊所屬的女性軍人往往被稱為「婦女工作大隊的宋美齡」，由此可見當時中國的第一夫人有多受尊敬。）[59]另一種備受尊敬的工作是進入美國陸軍的護士軍團（U.S. Army Nurse Corps），該團把許多華人女性訓練成厲害的軍方領袖。彭海倫（Helen Pon Onyett，音譯）在二戰期間曾於北非戰場照顧無數傷兵，她在長達三十五年的軍旅生涯中獲得軍功勳章（Legion of Merit）與其他許多重要勛猷。她退役時已官拜上校，是當時美軍少數幾位上校之一。[60]

一九四五年八月，美軍陸續在廣島與長崎丟下原子彈，逼使日本投降，二戰就此告終。在太平洋戰區征戰四年後，成千上萬渾身是傷的老兵復員返鄉，急著想將戰爭拋諸腦後，渴望開啟新人生，成家立業，因此帶來了所謂的戰後嬰兒潮。這一批新生兒並非只有白人，其中也有華人。

戰前許多華人男性因為女性人數實在是太少而無法娶妻成家。一九二四年美國政府通過一項移民法規，禁止華裔公民從外國進口華人新娘，這導致接下來六年內沒有任何一位華人女性獲准移民美國——數字真的是零。後來在一九三〇年，美國政府網開一面，規定只要是在一九二四年五月二十六日以前與華裔公民結婚的華人女性，都可進入美國，但這時間限制也導致能夠移民的女性人數實在不多。[61]後來在整個一九三〇年代，每年只有六十位華人婦女能到美國與丈夫團聚，而且只要是結婚的時間不長，在入境申請時就會被刁難。[62]

二戰後，為了獎勵那些為國效力的美國華人士兵，美國政府決定改變移民政策。一九四五年戰爭新娘法案（War Brides Act）通過後，他們獲准在中國結婚，把新婚妻子帶回美國。由於美國老家的華人女性人數實在太少（男女比例為三比一）[63]，許多華裔軍人決定娶在外國出生的華人女性為妻。在戰爭新娘法案於一九四九年十二月三十日失效以前，將近六千位華裔美國士兵前往中國娶老婆回家。[64]由於法案時效與休假日有限的雙重限制，許多人都沒有時間遵循各種繁文縟節，也無法慢慢談戀愛，培養感情。曾有士兵趁休假飛往中國挑選新娘，結婚後帶她飛回舊金山機場，所有的事都在一個月的休假日內搞定。[65]由於這樣匆匆結婚的華人很多，導致戰後所有移民美國的華人新移民裡有百分之八十都是女性。[66]一九四八年三月間，據舊金山華人醫院（Chinese Hospital in San Francisco）的記錄顯示，產房每天都有兩個華人新生兒出生。[67]據華人史家麥禮謙所言，進入待產的孕婦實在太多，其中許多人只得睡在走廊上。[68]一九四〇年代美國華人人口之所以能夠從七萬七千人飆漲為十一萬七千人，理由之一就是因為多了這些新移民與新生兒。[69]

對這數以萬計的美國華人男女而言，二戰終結是值得歡慶的，新希望與新人生從此在他們眼前出現。但中國的運氣就沒那麼好了。日軍戰敗後，中國又陷入長年的血腥內戰，就此悲劇叢生。沒有多少人能夠預測得到，令人痛苦萬分的八年抗戰居然只是可怕的序幕，接下來還有另一場戰爭即將爆發——國民政府與共產黨叛軍之間的戰爭，又稱國共內戰。

1 請參閱：Jonathan D. Spence, *The Search for Modern China* (New York: W.W. Norton, 1990), p. 447.

2 請參閱：Madeline Y. Hsu, *Dreaming of Gold, Dreaming of Home*, p. 179.

3 請參閱：Ibid.

4 請參閱：Ibid., p. 180。也可以參閱：June Y. Mei, "Researching Chinese-American History in Taishan: A Report," in Genny Lim, ed., *The Chinese American Experience: Papers from the Second National Conference in Chinese American Studies (1980)*, p. 58. 據華人劉詹姆（James Low）對那幾年的回憶，他說：「我看見其他許多家庭在對日抗戰與二戰期間挨餓度日。為了賭博，買珠寶與吃東西，許多母親早就把錢都用光了，才會這麼慘。」請參閱：Victor G. and Brett de Bary Nee, *Longtime Californ'*, p. 173.

5 請參閱：Renqiu Yu, To *Save China, to Save Ourselves*, pp. 101-2.

6 請參閱：Iris Chang, *Thread of the Silkworm* (New York: Basic Books, 1995), p. 31.

7 請參閱：Ibid.

8 請參閱：Him Mark Lai, "Roles Played by Chinese in America During China's Resistance to Japanese Aggression and During World War II," *Chinese America: History and Perspectives 1997* (Brisbane, Calif.: Chinese Historical Society of America, 1997), pp. 79-81.

9 關於歐陽英與張瑞芬的相關資訊，請參閱：Judy Yung, *Unbound Feet*, p. 162.

10 請參閱：Ibid., p. 99.

11 請參閱：Ibid., p. 98.

12 請參閱：Ibid., p. 110.

13 請參閱：Judy Yung, *Unbound Feet*, p. 241.

14 請參閱：*Chung Sai Yat Po*, December 19, 1938，轉引自：Judy Yung, *Unbound Feet*, p. 242.

15 請參閱：Judy Yung, *Unbound Feet*, p. 242.

16 請參閱：Huping Ling, *Surviving on the Gold Mountain*, p. 107; Judy Yung, *Unbound Feet*, pp. 239-40.

17 請參閱：Huping Ling, p. 108.

18 在許多美國白人名流的贊助之下，美國醫藥援華會曾在戰時為中國提供過價值超過一千萬美元的援助。宋美齡夫人是該會的榮譽會長。相關檔案文件可以在哥倫比亞大學的罕見書與稿件圖書館（Rare Book and Manuscript Library）取得。

19 請參閱：Renqui Yu, pp. 101-2.

20 請參閱：Judy Yung, *Unbound Feet*, p. 244.

21 請參閱：Florence Gee, "I am an American—How can I help win this war?," *Chinese Press*, May 15, 1942，轉引自：Ronald Takaki, *Strangers from a Different Shore*, p. 373.

22 請參閱：Him Mark Lai, "Roles Played by Chinese in America During China's Resistance to Japanese Aggression and During World War II," p. 94.

23 請參閱：Him Mark Lai, "China and the Chinese American Community," *Chinese America: History and Perspectives 1999*, p. 6.

24 請參閱：1930 U.S. Census (74,954 Chinese)；也可以參閱：Diane Mark and Ginger Chih, *A Place Called Chinese America*, p. 179.

25 請參閱：Him Mark Lai, "Roles Played by Chinese in America During China's Resistance to Japanese Aggression and During World War II," p. 94.

26 請參閱：Renqiu Yu, p. 100.

27 請參閱：Author interview with Montgomery Hom in Los Angeles.

28 請參閱：L. Ling-chi Wang, "Politics of Assimilation and Repression: History of the Chinese in the United States, 1940 to 1970," unpublished manuscript, Asian American Studies Collection, Ethnic Studies Library, University of California at Berkeley, p. 288.

29 請參閱：Sucheng Chan, *Asian Americans: An Interpretative History* (Boston: Twayne, 1991), p. 121.

30 請參閱：*Time*, December 22, 1941, p. 33.

31 請參閱：Interview with Rodney Chow, interview #149, Southern California Chinese American Oral History Project.

32 請參閱：Judy Yung, *Unbound Feet*, p. 250; Jules Archer, *The Chinese and the Americans* (New York: Hawthorne Books, 1976), p. 106。看來中國大使館也會發這種身分證件給華裔美國人，我自己就曾在華府國家檔案館發現一張，上面寫著：「華府中國大使館華人身分證件。此證件上照片中的證件持有人係華人。」請參閱：File #5608-505, Box 2168, Accession #58734, Stack Area 17W3, Row 13, Compartment 15, Shelf 1, Record Group 85, National Archives, Washington, D.C.。

33 請參閱：Interview with Yu-shan Han, interview #152, p. 19, Southern California Chinese American Oral History Project.

34 請參閱：Judy Yung, *Unbound Feet*, p. 256.

35 請參閱：Diane Mark and Ginger Chih, p. 98; Harry H. L. Kitano and Roger Daniels, *Asian Americans: Emerging Minorities* (Englewood Cliffs, N.J.: Prentice Hall, 1988), p. 38.

36 請參閱：H. Brett Melendy, p. 28.

37 請參閱：Mur Wolf, "Madame Chiang Kai-shek; Week of August 14, 2000; Mayling Soong, who became Madame Chiang Kai-Shek, is the Wellesley Person of the Week." Wellesley College 125th Anniversary Person of the Week. Office for Public Information, Wellesley College.

38 請參閱：*Time*, March 1, 1943, p. 23.

39 請參閱：Charlie Leong quote, in Victor and Brett de Bary Nee, *Longtime Californ'*, pp. 154-55。關於梁查理的生平可以參閱：Sandy Lydon, p. 483。梁查理畢業於聖荷西州立學院（San Jose State College）與史丹佛大學，主修新聞學。他是第一位成為美國大學校刊編輯的華人，也是第一個獲准加入舊金山記者俱樂部（San Francisco Press Club）的亞裔美國人。

40 請參閱：Author interview with Montgomery Hom, documentary filmmaker of *They Served with Pride*.

41 請參閱：Thomas Chinn, ed., *Bridging the Pacific*, p. 147; Him Mark Lai, "Roles Played by Chinese in America During China's Resistance to Japanese Aggression and During World War II," p. 99; Judy Yung, *Unbound Feet*, p. 252。（加入美國陸軍的華人男性人數大約為一三四九九人，佔全部華人男性人口的百分之二十二。請參閱：Ronald Takaki, p. 374; Gloria Chun, p. 44.）

42 請參閱：Him Mark Lai, "Roles Played by Chinese in America During China's Resistance to Japanese Aggression and During World War II," p. 99.

43 請參閱：Ibid., p. 99.

44 請參閱：Yen Le Espiritu, *Asian American Women and Men: Labor, Laws and Love*, p. 50.

45 請參閱：Rose Hum Lee, "Chinese in the United States Today: The War Has Changed Their Lives," *Survey Graphic*, October 1942, p. 444.

46 請參閱：Richard V. Lee, M.D., "A Brief Lee Family History," paper presented at the conference on Yung Wing and the Chinese Educational Mission, 1872-1881, at Yale University, September 28-29, 2001。

47 請參閱：Gloria He-Yung Chun interview with David Gan, former soldier with the U.S. Army. Gloria He-Yung Chung, *Of Orphans and Warriors*, p. 85.

48 請參閱：Christina M. Lim and Sheldon H. Lim, "In the Shadow of the Tiger: The 407th Air Service Squadron, Fourteenth Air Force, CBI, World War II," *Chinese America: History and Perspectives* 1993, p. 27.

49 請參閱：Peter Phan, "Familiar Strangers: The Fourteenth Air Service Group; Case Study of Chinese American Identity During World War II," *Chinese America: History and Perspectives* 1993, p. 85.

50 請參閱：Ibid.

51 請參閱：Oral history interview with William Der Bing in 1979, in Diane Mei Lin Mark and Ginger Chih, *A Place Called Chinese America*, p. 96.

52 請參閱：Peter Phan, "Familiar Strangers," *Chinese America: History and Perspectives* 1993, p. 87.

53 請參閱："Navy Names Destroyer to Honor Rear Adm. Chung-Hoon," Department of Defense press release, October 10, 2000; "Navy Ship Named for Isle World War II Hero," Associated Press, October 12, 2000.

54 請參閱：Peter Phan, "Familiar Strangers," *Chinese America: History and Perspectives* 1993, p. 78.

55 請參閱：Ibid., p. 91.

56 請參閱：Ibid., p. 90.

57 請參閱：Ibid., p. 93.

58 請參閱：Christina M. Lim and Sheldon H. Lim, "In the Shadow of the Tiger," *Chinese America: History and Perspectives* 1993, p. 62.

59 有關美國陸軍航空隊所屬婦女工作大隊的相關資訊，請參閱：Author interview with Judith Bellafaire, Ph.D., curator of the Women in Military Service for America Memorial, Inc., January 27, 2003; Judith Bellafaire, "Asian-American Servicewomen in Defense of the Nation," 1999 article available online from http://www.womensmemorial.org/APA.html and included in the Women in Military Service for American Memorial exhibit, Arlington National Cemetery, Arlington, Virginia; Rudi Williams, "Asian Pacific American Women Served in World War II, Too," American Forces Press Service, May 1999.

60 請參閱：Judith Bellafaire, "Asian-American Servicewomen in Defense of the Nation"; Huping Ling, *Surviving on the Gold Mountain,* p. 120.

61 請參閱：Roger Daniels, *Asian America,* pp. 96-97.

62 請參閱：*Origins & Destinations: 41 Essays on Chinese America,* p. 89; Roger Daniels, *Asian America,* p. 97.

63 請參閱：Yen Le Espiritu, *Asian American Women and Men,* p. 55.

64 請參閱：Ibid.

65 請參閱：Rose Hum Lee, "The Recent Immigration Chinese Families of the San Francisco-Oakland Area," *Marriage and Family Living* 18 (1956), pp. 14-24，轉引自：Huping Ling, p. 114.

66 請參閱：Peter Kwong, *The New Chinatown,* p. 20.

67 請參閱：L. Ling-chi Wang, "Politics of Assimilation and Repression," p. 284.

68 請參閱：Author interview with Him Mark Lai, March 16, 1999, San Francisco.

69 請參閱：Yen Le Espiritu, p. 55.

第十四章 大規模審訊與迫害：冷戰、國共內戰與麥卡錫主義

二戰結束後，華人終於受到美國社會的熱情擁抱，那情況是前所未見的。中美攜手打敗了侵略它們的日本國，兩國之間在戰時的友好氛圍也在戰後不久那段時間裡持續著。民眾對於華人的全新觀感也促使政府改弦更張，新政策讓美國華人的生活獲得大幅改善。

不過，在接下來十年之間，國際局勢的改變讓戰友的關係變質，美國華人很快又感受到美國社會的敵意。讓情況惡化的種種事件包括冷戰爆發，還有國共內戰與韓戰：首先是毛主席領導的中共取代蔣介石的國民黨，成為中國的執政黨。接著在韓戰爆發後，中共統治下的中華人民共和國與美國成為敵國。

在以上三個國際事件中，最關鍵的是國民黨部隊在國共內戰中挫敗。中美關係惡化並非冷戰或韓戰導致，真正的原因是中共崛起，在中國當家作主，讓中美兩國變成冷戰中的敵對陣營——正因為如此，在聯合國決定幫助南韓擊退北韓部隊入侵後，韓戰才會演變成中美兩國大軍之間的惡戰。

中共成功奪權讓許多美國人感到震驚不已。不過才十年以前，中共叛軍曾經被蔣介石打得四處流竄。一

九三〇年，毛澤東等人領導的共軍在江西省的偏遠地區建立了中共政權，號稱江西省蘇維埃政府，蔣介石隨即發動剿匪戰爭，看來幾乎把中共剿滅了。為此，中共被迫於一九三四年開始往中國西北方撤退，展開了一段史詩般的征程，也就是廣為人知的兩萬五千里長征。共軍一路跋山涉水，備極艱辛，徒步逃抵陝西省，最後殘部不及原來的四分之一。[1]此時中共已不是一個具有全國影響力的政黨，剩餘共軍只是一群筋疲力盡、幾乎餓死的游擊戰士，根本無力威脅中國的中央政府。

然而日本在一九三七年侵華，為毛澤東領導的中共帶來了復活契機。最重要的是，日軍侵華證明國民黨政府無力保護中國人民免於外侮。此外，中共也藉此獲得了華北農民的效忠。中日之戰開打後，鄉間窮人的處境更為艱難，中共因為主張土改，加上招募武力抗敵，因此在鄉村地區廣獲支持。日軍殘暴無道，實施「殺光、燒光、搶光」所謂的「三光政策」，不但讓中國人民深深感受到國仇家恨，也迫使許多人加入中共的地下游擊隊。

毛澤東將擊敗日軍定為游擊隊的優先戰略目標，因此在戰爭初期那幾年對日軍採用「打帶跑」的騷擾戰術。（一九四〇年代初期，中國共產黨不但必須面臨國民黨政府在經濟上的全面圍堵，也缺乏外國軍援——理由在於，一九四一年蘇聯與日本簽署了《蘇日中立條約》，把所有的資源都用於對抗納粹德國的入侵，因此未能支援中共。譯註：此時為一九四一年以後，共產黨經過一九四四到一九四六年的兩萬五千里長征，已經在陝甘蘇區盤踞多年。）不過共軍部隊的長遠目標是設法把農民組織起來。中共頻頻在各農村舉辦所謂的「批鬥大會」，這種集會和佈道會一樣狂熱，會中共幹鼓勵農民上台分享自己被大地主剝削的慘痛經驗。「批鬥大會」頗有發洩情緒的功效，彷彿可以滌淨人心，這讓鄉村地區的窮人對中共趨之若鶩，因此等到日軍於一九四五年被逐出中國時，中共不僅在華北鄉間盤踞坐大，同時也發展出成熟的政治力量與兵力，而共軍也是訓練有素，且信仰堅定，隨時都可以重創國民黨。

一九四五年二月的雅爾達會議上，三大巨頭羅斯福、邱吉爾與史達林看似認可了國民黨政府在中國的合法政府地位。列強中唯一比鄰中國的蘇聯甚至聲稱，「為了幫助中國與國軍，解放長期以來遭日軍桎梏的中國人民，蘇聯已經準備好要與該國政府簽訂一份友好盟約。」[2]

不過，任何國際外交辭令的一字一句都很關鍵，可惜西方列強並未聽出蘇聯這一席話的弦外之音，自然未加追問：蘇聯表示要與之簽訂友好盟約的對象並非「國府」（即國民黨政府），而是「該國政府」——換言之，就是任何能夠在中國掌權執政的政府。

一九四五年年初，拖延多年的太平洋戰爭已接近尾聲，苟延殘喘的日軍不久就要投降了，此時中共開始從他們位於華北各地的要塞對日軍發動猛攻，不但解放大片中國領土，也攫取了大量日軍武器。該年八月六日，美軍在廣島投擲原子彈，蘇聯隨即於九日對日宣戰，派兵挺進滿洲國，情勢對毛澤東領導的中共部隊愈來愈有利。

戰後新中國的政治地盤逐漸成形，毛澤東與蔣介石都忙著擴張他們能夠有效控制的區域。華北的中共部隊很快就在各地接受日軍投降，並接收政權。美國擔心中國步入俄國後塵，成為第二個赤化的世界大國，因此派飛機把國府部隊空投到華北各個大城去接受日軍投降，以鞏固戰績，盼能藉此避免共軍控制的地區擴大。國共內戰的舞台至此已搭好，毛蔣兩人的最後決戰看來已勢不可免。

美國政府希望能試著阻止中國內戰，因此派大使赫爾利（Patrick Hurley）來華為國共雙方調停。他安排了毛蔣之間的數度會談，但調停任務失敗，赫爾利為此憤而辭職。隨後杜魯門總統派遣來華的總統特使是馬歇爾將軍（George C. Marshall）：他是二戰期間的美國陸軍參謀長，離華後獲杜魯門拔擢為國務卿，而且起草了「馬歇爾計畫」，後來許多人都說多虧了這個計畫，歐洲很多地區才得以免於赤化。到中國後，馬歇爾希望能促成國共暫時停火，但就在洽談停火條件之際，雙方依舊沒有停下備戰的腳步。一九四六年夏初，蘇聯部隊自東北撤出，共軍隨即進駐，停火期也就結束了。

即使中共已經坐大，身為中國的合法政府，國民黨還是因為控制著沿岸各大城而顯得贏面較大，應可拿下政權。不過，領導不力的問題早就導致老百姓開始不信任中華民國政權。國府從日軍手下奪回南京後，並未嚴懲那些公認與日本人合作的漢奸。中國百姓普遍認為那些漢奸之所以能躲過法律制裁，是因為他們在國府內部深具影響力。也有許多人指控國府接收日產之後就據為己有，並未歸還給原來擁有那些財產的中國百姓。

此外，臺灣光復後國府以專橫手段統治百姓，也造成混亂局勢——這個位於中國東南部外海的島嶼原本被葡人命名為「福爾摩沙」，後來清朝在甲午戰敗後於光緒二十一年（一八九五）割讓給日本。取得臺灣的政權後，國民黨政府常以接收日產為藉口強取豪奪當地百姓的宅院與公司。當時有個臺灣人表示，「任何稍具影響力的阿山（譯按：指中國人）如果覬覦某個臺灣人的財產，只要指控他在過去五十年間的日治時期曾當過漢奸，就能把財產弄到手。」[3] 每當有媒體想要報導這種表達不滿的新聞，國民黨並未設法消除民怨，反而是選擇逮捕那些爆料的當地記者、編輯或媒體發行人。此時有許多臺灣人開始偷偷抱怨：這不是「狗去豬來」嗎？日本人像狗，取代他們的國民黨是豬，好像也沒比較好。一九四七年二月二十八日，民眾對國民黨積怨已久，終於爆發出來，在島上各地掀起一波波民變。不久後國民黨的增援部隊自大陸抵臺，把這「二二八事變」視同叛亂，採取血腥的手段鎮壓，結果死亡人數眾說紛紜，在數千到數萬人之間。

此時國民黨之所以會焦頭爛額，不只是因為臺灣與中國各地都掀起了一波波政治風暴。整個國家其實已危如累卵，經濟體系就要崩潰了。通膨問題在中日戰爭期間早已失控，當時國府採取的措施是對農民課以重稅，並且逼他們以固定價格出售穀物。戰後前幾年，為了嚴格管制國內的貨幣供應量，國民黨強迫民眾拿出黃金、外幣來兌換政府發行的金圓券，因此許多人失去了戰後本已所剩無幾的財產，還導致惡性通膨。光是在一九四七年，國府至少發行了金額高達一兆的紙鈔。[4]到了一九四八年，曾有一段六個月的時間內，物價居然上漲了八萬五千倍之多。[5]一袋米的價格原本在一九三七年只有十二元，到了一九四八年八月間卻已飆漲為六千三百萬元。[6]為了購買少量日用品，民眾居然必須用手推車推著一堆堆紙鈔上街。據聞當時廣東有一家造紙廠回收了「八百箱面額從一百到兩千不等的紙鈔，用來當造紙原料」，由此也可見當時國府所發行紙鈔的價值居然不如紙料本身。[7]

許多人眼睜睜看著自己的財產化為烏有，其中不乏美國華人。在二戰終結的歡樂氛圍中，成千上萬的美國華人與華人移民離開美國，前往中國探親。有些人滿心期盼著要去開新公司或者退休養老，帶著全部身家到中國，結果看著自己的老本在幾個月之內就全都變成泡影。例如，有個休士頓華人於一九四七年回廣州開了一家旅行社和米店。結果沒想到通膨把他所有積蓄都消耗一空，破產後他不得不返回休士頓，希望東山再起。[8]另一位美國華人在一九四八年於中國大陸的中國銀行（Bank of China）存了六千美元，一年後他剩餘的資金幾乎連買一枚郵票都不夠。[9]

就在國民黨喪失民心之際，反觀中共在華北的勢力卻快速擴充。蘇聯部隊撤退後，中共開始取得掌控東北的實權，並且拿出慣用的伎倆來教化當地人民，要他們把剛剛爆發的內戰當成一場階級鬥爭。

由於投靠效忠的人數愈來愈多，中共已漸漸累積出兵多將廣之勢，而國軍部隊內部的不滿聲浪卻和社會上的民怨一樣與日俱增，導致戰力與士氣消磨殆盡。無論是八年抗戰或國共內戰期間，國民黨總是選擇放過世家子弟，只徵召農村青年入伍。這些國軍士兵連吃都吃不飽，不但裝備不足、薪水微薄，而且動不動就遭長官拳腳相向，因此一有機會就逃兵，而且常常轉而投效中共部隊。到了一九四八年，共軍部隊的人數已達一百五十萬人，而且每打一場勝仗都能接收更多新的人力與武器。[10]

這段期間的情勢發展讓某些中國上層人士感覺苗頭不對，於是開始出走。但大多數上層人士並沒有立刻移民，即使是有錢人也不例外。理由很簡單：往往只有勇氣非凡、果敢卓絕的人才能夠毅然離鄉背井，放棄原有的事業或專業，把努力半生才爭取到的財富與地位拋諸腦後，到一個新的國家重新來過——這是一個放諸四海皆準的道理。中國的權貴階級似乎大都認為自己只要嚴陣以待即可，眼前的政治風暴只是一時的，一切很快就會回歸常軌。

一九四八到一九四九年之間，共軍先是在華北擊潰國軍，隨即往南進犯華中。一個又一個省市陸續落入中共掌控，包括瀋陽、東北、天津與北平。到了一九四九年四月，中華民國首都陷落，全國人口最多的上海市也於五月間遭共軍攻下。此時國共雙方的優勝劣敗已非常明顯，贏家已經出爐了。

大部分還沒出走的上層人士，包括官員、商人與知識份子，如今才開始匆匆離開。他們不得不放棄自己的家業、房宅與土地，將金條珠寶縫進皮帶或衣服的皺褶裡，甚至藏在鞋裡，蜂擁擠上火車逃亡，因為乘客實在太多，許多人緊抓著車廂頂端或側邊，勉強搭上車。逃到後來，隨身行李實在太過累贅，許多人不得不把裝滿珍貴傳家物品的大大小小行李箱棄置路邊。

這些新移民的教育背景、社會地位與財力都優於先前幾波華人移民，不過他們的計畫也比較多樣，並非全都是要到美國去。到底是要離開大陸地區，或者乾脆遠走他鄉，離開中國這個是非之地？由於先前幾個月的內戰戰火讓他們驚魂未定，剛開始某些人還不是非常確定到底要怎樣。許多人散盡家財，只為幫自己與家人買到飛往香港或臺灣的機票、船票，離開大陸時身邊只剩一些衣物。與第一波前往美國淘金的華人移民有所不同，他們的動機並不是要改善自己與家人的生活，而是想躲避中共的迫害甚至殺戮。

一九四九年十月一日，毛澤東在北京天安門廣場的城樓上宣布建立中華人民共和國。到了十二月蔣氏政權正式放棄中國，率領殘部與大批黃金逃往臺灣。清朝的國祚維持了近三百年，但中國的第一個民主共和國在中國大陸上的時間卻連四十年都不到。

中國的共產革命震撼美國的學術殿堂，因為大約有五千名中國的知識份子就此受困，無法回國。[11]其中有些人是術業有專攻的專業人士或學者，但大部分卻只是全美各地大專院校的在學學生，總計四六七五人。[12]除了少數例外，這些學生大都來自名門世家，也就是毛澤東奪權後損失最大的那些家庭。（根據《一九二四年移民法》規定，從中國到美國讀書的華人研究生首先必須已大學畢業，而且取得某家美國大學的入學許可，除了英語程度要好，還得證明他們具有在美國生活的財力，也買得起回中國的機票或船票。能符合這些標準的當然只有名門子弟。據汪一駒（Yichu Wang）在《中國知識份子與西方：留學生與近代中國（一八七二—一九四九）》（*Chinese Intellectuals and the West*）一書中表示，一九四九年以前留洋中國學生的父親主要都來自於四個行業：地主、專業人士、商人或政府官員。大多數學生的青少年時期都住在中國沿岸各大城市，其中有三分之一皆為上海人或廣州人，後來畢業於傳教士創辦的西式大學，如南京大學、北京的燕京大學或上海的聖約翰大學。光緒二十六年（一九〇〇）爆發的庚子拳亂遭平定後，美國把取自於清廷的賠款用來資助一項中國學生的留學計畫，不過能夠用這公費留學的只有少之又少的學術菁英，大多數的留學生還是得靠家長的金援。）他們原本都打算喝過洋墨水後回到中國建功立業。在國民黨掌權的中華民國，擁有外國學歷的人在社會上常常無往不利，能夠走上別人無法進入的捷徑。觀諸在上海印行的一九二五年版《中國名人錄》（*Who's Who in China*），我們會發現名冊中大多數人（大約有百分之五十七）都喝過洋墨水。「我們曾開玩笑說那就像鍍金，」哥倫比亞大學校友楊曹文梅（Linda Tsao Yang）說。曾在一九九〇年代被美國政府派往馬尼拉擔任亞洲開發銀行（Asian Development Bank）執行董事的她表示，「意思是你必須到國外讀書，拿到一個很炫的學位，接著回國後就能誇口說，『我去過美國，而且是一流大學畢業的。』」[13]此時一堆在美國求學的中國學生必須面對他們未曾想像過的未來：由於山河變色，畢業後無家可歸了。

過去他們所熟知的中國社會已在中共的重組之下瓦解了，許多學生對未來感到茫然驚恐。事實上，蔣氏政權潰敗前夕他們都已收到家書，知道中國通膨失控的現象與中共即將掌權，也得知心急如焚的家人已經針對接下來要採取什麼措施開過家庭會議了。某些家長催促孩子們趕快回國，如此一來，無論是好是壞，至少一家人能夠團聚在一起。其他家長則是勸孩子留在美國，表示他們已決定拋棄家業家產，舉家遷往香港或臺灣。「我們走到了人生的叉路，不知道該挑哪一條，前途茫茫，」楊曹文梅回憶道，「而且沒有任何人能提供建議，因為大家都在同一條小船上，都感到茫然。」[14]

如今，決定滯留美國的中國學生必須為自己的生存打拚，無法靠家長或國民政府幫忙支付學費，也沒有人會寄發獎學金的支票給他們了。經過幣值暴跌的惡性通膨之後，中共又發動了一場兼具社經與政治性質的革命，他們的家人早已散盡家財，許多人甚至淪為難民。這些學生在失去家庭金援後，亟需經濟來源。到了一九四九年之際，這些中國留學生普遍陷入危機，不僅失去了國家，就連最基本的生活開銷也付不出來。據《時代》雜誌估計，有兩千五百多名中國留學生繳不出房租與學費。[15]

某些美國大專院校伸出援手，除了豁免中國學生的學費，也提供打工機會與貸款，但這問題太大，亟需聯邦政府的介入。一九四九年之後，美國政府為中國留學生提供緊急資金，無論他們是否打算歸返大陸都能申請。一九四九到五五年之間，美國政府總計為滯美中國留學生提供了稍稍多於八百萬美元的經費，幫助他們取得學位。[16]

此時許多滯美中國學者決定留在美國，展開新人生。有人決定繼續攻讀博士學位，不過其中難免有一部分是為了保留全職學生身分，避免簽證遭撤銷。已經有博士學位的，則是以訪問學人身分獲聘為各個學術機構的研究人員。沒想到還挺幸運的，這時間點對他們很有利：就在他們取得學位後不久，各家美國大學開始快速擴展版圖。美蘇之間的大規模軍事競賽導致美國政府將龐大預算投入科學與科技研發，這也讓許多大學創辦了各種新科系。與此同時，二戰的復員戰士趁著《美國軍人權利法案》（GI Bill）之便紛紛進入大學就讀，教室門庭若市，因此校方必須聘請新的教授。由於有資格的大學教師供不應求，美國本土博士人力嚴重不足，來自中國的學者們很就成為學術市場上的搶手貨。

當全世界人口最多的國家換人當家作主，而且新的統治者又採用了截然不同的政府形式，自然是舉世關注的大事。在中國成為第二個共產大國的餘波盪漾之際，感受最敏銳的莫過於美國華人。

美國各地的中國城開始了壁壘分明的國共之爭，國民黨的海外幹員與中共同路人都想要強化己方對於美國華人社會的影響力與掌控權。中華人民共和國在一九四九年十月建國後，傾向於自由派的中國工人互助會（China Workers Mutual Aid Association）在舊金山中國城舉辦了一次慶祝大會。據一份華語報紙報導，突然間「一群國民黨派來的打手」衝進大禮堂鬧場，偷走一面中華人民共和國的國旗，還朝著與會群眾噴灑藍色染料。許多旁觀者遭攻擊，其中幾位需要就醫治療。[17]然而，支持國民黨的華語報紙卻將這件事歸咎於「共匪」。[18]

這場革命也震撼了華府那些中國外交官與官員的小圈子，還有全美各地的中國領事館。這些人員都是由國府任命，如今對於未來將何去何從都感到茫然。儘管此時國府的治權範圍僅限於臺灣這個蕞爾小島，在美國的支持與贊同之下，中華民國仍會持續宣稱自己是中國的合法政府，但實際上想要反攻大陸可說是緣木求魚。

就在滯美中國人急於設法開啟新生活之際，美國華人也得開始重新思考自己的未來。許多美國華人從小堅信，如果他們無法在美國當上成功的專業人士，總是可以把中國當成退路，回祖國發展職涯。如今那個選項已經煙消雲散，融入美國社會變成一個更具吸引力的可能性。一九四九年在太浩湖（Lake Tahoe）舉辦的華人青年暑期會議（Chinese Young People's Summer Conference）上，與會者鼓勵華人青年不只要離開中國城，也該把中華傳統完全拋諸腦後——他們深信，最好的方法就是促進不同種族之間的「相互理解」。19

然而，想要促進族群間的和諧關係困難重重，因為在這局勢多變的年代，美國人已經開始將自己的國家當成對抗世界各地進行中龐大共產陰謀的最後橋頭堡。二戰結束後冷戰隨即登場，儘管無聲無息，但二十世紀兩大超級強權美蘇之間卻進行著激烈的爭鬥。納粹德國戰敗後，一個又一個東歐國家陸續成為蘇聯的附庸國，消失於鐵幕之後，這讓美國愈來愈覺得苗頭不對。為了阻止共產主義像傳染病一樣擴散，為了不讓蘇聯的勢力坐大，美國在一九四九年發起北大西洋公約組織（NATO），會員國包括美國與西歐各民主國家，相約若有任何一國遭攻擊，其他盟國將會一起伸出援手。那年稍後，蘇聯成功試爆該國第一顆原子彈，終結了美國壟斷核武的局面。

蘇聯的成就讓美國陷入一陣歇斯底里。許多杜魯門總統麾下的專家原本都認為蘇聯至少還要十五年才有辦法研發出原子彈。包括杜魯門在內的某些人則深信，光憑蘇聯既有的裝備，他們也許永遠無法製造出原子彈。這些人認為，最顯而易見的解釋就是有外人幫助蘇聯。因此蘇聯的原子彈不但引發美蘇兩國的軍備競賽，雙方對於珍貴科學機密的保密防諜工作都很在意，而且也對那些可能變節的人士展開獵巫行動。一九五〇年一月，美國民眾發現自己的恐懼並非空穴來風：曾在新墨西哥州小鎮洛斯阿拉莫斯參與曼哈頓計畫（Manhattan Project）的德裔英國科學家克勞斯．富赫斯（Klaus Fuchs）因為把機密洩漏給蘇聯而遭逮捕。由於中國剛剛經歷共產革命，中蘇也逐漸發展出友好同盟關係，這使得整個華人社群都成為變節的嫌疑犯。

時隔一個月，善用輿論來帶風向的約瑟夫．麥卡錫參議員（Joseph McCarthy）在一九五〇年二月宣稱他握有一份一〇五人的名單，裡面全都是擁有共黨黨籍的國務院人員——儘管他未曾印證自己的指控，但卻把國家搞得諜影幢幢。先前許多華府人士早就懷疑，中國之所以會遭赤化，是因為政府各部門都有人在搞破壞，如今麥卡錫的指控更將整個華府搞得沸沸揚揚。蔣介石的支持者們大聲疾呼，絕對要把那些「搞丟中國」的傢伙揪出來，共和黨籍的國會議員們則是要求肅清整個國務院，指稱那些遠東專家「從中作梗」，涉嫌叛國，並以陰謀詭計把國民黨逐出大陸。經過一陣大規模審訊後，好幾位名聲顯赫的國務院中國專家就此斷送了前途，儘管他們無法控制那些國際事件的發展，但卻淪為代罪羔羊。

在保衛美國大纛的考量下，全國掀起一陣反共熱潮，調查行動的範圍可說無遠弗屆。這就是後來所謂的「麥卡錫主義時代」，參眾兩院的反共調查行動把好萊塢、媒體界、學界與政界攪翻了天。政府立法禁止共產黨，建立各種檢驗忠誠度的措施，中情局與聯邦調查局也持續進行開信檢查與竊聽的調查活動。在這股全國性的反共熱潮中，華人特別容易遭懷疑，因為他們看起來像外國人，而且照理說都與剛剛選擇了共產主義、放棄自由的中國有關。

自從中華人民共和國建國之後，美國政府早就開始監視中國城裡那些左翼組織的一舉一動。聯邦政府屢屢騷擾華人手工洗衣業聯盟的總部，對於一些自由派傾向的美國華人組織，像是紐約華僑青年救國團（Chinese Youth Club）與《美洲華僑日報》（*China Daily News*）等都遭到嚴密監控。[20]儘管中國在二戰期間曾經是美國的親密戰友，但冷戰卻讓它搖身一變，成為蘇聯的共產主義同路人，也就是美國潛在的敵人。的確有許多美國華人希望美國社會的焦慮情緒會隨著時間減退，美中雙方的交流也會讓更多美國人接受中國的新政府。不過，隨著韓戰爆發，美中關係持續惡化，終究到了最糟糕的地步。

一九五〇年六月二十五日，服膺共產主義的朝鮮勞動黨委員長金日成揮兵入侵南韓，幾天之內就拿下了朝鮮半島的百分之九十土地。杜魯門總統深信莫斯科當局是這次入侵行動的幕後黑手，立刻呼籲聯合國與美軍一起攜手軍援南韓。在麥克阿瑟將軍（Douglas MacArthur）的指揮之下，以美軍為主幹的聯合國部隊迅速將北韓部隊驅逐回北方。由於韓戰前南北韓雙方以北緯三十八度為界，中華人民共和國透過外交管道提出警告：如果聯合國部隊跨界，共軍將會發動攻擊。聯軍還是長驅直入北韓境內，於是在一九五〇年十一月二十四日，當他們已逼近中韓邊界鴨綠江之際，中共真的說到做到，派出二十五餘萬中國人民志願軍參加韓戰。

韓戰解救了退守臺灣、已經命懸一線的國民黨政權。韓戰前，美國中情局曾預測共軍將在一九五〇年年底以前攻打臺灣，至於國務院則已經準備要承認中華人民共和國的合法政府地位。不過，就在愈來愈多美國士兵遭中共部隊屠殺之際，美國決定保護臺灣，將它發展成亞太地區的反共基地。

在華裔美國人看來，韓戰帶有截然不同的意義。在聽說許多美國白人大兵慘遭殺害，或在戰俘營被囚禁刑求的消息後，讓美國民眾備感納悶的是：為什麼不像麥克阿瑟將軍遭杜魯門解除指揮官職務之前所建議的那樣，乾脆用核彈攻擊中國？與此同時，美國華人已經開始面對充滿敵意的社會氛圍，處境與二戰期間的日裔美國人頗為相似。舊金山中國城有家中國餐廳遭一群白人暴民砸爛，說是要為捐軀的韓戰美國大兵報仇。[21]陸續也有一些報導指出華裔美國人慘遭攻擊，房宅被人破壞。

華裔美國人社群感受到冷戰陰影罩頂，同時政府也開始查他們的帳。韓戰導致美國對中華人民共和國實施禁運措施，不但禁止中國的貨物輸入美國，美國的資金也不能匯往中國。一九五〇年十二月十七日，美國財政部引用《外國資產管制辦法》（Foreign Assets Control Regulation）來禁止華裔美國人匯錢給遠在大西洋彼岸的親人。雖然香港是英國殖民地，但為了防範美國華人鑽漏洞，把香港當成資金轉運站，所以將其納入管制範圍。這個管制辦法並非紙老虎：違犯者可能被處以最高一萬美元的罰款，並且遭十年以下刑期的起訴。由於台山等地區的人民向來仰仗美國的華人親戚接濟，這又讓他們的生活陷入困頓。

這個管制辦法不僅截斷了美國與中國之間的金流，至少從下面這件事看來，也有助於打壓中國城裡的親共聲浪。一九五一年，美國財政部傳訊幾位報社記者，就此毀了他們的生涯：他們所隸屬的《美洲華僑日報》，正是親共的美國華人報紙中規模最大的。[22]隔年，司法部起訴了該報總編輯梅參天（Eugene Moy）與其他四位員工，理由是他違反《外國資產管制辦法》，而且這也是該法令自從一九一七年通過後首次有人遭起訴。梅參天被判處兩年有期徒刑，出獄後沒幾年就去世了。[23]

為了把左派報社都搞垮，美國政府還想辦法恐嚇訂戶。聯邦調查局探員挨家挨戶拜訪全美各地的《美洲華僑日報》訂戶，警告他們退訂。調查局的紐約探員也審訊了左派工會華人手工洗衣業聯盟的英語祕書陳育民（Tan Yumin，音譯），一遍又一遍質問他：為什麼你要訂閱《美洲華僑日報》？陳育民被問到幾乎發狂，後來從布魯克林橋（Brooklyn Bridge）一躍而下（也可能是被推下去的），屍首遭河裡汙泥掩埋，幾天後才被發現。[24]

在發現自己的郵件被拆過、電話有人竊聽、在街上遭到跟監之後，某些中國城居民深深覺得自己生活在警察國家中。美國政府甚至還打探二戰華人老兵的近況，在中國城遊樂場上找小孩來問東問西的。有個華人發現遭聯邦調查局探員跟蹤後，雙方開始公然互相咆哮，他說：「那探員也對我咆哮：『你是個共產黨員！』我走向前，用一根手指比著他的鼻子，也罵他：『你是個共產黨員！』他的氣勢就弱掉了。他沒有證據可以證明我是共產黨員，所以我也依樣畫葫蘆，沒有任何證據就指控他是共產黨員。」[25]

到了一九五三年，即使韓戰結束了，美中之間還是持續著公然敵對的狀態，情況未見緩和。事實拉近上，狀況最糟的時刻可能是到了一九五五年十二月才來臨：美國駐香港的領事莊萊德（Everett F. Drumwright）在他的外交文書中發布了一份報告，對整個美國華人社群提出許多指控，其中一項是他們共同參與了「偽造護照與簽證的龐大活動」。[26]莊萊德堅稱，幾乎所有的美國華人都非法入境，就連十九世紀那些淘金客與火車工也不例外。莊萊德不僅提出各種包山包海的指控（他說華人擅長偷運毒品、使用假護照、偽造美鈔，還有詐領社會福利救濟金與退伍軍人津貼），還暗指許多中國間諜冒充成美國華人的兒子，藉此滲透進入美國建立情報網絡。據其報告所言，中共政府只要把間諜派往香港就可以輕易買到能夠證明他們具有美國公民身分的文件。他說該有人設法「徹底摧毀那諜報系統」，以免「共產中國的詭計得逞」。[27]〔冷戰期間，聯邦調查局胡佛局長（J. Edgar Hoover）也深信美國華人社群裡諜影幢幢。他曾在某次參議院聽證會上發出警語：「共產中國的政宣攻勢已在我國氾濫成災。美國有三十幾萬華人，因為與中國人血濃於水，或者是因為有家人在共產中國被挾持為人質，其中某些人恐怕已經被中共收編了。」他還說，「中共從事情報活動的方式有兩種，除了利用他們在第三國的代理人，也可以透過他們在美國華人中的同路人來進行。因為入境美國的華人數量龐大，中共剛好可以藉此將臥底密探派來美國。」[28]從這些話可以看出，胡佛認為入境美國的中國人與美國華人沒兩樣，而且美國華人是一個不值得信任的種族族裔。〕

莊萊德的報告發布後，幾乎整個美國華人社群全都遭聯邦政府監控。任何人都無法免於調查：只要是華人，不久後就會有人「登門拜訪」，詢問關於生活的各種大大小小問題。《世界日報》（*China World*）編輯李大明（Dai-ming Lee）曾撰文寫道：「我們整個民族都被扣上了『圖謀不軌』的大帽子，在這之前，類似的狀況只曾在現代世界發生過一次。」[29]一九五六年，美國檢察官洛伊德・柏克（Lloyd Burke）傳喚了四十個重要美國華人組織的人員，要求他們在二十四小時內交出所有紀錄與成員照片，並針對他們的收入進行詳細說明。「整個中國城好像被原子彈炸過。」一位知情人士表示。另一位則說：「自從一八八二年通過《排華法案》後還沒有發生過這麼糟糕的事。」[30]

中國城華人領袖們的反擊方式是一方面向政治人物求援，另一方面也質疑司法部的調查行動是否合乎憲法。所幸在一九五六年三月，一名聯邦法官終止了政府的傳票攻勢，表示那是「大規模審訊與迫害」。[31]但截至此時已經對華人社群造成很大的傷害。每當調查人員對東西兩岸各地的中國城發動突襲，商業活動都得暫停。光是在一週內，紐約華商就損失了十萬美元。美國政府也把莊萊德的報告洩漏給媒體，任其大肆報導華人社群的非法移民問題。

韓戰結束三年後，美國政府在一九五六年啟動了一項「自首計畫」，鼓勵非法移民的華人自動出面認罪。不過，只要有人出來自首，每個案子都可能會有好幾十個華人親戚受到牽連，這些人為求自保，也必須與政府合作。舊金山大約有一萬華人出來自首，其中有百分之九十九最後都獲准留在美國。[32]不過也有少數華人因為參與政治活動而遭遣送出境。儘管遭遣返的人數不多，但卻讓整個華人社群惶惶不安。即使莊萊德所引發的大規模調查行動結束很久以後，各地中國城依舊杯弓蛇影，華人始終對政府心懷恐懼，沉默低調的習慣也就此根深柢固。

另一個容易遭受間諜罪指控的群體是在大學服務，其研發能力與國家安全有關的華人知識份子。隨著共產中國日漸坐大，成為世界強權以及具有高科技實力的冷戰敵國，許多美國官員開始認為華裔美國人與滯美中國人沒什麼差別，也常常懷疑兩者會將機密洩漏給中共。根據國務院的新規定，也就是一九五二年的《移民與國籍法》（Immigration and Nationality Act of 1952），以及杜魯門總統於一九五三年提出的文告，對於那些掌握的知識足以危害國家安全的外國人，美國政府有權阻止他們離境。結果，大約有一百二十位中國知識份子從此持續滯美多年，無法獲准離境。[33]

其中一位就是頂尖的中國空氣動力學家錢學森博士。他曾幫助美國推動史無前例的太空計畫，但後來卻遇上了冷戰史上最詭異的一樁「間諜事件」。他的故事讓我們看出美國政府在麥卡錫時代有多善變難測，還有當時的瘋狂獵巫行動對美國的國防科技發展帶來多大的傷害。

儘管錢學森後來的人生神祕低調，世人難以了解，但他早年的事蹟相對就比較簡單易懂的。當錢學森參加清華大學庚子賠款留美公費生考試通過後，他在一九三五年來到美國麻省理工學院就讀，後來又前往加州理工學院攻讀博士學位。他很快就成為自身專業領域的頂尖人物，對美國科學發展與國防科技有重大貢獻。他促進了流體動力學、結構挫曲、火箭科學與工程控制論等領域的革命性發展，進而幫助美國提早進入太空時代。當他還在加州理工學院攻讀博士學時，就協助創立位於帕薩迪納（Pasadena）的噴射推進實驗室（Jet Propulsion Laboratory），並親身參與設計美國某些最早期的導彈。因為他對二戰的貢獻非常有價值，美國政府持續讓他保有極高的安全許可等級，所以儘管他是中國人，卻能參加許多機密的政府計畫。二戰結束時錢學森已多次獲得美國軍方的獎章與表揚。

中國大陸易幟後，錢學森已決定揮別家鄉，留在美國發展了。他申請加入美國籍，也接受了加州理工學院的教授職位，並擔任噴射推進實驗室的主任。不過，他沒有料想到美國進入冷戰時期後會變得如此歇斯底里。聯邦調查局在一九五〇年指控他曾經是美國共產黨黨員，因為一九三〇年代期間他曾與一些親共的加州理工學院學生相當友好。

儘管錢學森嚴詞否認自己是共產黨員，但美國政府還是撤銷了他的安全許可。有鑑於過去在二戰期間曾幫美國做出種種重大貢獻，他認為這實在是天大的侮辱。心高氣傲的錢學森一氣之下決定返回中國。他先告知加州理工學院，表示自己將請長假，歸期未定，接著幫自己與家人訂了回中國大陸的船票。後來某位海關官員發現他的行李中裝有重達數千磅的科學論文，他才真的就此惹禍上身。那官員深信自己活逮了一個間諜，於是召開記者會，宣稱他在錢學森的物品中截獲一批「密碼冊子」。

洛杉磯媒體界見獵心喜，報上出現了「運往中國的行李中發現機密資料」等類似新聞標題。結果那些所謂「密碼冊子」其實只是一些對數表，而且政府介入調查後發現錢學森的行李中也沒有暗藏機密資料。不過沒有任何報紙刊登澄清啟事，甚至也未進行後續報導，這讓許多讀者深信錢學森就是中共政府的間諜。

行李被政府沒入後，幾天內錢學森就遭逮捕，被囚禁在聖佩德羅（San Pedro）某個牢房裡超過兩週。即使他沒有驚慌失措，肯定也感到困惑不已，甚至因此瘦了二十磅。知名物理學家歐本海默（Robert Oppenheimer）

伸出援手，建議錢學森前往普林斯頓大學任教。結果他連選擇的餘地都沒有。讓大家都感到意外的是，他一獲釋，美國移民及歸化局（Immigration and Naturalization Service）就針對他召開驅逐出境的聽證會，理由在於錢學森是個來自國外的共產黨員，也是依法可驅逐出境的不受歡迎人士。

一時之間美國政府也無法決定該怎樣處理錢學森，結果搞得他像是個無主孤魂，不知所措。有一派以國防官員為主的人士四處奔走，主張他的科技知識太過珍貴了，絕不能落入中共政府手裡，希望把他留在美國，而另一派大都是移民當局官員，強烈主張該把他送走。在做出決定前，政府不准錢學森離開洛杉磯。從一九五〇到五五年之間，長達五年時間他都生活在聯邦調查局的監視之下，電話被竊聽、信件遭打開檢查，家人在街上也遭跟監。最後美國政府終於在一九五五年九月十七日把錢學森與家人遣返中國大陸。

錢學森在美國時到底是不是共黨份子？這問題迄今仍無定論，但從種種證據看來，他並不是。錢妻蔣英是介石麾下軍事理論家蔣百里的三女，而且某些人認定他所屬的那個加州理工學院共黨團體仍有些成員留在美國，他們都堅稱錢學森並非黨員。經過五年調查後，移民及歸化局也找不出文件證明錢學森與共產黨有任何瓜葛。不過，從事後的發展可以看出美國政府最後決定驅逐他根本與他的政治傾向無關。一批國務院文件在幾十年後解密，世人才得知美國曾與中共做過一次交換犯人的祕密交易，用錢學森來換回一批韓戰期間遭俘的美軍飛行員。

美國如此虧待錢學森終究對自己的國防科技造成傷害。驅逐錢學森後，美國等於失去了一位最傑出的科學家，而許多關於登月任務與發展導彈的計畫也痛失一位珍貴的顧問。早在一九四九年，錢學森就已經預測人類將在三十年內登月成功，而且登月任務可以在一週內完成。對中共而言，錢學森的歸國卻是多了一個可以幫助促進科技革命的人才。後來他被任命為中國第一個導彈研究機構，也就是國防部第五研究院的院長，負責監造中國第一代核子導彈，也就是「東風」系列彈道飛彈。中國第一顆人造衛星的計畫也是由他提出與監督：也就是能夠追蹤與遙測洲際彈道飛彈的「東方紅一號」衛星。[34]

美國政府如此無理迫害錢學森，對自身造成了什麼傷害？也許看得最透徹的人是錢學森的辯護律師格蘭特．古柏（Grant B. Cooper），正如他所說：「我們的政府居然讓這種科學天才回到共產中國去貢獻自己的心力，可說是我國在本世紀發生的悲劇之一。」[35]

隨著冷戰愈演愈烈，美國社會變得愈加封閉，好像唯有這樣才可以避免遭到核武毀滅的風險。這是郊區蓬勃發展的時代，美國男人無不嚮往著到收入穩定的大公司去工作，社會普遍認定女性應該放棄職涯，專心扮演好母親的角色。那些亮麗花俏的廣告投射出一種美國人都該走入的理想婚姻生活：男人開著帶有長長尾翼的汽車到城裡的公司工作，無憂無慮的主婦們留在郊區家中廚房裡做家事，四週都是閃閃發亮的新式家電。帶有餐具與餐盤的料理包俗稱「電視餐」，這種新發明讓家人可以待在家裡吃飯，而且往往都是聚在電視前接受大眾媒體的催眠。那是個消費主義盛行的富足年代，整齊劃一的價值觀麻醉人心。不過人民的內心卻始終焦慮不已，深恐某位國家領袖失手，用核彈把整個國家毀掉。

儘管焦慮不已——或者應該說，正因為焦慮不已，所以戰後嬰兒潮衍生出某種幾乎全然是為了滿足孩童需求而存在的文化。年輕男女早婚，也會生比較多小孩，甚至曾讓美國的生育率超過印度。熬過經濟大蕭條與二戰的美國人決心讓自己的小孩過著沒有任何缺憾的生活，很快的整個美國社會都開始非常重視男女童子軍的活動、兒童生日派對與家長會聚會。

本來生育率就比較高的美國華人也培養出一種甚至更重視家庭的文化。位於舊金山中國城的唐納狄娜．柯麥隆之家（Donaldina Cameron House）本來是用來收容脫逃娼妓的中途之家，結果被改成美國華人兒童休閒活動專用的社區中心。兒童與青少年在那裡舉辦外宿派對（slumber parties），睡覺的房間被漆成小木屋的模樣，讓他們可以想像自己是在野營。[36]一九五〇年代期間年少的史家譚碧芳（Judy Yung）曾住在舊金山，她回憶道：「與我年紀相仿的同學朋友們都努力融入美國社會，參加各族裔學生共襄盛舉的中學社團活動，或者試著從啦啦隊選拔賽中脫穎而出，也爭取成為學生會幹部或舞會皇后。至於我跟其他某些人則是忙著參加華人基督教青年會、柯麥隆之家、基督教教會或者華語學校的活動。」[37]

一九五〇年代也是中國城逐漸衰微的時期。中國城的「老頭們」，也就是那些獨自在美國打拚，寄錢回中國養家活口的獨居華人男性，在無聲無息中日益衰老，生活也不若往日闊綽，有些甚至已一腳踏進棺材。在這些老人一個個辭世之際，正好也是中國城遭受雙重打擊的時代：一方面在政府的嚴密監控下，中國城的商業收入減少；另一方面，一九五〇年的保守政治風氣也重創了華人所開設的賭場與夜店。一九五四年聯邦政府通過一部禁賭法令，導致全美國的華人樂透生意觸礁，中國城失去重要的財源，促使許多居民出走，試著到別處尋找商機。[38]

同時，有能力過更好日子的年輕華人夫妻也不願意在多數需要大幅翻修的老舊中國城公寓裡養育小孩了。根據一九五〇年的紐約州住屋狀況調查（New York State Housing Survey）結果顯示，紐約市中國城的房屋幾乎有三分之一並未裝有抽水馬桶，幾乎有一半缺乏淋浴間與浴缸，幾乎有四分之三沒裝中空暖氣。[39]許多十九世紀末華人移民或者排華年代那些冒充成別人的兒子來到美國的華人都已垂垂老矣，他們的兒孫為了逃離如此貧乏的環境而大量出走，離開華人聚居的中國城，遷居郊區，與其他美國人一起毗鄰而居。

即使是那些從小生活環境就不錯的華人也急著想要離開，周威廉（William Chew，音譯）是其中一個例子。儘管他的祖父當過鐵路工、礦工，也曾以賣菜為生，但到了他父親那一代，他家就已經躋身中上階層。他父親是美國史上第一個當上共濟會分會（Masonic Lodge）會長的華裔美國人，後來當上加州小鎮艾列頓（Isleton）灣邊罐頭廠（Bayside Cannery）的監工。周威廉是工程碩士，後來曾負責設計太空梭的實驗，兩個兒子分別當上了牙醫和專業運動攝影師。不過，兩個兒子小時候有個問題曾讓他掙扎過，如他所說：「到底是該繼續住在我從小生長的華人社區，還是遷居那些蘊藏著更多機會，生活能過得更舒適的中產階級社區？」他說，儘管深知搬到白人社區終究會「降低家人對於華人文化與身分的認同感」，他還是選擇離開，因為他實在無法抗拒各種強烈誘因。如他回憶道，「當時我渴望週末時能夠在庭院草皮上割草，幫車子上蠟，帶孩子們去上主日學，與鄰居和友人一起舉辦後院烤肉餐會。」[40]

此時許多華人的財力已經能過這種生活了。一九五〇年代期間，有愈來愈多擁有大學學位的華人晉身白領或專業階級，當上工程師、醫生、會計師、律師或商人等，很多人的父親是移民華商，但也有人是因為打過二戰，根據《美國軍人權利法案》而進入大學取得學位。某些華人甚至成為全國性的名人，而且到了一九五〇年代末期，這類傑出人士包括：曾被《時代》雜誌封為「夏威夷的華人版洛克斐勒」[41]的大企業家何清（Chinn Ho，音譯）、何清的中學同學鄺友良（Hiram Leong Fong，第一位當上參議員的華裔與亞裔美國人）、黃錦紹（Delbert Wong，第一位華裔與亞裔美國法官）[42]，還有曾兩度榮獲奧斯卡金像獎的世界級攝影師黃宗霑（James Wong Howe）。

到了這個時代，美國華人社群的整體收入已高於美國社會的平均值。以一九五九年為例，華人家庭的平均收入為六二〇七美元，[43]但美國人的平均值則只有五六六〇美元。[44]華人中產階級的財力已足以負擔抵押貸款，購入郊區白人社區的高級房宅——但法律規定他們不能入住白人社區，因此必須先排除這障礙。

幾十年來，儘管某些華人已經完全融入白人的社會，但許多州還是有法令禁止華人入住白人社區或者就讀白人的學校，其中以加州為最。二戰後，州政府與聯邦政府很快的都廢止了這些法令。本來某些不動產法規規定白人屋主不能把房屋賣給華人或其他少數族裔成員，但是到了一九四八年遭美國最高法院判定為違憲，讓華人有權在任何地方購買房屋或土地。[45]加州州議員們也廢止了種族隔離教育法規。

不過，沒有了這些法規並不意味著郊區居民會敞開心胸歡迎新來的華人鄰居。許多白人屋主深恐社區裡出現少數族裔家庭會導致房價下降，當地許多房仲也順應這種心態，拒絕帶華人買家去看房子。不過這些排擠對策還是有破綻，有些華人可以直接向思想先進的白人屋主購屋，或是找白人朋友配合演出，先由他們買下房屋，然後很快脫手賣給華人。為了避免與不友善的白人鄰居發生衝突，許多華人都在半夜偷偷遷入新居。[46]

從某些極端案例看來，少數白人住戶為了趕走新來的華人鄰居，會採用騷擾、破壞財物等手段，甚至動粗。常有遷居市郊高級社區的華人家庭發現門上貼著措詞無禮的紙條，或有人亂丟垃圾到他們的庭院。「第一晚我家的窗戶就被打破，但我沒理會他們，」曾在洛杉磯某白人社區購屋而居的李藍辛（Lancing F. Lee，音譯）回憶道，「接著有人帶狗上門來找麻煩。過馬路時也會有人想欺負我們。」[47]

許多美國華人家庭很快就會發現，郊區看似平和靜謐，但居民內心卻暗藏排外情結。畢竟當時許多屋主都因為害怕核戰爆發而自建避難設施，學童在學校的核導彈攻擊演習時也會練習「躲到桌下，就地掩護」的動作，所以當時美國白人看到非我族類者會產生恐懼的情緒，即使太過非理性，也可說是一種本能反應。哈佛法學院畢業的律師楊愛莉（Alice Young，音譯）回憶道，她成長於華府郊區的維吉尼亞州小鎮麥克林（McLean），社區住戶絕大多數都是保守白人，「在國防部、中情局工作」，她家是唯一的亞裔家庭。小學三年級時某天老師播放一部以共產威脅為主題的社會研究影片，片中出現的共黨份子剛好都是中國人。「片尾時我們看到那影片說，若發現任何可疑人士，請向當地中情局或聯邦調查局人員舉報，」她回憶道，「等到燈光打開時，我發現所有三年級的同學都已經把椅子從我身邊移開了。」[48]

不過，年輕華人離開中國城，往美國各城市郊區出走的熱潮仍持續不斷。中國城的範圍不但愈來愈小，有些甚至完全消失了。根據一九四〇年的一份全國性調查顯示，美國還有二十八個中國城，[49]但到了一九五五年，數量已縮減為十六。[50]當時還有人預測，美國的各個中國城很快就都變成鬼城了。

但他們猜錯了。到了一九六〇年代，中華人民共和國會出現翻天覆地的政治變局，危急的情況造成一波出走潮，美國的各大中國城很快就會有大量的新移民入住。

---

1 請參閱：J.A. G. Roberts, *A Concise History of China* (Cambridge, Mass.: Harvard University Press, 1999), p. 239.

2 請參閱：*A Decade of American Foreign Policy: Basic Documents, 1941-49*, prepared at the request of the Senate Committee on Foreign Relations by the Staff of the Committee and the Department of State. Washington D.C.: Government Printing Office, 1950, produced online by the Avalon Project at Yale Law School: http://www.yale.edu/lawweb/avalon/wwii/yalta.htm.

3 請參閱：Murray A. Rubinstein, ed., *Taiwan: A New History* (Armonk, N.Y.: M. E. Sharpe, 1999), p. 284.

4 請參閱：張鐵君著，《蘧然夢覺錄》，分上下兩卷。臺北：學園出版社，一九七四年，頁二一一。

5 請參閱：Leslie Chang, *Beyond the Narrow Gate: The Journey of Four Chinese Women from the Middle Kingdom to Middle America* (New York: Dutton, 1999), pp. 18-19.

6 請參閱：Leslie Chang, p. 19.

7 請參閱：Stella Dong, *Shanghai, 1842-1949* (New York: William Morrow, 2000), p. 282.

8 請參閱：L. Ling-chi Wang, "Politics of Assimilation and Repression," p. 306.

9 請參閱：Ibid., p. 307。我的外祖父張鐵君曾接受國府空軍政戰部的委託寫書，而收到一筆預付款。等到他把書寫完，從銀行把預付款提領出來，因為幣值暴跌，那筆錢甚至買不起一件襯衫。請參閱：《蘧然夢覺錄》，頁二一二。

10 請參閱：J.A. G. Roberts, *A Concise History of China*, p. 250.

11 請參閱：Peter Kwong, *The New Chinatown*, p. 59; Ronald Takaki, *Strangers from a Different Shore*, p. 417; Kitano and Daniels, *Asian Americans*, p. 42; Ting Ni, "Cultural Journey: Experience of Chinese Students of the 1930s and the 1940s," Ph.D. dissertation in history, Indiana University, April 1996, p. 142.

12 請參閱：Ting Ni, p. 81.

13 請參閱：Author interview with Linda Tsao Yang.

14 請參閱：Ibid.

15 請參閱：*Time*, February 28, 1949.

16 請參閱：The Committee on Educational Interchange Policy, *Chinese Students in the United States, 1948-1955* (New York, 1956)，轉引自：Ting Ni, pp. 24, 94.

17 請參閱：L. Ling-chi Wang, p. 394.

18 請參閱：Ibid.

19 請參閱：Gloria Heyung Chun, p. 84.

20 請參閱：Renqiu Yu, p. 191.

21 請參閱：L. Ling-chi Wang, p. 333.

22 請參閱：Renqiu Yu, *To Save China, to Save Ourselves*, p. 187.

23 關於梅參天的生平，請參閱：Renqiu Yu, p. 188; Andrew Hsiao, "100 Years of Hell-Raising," *Village Voice*, June 23, 1998; L. Ling-chi Wang, pp. 439, 443; Him Mark Lai, "China and the Chinese Community: The Political Dimension," *Chinese America: History and Perspectives 1999*, p. 11.

24 請參閱：Renqiu Yu, p. 191.

25 請參閱：Ibid., p. 187.

26 請參閱：Kitano and Daniels, *Asian Americans*, p. 43.

27 請參閱：L. Ling-chi Wang, p. 425.

28 請參閱：L. Ling-chi Wang, p. 406; Roger Daniels, *Asian America*, p. 305.

29 請參閱：L. Ling-chi Wang, p. 423; Report from Drumwright on visa fraud. File 122.4732/12-955, Location 250/1/05/05, Box 720, Record Group 59, National Archives, Washington, D.C; L. Ling-chi Wang, pp. 422, 423。華人學者王靈智（L. Ling-chi Wang）非常扼要地簡述了莊萊德所提出的種種指控。

30 請參閱：Ibid., p. 418.

31 請參閱：Ibid., p. 422。值得一提的是，整個韓戰期間美國華人社群始終活在遭到大規模拘禁的陰影下。一九五二年，聯邦政府曾耗資七十七萬五千美元，在加州、亞利桑那州、賓州、奧克拉荷馬州與佛羅里達州等六州各興建一間拘留所。關於此事，請參閱：L. Ling-chi Wang, p. 368.

32 請參閱：Ronald Takaki, p. 416.

33 請參閱：Yelong Han, "An Untold Story: American Policy Towards Chinese Students in the United States," *The Journal of American-East Asian Relations*, Spring 1993; 轉引自：Ting Ni, p. 25.

34 關於錢學森的生平，請參閱拙著：Iris Chang, *Thread of the Silkworm* (New York: Basic Books, 1995).

35 請參閱："Made in the U.S.A.?," *60 Minutes*, October 27, 1970, CBS Archives.

36 關於柯麥隆之家在一九五〇年代的功能，請參閱：Author interview with Harry Chuck at Cameron House, March 17, 1999.

37 請參閱：Judy Yung, *Unbound Feet*, p. 287.

38 請參閱：Ben Fong-Torres, *The Rice Room: Growing Up Chinese-American: From Number Two Son to Rock'n'Roll* (New York: Plume, 1995), p. 53.

39 請參閱：L. Ling-chi Wang, p. 515.

40 請參閱：Author interview with Bill Chew; Chew's unpublished manuscript in his private collection.

41 關於何清的生平，請參閱：Burt A. Folkart, "Known as 'Chinese Rockefeller' of the Islands; Hawaii Multimillionaire Chinn Ho Dies," *Los Angeles Times*, May 14, 1987.

42 關於黃錦紹的生平，請參閱：Interview with Delbert Wong, interview #59, Southern California Chinese American Oral History Project; Sam Chu Lin, "Historical Society Commemorates WWII 50th Anniversary," *Asian Week*, November 11, 1994; K. Connie Kang, "From China to California, a Six-Generation Saga: One Family's Milestones and Challenges Tell the Story of a Changing World," *Los Angeles Times*, June 29, 1997; Lillian Lim, "Chinese American Trailblazers in the Law. 軍旅生涯與聯邦政府資助的法學教育改變了黃錦紹的人生。他是出生於加州的第三代美國華人，二次大戰期間投效空軍，曾在歐戰戰場上執行過三十次轟炸任務，獲頒飛行優異十字勳章。在政府資助下，他先到哈佛商學院就讀，然後在史丹佛大學研讀法學，畢業後便開始長達四十年的司法生涯。

43 請參閱：Betty Lee Sung, p. 128.

44 請參閱：Ibid., p. 128.

45 請參閱：Ben Fong-Torres, p. 52。不過，許多社會藩籬仍未排除。以當時尚未獲頒諾貝爾獎的華人科學家楊振寧為例，他曾於一九五四年想在紐澤西州普林斯頓購置一間房宅，結果買家突然把他的頭期款歸還，不賣了，並且說如果賣房子給楊振寧將會損害他的生意。請參閱：Zhenning Yang, *Forty Years of Learning and Teaching* (Hong Kong: Sanlian Publishing House, 1985), pp. 11-12.

46 請參閱：Rodney Chow interview, interview #149, Southern California Chinese American Oral History Project.

47 請參閱：Interview with Lancing F. Lee, Southern California Chinese American Oral History Project.

48 請參閱：Interview with Alice Young, *Nightline*, ABC News, June 28, 1999.

49 請參閱：Betty Lee Sung, *The Story of the Chinese in America*, p. 144.

50 請參閱：Ibid., p. 144.

第十五章 新移民，新生活：混亂的一九六〇年代

在外人看來，一九六〇年代的華裔美國人是一個共享文化、傳統與移民經驗的民族。但事實並非如此，而且其他族群的移民也不是這樣。美國社會對於各個移民族群的差別待遇一代代遞減，促使移民融入社會的誘因也愈來愈強，光靠血緣關係很難把一整個族群團結在一起，因為人各有志，天賦也都不同。之所以會這樣，很大一部分原因在於，移民就像一波又一波的浪潮，前一批移民離開了貧民區，他們的位子自然會被後一批取代。

華人在一九六〇年仍是備受美國社會歧視，不過並非所有的華裔美國人都像以前那樣被困在中國城，要靠華人社群的組織來保護自己的權益、維持生計，甚至保命。事實上，某些新的華人移民連美國的中國城都沒去過，這些人包括輾轉來到美國的中國知識份子、受過良好教育的社會菁英。因為英語流利，他們可以直接前往大學城與大都市定居。另一個有利於他們的狀況是，儘管種族歧視的狀況仍令人不忍卒睹，但這種狀況很快就受到質疑挑戰，因為《獨立宣言》早已將這句話當成不證自明的真理：「人皆生而平等。」

這些定居美國的中國知識份子大都在美國讀研究所，因為一九四九年中國大陸易幟而滯美，他們交往與

合作的對象可能都是一些華裔知識份子。不過，漸漸的這種知識份子社群已經變成了多元文化交流的前哨站，讓中國學者得以積極參與大學城的社交生活，在任何場合都不會因為自己的華人長相與英語腔調而感到不自在。因為雙親皆為學者，從小就生長在伊利諾州大學香檳分校（University of Illinois at Urbana-Champaign）附近的社區，還記得當時我會與家人一起驅車前往芝加哥的中國城，但理由和其他族裔的美國人沒兩樣，只是為了享用一頓美味的中國菜，而不是去找華人親友。

此外，如前所述，到了一九六〇年代，在美國出生的華裔人口已為數不少。如果別人還是把他們當成中國人而非美國人，那就不是他們的問題了。儘管許多華裔美國人具有華人血統，但首先是把自己當成美國人，對於所謂「故國」的了解最多也只是透過爸媽與祖父母告訴他們的故事。與華人社會脫節情況特別嚴重的，是那些第一波華人移民的子孫，也就是我稱之為「早已開枝散葉」的華裔美國人，他們的祖先都早已離開美國各地中國城了。如今許多這類華人都在美國各地郊區生活工作，他們的孩子相對也很少有機會接觸到其他華人。從許多方面說來，這些郊區華裔小孩的生活與其他移民族群小孩已經沒有兩樣。

不過，仍有某些華人覺得離開中國城會讓他們沒有安全感，居住的環境還是很重要，因為在遇到困難時可以向當地的有力團體求助。但是到了一九六〇年代，他們的舒適圈遭到新一波的大量華人移民入侵，這些人大都是從中國大陸逃往美國的難民。就這樣，已經準備離開中國城但尚未動身的華人，與剛剛來到美國的中國難民之間，發生了嚴重的文化衝突。

在毛澤東的主導下，一場「反右運動」在一九五七年爆發，肇因於他在前一年提出「百花齊放，百家爭鳴」的方針，鼓勵各界公開批判中共。許多人信以為真，結果真的放聲批判共產主義體制，最後都慘遭報復。數以千計的知識份子只因傻傻地提出改革建議就被打成「反動份子」，而被打入大牢或送去勞改。但也有一些知識份子始終保持緘默，悄悄申請出國簽證。

到了一九五八年，中共執意在全國各地開始推動「大躍進」計畫，增加工業產出量，並把七億中國人民組織成一個個人民公社，要他們在後面搭建「土高爐」來煉鋼。許多農夫被迫棄耕，才能夠全心煉鋼，甚至把家中所有鐵材（包括鍋碗瓢盆與床墊的彈簧）都熔化，但只能換取到微不足道的穀物。因為疏於照顧，牲口與作物全都死去，沒多久全國陷入中國史上，甚至人類史上最嚴重的大饑荒危機。政府嚴格實施糧食配給，但還是有數以千萬計的百姓餓死。最終中共放棄「大躍進」計畫，就連毛澤東也坦承犯錯，宣稱自己「闖下大禍……應該絕子絕孫。」

為了緩解大饑荒的壓力，中共高層突然批准了數以萬計的中國人移民海外。一九六二年，七萬人在二十五天之內陸續獲准離開，他們大都為廣東省居民。[1]與美國相較，移居香港容易得多，所以他們大都前往香港，希望日後可以移民美國。豈料這些未能「一步到位」的移民後來遭遇了各種挫折。

儘管此時他們已經是英國殖民地的居民，但因為美國的移民政策仍然非常偏袒西歐各國，並嚴格限制其他國家來的移民，因此大多數中國移民的入境申請都遭到拒絕。根據移民法規《麥卡倫－沃特法案》，美國對於移民申請案的國別認定不是看他們的居住國，而是出生國。（美國將百分之七十的移民配額都留給了英國、愛爾蘭與西德等三國，但申請者卻遠低於此。至於南歐、東歐與亞洲的配額則都是少之又少，等待時間漫長無比。例如，義大利每年的配額為五六六六人，希臘三〇八人，南斯拉夫九四二人。給華裔申請者的配額甚至更少，僅有一〇五人。此外，被美國政府認定為「華裔外國人」（Chinese alien）的並非只有生於中國且來自中國的移民申請者，也包括那些擁有百分之五十以上華裔血統，散居世界各國的華人。因此，假使有歐洲居民想要申請移民美國，但他（或她）卻是華人，甚至華裔與歐裔血統各半，就會被當成華裔申請者，而非歐洲人，因此不能使用歐洲配額。）因此，居住在香港的中國人若要申請入境美國並不會被當成英國人，其身分仍為中國人。根據配額規定，每年可以獲准入境的中國人只有一〇五人。[2]除了這個配額之外，特別法還規定某些中國人能以政治難民或傑出表現人士的身分入境，不過人數還是非常少。[3]

但有些中國人連香港都進不去。因為中國人從邊界蜂擁入境，造成香港人滿為患，迫使殖民地政府架起帶刺鐵絲網，不讓他們越界，而且大規模搜捕難民，將他們送回中國。[4]香港政府對於中國難民的悲慘際遇可說是麻木不仁，再加上美國移民法規的嚴格限制，導致香港的難民問題日益惡化。這促使甘迺迪總統（John F. Kennedy）在一九六二年五月二十三日簽署一道總統指令，允許香港的中國大陸難民入境。[5]到了一九六五年，大約有一萬五千名中國難民遷居美國。[6]

美國修改移民法規後，能入境的中國人更多了。一九六三年甘迺迪總統痛批移民法中關於「出生國」的規定，斥之為「不合邏輯，也沒有道理」，認為這樣「既無助於我國，對於國際社會也毫無益處。在各國必須互相扶持的時代，這種法規已不合時宜，因為申請者能否獲准進入美國居然取決於『在哪裡出生』這種偶然事件。」[7]兩年後，詹森總統（Lyndon Johnson）在一九六五年十月三日簽署新通過的《移民與國籍法》〔Immigration and Nationality Act，又稱為《哈特—塞勒法》（Hart-Celler Act）〕，屏棄了過去帶有種族歧視色彩的移民法規。〔這部法案的支持者們向反對者做出保證，表示立法意旨是為了解決種族歧視問題，不會讓美國充斥著來自第三世界的新移民。麻州參議員愛德華·甘迺迪（Edward Kennedy）表示，未來這法案將不會「打亂我國各族裔人口的比例」，「無論是任何國家、地區的移民，或者亞非兩洲人口最多、最貧窮國家的移民都不會在美國人滿為患」。夏威夷參議員鄺友良（Hiram Fong）也附和此一論調，指出「亞裔人口只佔美國總人口數的百分之〇·六」，「往後亞裔人口也不會超過百分之一……美國固有的文化模式絕對不會有所改變。」詹森總統還說，「我今天簽署的並非一部革命性法案。它不會影響成千上萬美國人的生活。我們的日常生活形態也不會有翻天覆地的改變。」不過這些說法都錯了——這一部新的移民法案從此改變了現代美國的移民史，也影響了成千上萬的美國人。〕據此新法，亞太地區的每個國家每年都有兩萬個移民配額，而

在夏威夷出生的鄺友良（Hiram Leong Fong）在1959年成為第一位當上參議員的華裔與亞裔美國人。（照片來源：AP/Wide World Photos）

且如果是美國公民的家屬（包括他們的配偶、父母與尚未結婚的小孩）要申請移民依親，也不受配額限制。此一新法將會帶來深遠影響，大大增加美國的華人人口。在《哈特—塞勒法》通過以前，據一九六〇年人口普查結果顯示，美國華人人數僅為二十三萬六〇八四人，只佔總人口數的百分之〇・一。新法通過後，美國華人人口幾乎每十年就會翻倍。[8]

來自中國的新移民直接入住中國城。他們肯定不是廣東省最窮、知識水準最低的居民，但來到美國時卻大都已身無分文，因為所有家當早就變賣一空，用於購買前來美國的船票、機票。更糟的是，他們大都不會說英語，因此只能到華人開設的公司行號、餐館或洗衣店等找工作。

一九六〇年代末期，當時擔任華人新移民服務中心（Chinese Newcomers Service Center）副主任的郭麗蓮（Lillian Kwok Sing，譯註：郭麗蓮出生於上海，一九五〇年代前往美國留學，畢業後成為社工。為了幫華裔美國人爭取權益，後來她攻讀法律，法學院畢業後成為美國史上首位華裔女法官）曾做過一個小型研究，了解幾位中國人在離開香港，來美國生活後的職業轉變。從以下結果看來，他們顯然都往社會底層流動了。[9]

新移民到來後，原本就住在中國城的華工失去了談判優勢。這些華工的英語也一樣不夠流利，所以無法到別處工作或者自己做生意。此時因為有大量人力流入當地，華商深知他們可以隨意砍薪，並延長工時。華工一旦生病就很容易被換掉，有誰敢抱怨也會遭列入黑名單。由於勞資雙方實力懸殊，雇主壓根不想改善勞動條件。

在香港的工作	來到舊金山後的工作
中醫	洗衣工
毛衣縫製工	廚師
船員（大副）	廚房助手
工廠老闆	工友
會計師	廚房跑堂
中醫	跑腿小弟
社工	學生
教師	廚房跑堂
報社記者	廚房跑堂

中國城許多工廠的工作環境惡化，促使政府多次介入調查。例如，舊金山人權委員會（San Francisco Human Rights Commission）在調查後發現製衣廠女性華工沒加班費可領、無法休假或請病假，也沒有醫療補助。[10]某位勞工曾表示：「華人剝削同胞的問題嚴重到令人吃驚。」[11]〔在《車衣姆》（*Sewing Woman*）這部紀錄片裡，我們看到主角平珍（Zem Ping Dong）在移居美國後幾乎時時刻刻都駝著背趴在縫紉機上工作，她說：「我仍清楚記得當時我一腳不斷踩縫紉機踏板，另一腳用來搖動克難搖籃，哄籃中的兒子睡覺，背上還綁著另一個兒子。有好幾次因為兒子哭鬧或我自己睡著了，結果機器上的針戳到我的手指。」〕

對某些家庭而言，連最低的工資都是無法企及的美國夢。〔馬敏儀（M. Elaine Mar）在回憶錄《紙女兒》（*Paper Daughter*）裡回顧一九七二年他們家從香港移民到美國丹佛市，當時她年僅五歲。父親工作的中國餐廳是由某個親戚管理，他窮到付不出上面繡有學校徽章的十元T恤。「妳爸得工作很久很久才能夠賺到十美元，」母親向她解釋道，「妳以為我們家有多少錢？我們跟美國人不一樣，英語沒他們好，也不能去做麥當勞餐廳四美元時薪的工作！如果妳爸會講英語，妳以為他不想去麥當勞工作嗎？」[12]〕於是某些新移民被逼急了，想設法脫離可怕的工作環境，但結果幾乎可以用悲慘二字來形容。為了學英語，舊金山與紐約的新移民華工報名參加聯邦政府補助的成人教育課程，但因為年紀太大，再加上每週都得工作六十個小時，很難專心上課。更重要的是，他們一整天被關在使用華語的工作環境裡，接觸不到以英語為母語的美國人，以致無法每天練習英語。

許多新移民必須靠微薄薪資餬口，因此搬進了沒有傢俱與暖氣的單房公寓。「睡覺前，我們在兩個油桶或者兩把椅子上擺一片三合板，將就著睡覺，」一名華工回憶道，「所以我們都練就睡覺後完全不動的本事。」[13]她的家人一週只能洗一次澡，因為家裡沒熱水也沒浴缸，只有一個同時也用來洗衣服的鍍鋅鐵缸。她坦承，自己租了一個房間後，她「為了彌補以前的缺憾，每天洗兩次澡！」

在疏於照顧與筋疲力盡的雙重影響下，馬上就有很多人生病，陷入絕境。大量難民湧入舊金山中國城後，當地成為全美國結核病比例最高的地方，比全國的平均罹病率還要高六、七倍。[14]許多走投無路的新移民以毒品、酒精麻醉自己，甚至自殺。舊金山中國城的自殺率也是全國最高的：從一九五二到六九年間，當地華人的自殺率每十萬人就有二十七．九人，幾乎是全國平均值的三倍。[15]

移民家庭的小孩也很難捱。一九六〇年代期間，舊金山中國城的教師常看到學生上課時打瞌睡。追問之下，某些學童坦承他們每天放學後都還得去血汗工廠工作至少八到十小時。[16]負責該市中等教育業務的助理督學愛德華．瑞福（Edward Redford）深知理由何在，他說：「他們必須在洗衣廠或製衣廠工作到深夜，顯然是因為當初他們家為了移民到美國而欠下大筆債務。」[17]

睡眠嚴重不足並非唯一的問題。另一個困境是，老師都用英語上課，但這些學童幾乎都聽不懂。儘管他們有些人小時候待過香港，但當地公立學校的英語教學品質低落，在水準之下。

華裔美國小孩與那些從香港來到美國，「下船不久」的新移民華人學童常常打鬧吵架。回憶錄《華人遊樂場》（*Chinese Playground*）的作者李比爾（Bill Lee，音譯）是舊金山中國城土生土長的居民，他還記得一九六〇年代初期頭一批來自香港的華人家庭遷入後，中國城就開始變得雞犬不寧。

「剛下船的！」

「該死的中國害蟲！」

「清蟲（Ching Chongs）！」

「哥們，看看他們土不拉嘰的衣服！」

這一切都是從新移民遭到騷擾開始。

新移民的小孩也反唇相譏，稱華裔美國小孩為「土著」（Tow Gee）或者「竹心」（Juk Sing）。過沒多久，一群新移民青少年就拉幫結派，自稱「華青幫」，李比爾表示他們總是會恐嚇華裔美國小孩：

該是以牙還牙的時刻了，而且他們報仇的方式非常凶狠。這跟打打鬧鬧可不一樣，不是開玩笑的。我們華裔美國小孩被逼得走投無路，常被打得很慘。放學後，一旦離開操場，他們就會到公車站或者有軌電車轉運站堵我們。這不只是一次性的報復。他們是見一次就打我們一次。只要嘲笑班上任何來自外國的同學，或者在走廊上撞到他們的兄弟、表親，我們就會倒大楣。那些傢伙從小就在香港與澳門的黑街上廝混，當地的黑幫都很厲害。他們有些人甚至小時候就在黑牢裡待過很長一段時間。[19]

新來的青少年沒能及時把英語學好，學校表現太差，輟學後就到街頭混。他們全身穿得烏漆麻黑，留著蓬頭亂髮，腳蹬高跟靴子，在中國城橫行無阻，身後跟著許多把他們當偶像的小弟，幫忙拿槍。[20]敵對幫派之間常爆發衝突，幾年內青少年之間打打殺殺的事件已升級為刀槍相見的械鬥。記者方振豪（Ben Fong-Torres）如此描述那個年代：「如果用青少年亂鬥來形容當年中國城的亂象，那實在是太保守了。有人橫死街頭，商家遭人勒索，幫派不只彼此開戰，也把地方上的華人領袖與警察當攻擊目標。」[21]

在暴力殺戮的外表下，這些年輕人也曾公開求援。一九六八年舊金山人權委員會召開了一次聽證會，華青幫於會中請求政府提供一間會所與為期兩年的職訓計畫，讓他們能夠獲得一技之長與中學文憑。[22]該委員會轉而向中華公所（Chinese Consolidated Benevolent Association of America）請求協助，但這個從以往的「六大公司」

發展出來的組織卻冷淡地回應：「他們並未明白表達歉意或者要改過自新。他們威脅著整個華人社群。如果我們對這個幫派讓步，只會引進數以百計的新移民，讓我們遭受更多威脅，必須答應更多的要求。」[23]

不過，其他美國華人卻認為這些新移民的問題就像定時炸彈，不拆彈的話遲早會爆炸，因此他們比較有同理心，想幫忙解決問題。「有些青少年說要弄一些槍械來大幹一場，」某位知情人士表示，「我說這話不是危言聳聽，是陳述已經存在的問題。」[24] 一些關心社會弊端的美國華人開始回到以前住過的中國城當志工，幫忙輔導那些在外國出生的年輕華人移民，他們有很多是舊金山灣區的大學生與年輕教授。舊金山州立學院（San Francisco State College）的學生組織了一個「跨校大學生社會行動聯盟」（Inter-Collegiate Chinese for Social Action）的團體，把灣區的年輕華人移民找來，教他們英語。[25] 一群美國大學生與專業人士在一九六八年組成一個名為「熱心華人青年行動改革協會」（Concerned Chinese for Action and Change）的組織，到舊金山中國城裡遊客熙來攘往的格蘭特街（Grant Avenue）遊行抗議，藉此讓大家注意華人社群內部的問題，盼能讓華人菁英階層感到沒有面子，促使他們進行當地迫切需要的改革。[26]

由於早年受到華人家長影響，某些華裔美國人特別覺得自己應該照顧這些新移民。方振豪在回憶錄《米房》（*The Rice Room*，譯註：米房是指方振豪他家餐廳裡放米的儲藏室）裡描述一九六〇年代的他隸屬於兩個迥異的世界：他一方面是引領搖滾樂這種新潮流的ＤＪ，也是《滾石雜誌》（*Rolling Stone*）創立後的第一位華裔美國人作家與編輯，而另一方面他則是奧克蘭中國城某家中國餐廳移民老闆的「次子」。每到晚上，他母親都會從當地製衣廠拿一些零工回家做，一邊工作一邊和幫她拿著紗線的方振豪講話。「我知道她都會講一些關於中國的故事，」方振豪在回憶錄裡寫道，「還有共產黨怎樣摧殘我們的家鄉農村，而且應該讓我們家變有錢，這樣才能接濟老家的親戚。」[27]

中共如同夢魘，在某些華裔美國人的心裡揮之不去。儘管他們因為缺錢或者政府不允許，再也不能回中國大陸探親，但偶爾還是會接到親戚用航空信件寄來的薄薄家書，這也是冷戰期間他們與中國之間僅有的一絲聯繫。知名作家湯婷婷（Maxine Hong Kingston，曾獲美國國家圖書獎（National Book Award）與國家書評人獎（National Critics Circle Award），她的許多小說作品是目前仍在世的美國作家中最常被拿來當教材的）是加州士德頓市（Stockton）一家洗衣店華人移民老闆之女，她在自傳《女戰士》（*The Woman Warrior: Memoirs of a Girlhood among Ghosts*）裡寫道：「我九歲時爸媽讀了故鄉來的家書，平常如此堅強的他倆居然都哭了。」[28]家書描述中共幹部強迫她的叔伯跪在一地碎玻璃上，因為他們是地主，要坦白自己的罪行。他們有些親戚被帶到鄉間的人民公社，有的遭處決或者人間蒸發。後來有幾個在香港現身，請求她爸媽的幫助。「在香港的姑姑們要爸媽趕快匯錢過去，他們的小孩正在人行道上乞討，有些人很惡劣，在擺錢的碗裡放泥土。」[29]

一九六〇年代瀰漫著濃濃的救世精神，這促使某些華裔美國人對中國來的新移民伸出援手。這種社會運動的火苗在兩股力量的助長之下越燒越旺。其中之一是金恩牧師（Martin Luther King, Jr.）所領導的黑人民權運動：這股企圖終結種族歧視的運動緣起於一九五〇年代南方黑人社會底層，在六〇年代迅速擴及全國，因為電視的普及讓許多美國中產階級家庭都能透過新聞攝影機看到，儘管黑人進行和平抗議，不過卻遭南方警察出動噴水車與警犬攻擊，景象慘不忍睹。社會大眾對於南方非裔美國人慘況的同情很快就變得更為廣泛，大家開始關心各種人權議題，尤其是有色人種在社會上受到白人宰制的問題。

另一股力量則是反對越戰的勢力。當時是美國史上大學生數量最多的時代，一方面社會大眾正激烈爭辯著政府是否該繼續派兵前往越南，另一方面全美校園陸續出現反戰示威遊行。電視再度扮演了關鍵角色，首先是用一種前所未有的可怕方式誇張報導戰爭，其次則是讓美國白人意識到亞洲各個開發中國家人民的悲慘命運。

全美國大概沒多少地方比舊金山灣區更積極參與政治。加大柏克萊分校與舊金山州立學院變成抗議的大本營，學生不僅反戰，也批判美國社會的各種弊病。相對來說，這些學校的華裔學生是比較多的，不可避免的是，其中許多人都受到當時的熱烈氛圍感染，把那種熱情帶回中國城，決心掃除美國社會對於華裔美國人及中國新移民的歧視。

他們熱心於社會服務，但結果好壞參半。原因之一是回到中國城後讓這些熱心的華人青年身陷險境。與他們非常不合的除了那些剝削新移民的華人大資本家，還有他們每天都要接觸的凶險小混混。他們常遭到威脅騷擾，甚至有一位社工遭人謀殺。為此捐軀的是方振豪的兄長方巴瑞（Barry Fong-Torres，音譯）：他是加大柏克萊分校校友，年僅二十九歲的熱血青年，原本在當假釋官，請了一年長假到舊金山中國城青年服務與協力中心（Youth Service and Coordinating Center）當主任。儘管他全心全意幫助誤入歧途的新移民青少年，但當地幫派卻始終懷疑他是臥底警探，他與某些敵對幫派的老大直接對話更讓他們恨之入骨。結果方巴瑞在公寓遭人槍決，屍體附近還留著一張拼錯字的紙條：「告密的混蛋總是年紀『青青』就會死掉。」[30]

這些華裔青年在中國城的社會服務留下了他們原本沒有料到的遺緒，也就是催生了美國的雙語教育體系——但這也充滿爭議。在一九六〇年代，舊金山的華人新移民家長常常抱怨他們的孩子聽不懂老師用英語講授的上課內容。一九六九年，致力於解決華人與其他亞裔美國人遭歧視問題的華人權益促進會（The Chinese for Affirmative Action）成立後，開始幫助華人學生對教育官員提起集體訴訟，藉此讓公立學校設法滿足他們在語言上面的各種需求。這個案子後來在一九七四年打到了美國最高法院，也就是「劉氏控告尼可斯訴訟案」（Lau v. Nichols），結果法官駁回了某個下級法院的判決，但理由並非該判決違憲，而是因為法官們提出以下見解：「與會講英語的學生相較，被告的學校體系提供給華語學生的益處顯然較少，而減損了華語學生積極參與課程的機會——從種種跡象看來，這都是過去健康、教育與福利部（H. E. W.）透過各種法規所禁止的歧視現象。該部曾在一九七〇年發布多項準則來釋疑，其中包括：『若本國少數族裔學生有聽、

1960年代晚期，華裔與其他族裔美國學生聯合起來陳情抗議，要求各大學設立多元文化的研究學程。1968年，由亞裔、非裔、拉丁美洲裔美國人與美國原住民學生所組成的第三世界解放運動陣線（Third World Liberation Front），在舊金山州立學院發起美國史上時間最長，為期四個月之久的罷課行動，促成全美第一個族裔研究學程的創立，也鼓舞其他學校學生發動抗議。在這張拍攝於1969年1月28日的照片裡，我們看到第三世界解放運動陣線在加州大學柏克萊分校校園發動罷課，促使校方為回應學生的要求而創立了種族研究系。（照片來源：Douglas Wachter）

說英語的能力問題，以至於無法積極參與學區提供的課程，該學區必須採取有效措施來改善其語言能力的缺陷，藉此讓這些學生能夠吸收課程內容。』」[31]最高法院的結論是，若強求所有學童在接受公立學校教育以前就必須具備最基本的英語能力，那無疑是「對公共教育的最大諷刺」。此一判決可說為美國教育體系內部的語言改革鋪路，開了先河。

舊金山州立學院的華裔學生紛紛加入第三世界解放運動陣線（Third World Liberation Front），而該組織的成立宗旨則是號召亞裔、非裔、拉丁美洲裔美國人與美國原住民團結起來。[32]一九六八年，舊金山州立學院學生發動罷課，要求族裔研究課程中除了非裔美國人的研究之外，也要納入亞裔美國人的研究。罷課行動持續四個多月，是美國史上最久的一次，不但促成全美第一個族裔研究學程的創立，也可說是亞裔美國人政治運動的濫觴。加大柏克萊與洛杉磯分校等其他學校學生很快也跟進罷課，同樣也促成在這兩項創立了類似系所。

儘管許多這類社會運動參與者都是受過良好教育的中產階級成員，但也有一些是來自中國城的底層社會。他們也趁機提出訴求，到了一九六〇年末期已經有些好戰團體提出發動革命的呼聲。一九六九年，紅衛兵黨（Red Guard Party）在舊金山灣區成立，創黨的華裔美國青年中有許多都在街頭混過幫派，黨名來自文化大革命期間誓死力挺毛澤東的紅衛兵。[33]（一九六六年，為了與其他中共高層領袖爭奪政權，他呼籲成千上萬的青少年要以「紅衛兵」的身分幫他繼續推動革命，掃除中國封建與布爾喬亞傳統的最後餘孽。）仿效中國大陸青少年研讀《毛語錄》（或可稱為「小紅書」）的風潮，紅衛兵黨的華裔青年們也在中國城的街頭高舉、揮舞手裡的《毛語錄》。不過，中國的紅衛兵人數雖動輒上百萬，紅衛兵黨卻始終處於非主流的地位。紅衛兵黨與奧克蘭的黑豹黨（Black Panther Party）、舊金山州立學院的第三世界解放運動陣線結為盟友，並演變成一個接受武器訓練的地下組織，後來就銷聲匿跡了。

接受社會主義路線的華裔美國人通常只會誇誇其談，但實際成果不大。不過，的確有少數幾個團體幫中國城的工人階級爭取到具體的權益。一九六九年，紐約的華裔美國青年與其他亞裔美國人組織了一個團體，名稱採用曾於清末中國作亂，殘殺許多西方人的祕密團體：「義和拳」。[34]義和拳為窮人提供免費醫療服務，週末在中國城進行結核病篩檢，為老人送餐，為低收入戶的居住正義問題奮鬥。他們的另一個使命是與所謂的「誓死不搬遷委員會」（We Won't Move）結盟，阻止貝爾電話公司（Bell Telephone company）為了興建電話交換所而把當地住戶趕走，當地的華裔與義大利裔居民還曾經因此短暫團結合作。

不過，在大多數美國人的印象中，華裔美國人並未在當年的激進社會運動裡佔一席之地。社會大眾根深柢固的印象是當年只有大批非裔美國人走上街頭抗議，他們手臂勾著手臂，嘴裡高唱〈我們終將克服萬難〉（"We Shall Overcome"），後來有黑人民權倡議者與身穿雜染T恤、頭綁一根根粗長髮辮的白人嬉皮一起包圍大學管理高層。至於另一群華裔美國人所發動的寧靜革命，就更不具能見度了：這些人從小就遠離了大城市的中國城，在郊區或小鎮長大，後來到了一九六〇年代，與融入社會相較，對他們來說更重要的是開始對自己的社會地位提出質疑。

任璧蓮（Gish Jen）在一九九七年出版自傳式小說《夢娜在應許之地》（*Mona in the Promised Land*），讓我們得以一窺那些華裔美國人如何於一九六〇年代生活在白人菁英為主的郊區。任璧蓮的家鄉是紐約州小鎮史卡斯代爾（Scarsdale），被她改寫為有錢猶太人居住的虛構小鎮史卡斯希爾（Scarshill），小說中融入了許多她的童年回憶，主角都是當地某個富裕華裔美國人家庭的成員，他們家開了一間鬆餅餐廳。當時是一九六八年，如她寫道，「種族意識尚未抬頭，郊區彷彿一片暗黑的夜空，粉紅的黎明尚未來臨」，那小鎮幾乎沒有任何其他華人居民，但過了十年後，「因為來了太多東方人住戶，他們全都被通稱為亞裔；熟食店太多，其中一家被買下來，變成日本雜貨店。」[35]

任壁蓮筆下的美國郊區充滿各種矛盾，一方面年輕人奢言顛覆社會，另一方面卻已準備好要前往東岸的主流社會去佔取一席之地。每當夢娜與同學們未將大學入學考試、入學申請與獎學金放在心上時，他們總是幻想著用族裔身分來做實驗，以為各種族裔文化好比設計師製作的套裝，可以隨意更換。夢娜決定要當猶太人，她的猶太男友想當黑人，某位非裔美國人朋友想當佛教徒。不過，夢娜的爸媽不能像她那樣把自己的傳統拋諸腦後——夢娜腦海裡的小劇場往往透露出她對他們的不耐：

「唉，中國革命都已經是八百年前的事，你們可以忘掉了吧。沒錯，你們以前必須躲在花園裡，聽著炸彈從天而降的聲響，而且曾經變得一無所有。的確，你們連自己的兄弟姊妹爸媽是生是死都不知道，還指望著寄點錢給他們。不過你們不是撐了過來嗎？你們難道不是住在美國，一邊看著廣告，一邊卯起來到店裡預購東西？」她想對他們說。「現在你們已經變成精打細算的購物專家了」……不過，就另一方面來說，她也知道這就像是要猶太人把大屠殺忘掉，或是要黑人把奴隸史拋諸腦後。任何經歷過失去房屋、家人與國家的痛苦的人，對於過去無論如何都無法淡定處之。[36]

在自我認同之旅開啟之後，郊區華裔居民即將發現他們可以把黑人文化挪為己用，藉此創造一種新的叛逆姿態。作曲家侯維翰（Fred Ho）在一九六〇年代發現爵士樂可以用來表達他與白人社會之間的疏離關係，還有他對美國華人資產階級價值的排斥，以及他對於受壓迫者、受欺侮者之間的強烈認同感。[37]父親是知名中國政治史教授侯服五的侯維翰，從小生長在加州帕羅奧圖（Palo Alto）與麻州阿姆赫斯特（Amherst）的有錢白人社區，但白人同學都不接納他，以至於他對黑人民權運動產生強烈認同，開始大量閱讀馬爾坎X（Malcolm X）與金恩牧師的作品。侯維翰把他深深著迷的華人與非裔美國人文化融為一爐，用中國古代樂器來演奏爵士樂，創造出一種新的音樂語彙。他的爵士樂專輯包括《纏足》（*Bound Feet*），對虐待女性的中國古代文化提出控訴，《起來！》（*Chi Lai!*）則是歌頌早期在美國奮鬥的華工，芭蕾舞曲《西遊記》（*Journey Beyond the West*）的靈感來自中國的美猴王孫悟空神話，歌劇作品《中國佬的機會》（*Chinaman's Chance*）則是第一部以爵士樂譜寫，描述華人移民經驗的史詩歌劇。

另一位從非裔美國人社群攝取精神與政治養分的華裔美國人陳玉平（Grace Lee Boggs，又名Grace Chin Lee），她是出生在羅德島州普洛威頓斯市中產階級家庭的華人移民之女，雖然受過高等教育，但卻拒絕融入白人菁英的社會。從巴納德學院（Barnard College）取得學士學位後，又在布林莫爾學院（Bryn Mawr）拿到哲學博士學位，隨後投入知名西印度群島馬克思主義學者詹姆斯（C. L. R. James）門下，政治立場轉為激進。雖然迦納（Ghana）的第一任總統向她求婚，但她卻選擇嫁給非裔美國人詹姆斯・巴格斯（James Boggs）。巴格斯是名汽車廠生產線工人兼黑人民權運動家，自一九六〇年代以後的幾十年間，他與陳玉平始終扮演著孜孜不倦的民權領袖角色，在底特律籌組工會，把市區的黑人社群重新集結起來。[38]聯邦調查局稱陳玉平為「非裔—華裔馬克思主義者」[39]，但她不願遭人如此簡單劃分。「她不屈不撓，並未坐著等待社會情況改善，迫不及待地著手探索她自己的身分認同，把過去的自己拋諸腦後，航向一個個新領域，」曾瓊露（Louis Chung-lu Tsen，音譯）在一封信裡如此描述陳玉平，「她以一介女子的身分闖入男人的世界。雖然是個華人，她試著進入黑人的領域。雖然是個知識份子，但也設法融入工人的圈子裡。」[40]

即使生活在那個許多人把自己當成叛逆份子的時代裡，陳玉平仍是個貨真價實的傑出社會運動家。一九六〇年代期間，嘴裡喊著反抗社會體系的美國華人何其多？但真能畢生獻身此一理念的勇者可說少之又少。大多數的美國華人和美國社會大眾一樣，寧願接受也不願質疑社會現狀，而且最好悄悄遠離各種社會問題，不要惹麻煩。

在全美各地，華裔美國人最小心行事的地方也許是在南方，當地的華裔人口較少，長期以來都保持低調沉默，避免與白人社群發生衝突。直到民權運動在一九五〇年代爆發了，美國南方的華人才開始被迫重新檢視自己遵循了一輩子種族規矩。[41]

南方華人主要是雜貨店老闆與華商，他們到了一九六〇年時已經歷了從「有色人種」過渡為「白人」的過程，跨越種族與階級鴻溝，在主流社會中獲得相當於白人的待遇。能夠在南方社會崛起，一方面是因為他們有錢，另一方面則是他們介於黑白之間的種族地位。儘管華人的顧客主要都是黑人，但白人活動的地方，像是教堂、學校、理髮廳與戲院等，他們也可以進去。華人的小孩在白人學校的表現優異，處處模仿白人的習慣。令人不可思議的是，華人之所以能夠融入白人社會，並非因為有聯邦政府介入或者大規模抗議的結果，而是因為他們悄悄地與白人朋友交流往來，也與當地白人領袖進行各種檯面下的協商交易。

這是宛如走鋼索的高超技巧，必須面面俱到，因為華人商店大部分的顧客是黑人。過去幾十年來，華人社群之所以能在美國南方存續，是因為華人總是能表現出友善的姿態，同時顧及黑人與白人的旨趣利益。然而，到了一九六〇年代，這種門面雖說還不至於無法撐下去，但已經變得愈來愈難維持，因為華商們發現自己被捲入黑白之間的種族戰爭。黑人民權領袖要求雜貨店店主捐錢，要他們在店頭櫥窗懸掛政治標語。[42]但另一方面，最諷刺的是，白人至上主義團體居然要求華人也該加入他們成立的白人公民議會（White Citizens' Councils），幫助反制黑人的社會運動。深知自己在南方社會的地位危疑不穩，華人都盡可能在政治上保持中立。有些人為了分散風險起見，雖然加入白人公民議會，但隱瞞黑人顧客，而他們捐款給民權運動的事也不會讓白人商界菁英知道。這種策略並非十全十美，而且因為不願選邊站，他們終究還是激怒了黑人社群。一九六八年金恩律師遇刺身亡後，孟斐斯市的華商商店也成為黑人暴動時攻擊的目標。

「如果我們選擇支持白人，就會被黑人窮追猛打。但若是支持黑人，也會慘遭白人修理。」在密西西比州長大，後來到加州成為收音機與電視主播的趙帝恩（Sam Chu-Lin）表示。據其回憶，在他生長的那個地區，沒有任何華人敢成為民權運動人士：「我沒有看過抗議隊伍裡有任何華人——如果有的話，肯定會被殺掉或者遭社會排斥。」他說，美國南方的華人可真是「如履薄冰」，因為他們身處一個即使稍稍違犯種族規矩也會招來暴力報復的社會，想生存就必須小心翼翼。一九六〇年代，他還在密西西比州某電台當DJ，有兩位年輕白人女性因為喜歡他的聲音而到電台找他，完全沒有意識到他是個華人。「她們是兩個想要向DJ示好的女粉絲，」趙帝恩回憶道，「我跟她們說我只是電台清潔工，那個DJ正在忙。任何華人都知道那些跟白人女孩約會的黑人會有什麼下場。而我趙帝恩並不想冒險。」[43]

從許多訪談內容可隱約聽出這個年代美國南方華人的心裡有多苦。華人與當地的猶太人社群一樣成功接納了白人文化，但卻無法受到白人菁英百分之百的接受，有時甚至不能受到相當於白人的待遇。有些華人在與同胞相處時也不完全自在，尤其是不喜歡爸媽那種喜歡嚼舌根的社交網絡。「我不會去參加華人舉辦的舞會，」某位華裔女子向社會學家詹姆斯・洛溫（James Loewen）表示，「我爸媽總是逼我們參加，但我們非常不喜歡。我總是在爸爸看到之前就把邀請函撕掉。」[44]此外，受訪者也常表示他們討厭那些羞辱南方黑人社群的種族歧視法令。等到他們成年了，許多華裔美國人雖然嘴裡不講，但會用雙腳表示抗議。許多華裔美國人漸漸從南方出走，離開從小生長的南方小鎮，遷居北部與西岸的城市。

蘇山姆（Sam Sue，音譯）就是決定出走的人之一。他是密西西比州克拉克戴爾（Clarksdale）某位華人雜貨店老闆之子，父親每週工作七天，每天都開到晚上十點，為黑人提供重要的社會服務。他的雜貨店不只是住家兼倉庫，也扮演了銀行與會計師事務所的角色。他父親說的不標準英語夾雜著黑人方言，讓黑人佃農賒帳，白人從未像這樣給他們方便。當地白人地主提供給黑人佃農的條件相當嚴苛，簡直與中世紀沒兩樣，白人租給他們的粗陋小屋沒有自來水與電力。黑人向蘇山姆的父親購買油燈用的煤油，還有高樂氏

（Clorox）淨水用品。從小在店裡長大的蘇山姆直到多年後才體認到他們家有多窮。「那居住環境跟廉價公寓沒兩樣，只是當時我們不知道。我甚至要等到離開那裡後才知道我家有多窮。大家都睡在同一個房間裡。後面有個廚房。那裡也是儲存商品的地方，所以到處都擺著箱子。在客廳裡，我們只能坐在洗衣劑的盒子上。」[45]

最糟糕的是他們隱約覺得自己是二等公民，但大家卻有默契：他們暫時在上流社會中享有一席之地。「我記得小時候去戲院時曾經不知道自己該坐在哪裡，」蘇山姆向某位訪問他的人表示，「在黑白隔離的時代，有色人種必須坐樓上的位子，白人坐樓下。我不知所措，所以坐在白人的席位，但沒人有異議。所以整個成長過程裡我都必須面對這類問題。這些經驗讓我非常痛苦。」

後來蘇山姆到紐約當律師，但他父親退休後仍待在密西西比，無論家人如何苦勸都不願離開。「那是他唯一熟知的世界，」蘇山姆說，他父親「離不開那裡——並不是說他有多喜歡那個地方，而是因為他已經習慣了，那裡就是他的家鄉。」

相對來說，有一群人在混亂的一九六〇年代期間比較沒受到衝擊：也就是移民到美國來讀書、教書或做研究的學者。華裔美國年輕人大談革命，而這些出生在外國的移民早已經見識過真正的革命，或者躲過了革命的餘波。此時他們置身封閉的大學、研究室或者大公司（通常是科技大廠）裡，在心態上與其他美國華人截然不同。身為具有創造力的藝術家與知識份子，他們往往是以觀念來進行自我定義，而不重視自己的族裔為何，來自何處，他們是一群不受國界束縛的國際人。許多人深信，只要有工作可以謀生，自己不論走到哪裡都可以過活——學者與生活優渥的人尤其如此。

受訪時他們往往侃侃而談，自信滿滿。世界級建築師貝聿銘（I. M. Pei）是上海銀行大亨貝祖貽之子，他回憶起小時候他們家僕役成群，會到蘇州去過暑假，讀的是私立學校。他說：「印象中無論我想要什麼都能

王安（An Wang）的成功彷彿是一則勵志故事，他從六百美元的小額投資做起，最後把自己的公司打造成電腦帝國。

華人科學家張明覺（Min-Chueh Chang）是複方口服避孕藥的共同發明人之一。（照片來源：Patrick O'Connor）

上：美國華人建築師貝聿銘（I. M. Pei）站在他設計的巴黎羅浮宮金字塔前面。（照片來源：Luc Novovitch for Reuters, Getty Images）

下：世界知名的大提琴家馬友友（Yo-Yo Ma）在美國國家藝術基金會（National Endowment for the Arts）舉辦的儀式上演出，同時他也在儀式上獲頒國家藝術獎章。（照片來源：Getty Images）

得到。」[46]白手起家的電腦鉅子王安（An Wang），父親在中國當老師，當他二十五歲來到美國哈佛大學就讀時，對自己的前途充滿希望。「我早就聽說美國有很多歧視華人的事，但來到這裡我仍是覺得自己可以放手打拚，並未感到不安。」[47]因為從小就在國際都會上海長大，美國對他來說似乎一點也不像外國：「坦白講我覺得美國很像中國。」[48]也許最重要的是，身為一位應用物理學博士生，他非常熟稔那個領域的共通語言，這就夠了。如他所說：「科學在世界各地都是一樣的——這是我擅長的語言。」[49]

這些人儘管失去了過去在中國的一切，但很快就在美國東山再起，或者說靠自己雙手拚出一片天。他們很快就功成名就，其中幾位到了一九六〇年代已經成為世界級名人。貝聿銘設計出好幾座二十世紀最重要的建築。一九五一年，王安用六百美元創辦王安實驗室（Wang Laboratories），[50]在一九六七年讓公司上市，創下史上金額最高的首次公開募股紀錄之一，讓他成為世界級的億萬富豪。[51]出生於中國湖南省的黎錦揚（Chin Yang Lee）來到耶魯大學讀書，後來寫了小說《花鼓歌》（*The Flower Drum Song*），一九五七年出版後很快就變成暢銷書，接著於隔年由知名搭檔羅傑斯與漢默斯坦（Rodgers and Hammerstein）改編成百老匯音樂劇，後來又被改編成歌舞片，在一九六一年上映。[52]一九五七年，李政道（Tsung-Dao Lee）與楊振寧（Chen-ning Yang）成為首位獲頒諾貝爾獎的美國華人〔在日本侵華戰爭期間李政道與楊振寧被迫逃往雲南昆明，學生時代兩人就在國立西南大學相識。二戰後，他們獲得獎學金前往芝加哥大學就讀博士班，由費米教授（Enrico Fermi）指導，就此開啟了一段科學合作生涯，即使後來楊振寧前往普林斯頓大學任教，李政道到哥倫比亞大學，兩人之間的合作仍然持續不輟。獲頒諾貝爾獎時，楊振寧年僅三十四，在當時剛滿三十一歲的李政道甚至是史上第二年輕的獲獎者〕，會獲獎是因為他們發現K介子衰變，打破了長期以來物理學界普遍認為「不可侵犯」的宇稱守恆定律。[53]〔透過實驗證明楊、李兩人之理論無誤的，是哥倫比亞大學某實驗室的女性華人物理學家吳健雄（Chien-Shiung Wu）。吳健雄是當時世界級的頂尖女性物理學家，儘管許多人認為諾貝爾委員會也該頒獎給她，但終究沒有。最後她榮獲哈佛、耶魯等十二家學校的榮譽博士學位，人稱「核子物理學女王」。」[54]

其他一九四九年以後滯美的華人學者並非家喻戶曉的人物，但在同領域其他學者眼裡個個都是學術泰斗。數學家陳省身（Shing-Shen Chern）研發出好幾個微分幾何理論，後來為此獲頒國家科學獎章（National Medal of Science）[55]，林家翹（Chia-Chiao Lin）是理論天體物理學家，他發現了一種可以用來解釋螺旋星系旋臂結構的知名密度波理論（density wave theory）[56]。加大柏克萊分校的工程教授林同棪（Tung-Yen Lin）是橋梁與預力混凝土的國際權威之一，後來成立了林同棪國際顧問公司（T. Y. Lin International）。[57]〔林同棪國際顧問公司後來完成幾項堪稱史上最大膽的建築計畫，例如舊金山莫斯康展覽中心（Moscone Center）的巨大拱形結構，不靠列柱就能撐起全世界最大的地下室。〕在醫學領域，劍橋大學畢業的科學家張明覺（Min-Chueh Chang）後來前往伍司特實驗生物學基金會（Worcester Foundation for Experimental Biology）任職，除了參與複方口服避孕藥的發明，也利用兔子卵子完成體外人工受精，因此向來有「試管嬰兒先驅」之稱。[58]

上述華人都是學界典範，足以讓一九六〇、七〇年代陸續來到美國的新一波華人知識份子效法。他們與前輩們一樣都是來自名門世家，前往美國讀研究所，進而追求財富。但這些人和前一代的學者不同之處，在於他們並非直接從中國大陸赴美，而是來自蕞爾小島臺灣，也就是國民黨流亡政府最後的復興基地。

1 請參閱：Nicholas D. Kristof, "Hong Kong, Wary of China, Sees Its Middle Class Fleeing," *New York Times*, November 9, 1987.

2 請參閱：H. Brett Melendy, *Chinese and Japanese Americans*, p. 66.

3 關於一九五三年《難民救濟法》（Refugee Relief Act）與傑出人士的移民規定，請參閱：L. Ling-chi Wang, "Politics of Assimilation and Repression:

History of the Chinese in the United States, 1940-1970," unpublished manuscript, Asian American Studies Collection, Ethnic Studies Library, University of California at Berkeley.

4 請參閱：Betty Lee Sung, pp. 92-93.

5 請參閱：Victor G. and Brett de Bary Nee, *Longtime Californ'*, p. 254.

6 請參閱：Betty Lee Sung, p. 93.

7 請參閱：John F. Kennedy, *Public Papers of the Presidents of the United States* (Washington, D.C.: U.S. Government Printing Office, 1964), pp. 594-97.

8 《哈特—塞勒法》相關的統計數據與政治人物言論，請參閱："Three Decades of Mass Immigration: The Legacy of the 1965 Immigration Act," *Immigration Review*, No. 3-95, September 1995.

9 請參閱：Testimony of Lillian Sing, "Chinese in San Francisco—1970." Employment Problems of the Community as Presented in Testimony Before the California Fair Employment Practice Commission, December 1970, p. 15；轉引自：Stanford Lyman, *Chinese Americans*, p. 143.

10 請參閱：Victor G. and Brett de Bary Nee, pp. 302-3; Cheng-Tsu Wu, ed., "*Chink!*," p. 241.

11 請參閱：Ronald Takaki, *Strangers from a Different Shore*, p. 428。「我們在這裡就好像殘障人士一樣，」某位華人女性提及移民的弱點時表示，「我們跟耳聾沒兩樣，因為聽不懂英語。我們跟瞎了沒兩樣，因為看不懂英文。我們跟沒有腳一樣，因為不認得路。」請參閱：Ruthanne Lum McCunn, *Chinese American Portraits*, p. 151.

12 請參閱：M. Elaine Mar, *Paper Daughter* (New York: HarperCollins, 1999), p. 98.

13 請參閱：Grace Pung Guthrie, A *School Divided*, p. 71.

14 請參閱：Victor G. and Brett de Bary Nee, p. xxv; L. Ling-chi Wang, p. 509.

15 請參閱：Victor G. and Brett de Bary Nee, pp. xxv, 260.

16 請參閱：Victor Low, *The Unimpressible Race*, p. 143.

17 請參閱：Ibid., p. 144.

18 請參閱：Bill Lee, *Chinese Playground: A Memoir* (San Francisco: Rhapsody Press, p. 1999), pp. 64-65.

19 請參閱：Ibid., p. 5.

20 請參閱：Stanford Lyman, *Chinese Americans*, p. 163; Bill Lee, *Chinese Playground*, p. 128.

21 請參閱：Ben Fong-Torres, *The Rice Room*, p. 193. 最慘烈的一次幫派暴力事件發生於一九七七年九月四日，三名手持霰彈槍的蒙面歹徒闖入舊金山中國城的金龍餐廳（Golden Dragon restaurant）朝用餐顧客掃射，造成五死七傷的慘劇。

22 請參閱：Chiou-Ling Yeh, "Contesting Identities: Youth Rebellion in San Francisco's Chinese New Year Festival, 1953-1967," in Susie Lan Cassel, ed., *The Chinese in America: A History from Gold Mountain to the New Millennium*, p. 336.

23 請參閱：*East/West*, March 13, 1968；轉引自：Chiou- Ling Yeh, "Contesting Identities," p. 336.

24 請參閱：Ibid., p. 337.

25 請參閱：Ibid.

26 請參閱：Ibid., p. 338; L. Ling-chi Wang, p. 576; Nick Harvey, ed., *Ting: The Caldron*, p. 101.

27 請參閱：Ben Fong-Torres, p. 59.

28 請參閱：Maxine Hong Kingston, *The Woman Warrior. Memoirs of a Girlhood Among Ghosts* (New York: Alfred Knopf, 1976; Vintage international edition, 1989), p. 50.

29 請參閱：Ibid., p. 50.

30 請參閱：Ben Fong-Torres, p. 209.

31 請參閱：Supreme Court opinion, delivered by Justice Douglas. *Lau v. Nichols*, No. 72-6530, Supreme Court of the United States, 414 U.S. 56, Argued December 10, 1973, Decided January 21, 1974.

32 請參閱：Nick Harvey, ed., *Ting: The Caldron*, p. 103; William Wei, *The Asian American Movement* (Philadelphia: Temple University Press, 1993).

33 請參閱：Nick Harvey, ed., *Ting: The Caldron*, p. 103; Stanford Lyman, *Chinese Americans*, p. 165.

34 請參閱：Lori Leong, *East Wind* magazine 1:1 (1982); author interview with Corky Lee, November 2002; Rocky Chin, "New York Chinatown Today: Community in Crisis," in Amy Tachiki, Eddie Wong, Franklin Odo, and Buck Wong, eds., *Roots: An Asian American Reader. A Project of the UCLA Asian American Studies Center* (Regents of the University of California, 1971).

35 請參閱：Gish Jen, *Mona in the Promised Land* (New York: Vintage, 1996), p. 3.

36 請參閱：Ibid., p. 118.

37 請參閱：Wei-hua Zhang, "Fred Ho and Jon Jang: Profiles of Two Chinese American Jazz Musicians," *Chinese America: History and Perspectives 1994* (Brisbane, Calif.: Chinese Historical Society of America, 1994), pp. 175-99.

38 請參閱：Grace Lee Boggs, *Living for Change: An Autobiography* (Minneapolis: University of Minnesota Press, 1998)。

39 請參閱：Frank H. Wu, *Yellow: Race in America Beyond Black and White* (New York: Basic Books, 2002), p. 331.

40 請參閱：Letter, Louis Tsen to Grace Lee Boggs, May 22, 1996, in Grace Lee Boggs, *Living for Change*, p. xv.

41 關於華人如何躋身美國南方的上流社會，請參閱：James W. Loewen, *The Mississippi Chinese: Between Black and White* (Prospect Heights, III.: Waveland

Press, 1988, 1971).

42 請參閱：Ibid., p. 171.

43 請參閱：Author interview with Sam Chu Lin.

44 請參閱：James W. Loewen, p. 160.

45 請參閱：oann Faung Jean Lee, *Asian American Experiences in the United States: Oral Histories of First to Fourth Generation Americans from China, the Philippines, Japan, India, the Pacific Islands, Vietnam and Cambodia* (Jefferson, N.C.: McFarland & Company, 1991), pp. 3-9.

46 請參閱：Carter Wiseman, *I. M. Pei: A Profile in American Architecture* (New York: Harry N. Abrams, 1990), p. 32.

47 請參閱：Dr. An Wang with Eugene Linden, *Lessons: An Autobiography* (Boston: Addison-Wesley, 1986), p. 32.

48 請參閱：Ibid., p. 33.

49 請參閱：Ibid., p. 31.

50 請參閱：Ibid., p. 75.

51 請參閱：Charles Kenney, *Riding the Runaway Horse: The Rise and Decline of Wang Laboratories* (Boston: Little, Brown, 1992), p. 48.

52 請參閱：Author interview with Chin Yang Lee; Heidi Benson, "C. Y. Lee, Fortunate Son: Author of the Enduring 'Flower Drum Song' Is Grateful for 'Three Lucks in My Life," *San Francisco Chronicle*, September 18, 2002.

53 請參閱：*New York Times*, January 15, 1957.

54 請參閱：*New York Times*, February 18, 1997; *The Guardian*, May 13,1997.

55 請參閱：*McGraw-Hill Modern Scientists and Engineers*, (New York: McGraw- Hill, 1980), p. 201.

56 請參閱：Chia-Chiao Lin and Frank H. Shu, "On the Spiral Structure of Disk Galaxies," *Astrophysical Journal*, no. 140, 1964; "On the Spiral Structure of Galaxies II: Outline of a Theory of Density Waves," *Proceedings of the National Academy of Sciences*, no. 55, 1966.

57 請參閱：Tung-Yen Lin: MaryLou Watts, "Prestressed Concrete Pioneer T. Y. Lin Named Cal's Alumnus of Year," *CM (Construction Management) Magazine*, March 16, 1995; David Pescovitz, "Berkeley Engineers Changing Our World," Lab Notes: Research from the College of Engineering, University of California, Berkeley, vol. 2, issue 6, August 2002; "Builder of Bridges: Alumnus of the Year T. Y. Lin," *California Monthly*, December 1994; files and correspondence from T. Y. Lin to author; "Top People in the Past 125 Years," *Engineering News-Record* 243:9, p. 27; "Famed Structural Engineer T. Y. Lin Named Cal Alumni Association's Alumnus of the Year," *Business Wire*, December 19, 1994.

58 請參閱：Amy Zuckerman, "M. C. Chang," *Worcester Magazine*, July 27, 1988; *Times* (London), June 14, 1991; *New York Times*, June 7, 1991; Roy O. Greep's comments

at the memorial service for Min-Chueh Chang, October 10, 1991; letter from Isabelle C. Chang, widow of Min-Chueh Chang, to author, July 6, 1999。根據張明覺的遺孀寫給我的信中所說，她的丈夫曾經六度獲得諾貝爾獎提名。

第十六章
來自臺灣的美國華人

在共黨部隊往南挺進千鈞一髮之際，支持蔣氏國民黨政權成千上萬的中國人都在匆忙之間想方設法離開中國大陸。這些人的小孩往後回憶起當年景況，一定都還記得，為了在最後一刻把家人與近親全都弄走，爸媽的表現有多驚慌失措，甚至歇斯底里。他們突然間被迫拋下錦衣玉食的生活，擠上火車船隻，踏上彷彿「出埃及記」的逃難征程，沿途充滿恐慌混亂，而過去那種舒適安逸的日子將會成為這些世家之子永難忘懷的回憶。

從一九四八年十一月到四九年年初，每天都有五千多名難民從大陸來到臺灣，其中有許多人是蔣氏政權的各級官員。（後來許多臺灣當地人都宣稱臺灣只是大陸難民「第三順位」的選擇：位高權重的中國人會選擇「第一順位」，也就是美國，而最有錢的人則是選擇「第二順位」，亦即香港。其他人則是都來到臺灣。）[1]截至一九四八年十二月國府正式撤出大陸為止，難民人數已高達一百多萬人。[2]想像一下，如果美國政府必須在短時間內把所有官員全都撤往蕞爾小島波多黎各，遷徙的規模會有多大，情況會有多混亂？當年這情況曾在臺灣出現過。

孩子們年幼天真，要適應新環境比較容易。許多孩子覺得臺灣是個熱帶天堂，遷居那裡實在是太美妙了。十六世紀葡萄牙人航經這個島嶼時將它命名為*Ilha Formosa*，意即「美麗之島」，想必這些年幼新移民也有同感，因為他們常可飽覽壯麗的自然風光。多年後讓他們仍念念不忘的，是捕捉熱帶艷蝶與在市郊稻田裡玩耍的童趣，還有芒果、木瓜、鳳梨等多汁水果的美味。比起那些嚐過大饑荒的苦頭，到了一九六〇年代初期才得以遷居美國的毛政權難民，他們的日子好過太多了。不過，臺灣這個新環境對這些孩子來說並非十全十美。儘管時移事易，與過去的中國人一樣，在成長過程中他們還是得生活在政府的壓迫之下，因為此時國民黨流亡政府決心把過去統治中國的那套極權體制與寡頭統治方式移植到臺灣來。

移民臺灣的成人在各方面卻都是叫苦連天。他們已經習慣了精緻先進的都市生活，大都難以忍受島上的潮濕氣候與緩慢生活步調。過去他們住的是豪宅大院，如今居所變成以竹子為建材，房間只以紙張隔間，昆蟲蜥蜴可以隨意從開放式的窗戶爬進室內。很多地方都沒有電力與天然瓦斯，家庭主婦被迫使用煤球（煤末、泥土加水製作而成）烹飪。有些人必須掛起蚊帳，睡在草蓆上，忍受濕熱難耐的空氣。

不過，大陸難民最掛心的問題並不是如此粗劣的生活環境。短時間內百萬難民湧入，許多臺灣人仍感到震驚不已。國民黨政府自戰後不但隨意將人民的財產充公，在一九四七年爆發二二八事變時還派部隊血腥鎮壓，對此臺灣本來就已經民怨沸騰，如今又有大量人口來搶飯碗，臺灣人當然不會給新移民好臉色看。（過去幾百年來，臺灣始終難逃遭人征服的命運，此時臺灣人把國民黨政府當成最新的征服者。十七世紀期間，臺灣陸續遭荷蘭、西班牙佔領殖民，最後在康熙年間清廷擊敗明鄭政權，收歸中國所有。清光緒二十一年（一八九五）甲午戰敗後，清廷蒙受奇恥大辱之餘將臺灣割讓給日本。半世紀後，二戰結束時日本成為戰敗國，將臺灣歸還國府。起初許多臺灣人歡慶日本的投降，心向祖國，但這興奮的情緒很快就化為憤怒與失望。一九四七年，國民黨政府的貪瀆腐敗引發臺灣人反抗，但這二二八事變旋即遭國軍血腥鎮壓弭平。」最糟糕的是，赤化的夢魘如影隨形，支持國民黨政府的新移民時刻要擔心中共從大陸發兵攻打臺灣。

早年有些大陸人不願將臺灣當成永久的家園，總是遙望故國山河。與許多大陸來臺的難民一樣，家母的家人都深信共軍即將犯臺。我的外祖父張鐵君先生過去在中國大陸時期集詩人、學者與記者等多種身分於一身，遷臺後的他在一九四九年底到一九五〇年初之間甚感焦慮，不斷查閱各種書籍，研究哪些國家的文化與地理比較適合家人定居。外祖父深信只有國府權貴才去得了美國，所以完全不考慮，但菲律賓或巴西還有可能。抵臺一年後，外祖父家前往香港，想要以那裡為跳板，伺機遷居亞洲或拉丁美洲某國。也許是太過天真了，外祖父毅然決定鬻稿維生，憑一己之力挑起夫妻倆與五個孩子在香港的生計。但如同陳納德將軍遺孀陳香梅女士（Anna Chennault）在回憶錄中所說的，一九五〇年代的香港「是文學與文化的沙漠。很少有作家能夠靠寫作為生，就連知名專欄作家寫一篇文章的稿費也很少超過十美元。」[3]母親與所有的家人以一個沒有廚房的擁擠房間當住所，用走廊上的炭爐煮菜做飯。後來他們到別處賃屋而居，要用水煮飯、洗衣還得大老遠到街上用水龍頭汲水。當時外祖父筆耕不輟，為當地一家報社寫社論與政治評論，但母親還是得找各種活來做，像是炸豆子去賣、修補衣褲，藉此貼補家用。幾十年後，母親對我說，當年她與家人差點就要流落街頭了。

到臺灣後即使待了二十年，許多大陸人仍然認為自己只是因為流亡而暫居異地，總有一天會前往下一個目的地。到了第一代大陸人的孩子們成年之際，他們認為臺灣與共產中國僅咫尺之遙，繼續留在島上成家立業的話前途會黯淡無光。所以在爸媽的鼓勵之下，那些最傑出、聰明的外省第二代開始積極尋找出國的門路，想到外國展開新的人生。結果，最受大家歡迎的就是過去支持國府不遺餘力的美國。到了一九六〇年代晚期至七〇年代初期，每年大約都有兩千個學生離臺前往美國攻讀碩、博士學位。[4]

外祖父與那些預言中共即將犯臺的大陸人並非杞人憂天。事實上，當時中共可說是枕戈待旦，隨時要派精銳部隊來攻打臺灣，豈料韓戰突然爆發，導致中華人民共和國與美國成為死敵。美國政府一方面派兵幫南韓反攻，收復失土，另一方面將第七艦隊調來巡弋臺灣海峽，開始把臺灣當成亞太地區的前進基地。最重要的是，美國政府繼續承認國民黨政府的合法性，其主權不僅及於臺灣，也包括整個中國大陸。直到此時臺灣才獲得美國政府的堅定支持，也才讓外祖父得以於一九五〇年離開香港，搬回臨時首都臺北，隨即成為固定發表文章的專欄作家與大學教授。

因為美國的支持是國民黨政府能否在臺灣存續的關鍵，該黨把龐大資源都用來與華府維繫好關係。在美國，「中國遊說團」（China Lobby）是由蔣介石的妻舅與連襟共執牛耳，也就是都曾任國府行政院長的宋子文與孔祥熙。[5]（宋子文也曾任財政部長，藉職務之便把大批沒有價值的法幣兌換成美金，然後投入黑市套利，接著在國民黨政府垮台前將所有資產變賣，購入黃金，就此遷居紐約市。）美國之所以在一九五四年與國民黨政府簽署《中美共同防禦條約》，「中國遊說團」與其眾多支持者應該也出了很多力。接下來二十幾年內，美國始終承認國民黨政權是中國的合法政府。事實上，由於美國深具影響力，即使國府已遭逐出大陸，人口不及兩千萬的「中華民國在臺灣」卻始終能夠擔任聯合國安理會的五個常任理事國之一，但統治人口超過十億的中華人民共和國卻連聯合國的會員國都不是，而且這種情況維持了二十幾年，直到一九七一年中華民國退出聯合國為止。「中國遊說團」的本領足以扭轉局勢，以至於後來《美國新聞與世界報導》（*U.S. News and World Report*）雜誌聲稱它的影響力在華府的各國遊說團裡僅次於以色列。[6]

不過，就在國民黨傾全力於華府結交權貴的同時，他們在臺灣本島卻未設法擄獲民心。幾年內，蔣氏政權在臺灣島上用人唯親與貪贓枉法等積弊已經與他們過去在大陸時期一樣嚴重。為了安插大陸人，新政權開除了成千上萬的本土官員，同時以「共匪竊據大陸，國家進入動員戡亂時期」為藉口停辦各種全國性的選舉，剝奪了臺灣人民的投票權。[7]在國民黨政府看來，國共內戰尚未結束，因此先前在大陸選出的所有國代都可保有其權位，直到戡亂結束，重新辦理選舉為止。一九五〇年三月一日，蔣介石在臺北宣布「復行視事」，復總統職。政府於一九六〇年通過《中華民國憲法》的「動員戡亂時期臨時條款」，明訂「總統副總統得連選連任，不受憲法第四十七條連任一次之限制。」這等於讓蔣介石得以當一輩子總統，遂行終身獨裁統治。[8]

一九四九年後臺灣進入「白色恐怖時期」，期間蔣介石麾下總統府國安局常以道聽塗說與間接證據就入人於罪，幾千人遭冠上「匪諜」、「親共」等罪嫌。[9]政府以各種手段打壓大地主家庭的知識菁英，使其噤聲、入獄，或加以處決、暗殺，甚至有些國民黨還沒來到臺灣之前就已經進行的活動，儘管毫無威脅性，卻也遭到依法究責治罪。（例如，曾有某位大陸記者在遷居臺灣以前曾經讀過馬克思主義書籍，到臺灣後遭政府判處好幾年徒刑，因為有朋友在日記中記載此事，而成為他遭到定罪的證據。）國民黨整肅異己，致使島內民怨沸騰，也刺激許多臺灣人成立以促進臺獨為宗旨的祕密組織。

為了確保未來仍能握有政權，國民黨也針對島內青年進行思想控制，灌輸忠黨愛國的教條。「到了上小學時，政府就已經對我們洗腦，」來自臺灣的勞倫斯・利佛摩國家實驗室（Lawrence Livermore National Laboratory）華人工程師凌狄克（Dick Ling，音譯）回憶道。[10]他還記得，為了把孫中山塑造成神人般的英雄，讓所有的學生都打從心底服膺國民黨的三民主義，沒有任何異議，校方規定他們都得參加各種學校集會與童子軍活動。最令他難以忍受的是初中時那些沒完沒了的各種典禮，他們得一邊舉著國旗，一邊聆聽校長與其他師長進行精神喊話，要大家「勤學苦讀，愛黨愛國，日後才能幫助民族救星蔣總統反攻大陸，解救遭毛匪荼毒的百姓」。與世上任何把獨裁者塑造成偶像的國家一樣，當時臺灣也到處可見蔣介石的肖像，遍布於教室、走廊與街頭。凌狄克表示，每逢雙十國慶，學校會派大批學生前往總統府前揮舞國旗，口中高喊「蔣總統萬歲！萬歲！萬萬歲！」

為了嚴格執行思想審查，許多情治人員隨意以各種巧妙手法偷偷拆閱人民的信件。人們不僅失去隱私權，沒有言論自由，許多資訊也遭嚴格管制，無法取得。任何寄往臺灣的外國出版品都會先由經手的官員處理過，像是《時代》、《生活》等美國雜誌只要刊登了毛澤東的照片，都會被蓋上「匪」字，以免天真讀者的思想遭汙染。任何文藝創作即使再微不足道，也會有人檢查其中是否暗藏政治訊息。例如，在大學時代凌狄克曾畫漫畫投稿賺錢，某位臺灣報社的編輯告誡他，絕對不能把筆下人物畫成「留著八字鬍的禿頭老人」，否則就會有諷刺蔣介石之嫌。

許多人只是隨口發表一些無心的言論就會受罰。許卡爾（Carl Hsu，音譯）在接受我的訪談時曾回憶道，過去在臺灣服役期間接受新訓時（譯註：這裡作者用的是boot camp一詞，但從後面禍從口出者是學生看來，應該是指大專生參加的成功嶺集訓），軍方曾下令整個單位一起參加批判共產主義與馬克思主義的集會。某個菜鳥說，法律根本就禁止讀那種書，他哪有辦法提出什麼批判？「結果那個還是學生的菜鳥惹上了大麻煩，」許卡爾回憶道，「即使我們還都很年輕，卻已經學會什麼叫禍從口出，講話要很小心。」[11]

國民黨政府甚至立法禁止民眾自製短波收音機，唯恐他們收聽中華人民共和國的廣播節目。短波收音機可以用來與大陸地區進行祕密通訊，因此持有者也觸犯了間諜罪。「當年任何人都不能買真空管，」來自臺灣的華人工程師靳鵬（Ching Peng，音譯）回憶道，「國民黨有嚴重的恐共情結，怕人們用真空管自組短波收音機。」[12]靳鵬有個親戚遭當局發現持有短波收音機，即使沒有任何證據顯示他曾經收聽過中共的廣播，結果還是惹來三年牢獄之災。

年久日深，許多外省家庭的家長與小孩之間出現了代溝。某些爸媽對過去無法忘懷，下半輩子還是苦苦牢記著自己曾經有過的錢財與事業已淪為泡影。有些人始終把大陸時代的飛黃騰達掛在嘴邊，難忘當年的豪宅與頭銜、地位，還有家中成群的僕役，難忘一九四九年的共產革命讓他們在一夜之間一無所有。也有人還夢想著國民黨能夠「反攻大陸，光復神州」，把中共趕下台後，所有遷居臺灣的外省人全都可以回到大陸復歸原位，但這憧憬隨著一年一年過去而逐漸幻滅了。

他們的兒孫比較實際。儘管許多人記憶中的臺灣是他們成長茁壯的美麗小島，但大多數人都痛恨國民黨政府，因為它患有狹隘的恐外情節，任由一群年紀老大的黨內政客掌控全民，導致整個社會陷入一種幾近僵化的氛圍中。這些第二、三代外省人對於歸返大陸沒有多少興趣，因為此時中國社會在中共掌控之下，受到比臺灣更多的箝制。一旦這些年輕人體悟到自己留在臺灣沒有未來可言，心中就會浮現兩個問題：他們的未來在哪裡？要怎樣才能前往那裡？

科技是讓他們可以離開臺灣的憑藉。幾年內臺灣將會面臨一次神速的工業革命，進而上演一場讓全世界讚嘆的經濟奇蹟。

國民黨政府在一九五〇年代期間面臨的最嚴峻挑戰之一，就是必須在幾乎一無所有的狀況下打造出現代經濟體系。與許多熱帶國家一樣，臺灣的糧食向來都可自給自足，不太擔心貿易平衡的問題，因此當然也對發展出口貿易沒有興趣。龐大官僚體系的支出大致上還可以靠美援來打平，但國民黨政府高層深知世界時勢瞬息萬變，如果沒辦法賺取收入，臺灣也撐不了多久。

在國民黨遷臺以前，臺灣基本上仍處於農業社會時代，大多數家庭的種地收入除了餬口以外，所剩無幾。回想起那個年代，除了貧窮之外，很多人都還牢記著某種舒緩、簡樸之美。與漫畫家蔡志忠一同創作《臺灣經濟的苦難與成長》一書的溫世仁在書中寫道，他小時候居住的農村很少人家中有桌椅，家人都是圍著一張擺放幾道菜的木頭板凳吃地瓜粥，或站或蹲。等到碗盤收走後，板凳又拿回樹下給大家當打盹的地方。學童都是赤腳走路上學，直到讀初中時家長才會買第一雙鞋給他們。到了晚上，因為沒有電可以用，大人會點油燈，小孩則去抓螢火蟲裝在玻璃瓶裡來照明。[13]但這種生活方式很快就一去不回了。幾十年內，臺灣從農業時代警醒，蛻變成世界級的高科技大國，而且人均所得排行名列前茅。

一九五〇、六〇年代期間，臺灣有百分之四十的收入仰仗美援。[14]從一九五一年到六四年，華府每年資助國民黨政府一億美元資金，同時也免費扶植臺灣的某些產業。[15]不過臺灣的政府官員仍然記得，當年國民黨會丟掉大陸就是因為美國不願提供支援，因此同樣的事情也有可能發生在臺灣。臺灣必須培養自給自足的能力，而且因為採取大刀闊斧的計畫經濟策略，後來也真的做到了。

國民黨政府首先執行「三七五減租」、「耕者有其田」等土改與財富重新分配計畫，逼迫臺灣地主把大多數農地以低價賣給佃農。稻米、肥料也採用政府專賣制，透過平穩價格來鼓勵農民耕種更多作物，以這種「策略性詐取」的手段創造出剩餘資本，用以投入非農業部門的產業。

其次，國民黨政府刻意培植可以將產品出口的輕工業，鼓勵企業主投資勞力密集產業，例如罐頭食物、家電、紡織、橡膠與塑膠產品。後來當上副總統的省府主席謝東閔大力推行「客廳即工廠」的運動，如他所言：別抱怨沒有工廠可以進行生產，任何人都能把家中客廳當成代工工廠。[16]這個政策推出後，臺灣的家家戶戶都變成塑膠零件倉庫，大家以手工製造出口產品，換取外匯。（某位不願具名，來自臺灣的華人表示他小時候家裡簡直像是個小工廠。從一九四八到七九年，他的父親總共購入數噸鐵桶裝的奶粉，還有每批數以百計的罐頭食物，他還說，因為罐頭表面已經生鏽，他和家中其他小孩「必須用砂紙把鐵鏽刮掉，讓罐頭看起來像全新的，以便出售。」）

臺灣的出口產業非常成功，很快就累積出巨額的貿易順差。到了一九六五年，美國因為越戰缺錢而中斷美援，但臺灣已經能在財政上自己自足了——儘管軍事上仍須美國協防。事實上，當時臺灣的經濟成長率已傲視全球，擴張速度比任何其他經濟體都還要快。一九七〇年代，國民黨政府開始把重心從輕工業移往重工業，投資石化、鋼鐵等產業。臺灣的公司也從這年代開始製造計算機與電子遊戲，就此為自己鋪出一條坦途，隨後進入快速成長的電腦產業，稱霸其中某些部門。[17]

臺灣的經濟成長鼓舞成千上萬的年輕人設法取得科技相關的學位，為未來的職涯打下基礎。這是過去日治時期未曾出現過的新風潮，因為當時殖民地政府並未鼓勵臺灣人學習應用物理學或工程學，也許是因為擔心那些專業技術會被用來製造抗日武器。世家子弟大都主修一些與國防無關的學科，像是醫學與教育。但此時應用物理學與工程學已在臺灣成為顯學，因為高科技產業蓬勃發展，無論臺灣或外國都對高科技人力求才若渴。（國民黨政府亟需科學專家來填補政府中大量的科技官僚空缺，後來在一九七九年動土興建新竹科學工業園區，招募了許多來自美國的科技人才。）

過沒多久，臺灣輸出品中價值最高的已經變成留學的年輕人。到了一九六〇年代，美國再也不能像以往那樣高枕無憂，因為中蘇皆已開發出原子彈與導彈科技，有能力分別從太平洋與大西洋的另一頭攻擊美國。唯恐輸給冷戰期間的兩大共產對手，美國投入數以十億計的科研經費，用來擴大國防裝備的研發規模，也為各大學提供龐大的補助金額。就在美國補助各校研究所的金額大增之際，數以千計的臺灣學生也開始實現他們留學海外的夢想。

「在學校，老師往往要我們別忘記反攻大陸的使命，」溫世仁回憶道，「但學生卻只關心能不能前往美國深造。」出國才有前途，所以很快的同儕之間對於想要出國留學的人往往讚賞不已，其中又以留學美國為首選。溫世仁還提到，當年甚至有人雖然還沒打定主意，但還是假裝要去留學。「他們非得那樣不可，因為任何女孩都不會和沒打算留學的人約會。」[18]

事實上，想去美國留學的學生都必須苦讀多年，從殘酷的競爭中脫穎而出。他們必須通過一連串艱難的入學考試，才能進入初中、高中、大學讀書。為了升學考試，某些學生必須找家教來補習，或是週末去上補習班，甚至逼自己參加密集的升學補習課程，直到半夜。他們苦讀進入明星高中，以那些學校為升學跳板，接著考入臺灣大學等名校，如果在校表現優異，就能爭取到獎學金，前往美國大學的研究所就讀。把英文練好這件事對他們之所以重要，不只是因為能順利取得美國的博士學位，也因為這樣才能獲得離臺赴美的許可。大學生必須通過國民黨政府與美國駐臺使館舉辦的英語能力口筆試，才能取得雙方核發的出境與入境許可。

在這重重規定之下，導致臺灣的留學大軍成員幾乎都是最聰明和企圖心最強烈的年輕人。毫無疑問的，這段時期能取得獎助金前往美國留學的人（赴美後必須擔任教學或研究助理），大都是名校臺大的校友，而且他們的背景幾乎都集中在應用物理學與工程學的相關科系。即使是從名望稍遜於臺大的學校畢業，許多畢業生也會找到前往美國留學的門路。有些人會申請幾十甚至幾百間美國學校，直到某家願意提供獎學金。也有人取得入學許可，但沒有申請到獎學金，於是透過別的管道求助，例如向親友借貸，或設法獲得美國教會與基督教組織的贊助。這種狀況創造出一個非常特別的美國華人移民。一方面這些移民在某種程度上都具備勇氣、企圖心與冒險精神等條件，但另一方面美國華人社群之所以會出現這個新的群體，也是因為他們在學業上的表現特別傑出，才獲得青睞──而選擇他們的學校有權決定他們能否實現自己的夢想。

許多臺灣學生抵美時，美國正經歷史上最激烈的文化轉變過程。一九六〇年代是美國年輕人反叛與挑戰社會體制的時代。為了回應這些挑戰，美國社會不得不在一九七〇年代進行自我改造。因為社會動盪不安，就連土生土長的美國人也備感困惑，但許多臺灣留學生從小生長在飽受壓迫的社會氛圍中，如今眼看美國如此開放，政府面對人民反叛常常不得不讓步，心裡的感受想必更是震驚不已。那是個眾聲喧嘩的年代，美國社會內部各個不同的族群變得愈來愈激進好鬥。女權日益高漲，要求通過《平等權利修正案》（Equal Rights Amendment）的呼聲喊得震天價響。美國社會有三分之一大學學齡人口認為婚姻制已經過時了。金恩博士遇刺導致民權運動的理想主義破碎，一批新的黑人領袖崛起，其中許多人嚷嚷著要革命，要用暴力手段推翻美國政府。

那是個社會大眾幻滅的時代，政府威信蕩然無存。尼克森總統曾誓言終結越戰，但卻還是派部隊到柬埔寨去阻止北越將武器運往南越給當地的越共游擊隊，許多美國學生因此深感遭到背叛。這個決策引發許多美國大學校園的暴動，俄亥俄州肯特州立大學（Kent State）有四位學生喪生。贖罪日戰爭（Yom Kippur war）在一九七三年爆發後，因為美國選擇力挺以色列，觸怒了阿拉伯國家，結果他們以大幅提高出口原油價格來報復美國，而美國各大石油公司更是趁火打劫，把油價抬得更高，結果導致美國國內汽油價格飆升。德、日這兩個二戰期間的美國敵國也在一九七〇年代崛起，成為美國經濟的競爭者，使得美國在二十世紀首度出現進口多於出口的情況。在美元幣值大跌的同時，通貨膨脹率也飆升到百分之十以上。由於幣值下跌的速度比國內薪水的漲幅還要快，美國中產階級享有榮華富貴的美夢也開始動搖了。

在越戰、政府貪腐與國家經濟問題的多重刺激之下，許多美國青年變得憤世嫉俗，拒絕被社會體制同化。成千上萬的年輕人決定挑戰社會體制，其手段包括排拒消費主義，蔑視美國的大企業，並且以各種方式尋求精神體悟。他們群聚形成嬉皮社群，靠耕種自給自足。他們自發地選擇接受某種泯除階級界線的制服：單寧布牛仔褲。在摒棄傳統布爾喬亞價值之後，他們用各種方式來實驗另類生活，包括同居不婚、同性戀，還有沉迷於迪斯可與毒品。許多人覺得這些改變頗具解放身心的效果，但其他人卻認為這終究是愚蠢的享樂主義，象徵著美國文明的衰亡。

來自臺灣的新移民沒遇過類似的經驗，所以不知該如何看待這些亂象。剛到美國時，許多人連要記住美國白人的臉都很困難。「剛開始我覺得白人看起來都沒兩樣，」我母親回憶起她第一年就讀哈佛大學的情況，曾這樣對我說，「每個都是白皮膚大鼻子，剛開始在我眼裡他們都是這樣。」[19]儘管白人的眼睛顏色與髮色深淺不一，她能記住的還是只有那些不會出現在華人身上的特徵：白皮膚與大鼻子。

美國的食物讓他們不敢領教。許多來自臺灣的美國華人都記得剛來美國讀研究所時，第一學期往往處於飢餓的狀態，因為東西都吃不習慣。在他們看來，烤肉餐會上、大學食堂裡提供的食物，還有中國餐廳那些不道地的中國菜都非常可怕。當時還是研究生之妻的蔡能瑛撰文表示，「尤其是剛到美國吃熱狗時，熱狗上澆紅色蕃茄醬和黃綠色的芥末，看了就倒胃口。……牛肉餅（譯註：指漢堡）更是可怕，牛肉烤得半生不熟，然後加上生洋蔥一片、生蕃茄一片。」[20]更糟的是，有些食物明明難吃得要死，為了不失禮還要把它們捧上天。某次她去別人家吃飯，呈上來的點心是去核蘋果裡面灌進梅子果醬，外面裹上糖霜，她吃了幾乎吐出來，但卻還是連說「好吃！好吃！」

不可避免的，語言問題往往也讓這些新移民備感掙扎。剛開始他們大都聽不懂美國人嘴裡連珠砲似的英文口頭禪。臺灣的英語教育並未包含這個環節，所以許多俚語、片語裡的字義都是他們未曾學過的。美國人的許多手勢與臉部表情看起來都像是含有加密訊號，還有他們連笑話裡的梗都聽不懂。教授講課的內容、教科書與學術論文裡的某些段落都讓他們一頭霧水，在課堂上進行討論時，他們也往往辭不達意。

很多人都覺得第一個學期可怕極了。他們覺得自己的競爭對手是一堆美國土生土長、一輩子都浸淫於英文中的研究生。如果美國人都覺得寫一篇清晰有力的論文很困難了，那麼對於他們這些試圖要把英文弄好的學生來說，不是難上加難嗎？如果成績下滑，他們就拿不到獎學金與津貼。他們大都並非來自富裕的家庭，如果失去了經濟援助，就無法繼續求學了。事實上，有些學生根本就是舉債留洋，向親戚借了錢才能來美國的。如果輟學返臺，家人親戚必定會大失所望，他們也變成了廢物。

即使有人幫忙，許多學生也得狠下心來全神貫注，節儉度日。我的舅舅張錚錚博士還記得他在一九六〇年代來到奧克拉荷馬大學攻讀電子工程碩士時，一心一意只想著要拿下高分，這樣才能夠轉往加大柏克萊分校去攻讀博士學位。他也毅然削減許多開支，存錢來支持自己在美國的求學生涯。他可說是阮囊羞澀，所以若非必要開支，他連幾分錢也不敢花，一分一毫也要省下來。他記憶猶新的是，某個塵土飛揚的燠熱下午，他在一台可口可樂販賣機四周來回踱步，始終無法決定是否要用一枚硬幣來解渴。[21]

由於省吃儉用，許多留學生光靠學校給的津貼就能餬口，因此還可以寄錢回臺灣幫助家人。與先前幾代的華人移民一樣，這些臺灣學生也非常重視家庭，而且正因為他們對家人都很照顧，才會有絡繹不絕的留學生前往美國。因為美金對臺幣的匯率大漲（一美元可以在臺灣買到的東西，往往是在美國的十倍。譯註：一九六〇年代美金對新臺幣的匯率曾經飆漲到一比四十，再加上臺灣物價遠低於美國，所以美金的價值在美國與臺灣並不一樣），儘管他們匯回家的美金金額不多，但對於收到錢的人來說可說是發了一筆小財。最節省的學生往往可以支助他們的配偶、兄弟姊妹或爸媽移民美國。這些匯款同時也讓臺灣的年輕學子得以窺見美國能給他們機會，激勵他們勤學苦讀，申請到美國去讀博士班。

經過一開始的適應調整，許多學生開始體認到美國的生活令人振奮，而且無拘無束。「因為我成長在處處受到政府控制的臺灣社會，面對那種任何人都能為所欲為的自由風氣，真是大開眼界，」英特爾公司微處理器產品事業部總經理虞有澄表示，「我有一種獲得自由的感覺。」[22]

不過，在自由自在之餘他們心知肚明：即使遠在千里之外，國民黨政府仍會想盡辦法監控美國的留學生。由於國民黨政府向來非常在意美國如何看待它，所以就在成千上萬年輕的臺灣學生於一九六〇年代開始離臺赴美留學之際，國民黨當局也在美國各大學安插了許多監控留學生的眼線。

惹麻煩的人總會付出慘痛代價，一回到臺灣探親就遭逮捕與囚禁。一九六六年，有關當局逮捕了威斯康辛大學博士生黃啟明，將他判處五年徒刑，理由是聽說他曾在美國參加臺獨組織的聚會。[23]隔年遭起訴的是取得夏威夷大學東西文化中心（East-West Center）獎學金前往美國留學的陳玉璽，因為他在該中心圖書館閱讀共產主義文獻，並且參與反越戰示威。他獲准進入東京法政大學就讀後，日本政府移民官員在幾週內就將他交給國民黨政府密探，解送回臺。國民黨以叛亂罪判他死刑，後來因為美、日雙方都有許多社運人士四處奔走才將他減刑為七年徒刑。[24]最後到了一九七一年，在人權運動人士長期大聲疾呼之下，陳玉璽才獲釋回美留學。

因為參與政治活動的風險極高，許多臺灣留學生都決定與政治劃清界線，專心發展事業。多年後他們都已成家立業了，終究必須面對所有美國移民都會遇到的困難抉擇：他們該申請歸化為美國籍，就此定居美國嗎？

臺灣留學生獲得學位後，返臺定居的比率只有四分之一。[25]他們絕大多數留在美國，接受了大學、政府實驗室與大企業等機構的職位，很快就躋身美國社會的上層中產階級。儘管前幾代華人受到種族隔離法規或者社會規範的局限，不得不定居中國城，後來眼睜睜看著子孫陸續遷居郊區，這些來自臺灣的華人移民除了到中國城吃飯之外，與那裡未曾有過任何牽連。他們的生活模式和那些來自名門的美國華人比較接近。學者郭嘉玲（Chia-ling Kuo，音譯）曾在一九七〇年發表過一份關於紐約長島地區華人移民的研究報告，讓我們得以一窺那些名門之後的生活概況。他們大都來自沿岸諸如上海等大城的世家，在中國的教會學校接受教育，早年就浸淫於西方文化。遷居美國後，他們在當時都已成為高薪的專業人士，像是大企業或銀行的高層主管，生活方式幾乎與白人鄰居無異。他們坐擁豪宅，不但辦舞會、宴會，也積極參與社區活動。他們大都會固定上教會，也是白人鄉村俱樂部的會員，常去打網球與高爾夫。比起和其他華裔美國人相處，他們的小孩覺得與白人交往更自在，因為他們的朋友與同學大都是白人。[26]

最有趣的是，在面對種族偏見時，許多長島地區華人居民仍自信滿滿。當碰到歧視他們的美國白人時，他們不害怕也不難過，只會嗤之以鼻：「我不會把那些高傲的傢伙當一回事，」某位華人移民向郭嘉玲表示，「畢竟我們是有四千年文明的民族。就像孔老夫子說的，唯愚夫與小人難養也。」（譯註：其實孔子是說：「唯女子與小人難養也。」）[27]

這種態度甚至讓當時某些美國人主張，美國社會幾乎已經不會歧視亞裔美國人口。一篇刊登於一九七〇年的《紐約時報》文章表示，社會對於美國華人的偏見已大幅減少，「儘管過去他們的爸媽曾含辛茹苦，幫白人燙衣服或當園丁，但如今絕大多數華裔、日裔美人已經可以靠努力當上醫生、律師、建築師與教授，不會遭遇任何阻礙。」[28]這篇文章接著表示，許多三十歲以下的亞裔美國人並不覺得自己曾遭遇過種族歧視。該文引述了漢尼威爾資訊系統公司（Honeywell Information Systems）副總裁朱權（J. Chuan Chu，音譯）的說法，表示：「任何人只要有能力，而且可以適應美國人講話、打扮與做事的方式，即使是華人又會怎樣呢？」

許多華人功成名就的故事似乎印證了朱權的說法無誤。事實上，才十幾年光景，就有一批來自臺灣的華人在自己的專業領域快速登頂。一九七六年，主持布魯克黑文國家實驗室（Brookhaven National Laboratory）某個研究團隊的麻省理工學院物理學教授丁肇中榮獲諾貝爾獎，理由是他發現了J粒子（J/psi particle）——這種粒子由一個魅夸克（charm quark）和它的反物質粒子所組成。〔丁肇中生於一九三六年，當時他父親丁觀海是安娜堡（Ann Arbor）密西根大學的中國學生，主修工程。丁肇中在兩個月大時遷居中國，後來共產革命爆發後他們家被迫移居臺灣，丁觀海到臺大任教，在臺灣還沒念到大學畢業丁肇中就在一九五〇年代返美，到密西根大學就讀。〕時隔十年，另一位來自臺灣的知名美國華人科學家，加大柏克萊分校教授李遠哲，則是因為交叉分子束的研究而獲得諾貝爾化學獎。

來自臺灣的美國教授田長霖成為第一位當上頂級研究型美國大學校長的華裔（同時也是亞裔）美國人。[29] 他出身書香世家，因此能有這番成就，除了堅毅的人格特質之外，也是因為家學淵源，向來對教育非常重視。

田長霖生於武漢，父親田永謙係富裕銀行家。田永謙是中國最高學府北大的物理系畢業生。（多年後，田長霖曾解釋道：「在那個年代，只要能取得大學學位，無論主修什麼，就算是獲得了相當於古代士大夫的地位，在社會上無往不利。」）因為有北大學位，田永謙得以累官至國府所屬漢口市稅捐稽徵處處長，但當時任何人都無法預見中國社會將會發生天翻地覆的改變。日軍侵華後攻陷武漢，田家失去房宅僕從，奢華的生活盡成過往，變得一無所有。他們為了躲避日軍而離開武漢，住進上海的法租界。

田永謙的毅力過人，靠一股拚勁重拾過去的富裕生活，最後成為上海財政局局長兼任上海市銀行董事長。他們家又開始過起錦衣玉食的生活，僕役成群，每一輛車都配有司機，就像田長霖說的：「我們家的生活跟洛克斐勒家族沒兩樣！」但好景不常，中共發動革命後他們紙醉金迷的人生再度化為烏有，全家人再度踏上逃難的險途，從上海逃往臺灣時全身只帶了一些細軟與衣物。

「家父難以承受那次損失，」後來田長霖向《舊金山焦點》雜誌（*San Francisco Focus*）的某位記者表示，「那是他第二度變得一無所有。」抵臺時田長霖已經十四歲，田家總計十二口人全都擠進一個小房間。「裡面的空間甚至小到讓我們無法同時睡覺，」他回憶道，「我們只好輪流睡。」

某晚田長霖醒來後發現父親坐在一片漆黑的房裡發呆。「爸去睡吧，」田長霖對他說，「別擔心我們。我們會找到工作的。」他爸用淒苦的口氣反駁他：「我不在意我的小孩是不是沒東西吃。我只擔心我沒錢讓小孩讀書。」這些話就此烙印在田長霖的幼小心靈中。

田永謙對過往的榮華富貴無法忘懷，崩潰抑鬱之餘心臟病發去世，年僅五十四歲。為了幫忙負擔家計，田長霖中學、大學期間都會打工。臺大畢業後，他決定不讓運氣主宰自己的人生，總計申請了美國兩百四十家大學的研究所。結果肯塔基州的路易斯維爾大學（University of Louisville）提供他全額獎學金，於是他在一九五六年借錢買了一張便宜機票前往西雅圖，然後改搭灰狗巴士，踏上前往路易斯維爾的七十二小時旅程。

在美國南方，田長霖第一次體驗到美國人有多在意種族。一下巴士他就看到洗手間門板與飲水機上面都掛著「白人專用」與「有色人種使用」的招牌。他不知道自己被歸為哪一類，但當地白人說他是美國的客人，可以使用白人專用的設備。田長霖內心對這種制度充滿反感，不公平的現象令他義憤填膺。他還發現當地的巴士全都設有白人專用區，在巴士內部的前段，黑人只能坐在後段，因此他盡可能走路，避免搭乘大眾運輸工具。

後來他發現種族主義不僅出現在一般社會上，連學界也沒兩樣。路易斯維爾大學某位教授總是稱他「中國佬」（田長霖回憶道，「一開始我懵懵懂懂的，還以為那是暱稱」）。最後他決定不再白白受辱。「有兩個晚上我徹夜難眠，心裡想著該怎麼辦。……當年我跟難民一樣窮，生活無法安穩，只有靠他聘請我才能餬口。他大可開除我，我也許就只能回臺灣了。我非常害怕。」最後田長霖鼓起勇氣，要那位教授別再叫他「中國佬」。這勇敢的舉動只成功了一半。那教授嘴裡為自己辯護，表示田長霖這個名字的「外國味」太重，才會叫他「中國佬」，不過再也沒有這樣謔稱他了。然而，教授還是用其他方式羞辱田長霖，讓他常感不自在與沒有安全感。有一次教授要他爬上梯子，把氣閥關掉。結果他因為失足而不得不抓住一根溫度高達華氏四百度（譯註：大約攝氏二〇四度）的管子，導致手部灼傷流血。但他連抱怨都不敢，唯恐遭人取笑。

若非田長霖堅毅過人，或許就會放棄學術生涯，不過他全神貫注，勇往直前。抵美一年後他就在一九五七年取得路易斯維爾大學的碩士學位。兩年後他拿到普林斯頓大學博士學位，緊接著前往加大柏克萊分校的機械工程系任教。接下來的四十年他始終待在該校，很快就平步青雲，陸續當上正教授、系主任、學術副校長，最後榮任校長。在處理繁忙的校務之餘，他還曾設計過一款土星號（Saturn）火箭推進器，解決過美國太空梭的隔熱罩問題，而且他所進行的超絕緣（superinsulation）研究深具突破性，後來被日本的高速磁浮列車採用。

臺灣移民除了把精力與企圖心用於學界，在美國高科技產業也發揮得淋漓盡致，貢獻卓著。人稱李大衛（David Lee）的電腦先驅可說是矽谷最早的華人傳奇故事之一。[30]在快速發展、競爭殘酷的科技世界裡，他之所以能夠展現過人毅力，從他童年的際遇就能看得出來。本名李信麟（Sen Lin Lee）的他在一九三七年生於北平，幼年時中國正值八年抗戰與國共內戰，日常生活的每一天都可能遭逢驟變。

為了躲避日寇入侵與中共叛亂，在李信麟十二歲以前，他們家曾經十三度遷居，失去的財富愈來愈多。一九四九年，李家為了躲避內戰而遷居臺灣。年僅十二歲的李信麟身上的財物只有一身衣褲與藏在鞋裡的兩銀元。唯恐中共入侵，李家於一九五二年離臺遷居阿根廷。李家在布宜諾斯艾利斯郊區的貝爾格拉諾（Belgrano）定居，他們沒有做生意的門路，也不會說英語或西語，根本不知道怎樣活下去。

急中生智之下，李家用公寓的客廳開了一家中國餐廳。李信麟的爸媽聘了一個會講國語、西語的華人當服務生，在前頭跑堂，李家大大小小則在後頭忙著煮菜。餐廳的生意興隆，沒多久連臥室也被改成座位，隔年李家就用餐廳收入開了一家進出口貿易公司，最後大發利市。當時年僅十幾歲的李信麟很快就學會了流利的西語，當起父親的翻譯。與賣家講價的過程中，他把父親的每一句話都精確地翻譯出來，學會了珍貴無比的經商之道，後來他覺得自己所學到的竅門和攻讀MBA沒兩樣。

李信麟從小因戰亂而失學，父親希望他能接受正式教育，具體來說是要他到美國的某間大學去讀工程學位。一九五六年，李信麟前往博茲曼市（Bozeman）的蒙大拿州立大學（Montana State University）就讀，在那裡為了付學費他每個月必須工作兩百個小時。「宿舍裡的每一份差事我都幹過，」後來他向某位記者表示，「打掃房間、鋪床、當輔導員、備膳或洗碗——只要是你說得出來的工作我都做過。」他在蒙大拿州立大學的日子過得很苦，但整體來說對他算是有正面影響。一九六〇年，他拿到機械工程學學士學位，接著轉往北達科塔州立大學（North Dakota State University）取得同領域的碩士學位。

剛開始，李信麟與一般人沒兩樣，也是陸續到幾家大公司去當工程師。一九六二年，他在俄亥俄州代頓市（Dayton）的NCR公司找到第一份工作，後來轉往加州聖利安卓（San Leandro）發展，進入當時全美規模第一的電子計算機大廠弗里登公司（Frieden）。他在那裡設計了第一部電子計算機的鍵盤，還有第一部計算機的印表機。不過，弗里登的幾個員工在一九六九年離職自創魔鬼系統公司（Diablo），李信麟決定加入他們的行列。

這在當時可說是孤注一擲之舉，因為一九六〇年代初期絕大多數來自臺灣的移民都渴望成為教授，既有名望又生活安穩。若沒有一頭栽進學界，他們大都會到IBM或者貝爾實驗室（Bell Laboratories）等大公司去當科學家或工程師。就李信麟的記憶所及，當時矽谷的華人工程師也許不超過一千人，而且其中大都是領薪水的專技人員，而非企業家。很少華人敢自己創業。

李信麟在魔鬼系統這家新創公司裡研發出第一架可以量產的菊輪印表機。由於IBM開發出來的高爾夫球印表機（ball-type printer）大行其道，全錄公司（Xerox Corporation）亟欲找到能與其一較高下的產品，於是出價兩千八百萬美元買下魔鬼系統公司，李信麟因此賺進好幾百萬。全錄延用他擔任印表機部門主管，但卻指派一位白人當他的上司——據他所說，那傢伙對菊輪印表機根本一無所知。「當時業界普遍認為華裔美國人欠缺管理能力，」他回憶道，「許多公司都不想提拔華人，只想借用他們的工作能力。」他知道自己在全錄無法出頭，於是便設法把相關知識傳授給他上司，一九七三年就辭職了。

離開全錄後，同年李信麟與人一起創辦奎茂公司（Qume Corporation），負責製造電腦周邊設備，主要目標是開發出某種新式菊輪印表機來與全錄公司競爭。到了一九七八年，ＩＴＴ公司以一億六千四百萬美元買下奎茂公司，並且要李信麟留在公司負責營運發展工作。後來他升任奎茂公司的總裁，接著變成ＩＴＴ公司副總裁，並兼任該公司旗下某間商務資訊系統公司的董事長。

在李信麟的領導之下，奎茂公司發展成世界上規模第一的印表機公司與美國最大的軟碟片生產廠。李信麟與許多華人開的製造廠密切往來，藉此也幫助臺灣的電腦產業發展茁壯。幫奎茂代工的三家臺灣公司（包括承包個人電腦訂單的宏碁與神達電腦，幫忙製造終端機的金寶電子（金寶集團麾下還有一家泰金寶電通））後來都成為業界龍頭，讓臺灣蛻變為領先全世界的個人電腦與電腦周邊設備出口大國。

回首前塵，李信麟發現許多來自臺灣的美國移民都只敢打安全牌，避免創業，但他卻傾向於——甚至渴望冒險。「時至今日我仍相信，任何人只要拿到博士學位，就算公司倒了，無論如何也都能找到普通工作，」他說，「家父不會講西語，也沒拿過了不起的學位，但當他在阿根廷創業時，所面對的環境遠遠比我們這個時代險惡。」

然而，並不是每個人都像李信麟一樣樂觀。一九七〇年期間，許多美國華人專業人士開始大聲抱怨自己受到種族歧視，並且遭白人老闆剝削。有些人覺得自己只是受到「等同於白人」的待遇，而白人壓根沒把他們當成美國同胞。他們深信自己無法在學界、政府機關與企業內部獲得升遷，是因為受到人為因素的阻礙，某些人稱之為「竹子天花板」（bamboo ceiling，譯註：針對女性、少數族裔等做出的無形限制被稱為「玻璃天花板」；這裡所說的阻礙是針對華人而設置的，所以特別稱為「竹子天花板」）。

許多人宣稱他們必須加倍努力，才能夠被拔擢到公司內的次要職位。「東方學生總是如此勤奮、可靠與聽穎，但他們就像安維斯租車公司（Avis Rent-A-Car）一樣，『永遠只能當老二』。華人必須要加倍努力才能證明自己已經融入了美國的中產階級社會。」一九七〇年秦詹姆（James W. Chin，音譯）在舊金山的雙語華人報紙《東西報》（*East/West*）上撰文寫道。[31]

表面上看來，許多數字都可以用來反駁種族歧視的指控。一九七〇年代的許多研究都顯示，平均來說，美國華人的教育程度已高於白人，華人家庭的收入也高於白人家庭。但這些研究忽略了三個關鍵要素：首先，華人人口具有高度的地域集中性；其次，每個華人家庭的工作人口也多於白人家庭；最後，這些研究也沒有考慮學歷到底能為華人的專業發展加多少分，增加多少實質收益。因為大多數華人都住在生活費較高的都會精華區，所以即使收入較高，很大一部分還是必須用來繳租金與稅金。〔一九六〇年，美國本土有將近一半（百分之四十三）華人若非住在紐約，就是舊金山灣區，而這兩處也是全美國消費水平最高的兩個地區。〕還有，儘管華人家庭的平均收入多於白人家庭，但那也是因為華人婦女當職業婦女的比例高於白人婦女，華人小孩打工的狀況也較為普遍。

「學歷」這個條件是許多華人新移民努力打拚、結果真的贏過白人之處。一九七〇年，十六歲以上的美國華人男性有四分之一都有大專院校學歷，但相較之下白人男性卻只有百分之十三。[32]就碩士以上學歷而言，華人的表現更是優於一般美國人口。不過，要用來評斷某個少數族裔是否成功的正確標準，應該不只是看有多少人獲得高等學歷，而是該看他們獲得高等學歷後是否能在職涯中獲得更多成就。但就這點而言，華人並不具優勢：以當時的舊金山灣區為例，華人男性的平均收入只有白人男性的百分之五十五。[33]

一九七〇年，加州促進就業平等委員會（California State Fair Employment Practice Commission，簡稱FEPC）曾舉辦一系列聽證會，這是美國史上首次針對華人與其他亞裔美國人在職場上遭歧視的狀況進行的調查行動。那年，有五位在舊金山市政府公衛部門擔任公衛稽查員的亞裔美國人聲稱受到種族歧視。[34]聽證會期間，華裔美國人社群發現他們全都是加大柏克萊分校公衛學院的畢業生，但有好幾個白人即使只有高中學歷，也能被拔擢到高於他們的官職。其中一位亞裔公衛稽查員的筆試成績最高，但卻被指派擔任最低階的工作，理由是「他應該沒有能力擔任那種必須面對大眾的職務」。[35]提出申訴的五位稽查員主張，口試內容非常主觀，有種族歧視之嫌，而且調出口試錄音帶之後的確發現，口考官問的某些問題的確反映出對華人的負面印象。例如，顧鍾（Chong D. Koo，音譯）提及他偶爾會到雷諾市（Reno）度假，口考官亨利畢利斯（A. Henry Bliss）居然說，「我想你跟其他中國佬一樣，也喜歡玩樂透。」[36]

加州促進就業平等委員會發現，華裔美國女性也飽受歧視。根據一九七〇年的幾場聽證會顯示，許多雇主深信「東方女性從小就被訓練成在家裡必須服從男性，因此是祕書的理想人選」。[37]那年的最高薪資等級是一萬美元，但華人女性中只有百分之二・五賺得到那麼多。整體來說，她們的平均所得只有白人男性的百分之二十七。[38]

《纏足》（*Unbound Feet*）的作者譚碧芳（Judy Yung）於書中寫道，在那個年代，大家往往認為華裔女性行政人員溫順有禮，簡直像「辦公室妻子」，但與相同學歷的白人相比，收入卻較低。華裔美國女性必須加倍打拚才能獲得相當於白人的認同。她發現：「事實上，我們的學歷愈高，與同等學歷的白人男性、女性與華人男性相較，我們的收入卻差越多。」[39]

儘管華裔美國人很快就變成職場上公認的聰穎與勤奮員工，但大家普遍都認定他們不願爭取權力，對管理階層職缺沒有興趣。對許多人來說，與其說這種刻板印象是對於華人的歧視，不如說這阻礙了他們在職場上的升遷，於是華人在發現了這種現象與他們因此而承受的不平等待遇之後，便決心要解決問題。

一九七〇年代期間，一群華裔美國人與其他少數族裔成員在貝爾實驗室進行了一次公司內部的研究，結果顯示管理階層中的亞裔美國人很少。[40]在貝爾實驗室裡工作的少數亞裔美國人主管大都佔有較低的職位。於是這群人發起了「亞裔美國人權益促進會」（Asian Americans for Affirmative Action）這個組織，簡稱「4A會」，其宗旨是改善美國大公司管理高層中很少有亞裔美國人的問題。

研究結果發表後，某些白人高層主管感到非常訝異，因為他們壓根沒想到華裔與亞裔員工會想要爭取公司高層職務。目前已在朗訊公司（Lucent）擔任副總裁的許卡爾是當年「4A會」的發起人之一，他說許多白人高層主管認定亞裔美國人只要有技術性工作可做就心滿意足了，一點也沒有爭取升遷機會、成為公司高層主管的企圖心。

許多來自臺灣的華人認為，之所以會出現這種刻板印象，理由之一是他們自己對於挑戰權威本來就有一種根深柢固的焦慮感，他們的許多白人同事都看得出來——但這種焦慮感其來有自。許卡爾回憶道：「我們大都非常害怕遭到管理階層報復。」[41]儘管有些時候只是他們多慮了，但「4A會」的某些成員的確擔心管理階層會怎樣「對付」他們——他們深信這是某種本能反應，因為他們成長在一九五〇年代臺灣的白色恐怖時期，任何人只要批判國民黨很快就會遭殃。許卡爾表示，某些人因為惹上顛覆政府的罪嫌，而在半夜失蹤了，從此生死未卜，音訊全無，別說接受一般法庭審判，就連軍事法庭都免了。儘管這些來自臺灣的華人如今已進入美國的大公司工作了，故國已遠在千里之外，白色恐怖也是前塵往事，但許多人還是無法擺脫早年的本能反應，骨子裡仍以為自己只要說錯一句話，甚至只是擺出不願服從的姿態，做錯一件事，就會遭受嚴厲報復，甚至小命不保。

一九七〇年代初期，因為國際政治風向的改變，臺灣的國民黨政府開始面臨嚴峻考驗。一九六〇年代中華人民共和國加入核武國家的行列後，國際社會對其心生厭惡之餘，也對其敬畏了起來。很快的大家已經把它當成具有威脅性的軍事大國，不能等閒視之，於是世界各國政府不再把中共視為叛亂團體，而是合法政府，陸續和中華人民共和國建交。

尼克森總統在一九七一年發表的「世界現況」（State of the World）演說中提出聯合國應該提供一個席次給中華人民共和國，但同時也承認臺灣。可以預期的是，支持臺灣的美國人紛紛憤怒大罵尼克森。親國民黨遊說團的意見領袖之一陳香梅聲稱此舉「比背叛忠實盟友更糟，簡直是誤判時勢，剛愎自用」。[42]這提議讓陳香梅震驚不已，她痛罵尼克森：「總統先生，如果你決定背棄臺灣，那等於向整個自由世界宣告，你們再也不能仰仗美國的支持了。」[43]

不過，這些抗議無法逆轉歷史的巨輪。聯合國不僅同意讓中華人民共和國成為會員國，甚至讓它在安理會中享有一席之地，並且把中華民國驅逐了。一九七二年二月，尼克森成為第一位訪問中華人民共和國的美國總統，這更讓中共可以理直氣壯地主張自己的合法性。在這次全球媒體矚目的訪問行程中，美中兩國外交官在上海發表了《聯合公報》，美國政府承認「只有一個中國存在，而且臺灣是中國的一部分。」此外，美國也承諾從臺灣撤軍，並與中華人民共和國開始進行貿易交流，推動美中兩國關係的正常化。

如今，任何旁觀者都很難想像美中兩國宣布建立友好關係後，臺灣有多恐慌。國民黨政府向來認為臺灣之所以沒有遭併吞，關鍵在於始終享有美國的承認——事實上，美國是唯一一股能夠阻止中共攻打征服臺灣的力量。臺灣政府與民間都深信，若失去了美國的公開與強力支持，將會引發中共犯臺。

但尼克森的歷史性訪華行程結束後，他的政治威信卻因為「水門案」東窗事發而一落千丈。尼克森在白宮裡關於水門案的談話錄音帶曝光，他親自干預司法的「罪證確鑿」，還沒等到眾議院對他進行彈劾投票，尼克森就已經先行辭職下台。儘管尼克森訪華令臺灣痛恨他，引發廣大批評，但他下台的決定仍讓許多臺灣人感到困惑。「水門案期間，我們實在不懂尼克森為何必須辭職，也不懂為何一位總統想要掩蓋自己的醜

美中關係正常化之後，許多支持國民黨政府的華人憤怒不已，紛紛發起示威抗議。照片中一個名叫「自由中國之友」（Friends of Free China）的團體在新年期間於舊金山焚燒旗幟，藉此展現對臺灣的支持。然而，由於美國和中國大陸之間的冷戰結束了，隨即又開啟了另一波新的華人移民潮。（照片來源：AP/Wide World Photos）

聞會讓美國人那樣大驚小怪。這對他們來說不是家常便飯嗎？」一九七〇年代末期才離臺赴美留學的奧斯卡獎大導演李安表示，「但美國不一樣，因為它是個還很年輕的國家，在各方面仍很天真。」44

臺灣的未來在一九七〇年代變得危如累卵，不僅是因為尼克森改變了美國的對華政策。此時美國政府也開始重新思考亞洲的冷戰政策。越戰已成為讓美國尷尬的燙手山芋。過去十年來，全球最有權勢的美國將價值數十億美元的高科技裝備與人力投入越南，與那些第三世界的農村游擊戰士對抗，結果被打敗了。一九七二年十一月，尼克森總統以摧枯拉朽之勢打敗對手，連任成功，不久後美國便在一九七三年一月與北越簽署了《巴黎和平協約》（Treaty of Paris），雙方約定讓南越保持獨立國家的狀態，而美軍將會全面退出越南。不過，水門案爆發後北越意識到美國將不會履行協約內容，於是在一九七五年四月派兵南侵，攻取南越首都西貢市。電視台新聞畫面播出美國派直升機把大使館人員撤出的景象，只見許多驚慌失措的南越民眾死抓著直升機的降落架不放。許多臺灣人深恐臺灣將會是下一個遭美國背棄的地方。

一九七九年，臺灣人最可怕的夢魘成真。卡特總統（Jimmy Carter）正式宣布與臺灣斷絕外交關係，正式承認三十年前定都北京的中華人民共和國。義憤填膺的臺灣群眾焚毀卡特的人像，甚至把一地的花生踩爛，用誇張的方式來表達他們有多痛恨卡特總統——因為卡特常常自稱是種花生的喬治亞州農夫。就在中華人民共和國於華府喜洋洋地慶祝大使館開張之時，國民黨政府的駐美使館卻遭貶抑降格，往後只能改稱「臺北經濟文化代表處」。政府官員在華府遭到刁難甚至外交職權完全被剝奪的新聞傳回臺灣後，全島陷入絕望低迷的氛圍中。

中老年國民黨官員爭先恐後地離開臺灣，到美國與兒孫團聚。但他們並非唯一一批受到世界局勢影響的華人。過沒多久，從一九八〇年代開始，隨著美中關係解凍，美國與中國大陸將會展開一連串公開交流，把原來阻隔在兩國之間的竹簾扯碎，為一波新的移民潮揭開序幕。

※ 譯註：這章的英文標題雖為"Taiwanese Americans"，但其實並非所謂「臺裔美國人」，而是包括一九四九年後遷居臺灣（或在臺灣出生），接著又移民前往美國的外省人。作者張純如祖籍江蘇，她的父母都在大陸出生，來臺後在臺大畢業，隨即前往美國讀書，雙雙獲得博士學位，後來張純如在紐澤西州出生。

1 請參閱：Murray A. Rubinstein, ed., *Taiwan: A New History* (Armonk, N.Y.: M. E. Sharpe, 1999), p. 299.

2 請參閱：Franklin Ng, p. 10.

3 請參閱：Anna Chennault, *The Education of Anna* (New York: Times Books, 1980), p. 92.

4 請參閱：Ronald Skeldon, ed., *Reluctant Exiles? Migration from Hong Kong and the New Overseas Chinese* (Armonk, N.Y.: M. E. Sharpe, 1974), p. 45.

5 請參閱：Leslie Chang, *Beyond the Narrow Gate*, p. 18; Stella Dong, *Shanghai, 1842-1949*, p. 288; Him Mark Lai, "China and the Chinese American Community: The Political Dimension," *Chinese America: History and Perspectives 1999*, p. 10.

6 請參閱：*U.S. News and World Report*, July 24, 1995.

7 請參閱：Murray A. Rubinstein, ed., *Taiwan: A New History*, p. 326.

8 請參閱：Ibid., p. 327.

9 請參閱：Ibid., pp. 145, 330.

10 請參閱：Author interview of Dick Ling, December 27, 2000.

11 請參閱：Author interview of Carl Hsu, February 28, 2001.

12 請參閱：Author interview of Ching Peng, December 27, 2000.

13 請參閱：Sayling Wen and Chi-chung Tsai, *Taiwan Experience: How Taiwan Transformed Herself from Economic Difficulty to Economic Boom* (Taipei, Taiwan: Locus Publishing Company, 1998), pp. 24-25.

14 請參閱：Murray A. Rubinstein, ed., *Taiwan: A New History*, p. 328.

15 請參閱：Ibid., p. 325.

16 請參閱：Sayling Wen and Chi-chung Tsai, p. 58.

17 關於臺灣經濟奇蹟的故事，請參閱：Murray A. Rubinstein, ed., *Taiwan: A New History*, p. 374; Chun-Chieh Huang and Feng-fu Tsao, eds., *Postwar Taiwan in Historical Perspective* (Bethesda: University Press of Maryland, 1998).

18 請參閱：Sayling Wen and Chin-chung Tsia, p. 45.

19 請參閱：Author interview with Ying-Ying Chang.

20 請參閱：蔡能瑛，〈旅美主婦話家常〉，收錄在黃明惠編，《旅美散記》，正文書局（臺北：一九七一年），頁三四—三五；轉引自：R. David Arkush and Leo O. Lee, *Land without Ghosts*, p. 219.

21 請參閱：Interview with Cheng-Cheng Chang in Palo Alto, California.

22 請參閱：E-mail from Albert Yu to author, March 13, 2000.

23 請參閱：Him Mark Lai, "China and the Chinese American Community: The Political Dimension," *Chinese America: History and Perspectives* 1999, p. 15.

24 請參閱：Ibid., p. 15.

25 請參閱：Ronald Skeldon, ed., *Reluctant Exiles?*, p. 45.

26 請參閱：Chia-ling Kuo: Chia-ling Kuo, "The Chinese on Long Island: A Pilot Study," *Phylon* 31:28 (1970), pp. 80-89；轉引自：Ting Ni, "Cultural Journey," p. 185.

27 請參閱：Chia-ling Kuo, p. 286; Ting Ni, pp. 186- 87.

28 請參閱："Orientals Find Bias Is Down Sharply in U.S," *New York Times*, December 13, 1970；轉引自：Cheng-Tsu Wu, ed., *"Chink!,"* p. 220.

29 關於田長霖的生平，請參閱：Kate Coleman, "Reluctant Hero," *San Francisco Focus*, December 1996.

30 關於李信麟的生平，請參閱：Author interview of David Lee.

31 請參閱："Orientals are inordinately industrious": James W. Chinn, *EastlWest*, December 2, 1970；轉引自：Cheng-Tsu Wu, ed., *"Chink!,"* pp. 231-37.

32 請參閱：L. Ling-chi Wang, "Politics of Assimilation and Repression," p. 472。到了一九七〇年，四分之一的美國華人男性擁有大專院校的學歷，這是全美國平均數據的兩倍。請參閱：Him Mark Lai, in *Encyclopedia of the Chinese Overseas*, p. 266.

33 請參閱：Ibid., p. 472.

34 請參閱：Cheng-Tsu Wu, ed., *"Chink!,"* pp. 215, 232, 233.

35 請參閱：Thomas Yang Chin and Shirley Takemorei, *Third World News*, December 7, 1970；轉引自：Cheng-Tsu Wu, ed., *"Chink!,"* p. 232.

36 請參閱：Cheng-Tsu Wu, ed., *"Chink!,"* p. 237；原文出處為：Kai M. Lui, letter, *East/West: The Chinese American Journal*, September 1, 1970.

37 請參閱：Frank Quinn, Fair Employment Practices Commission hearing transcript, December 10, 1970, p. 38.

38 請參閱：Pauline L. Fong, "The Current Social and Economic Status of Chinese American Women," paper presented at the National Conference on Chinese American Studies, October 9-11, 1980, San Francisco.

39 請參閱：Judy Yung, *Unbound Feet*, p. 288.

40 請參閱：Author interview of Carl Hsu, co-founder of 4A, Asian Americans for Affirmative Action; "The Founding of 4A," 4A *Newsletter* 1:1 (January 1979); correspondence of Ron Osajima, co-founder of 4A, to author, February 18, 2001; "Request for a Comparison Study of White Males and Asian Americans," Bell Labs memorandum, July 22, 1977.

41 請參閱：Author interview with Carl Hsu.

42 請參閱：*New York Times*, January 5, 1981; Anna Chennault, *The Education of Anna*, p. 242.

43 請參閱：Anna Chennault, p. 236.

44 請參閱：Jennie Yabroff, "Stranger in a Strange Land," *Salon*, October 17, 1997.

第十七章
竹簾升起：中國移民與少數族裔模範

一九七六年，毛澤東心臟病發作，病情嚴重，癱瘓了幾個月。該年九月九日，他結束了充滿傳奇、幾乎被捧為神話的人生，與世長辭。他出生於貧農之家，後來登上如日中天的統治者寶座，享有無法挑戰的權威，把全球人口最大的國家玩弄於股掌之間。儘管中國在一九四九年後已蛻變為沒有階級區分的社會，但毛澤東的地位與現代皇帝無異。

共黨高層以國葬之禮送毛澤東最後一程，其規格之豪華堪比皇帝喪禮。中共政府宣布舉國哀悼八天，將毛澤東遺體放在北京天安門廣場上供民眾瞻仰，陸續前往的人數超過百萬人，隨後將遺體安厝在廣場南側的巨大陵墓，也就是毛主席紀念館裡。

在當時，表面上看來是舉國同哀，但許多中國人私底下卻有鬆了一大口氣的感覺。張戎在其回憶錄《鴻：三代中國女人的故事》裡寫道，她得知毛澤東死訊時「內心感到歡欣鼓舞，一時之間卻覺得有點茫然。但我的本能馬上警覺到身邊的人全都在嚎啕痛哭，我也得表現出悲傷的模樣才不會有問題。」[1]

儘管毛澤東幾乎已被神化為中國人民的救星，但事實上他當政的那二十幾年卻是中國有史以來最悲慘的年代之一，除了連年饑荒導致哀鴻遍野，逆行倒施的暴政更是隨處可見。為了讓中國快速地工業化，毛澤東在一九五八年強推「大躍進計畫」，計畫失敗後饑荒導致幾千萬人餓死。一九六六年到七六年間毛澤東誓言要幫中國「破四舊」，也就是「破除舊思想、舊文化、舊風俗、舊習慣」，豈料他的青少年護衛大軍紅衛兵卻毀了許許多多無價的中國文化資產，將圖書館、博物館洗劫一空，破壞佛寺，許多珍貴書籍、檔案與歷史文物全都付之一炬。文化大革命其實是一場文化浩劫。到了毛澤東辭世時，中國各地許多建築已成斷垣殘壁，舉國工業凋零，知識水平倒退。從文化上來看，對中國造成更大的傷害之處在於，當全世界都把科技發展當成社會建設的基礎之時，文革世代的中國青年卻變成失學的一代，未受過正規教育。一九八二年，中國進行史上第一次人口普查，嚴峻的結果顯示，全國有一半人口若非文盲，就是識字有限。[2]

毛澤東的死讓後繼者鄧小平有機會幫中國止血療傷。在鄧小平統治下，中國從一九八〇年代開始發展一種淡化社會主義意識形態的資本主義經濟體。鄧小平揚棄了過去中國鄉間的人民公社，允許農民保留繳稅後的收益。務實的鄧小平看重專業更甚於意識形態，這從他那一句名言就可看出端倪：「不管白貓黑貓，能捉到老鼠就是好貓。」企業活動開始大行其道，讓當時積弱已久的工業開始發展，往後中國的人均國內生產毛額每十年就翻倍。中國農村不再像過去那樣浪費盛行，效率不彰，很快就生產力大增，接著進入中國前所未見的普遍比較富庶的時代。包括以前的農夫在內，許多人的財富足以興建廣廈豪宅，連俗稱「小耳朵」的衛星天線都有。少數人甚至買了私家飛機。大家都把鄧小平所謂「讓一部分人先富起來」的名言奉為圭臬，由此也可以窺見整個國家已經準備好走上一條新的經濟道路了。

鄧小平也開放中國，迎向世界。一九七九年中華人民共和國與美國建立正式外交關係，開啟美中友好的新時代。隔年，雷根（Ronald Reagan）以壓倒性勝利入主白宮，本來在冷戰期間他向來對中國採取鷹派立場，豈料在上任後他的行政團隊竭力與冷戰期間兩大對手（即中蘇兩國）破冰，建立友好關係，令許多批評雷根的人跌破眼鏡。

雷根政府與鄧小平當權下的中共政權在一九八〇年代期間簽署了許多歷史性協議，藉此促進兩國之間的科學、科技與文化交流。中國大陸的學生深知，若能喝點美國的洋墨水，未來即使不留在美國發展，回中國也是前途光明，於是對留學的機會趨之若鶩。一股「留美熱潮」旋即席捲全中國，許多學生開始參加「托福」考試（托福是「非英語語系英語能力測驗」（Test of English as a Foreign Language）的簡稱，是想要到北美或其他英語系國家留學的各國學生都必須參加的英語學力測驗），每逢外國學者到校訪問也會積極與他們接觸。[3]

一九七九年中美建交以前，冷戰時代美國大多數的華人留學生都是來自臺灣。因為一九六五年《移民法案》通過，每年華人能夠申請赴美的限額早已提升為兩萬人，不過申請者大都為臺灣的華人（譯註：包括本省人與外省人）。美中建交後，美國政府把華人申請赴美的限額加倍，中國大陸與臺灣各自獲得兩萬個名額。[4]此外，香港的限額則是分開計算，每年六百人，後來一九八七年香港回歸中華人民共和國後，又把限額擴增為每年五千人。歷經數次修正之後，每年能夠申請美國永久居留權的華人移民已經在四萬人以上。而且，若是取得學生、外交官與觀光客等各類特殊簽證者前往美國，也不在上述的四萬多位華人移民的限額裡。到美國定居後，許多不在限額內的華人移民申請改變身分，先取得永久居留權，繼而成為美國公民。到了一九八〇年代末期，已有超過八萬中華人民共和國的學者、學生等知識份子曾經赴美，形成美國史上人數最多的一波華人學者移民潮。[5]

在鄧小平與雷根政府簽署協議後，毛政權將近三十年的隔離主義從此走入歷史，但就在外交活動促使中國升起竹簾迎客的同時，中美雙方訪客剛開始前往太平洋彼端造訪之際，難免會遭逢一些膽戰心驚的際遇。鄧小平上台以前，很少美國華人有辦法得知祖國的真實狀況。偶爾某些訪客有機會造訪中國，所有的行程都是經過中共政府精心安排。一九七〇年代期間，只有少數地位顯赫的美國華人獲准造訪大陸，為了博得西方各國對中國的好印象，中共政府旋即從勞改營與監獄釋放了很多學者。通常只要有某位美國華人造訪，某人甚至某個家庭的命運就會在一夜之間翻盤。例如，一九七一年諾貝爾獎得主楊振寧赴中國訪問期間，表示想要見見老朋友，中共官方就釋放了向來被稱為「中國原子彈之父」的科學家鄧稼先。[6]後來，布魯克黑文國家實驗室的物理學家袁家騮決定到中國大陸走一走，中共政府才急急忙忙將關於他家的一切恢復到遭紅衛兵破壞前的原貌。[7]（袁家騮的祖父袁世凱是北洋軍閥的領袖，一九一一年辛亥革命後不久當上總統，接著又曾於死前短暫稱帝。文革期間袁家慘遭迫害。沒想到袁家騮突然從美國返中，從此改變袁家人的命運。總理周恩來直接下令要求地方官員把先前充公的宅院歸還給袁世凱後裔，甚至幫他們升職。（不過，因為袁世凱墓曾遭紅衛兵以炸彈毀損，無法及時修復。）[8]

不過，隨著交流日益頻繁，許多未經中共擦脂抹粉的毛澤東時代中國人的慘況也就漸漸曝光了。某些滯美學者（一九四九年中共上台後決定留在美國的華人知識份子）開始有機會得知他們的同學在國共內戰期間回到中國後的人生際遇。電腦大亨王安曾回憶道，他在哈佛大學時期的中國留學生大約有一半都在一九四〇年代末期決定返回中國定居。[9]幾十年後他發現其中有些人在中共政府內部位居津要，但也有人在文革期間殞命。

另一位滯美學者楊曹文梅（Linda Tsao Yang）則是在上海聖約翰大學的四十週年同學會上與某些留美同學重逢，其中幾人目光低垂，向她表示家人曾經慘遭迫害，連孩子們讀書的機會也被剝奪了。她說她永遠忘不了「他們眼中的悔恨」，而且令她刻骨銘心的是，那些人選擇回到毛澤東統治的中國，「不但毀了自己的前途，也斷送了子孫的未來。」[10]

就在這些新發現讓許多美國華人感到震驚不已的同時，從中華人民共和國遷居美國的新移民也覺得新環境有很多令人驚詫之處。有些人曾經誤以為美國是個地大物博的桃花源。梅里強（Let Keung Mui，音譯）的家族原本住在華南地區，一九三〇年代日軍侵華期間曾經捱過「只能吃野菜與草根」的苦日子。[11]中共上台後日子也沒比較好過。常有人為了爭搶食物而大打出手，他最心愛的女兒也服毒自盡身亡。一九七九年，某位定居紐約的兄長幫他申請到移民紐約的許可，他只感到滿心雀躍不已。「美國是我朝思暮想的地方，」他回憶道，「以前常聽人說，美國的房屋地板上鋪著黃金，以鑽石為窗飾，處處高樓廣廈，白人個個都有七呎高，留著紅色八字鬍。」

但真實情況截然不同。到了梅里強與家人搭機前往紐約時，他發現美國根本不是什麼桃花源。「先前常聽人說美國有多好，但在那當下我覺得都不是真的。我認為自己好像去錯地方了。」他的兄長在中國城幫他覓得一處居所，是個破破爛爛的公寓，天花板快塌了，而且屋裡只有三個窗戶。住在那裡只有一種寒冷又孤單的感覺，真的就像中國有句諺語說的：所有住戶全都「自掃門前雪」，而且每到晚上聽見鄰居鎖門的聲音，他總覺得自己「像個陌生人」。

某個開製衣廠的子姪在廠裡幫他安插一份差事，梅里強總是得長時間工作，九點後下班可說是家常便飯，而且常常做到半夜，每週工作六天。工作不但辛苦，薪水也很低，而且儘管他是老闆的親戚，卻未獲得任何差別待遇。接著他表示：「我非常生氣，所以打算不再依賴他們，開始自己找工作。」沒多久他就找到一份餐廳廚師的工作，薪水遠比先前高，然後又去某家麵條工廠當機械操作員。他必須每天在工廠裡幹十二小時的活，每週上班六天，就這樣過了五年，他才攢到足夠積蓄，在紐約皇后區買房子。不過他對自己的生活還是充滿失望。後來他向一位訪談人員表示，希望他的子孫可以不用過他那種日子，不用像他那樣一輩子受苦受難。

其他中國人看到的美國則截然不同。一九八〇年，中華人民共和國教育部提供兩年獎學金給少數幾位學生赴美留學，其中劉宗仁前往伊利諾州西北大學麥迪爾新聞學院（Medill School of Journalism）就讀，在政府支助之下有幸不用工作。不過他還是覺得美國人太過浪費，揮霍成性的物質主義盛行。到了伊文斯頓市（Evanston）之後他發現自己投宿的客房裡居然有六盞燈（他說，當時他覺得很納悶：「一個人為什麼需要六盞燈呢？」），就勸戒屋主應該要努力節電。[12]某次他在密西根湖湖畔看到有個美國人拿著金屬探測器，那景象也很令他震驚。得知那探測器要價一百美元後，他大聲驚嘆：「用一百美元買來的機器去找價值幾毛幾分的硬幣！美國佬可真奇怪。」[13]

也許是因為美國太過富足，劉宗仁總覺得他不可能成為美國人。一九八二年，就在他返回中國大陸不久前，他看了史蒂芬．史匹柏（Steven Spielberg）執導，描述外星人受困於地球後與某個小男孩成為朋友的賣座鉅片《外星人》（E.T.）。「我喜歡《外星人》這部片，但理由可能是大多數美國小孩都意想不到的。」後來他在書中寫道。他的許多美國朋友都像片中那外星人的朋友們一樣，「他們盡力幫助我了解美國的生活方式。但很少人了解我，或者懂得我為何沒辦法融入美國社會，也不知道我為何比較喜歡住在比較窮的中國，以較為簡樸的方式過日子。」[14]

為何新一批中國移民的印象與實際體驗會出現這麼大的落差？主要原因是美國的社會不平等問題日益嚴重。一九八〇年代期間，政府大幅削減最高收入族群的所得稅稅率，導致貧富差距驟增。那是美國富人備受艷羨的年代，極富與赤貧之間的對比堪稱鍍金時代與「咆哮的二〇年代」（Roaring Twenties）以來之最。那也是整個華爾街貪婪成性，沉迷金錢遊戲的年代。麥可．米爾肯（Michael Milken）與伊萬．博斯基（Ivan Boesky）等大亨因為收購與併購公司而成為億萬富豪，而且通常會使出違法策略與內線交易等手段，漠視公益，也完全不顧某些勞工會因為這些交易而失業。雷根執政期間，美國最有錢族群的收入佔全國總收入比例幾乎翻倍成長，[15]美國前四百名富豪的身價幾乎增長為三倍。[16]一個由都會專業人士組成的年輕階層也在這個年代崛起，他們通稱為「雅痞」（yuppies），生活習慣以炫富為特色，信用消費是他們慣用的購物模式。

與此同時，因為聯邦政府大砍社福制度的預算，許多剛在美國各個大城小鎮浮現的新問題愈演愈烈。資本家不事生產，只靠買空賣空就可牟取暴利，實業凋零導致成千上萬的美國中產階級丟了工作。持續落沒的都會區成為毒窟，高成癮性快克古柯鹼氾濫成災。而愛滋病這種新型致命傳染病之所以太晚被世人發現，可能是因為公共衛生的預算遭大幅縮減。〔對抗愛滋病的先驅是來自臺灣的華裔美國科學家何大一（David Ho）。一九五二年，他出生於臺灣臺中市，十二歲隨父母遷居洛杉磯。取得加州理工學院物理學學士學位後，他前往哈佛大學攻讀醫學博士學位，畢業後決定致力於研發人類免疫缺陷病毒（HIV）的療法。何大一是世界知名愛滋病研究機構艾倫．戴蒙愛滋病研究中心（Aaron Diamond AIDS Research Center，位於紐約）的創辦人兼所長，他研發出得以抑制HIV的「雞尾酒療法」，在醫界發現長久以來使用的藥物——疊氮胸苷（AZT）無效後，這讓病人燃起一線希望。為了表彰何大一的革命性發現，《時代》雜誌曾於一九九六年以他為封面人物，而且選他為年度風雲人物。〕儘管這是個經濟擴張的年代，如今回想起來是如此紙醉金迷，但無家可歸的人口在當時卻持續增加，少數族裔的下層階級成員遭逢新的絕境。

一九八〇年代也是個國債飆升的時代，美國從全世界最大的債權國變成最大的債務國。國家的財富大都流入德國與日本的投資客手裡。日本汽車業與美國截然不同，向來強調小而美，非常可靠且油耗非常低，在七〇年代的能源危機中趁勢崛起。反觀美國汽車業一直都是壟斷產業，而且對政府部門的影響力很大，以至於產品性能、安全性與耐用度等方面不求競爭。當美國消費者意識到日製汽車比較安全耐用，而且油耗又低，美國汽車產業就開始進入衰退期，而美國對日本的貿易逆差也日益增加。

儘管美中關係已經解凍，美國某些地區的民眾對亞洲人的怒火卻仍燒個不停，但理由與中國完全無關。當時社會大眾普遍感覺到日本人（或者說所有亞洲人）是美國種種問題的根源，因為亞洲人以較低工資搶走工作，才會導致美國人失業。普林斯頓大學畢業的華裔美國作家謝漢蘭（Helen Zia）曾在一些底特律汽車廠工作，後來致力於社運，以凝聚中下階層亞裔美國人的政治意識為職志，她表示：「許多底特律的大企業老闆、政客與意見領袖都把美國的經濟蕭條歸咎於日本人。」[17]她認為這個現象可以從「底特律的許多汽車保險桿貼紙看得一清二楚」。有一張貼紙上面寫著，「別忘了珍珠港，還有本田與豐田。」另一張則是：「美國人失業——日本造成的。」[18]但事實上，美國製汽車之所以遭市場淘汰，當然是因為管理階層的策劃與設計能力不彰，而不是輸給了亞洲的廉價勞動力。並不是因為日本工人的薪水偏低，而是因為日製汽車品質比較好。

一九八二年六月，底特律某家上空酒吧裡一對汽車工人父子誤以為洗衣店老闆陳炳興的養子陳果仁（Vincent Chin）是日本人〔譯註：本書第十三章結尾處曾提及華裔美軍人員在戰後可以帶中國新娘回美國，事實上陳果仁的養父陳炳興（C. W. Hing）就是透過這種方式與他的養母陳余瓊芳（Lily Chin）結婚，帶她回美國定居的。後來由於夫婦倆膝下無子，於是決定在一九六一年領養當時已經六歲的戰爭孤兒陳果仁〕，盛怒之下持棒球棍將他毆斃。二十七歲的陳果仁是名工程繪圖人員，當時即將結婚，與三位朋友到那酒吧去是為了進行最具美國味的婚前儀式：「脫單派對」。兇手羅諾．艾本斯（Ronald Ebens）與其繼子麥可．尼茲（Michael Nitz）都是失業的白人汽車工，他倆在酒吧裡開始挑釁陳果仁與他的朋友們。他們罵陳果仁是「日本鬼子」，還咆哮道：「我們都是因為你們這些狗雜種才丟了工作！」一陣辱罵後雙方開始大打出手，後來他們被酒吧經理攆走，但艾本斯與尼茲從汽車後車箱裡拿出一根棒球棍，在大街上追打陳果仁。二十分鐘後陳果仁在一家麥當勞前被他們攔下，尼茲把他的雙臂往後扳，任由艾本斯用棒球棍打碎他的頭骨。親友們本來要參加陳果仁的婚禮，沒想到卻變成去參加葬禮。

艾本斯與尼茲被控二級謀殺罪，結果他們與檢察官進行認罪協商，宣稱自己犯下過失殺人罪。在當時社會充斥的排外氛圍之下，韋恩郡（Wayne County）巡迴法院法官查爾斯·考夫曼（Charles Kaufman）顯然不願犯眾怒，只判了他們三年緩刑，分別只需繳交三七五〇美元罰金即可。他們根本連監獄大門都沒進去過。死者養母陳余瓊芳哭訴道：「這是什麼法律？這是什麼司法制度？」[19]「會發生這種事只因為我兒子是華人。如果兩個華人殺了白人，他們肯定要坐牢，而且被判的也許是無期徒刑……這個國家真的有問題。」很多人都感到義憤填膺，某個華裔美國人大聲痛罵：「這個年頭，三千美元就連一輛好一點的二手車都買不到，但卻可以買到華人的一條命。」[20]

怒火中燒的華裔社運人士發起「為陳果仁伸張正義委員會」（Justice for Vincent Chin Committee）的組織，促使美國民權委員會（U.S. Commission on Civil Rights）介入調查。結果聯邦政府對艾本斯提起公訴，罪名是因為種族仇恨的理由而侵犯陳果仁的人權。重新審判後艾本斯被判二十五年徒刑，但卻又遭上訴法院駁回。陳果仁的養母陳余瓊芳深感受到司法體系背叛。「我真不懂美國怎會發生這種事，」痛心疾首的她表示，「我丈夫生前曾為國家賣命打仗。我們向來也都老實納稅，認真工作……我以前真心喜愛美國，但這件事讓我憤怒不已。」幻滅的陳余瓊芳從此返回祖國中國定居，遠離傷心地。[21]

這悲劇唯一的正面效應是讓華人社群（無論是新移民或者在地華人）意識到他們必須凝聚成一股政治力量。突然間大家發現，只要他們生就一副亞洲人臉孔，全都可能成為遭人攻擊的對象。陳果仁的凶殺案激怒了華人族群。華裔美國公民聯盟（Chinese American Citizens Alliance）成員馮哈洛（Harold Fong，音譯）在舊金山的某個聚會上表示：「我一聽到陳果仁是因為種族仇恨的原因而遭人攻擊致死，就感到憤怒不已。」[22]王喬治（George Wong，音譯）則指出，「《排華法案》是在一八八二年通過的，不是一九八二年。但陳果仁還

陳果仁（Vincent Chin）慘遭兩位底特律失業汽車工謀殺後，激怒了美國華人社群。這齣悲劇驅使某些華裔美國人投身政治事業，為華人社群發聲。（照片來源：Corky Lee）

是在一九八二年被殺了！」[23]許多人在陳果仁遇害後示威抗議、製作影片，這案件也催生了新一代的華人社運人士，以凝聚同胞們的政治力量為己任。多位華人社群的人權領袖就是因此投身社運事業，包括《亞裔美國夢》（*Asian American Dreams*）一書的作者謝漢蘭，還有洛杉磯亞太法律中心（Asian Pacific American Legal Center）的執行長郭志明（Stewart Kwoh）。

陳果仁凶殺案在美國鬧得沸沸揚揚，媒體大幅報導，但這並不意味著美國社會真的變成容不下華人，他們的處境危險無比。一百年前，在《排華法案》的激化之下，各地的反華暴動曾經造成幾十名華人遇害，而且幾乎沒有任何媒體報導，因此與其說他們是無辜犧牲的幾十條人命，不如說美國社會只是將其視為冷冰冰的數字而已。但是到了一九八〇年代，華人社群對於美國社會已有較高的期待，而且他們也已經學會該如何把同胞蒙冤遇難的情況廣為宣傳。七年後，當另一名華人同樣因為種族仇恨而遇害，有鑑於陳果仁的悲劇，社運人士已經學會了教訓，知道該怎樣用政治力量來動員。[24]

盧明海（Ming-Hai Loo，音譯；又稱 Jim Loo）是來自中國的二十四歲移民，為了讀大學而在餐廳工作存錢。[25]一九八九年，盧明海與幾位越南朋友在北卡羅萊納州羅里市（Raleigh）的某家撞球店打球，兩個白人無故開始推擠他們。羅伯．皮榭（Robert Piche）與弟弟洛依．皮榭（Lloyd Piche）辱罵他們是「清狗」、「越南狗」，甚至把越南戰場上大批美國人捐軀的舊帳都算在他們身上。「我不喜歡你們，因為你們是越南人，」洛依．皮榭說，「我們的弟兄們去了越南卻永遠回不來。」[26]他還威脅道，「今晚我要把你們都幹掉。」經理把皮榭兄弟攆出去，但他們在外面等待，等盧明海等人走出來才發動突襲。羅伯．皮榭用手槍朝盧明海的後腦勺重擊，導致他跌倒，頭部撞在酒瓶上，結果被碎玻璃片刺穿腦部送命。

剛開始洛依．皮榭只被判定犯了兩項小罪，包括傷害未遂與行為不檢，兄長羅伯則是遭該州法院判定二級謀殺罪成立，還有一項用致命武器攻擊的罪名，總計三十七年有期徒刑。但華人社群注意到盧明海之死與陳果仁一案之間的相似性，展開遊說行動，要聯邦政府介入。

美國政府介入後，改以聯邦法院審理此案，結果洛依・皮榭遭改判四年徒刑，並且必須支付被害者家屬兩萬八千美元賠償金。

但一九八〇年代某些華人的凶殺案並非由白人犯下。就在美中外交關係穩定改善之際，國民黨政府的表現愈趨激烈，希望能完全掌控人在美國的所有臺灣知識份子。例如，一九八一年曾發生卡內基・美隆大學（Carnegie Mellon）陳文成教授返臺探親卻離奇死亡的命案。他因為學生時代參加過一些政治聚會而遭國民黨當局偵訊，不久後被發現陳屍在臺大研究生圖書館旁，死因看似從高處跌落。儘管此一冤案可能永遠都破不了，但許多在美華人都深信這是國民黨特務幹的。[27]

三年後另一件命案再次震驚來自臺灣的在美華人社群。一九八四年國民黨政府所屬國防部軍事情報局汪希苓派遣一群臺灣的竹聯幫份子前往加州戴利市（Daly City），到劉宜良家中將其處決。起因是劉宜良寫了一本未經當局授權的《蔣經國傳》——蔣經國是蔣介石長子，當時已接任中華民國總統大位。儘管劉宜良生前的身分也沒有表面上看來那麼單純（顯然他是個三面間諜，周旋於美中臺三方之間），但最令美國華人社群與臺灣知識份子階層感到不寒而慄的是：國民黨居然可以在美國進行暗殺行動，如入無人之地。[28]

許多華人發現，儘管人在美國還是有可能遭國民黨政府報復，於是轉而把精力投注在發展實業上，遠離政治紛擾。他們的家庭大都因為國共內戰而逃往香港、臺灣或美國，曾親眼目睹政治上「成王敗寇」的風險。其中很多人的爸媽從小就諄諄告誡他們，如果想在他鄉異國賺大錢，一定要看準利潤豐厚的行業，而且不需要高超的英語程度，也不用靠關係。顯然他們眼前就有一條康莊大道，也就是方興未艾的高科技產業。

個人電腦（PC）在一九八〇年代掀起了一波產業革命，從一開始許多在美華人就扮演著革命先鋒的角色。一九八〇年，從香港移民美國，後來取得麻省理工學院博士學位的林傑屏（David Lam）創辦了林氏研究公司（Lam Research），該公司製造出史上第一台用來生產晶圓的全自動電漿蝕刻機。[29]他的公司後來發展成全球半導體產業的領導品牌。一九八七年，生於南京、移居臺灣後又前往加大柏克萊分校取得材料科學博士學位的王寧國，與其他人協力研發出一款多腔體晶圓生產系統，讓晶圓製造過程中最複雜的兩道程序可以合而為一，藉此改變了積體電路的製程。[30]

從臺灣移民美國的杜紀川與孫大衛因為記憶體模組而成為億萬富翁[31]，陳丕宏的致富之道則是研發軟體。[32]王嘉廉幼年時跟著曾任上海最高法院法官的父親王健遷居紐約，後來在紐約開了一家小公司——組合國際電腦公司（Computer Associates International），在曼哈頓地區提供廉價的電腦服務，曾經必須靠信用卡借款才撐得下去。[33]但在二十年內這家公司發展為世界上規模第二大的獨立軟體製造商，其企業帝國版圖遍布五大洲二十幾個國家。

一批華人移民在一九八〇年代崛起，成為新富階級。就在中國在政治上漸漸獲得美國撐腰之際，許多家境較好的臺灣與香港華人深恐中共很快就要接收臺灣與香港了，於是悄悄地尋找新的安樂鄉。他們開始移民美國各大城，同時也帶來了龐大資金。許多華人企業家帶著家人遷入美國各地只有白人居民的社區，但也有人選擇在某些地方聚居落腳，形成新的華人社區，而且地點大都在加州。大手筆投資房地產、銀行、餐廳、購物中心以及華語報紙之餘，他們的居住地也形成新的華人富商聚落，後來有「郊區中國城」之稱。這些聚落的華人居民背景各異，分別來自中國大陸、臺灣、香港與東南亞，社會學家李唯（Wei Li）把他們居住的市郊社區稱為「族裔郊區」（ethnoburbs）。[34]在這些封閉的聚落裡，許多居民都是利用華裔身分成為商業掮客，幫港、臺的金主與東南亞的華人人才配對。「比方說，我是越南華人，」某位記者解釋道，「你是臺灣或者新加坡，或是香港的華人。我需要錢，需要你用錢來贊助我的生意。……你有錢，不過你不懂要怎樣經營我的事業。所以你調查了我的信用狀況，也四處打聽。……也許你就投資我，跟我合夥，或者借錢給我，我付你利息，六個月後還錢。這一套是可行的，因為我們都是華人。」[35]

洛杉磯郊區的蒙特瑞公園（Monterey Park）就是個有錢華人的聚落，向來有「華人版比佛利山」（Chinese Beverly Hills）之稱。快到二十世紀末時，蒙特瑞公園的人口有三分之一是華人，[36]附近阿爾罕布拉（Alhambra）與聖馬利諾（San Marino）兩地的華人人口也已超過四分之一。[37]過沒多久，南加州一個叫做聖蓋博谷（San Gabriel Valley）的地方則成為全美華人人口最多的郊區聚落，華人數量甚至超過許多美國大城的中國城。[38]

因為華人新移民的數量實在太多，導致某些白人認為這是龐大外國勢力入侵的現象。蒙特瑞公園某位白人居民向《第一個郊區中國城：加州蒙特瑞公園的重建》（*The First Suburban Chinatown: The Remaking of Monterey Park, California*）一書的作者方提姆（Timothy Fong，音譯）抱怨道：「我有一種置身外國的感覺，」還說「這裡不再讓我有一種家鄉的感覺。」[39]另一位居民則是說：「我待在自己的家鄉，但卻覺得像是個外地人。」[40]有些車輛上的保險桿寫著：「可以拜託最後一位離開蒙特瑞公園的美國人把國旗帶走嗎？」一九八六年，蒙特瑞公園的某家加油站也掛出同樣的標語，還掛著一張上面畫著兩個丹鳳眼的圖片。[41]

反華笑話也開始流傳了起來，例如提到某些老人穿著睡衣逛大街，還有出現了一些開車橫衝直撞的駕駛人。[42]一張保險桿貼紙上寫道：「我開車去蒙特瑞公園——沒出車禍。」蒙特瑞公園被封為「全世界汽車擦撞發生率最高的城市」，而該市的大西洋大道（Atlantic Boulevard）更是有「自殺大道」的諢稱，以至於白人居民聲稱「應該禁止華人開車」。不過，在這些嬉笑怒罵背後，白人是怒火中燒的，而這也反映出他們忌妒那些常常公開炫富的華人新移民。等到當地報紙《蒙特瑞公園進步報》（*Monterey Park Progress*）宣布報紙將會加印華文專刊，當地幾家電影院居然遭有心人士攻擊破壞，砸爛了窗戶，在入口遮篷上潑漆。[43]

對於新移民懷有敵意的蒙特瑞公園居民並不限於白人，也包括當地的華裔美國人。在移民潮出現之前，直到一九七〇年代初期，當地的華人人口主要是年輕的專業人士，通常是高薪的工程師，社會地位較高且生活方式低調保守的中上階級美國華人。他們和白人鄰居一樣，沒料想到居然會來了這麼多港臺生意人，講話速度飛快，經商手法快狠準，而且將城市的街道變成一個粗俗的展示場地，每個人身上都是珠光寶氣，穿著名牌西裝，豪宅全都經過細心打造裝潢。新移民讓那些沒本錢炫富的人感到怒火中燒，覺得炫富行粗鄙不已的人也有同感。「剛開始是那些炒房炒地的人來了，接著是開貿易公司的、大投資客，都是一些帶著數十萬美元現金的傢伙，」呂威利（Wesley Ru，音譯）回憶道，「他們做的第一件事就是去買賓士汽車，接著去找房仲看房子。」[44]

鄰居被這些華人暴發戶惹毛的另一件事，是他們的小孩在學校的表現太搶眼。美國社會的階級意識愈來愈明顯，華人優越的學術能力是導致白人感到焦慮的另一個原因。

到了一九八〇年代，華人小孩已經不用再擔心教育機會遭到剝奪了。在一代又一代民權鬥士的爭取之下，美國的種族隔離學校體系已走入歷史，許多公立學校與公立圖書館都是由聯邦政府出資，即使那些最貧窮的華人移民也能讓小孩上學。與此同時，新的華人專業人士階級崛起，他們有些是早期華裔美國人的子孫，也有教育水準與社會地位較高的華人新移民。這些族群的小孩從小就生長在精華地帶，像是白人人口居多的郊區或大學城。他們的家長都是教授、科學家、工程師或醫師，並非需要小孩幫忙照顧家庭事業的洗衣店或餐廳老闆。這些專業人士往往在教育費方面花錢不手軟，送小孩到一流學府就讀，讓他們可以全心全意讀書，取得優異成績。

此時，無論是那些上流社會子弟專屬的私立預備學校（preparatory school），像是菲利普斯・埃克塞特學院（Phillips Exeter）、格羅頓學校（Groton）與迪爾菲爾德學院（Deerfield）等，或者是只錄取資優生的公立學校，例如布朗克斯科學中學（Bronx High School of Science）、紐約史岱文森中學（Stuyvesant High School）與舊金山洛爾中學（Lowell High School）等，都有大批華人學生就讀，而這些學校都是能夠申請到美國第一流大學的有利跳板。很多華人學生每逢暑假都會去參加史丹佛、約翰·霍普金斯等名校為資優生舉辦的夏令營。到了一九八〇年代，華人進入常春藤名校，還有贏得西屋科學獎〔Westinghouse Science Talent Search，現已改名為英特爾科學獎（Intel Science Talent Search）〕，都已是家常便飯，而且人數眾多。

華人移民社群已經不把學業表現優異這件事當成奢望，而是對孩子們最低限度的要求。加州州立大學人類學教授吳兆麟（Franklin Ng）透過研究發現，臺灣移民對小孩的要求都非常高，在書中他揭露了一則流傳於臺灣移民社群裡的笑話：

「怎樣的臺灣小孩才是完美的」[45]（第一代移民的觀點）

學力測驗（SAT）要拿到一六〇〇分

小提琴或鋼琴演奏要達到專業水準。

申請二十七間大學而且都要入選。

要有三種嗜好：讀書、讀書、讀書。

不但要上常春藤名校，而且要拿到全額獎學金。

喜歡古典音樂，討厭講電話。

拿到西屋科學獎、總統科學獎，最後成為羅德獎學金（Rhodes scholar）得主。

小時候的志願是當上神經外科醫生。

嫁給臺灣移民醫生，生幾個有成就的完美小孩（聽孫子孫女叫阿嬤！阿公！）

喜歡聽爸媽講小時候的故事……尤其是那一段沒鞋可穿但卻每天走十幾公里路到學校去的往事。

「怎樣的臺灣家長才是完美的」（第二代移民的觀點）

不要看到小孩的穿著就大聲說「唉喲！」

不要動不動就說什麼去上哈佛、耶魯、史丹福和ＭＩＴ好處多多。

不要動不動就把自己小孩的生活隱私透露給其他臺灣移民……

不要把你兒子的頭髮剪成西瓜皮，要女兒留長長的瀏海……

到了一九八〇年代，許多新一代華人「學霸」動輒成為媒體報導對象，那些全國資優生獎學金（National Merit Scholarship）與西屋科學獎的得主尤其如此。一九八二年，《新聞週刊》（*Newsweek*）以一篇標題為〈少數族裔模範〉（"Model Minority"）的文章從正面角度報導華人學生的表現。[46]「少數族裔模範」是社會學家威廉·彼得森（William Peterson）為了描述日裔美國人而發明的詞彙，但很快就被媒體借用在所有亞裔美國人身上，其中也包括華人。主流媒體很快也出現讚賞華人成就的報導。一九八六年，「新聞時刻」節目（*MacNeil/Lehrer NewsHour*）與NBC電視台「晚間新聞」節目（*Nightly News*）都曾稱讚華人與亞裔社群的傑出學術表現。[47]「為什麼亞裔美國人的表現如此傑出？」CBS電視台「六十分鐘」節目（*60 Minutes*）的主持人麥克·華勒斯（Mike Wallace）曾如此問道，「他們一定有什麼優點。我們要學起來。」[48]

進入一流大學的美國華人人數飆升。過沒多久，麻省理工學院就開始被謔稱為「臺灣製造」，加大洛杉磯分校是「白人輸給亞洲人的大學」（University of Caucasians Lost in Asians），加大爾灣分校則是「華人移民大學」。[49]（譯註：這三間大學的名稱縮寫分別是MIT、UCLA與UCI，與外號的縮寫相符。）某些科系的華人學生如果比較多（像是數學系與理工科系），該系的電梯就會被稱為「東方特快車」（Orient Express）。[50]華人幾乎已和工程學科畫上等號。某位史丹福大學工程科系的教授曾責備一個白人學生考試分數太低，結果那學生居然回嗆：「幹嘛！你以為我是華人嗎？」[51]加大柏克萊分校還有一個傳說，主修工程學的白人學生進入階梯教室後做的第一件事是數人頭：如果黑頭髮的人數太多，他們就會退選。某些華裔美國人甚至會在校園裡戴上胸章，用來表明自己的身分：「我不是主修電機工程的華裔美國人。」[52]

就連華裔美國人自己也感到很害怕，他們通常覺得很誇張：大學校園裡怎麼會有這麼多華裔學生？黃菲比（Phoebe Eng，音譯）的父親是在美國出生的廣東裔華人，母親則來自臺灣，從小生長在紐約市郊的小鎮西伯瑞（Westbury）。她說，當年到加州上大學時自己感到震驚不已，「因為不曾被那麼龐大的亞洲臉孔與黑頭髮人群包圍，」她在《戰士守則》（*Warrior Lessons*）一書中寫道，「對我來說柏克萊簡直像中國。我花了一整年才學會怎樣區分亞洲人的臉孔。」[53]

華人的成就在某些地區令人讚嘆，但在其他地區也有恐華情緒開始滋生。各校校園裡突然出現了各種反映出排華仇恨心理的塗鴉字眼：「阻止黃色人海！」「再不阻止華人，他們就會害我們被退學了！」「清狗！清狗！一堆只會作弊的清狗！」[54]到了一九八〇年代，某些華裔美國學生開始感覺到成績太優異反而會害了自己。某些人抱怨學校有種族歧視，堅稱他們愈努力讀書，一流大學就會把門檻設得更高，讓他們無法入選。很多人宣稱，負責名校校務的人士擔心亞裔美國學生人數增加太多，會故意給予差別待遇，把人數降低。

一九八三年，由哈佛、普林斯頓、耶魯等名校亞裔美國學生組成的東岸亞裔學生聯盟（East Coast Asian Student Union）分析了二十五間大學的入學申請資料，結果發現各校為了阻止亞裔學生「接受高等教育，追求更好的人生」，居然設下「令人驚訝的障礙」。[55]這又促使許多其他相關研究的問世，而且從一九八三年開始，整個八〇年代都有許多學生與大學校務管理人士想要找出種族偏見的證據。結果有人發現普林斯頓大學的亞裔學生入選比例只有百分之十四，白人學生為百分之十七，至於校友的小孩則是高達百分之四十八。研究也顯示布朗大學在一九七九年有百分之四十四申請者是亞裔學生，但到了一九八七卻大幅降為百分之十四。史丹福大學的亞裔申請者佔所有人的三分之一，但能獲准入學者卻只佔全部學生的不到十分之一。許多人批評哈佛大學，即使亞裔申請者人數持續增多，而且「他們的條件比其他任何人都還要好」，但亞裔美國學生獲准入學比率卻是各族群中最低的。某個校外研究團隊在仔細檢視了一九八二年的哈佛大學統計數據後甚至得出一個結論：「若要獲准入學，亞裔美國人的學力測驗分數必須比獲准入學的白人平均高出一一二分。」[56]

即使州立的大專院校也會排拒那些夠資格的亞裔美國申請者。一直以來，學業成績頂尖的加州學生如果被史丹福大學、加州理工學院、麻省理工學院與常春藤名校刷掉，至少加大柏克萊分校與其他加大分校應該是十拿九穩。曾有很長一段時間，在中學同年級學生之間成績只要保持在前百分之十二點五，畢業後就可以申請到加大柏克萊或洛杉磯分校。不過，西岸地區的華人與亞裔學生人數實在太多，導致他們進入加州大學各分校就讀的數量飆升。以柏克萊分校為例，從一九六六到八〇年之間，大學部亞裔美國學生的比例從百分之五成長為二十，漲為四倍。[57]因此根據《紐約時報》在一九八一年的報導，加大柏克萊分校的校務管理階層完全可以預想得到，亞裔美國新生的百分比將會在一九九〇年達到百分之四十。不過，突然間在一九八〇年代中期，他們的人數突然降低，不增反減。[58]

資深社運人士兼加大柏克萊分校種族研究教授王靈智（Ling-chi Wang）於一九八四年注意到，亞裔美國學生的錄取人數在一年之間驟降百分之二十一。[59]他深信其中必定有鬼。「亞裔學生百分比開始達到雙位數之後，某些學校突然間開始警覺了起來，」他向《洛杉磯時報》記者表示，「我不想主張什麼陰謀論，但校務管理階層肯定認為亞裔學生人數太多是個問題，所以他們開始設法把亞裔學生刷掉。是因為怕柏克萊成為一間亞裔學生的學校嗎？他們怕到了骨子裡。」[60]

為了調查此一狀況，舊金山灣區一支由社運人士、法官與教授等華裔人士組成的志工團隊在一九八四年很快成形。調查後發現，令人震驚的是，有些學業表現極其優異的學生被刷掉，但卻有些學生居然在沒有提交在校成績與學力考試分數的情況下就獲准入學。[61]媒體開始報導柏克萊的爭議之舉，並且指出，這非常像過去在一九二〇到四〇年代之間哈佛、普林斯頓與耶魯等名校嚴格限制猶太學生入學名額的種族歧視措施。

經媒體邀訪，許多深信自己遭柏克萊歧視的亞裔美國學生開始發聲。一九八七年，柏克萊刷掉了一位香港移民之子歐逸鵬（Yat-Pang Au，音譯），而他是加州聖荷西市剛德森中學（Gunderson High School）的明星學生。歐逸鵬不僅成績全部都是A，甚至是畢業班致詞代表，因參加課外活動而十度獲獎，數度全程參加越野賽跑而獲得證書，並且是學校模擬法庭的法官，甚至是學生營商體驗計畫（Junior Achievement）中某家公司的老闆。[62]歐逸鵬收到學校寄給他的拒絕郵件後，讀了一遍又一遍。「我以為自己看錯了，或者那封信不是寫給我的，」他向《洛杉磯時報》的記者表示，「我一心一意就是想要讀柏克萊，多年來想法始終如一。我在中學苦讀就是為了讀柏克萊，真不敢相信他們居然把我刷掉了。」

歐逸鵬發現，有十個在校成績與學力考試分數都比他低的學生居然獲得柏克萊的入學許可，震驚不已的他找上媒體，公開抱怨校方並未公平對待他。在灣區各媒體開始報導後，歐家的住宅就遭人破壞，歐母害怕家人遭逢不測，還特地去買了一把槍，並且參加射擊課程。歐逸鵬前往聖荷西附近的社區型大學德安扎學院（De Anza College）就讀，兩年後終於申請進入柏克萊。

一九八九年，NBC電視台「夜間新聞」節目訪問了有臺灣血統的學生洪景（Hong Kim，音譯），他同樣也遭柏克萊刷掉，但有兩個成績比較低的黑人朋友卻被錄取了。「我不怪他們，他們是我的朋友，」他向記者表示，「我想對他們說，我還是愛他們，不過……我想我的條件比他們好。」[63]

在引起華裔美國人社群的公憤後，聯邦政府介入調查，最後也改變了政策。爭議發生後，司法部與教育部開始調查某些大學是否有歧視華裔與其他亞裔學生之嫌，最後判定哈佛與柏克萊無罪，但加大洛杉磯分校的措施的確需要檢討改變。[64]〔一九九五年，加州大學董事會決定，各分校在考量是否錄取學生，還有教職員是否可以獲得聘用與升遷時，應排除族裔與性別的考量。隔年加州選民投票通過二〇九號法案（Proposition 209），就此立法禁止在該州境內進行任何具有種族歧視性質的限額規定。〕

這種種族歧視甚至也出現在許多中學裡。一九八三年，舊金山名校洛爾中學針對不同族裔學生採取了不同的標準，其中受到最嚴格對待的是華裔學生。[65]在美國全國有色人種協進會（NAACP）提告後，舊金山教育當局提出和解條件，表示會要求該市明星學校多收黑人與拉丁美洲裔學生。根據和解協議規定，每個學校都必須招收至少四大族裔的學生，人數要達到一定比例，而且任何單一族裔的人數都不得超過百分之四十到四十五。為了遵守此一限額，洛爾中學要求華裔學生的課業表現必須優於白人與其他族裔學生才能錄取。入學考試成績要達到六十二分，華裔學生才能申請入學（原來的規定是六十六分），至於白人、其他亞裔學生、拉丁美洲裔（與黑人），則分別需要達到五十九、五十八與五十六分。（在好幾位華裔美國學生被中學刷掉後，他們的家長在一九九四年把教育當局、州政府與美國全國有色人種協進會都告上法院，主張這種族裔限額規定非但不公平且違憲。六年後學校委員會與華裔家長和解，條件是取消那些為了促進少數族裔權益而採行的規定，讓錄取政策不偏袒任何族裔。結果黑人與拉丁美洲裔學生的錄取比例馬上驟降，華裔與白人學生人數飆升。一年內，學生族裔比例不平衡的問題就出現了。）

某些社運人士認為，對抗這種族裔限額制度其實是亞裔美國人與其他少數族裔之間的鬥爭：為了爭取有限名額，亞裔美國人必須與黑人、拉丁美洲裔與美國原住民等族群競爭。但是華人權益促進會（The Chinese for Affirmative Action）的執行長戴亨利（Henry Der，音譯）主張，事實上「申請入學的亞裔學生是在跟白人競爭。」[66]戴亨利表示，不管是常春藤名校校友子女才能夠享受到的「校友後代」規定（"legacy" programs），或者能夠幫東岸名門子弟爭取名額，進入各大名校就讀的「老同學人際網絡」（old-boy networks，譯註：指的是曾經一起就讀私立中學的老同學。這些同學大都系出名門，出社會後仍保持聯絡，維護彼此利益），都是維護白人既得利益的制度。戴亨利向《亞裔美國人》雜誌的記者強調，有三分之二亞裔美國人都反對這種既得利益體制，「大多數亞裔移民的家庭都會要求校方錄取學生時應該採用菁英制。但這些家庭根本不了解，學生能否錄取從來不是取決於他們是不是菁英。」[67]

---

1 請參閱：Jung Chang, *Wild Swans: Three Daughters of China* (New York: Simon & Schuster, 1991), p. 495.

2 請參閱：Jasper Becker, *The Chinese* (New York: Free Press, 2000), p. 210.

3 請參閱：Leo A. Orleans, *Chinese Students in America: Policies, Issues and Numbers* (Washington, D.C.: National Academy Press, 1988), p. 28.

4 請參閱：Lynn Pan, *Sons of the Yellow Emperor*, p. 276.

5 請參閱：*Los Angeles Times Magazine*, March 25, 1990; Jing Qiu Fu, "Broken Portraits: The Dilemma of Chinese Student Leaders in the U.S. After the Tiananmen Square Incident," master's thesis, Asian American Studies, University of California at Los Angeles, 1999, p. 1.

6 請參閱：Ting Ni, pp. 190-91.

7 請參閱：Ibid., p. 190.

8 請參閱：Ibid., p. 190.

9 請參閱：Dr. An Wang with Eugene Linden, *Lessons: An Autobiography* (Boston: Addison-Wesley, 1986), p. 42.

10 請參閱：Author interview of Linda Tsao Yang.

11 請參閱：Interview with Let Keung Mui by Se Wai Mui, his son. Manuscript entitled "Our Lives, Our Stories, Our Neighborhood. Vol. V Oral Histories compiled by the students of the class. Our Neighborhood: The Lower East Side Experience. Seward Park High School, June 1988," New York Chinatown History Project, Museum of

Chinese in the Americas.

12 請參閱：Liu Zongren, *Two Years in the Melting Pot* (San Francisco: China Books and Periodicals, 1988), p. 16.

13 請參閱：Ibid., p. 20.

14 請參閱：Ibid., p. 20.

15 請參閱：James D. Torr, ed., *The* 1980s (San Diego: Greenhaven Press, 2000), p. 54.

16 請參閱：Ibid.

17 請參閱：Ronald Takaki, "Who Killed Vincent Chin?," in Grace Yun, ed., *A Look Beyond the Model Minority Image* (New York: Minority Rights Group, 1989), pp. 26-27.

18 請參閱：Ibid., p. 27.

19 請參閱：Ronald Takaki, *Strangers from a Different Shore,* p. 482.

20 請參閱：Ibid.

21 請參閱：Ibid.

22 請參閱：Ibid., p. 484.

23 請參閱：Ibid., p. 483.

24 關於陳果仁的其他資訊，請參閱：Sucheng Chan, *Asian Americans,* pp. 176-78; Christine Choy and Renee Tajima, *Who Killed Vincent Chin?,* color documentary, 90 minutes, 1988.

25 關於盧明海謀殺案的資訊，請參閱：Sucheng Chan, p. 178; United States Commission on Civil Rights, *Civil Rights Issues Facing Asian Americans in the 1990s: A Report of the United States Commission on Civil Rights, February* 1992, pp. 26-28.

26 請參閱：Seth Effron, "Racial Slaying Prompts Fear, Anger in Raleigh," *Greensboro News and Record,* September 24, 1989.

27 請參閱：Him Mark Lai, "China and the Chinese American Community: The Political Dimension," *Chinese America: History and Perspectives 1999,* p. 16; *Newsweek,* August 3, 1981; British Broadcasting Corporation, August 4, 1981.

28 關於劉宜良遇害原因的詳細說明與分析，請參閱：David E. Kaplan, *Fires of the Dragon: Politics, Murder and the Kuomintang* (New York: Atheneum, 1992).

29 請參閱：Chris Rauber, "Tech Pioneer Signs On as CEO of Startup," *San Francisco Business Times,* May 9, 1997; "David Lam Joins Tru-Si Technologies, Inc. as Chairman of the Board," *Business Wire,* April 28, 1999; interview with David Lam by Joyce Gemperlein and Sandra Ledbetter for the Tech Museum of Innovation's "The Revolutionaries" series, a joint project with the *San Jose Mercury News* in 1997.

30 請參閱：Author interview of David Wang; *Applied Matters,* April 1993; Kristin Huckshorn, "If It's Here, It Must Be History; Smithsonian Enshrines 1987 Chip Machine," *San Jose Mercury News,* March 4, 1993.

31 請參閱：Michael Lyster, "$1 Billion and Counting," *Orange County Business Journal,* January 1-7, 1996; "Doing the Right Thing," *The Economist,* May 20, 1995; Greg Miller, "Memory Makers," *Los Angeles Times,* October 16, 1995.

32 請參閱："8 of 9 Newbies to Forbes 400 Super-Rich List Are Asians," *Business Times,* September 20, 2000; "Code Warriors: The Forbes 400," *Forbes,* October 9, 2000.

33 請參閱：Dan Barry,"Computer Mogul Refines His Game; Facing Rough Times, Charles Wang Tries a New Style,"*New York Times,* February 4, 1997; John Teresko,"The Magic of Common Sense: How CEO Charles Wang Took Software Maker Computer Associates from Start-up to $3.5 Billion," *Industry Week,* July 15, 1996; Amy Cortese, "Sexy? No. Profitable? You Bet. Software Plumbing Keeps Computer Associates Hot," *Business Week,* November 11, 1996.

34 請參閱：Wei Li, "Building Ethnoburbia: The Emergence and Manifestation of the Chinese Ethnoburb in Los Angeles' San Gabriel Valley," *Journal of Asian American Studies,* February 1999.

35 請參閱：*Origins & Destinations,* pp. 220-21.

36 請參閱：*San Diego Union Tribune,* January 10, 1999.

37 請參閱：Ibid.

38 請參閱：Wei Li, "Anatomy of a New Ethnic Settlement: The Chinese Ethnoburb in Los Angeles," *Urban Studies* 35:3 (1998), p. 480.

39 請參閱：Mark Arax, "Selling Out, Moving On," *Los Angeles Times,* April 12, 1987.

40 請參閱：Ibid.

41 請參閱："English Spoken Here, OK?," *Time,* August 25, 1985; Ronald Takaki, *Strangers from a Different Shore,* p. 425.

42 請參閱：Timothy Fong, *The First Suburban Chinatown: The Remaking of Monterey Park, California* (Philadelphia: Temple University Press, 1994), p. 71.

43 請參閱：Ibid., p. 69.

44 請參閱：Timothy Fong, p. 48; Andrew Tanzer, "Little Taipei," *Forbes,* May 1985, p. 69.

45 請參閱：Franklin Ng, *The Taiwanese Americans* (Westport, Conn.: Greenwood Press, 1988), p. 42.

46 請參閱：Martin Kasindorf with Paula Chin in New York, Diane Weathers in Washington, Kim Foltz in Detroit, Daniel Shapiro in Houston, Darby Junkin in Denver, and bureau reports, "Asian Americans: A 'Model Minority," *Newsweek,* December 6, 1982.

47 請參閱：Ronald Takaki, *Strangers from a Different Shore,* p. 474.

48 請參閱："The Model Minority," *60 Minutes,* CBS, February 1, 1987.

49 請參閱：Ronald Takaki, *Strangers from a Different Shore*, p. 479; Frank H. Wu, p. 48.

50 請參閱：Dana Y. Takagi, *The Retreat from Race: Asian American Admissions and Racial Politics* (New Brunswick, N.J.: Rutgers University Press, 1992 and 1998), p. 60.

51 請參閱：Frank H. Wu, *Yellow: Race in America Beyond Black and White*, p. 48.

52 請參閱：Lynn Pan, *Sons of the Yellow Emperor*, p. 278.

53 請參閱：Phoebe Eng, *Warrior Lessons: An Asian American Woman's Journey into Power* (New York: Pocket Books, 1999), p. 91.

54 請參閱：Ronald Takaki, *Strangers from a Different Shore*, p. 479.

55 請參閱：Dana Y. Takagi, *The Retreat from Race*, pp. 26-27.

56 關於普林斯頓、布朗、史丹福與哈佛等大學的資訊，請參閱：Ibid., pp. 7-29,30,33,39,41-42,67,69.

57 請參閱：Ibid., p. 21.

58 請參閱：Wallace Turner, "Rapid Rise in Students of Asian Origin Causing Problems at Berkeley Campus," *New York Times*, April 6, 1981.

59 請參閱：Dana Y. Takagi, *The Retreat from Race*, p. 25.

60 請參閱：Linda Mathews, "When Being Best Isn't Good Enough: Why Yat-Pang Au Won't Be Going to Berkeley," *Los Angeles Times Magazine*, July 19, 1987.

61 請參閱：Dana Y. Takagi, *The Retreat from Race*, pp. 94, 109.

62 請參閱：*Los Angeles Times Magazine*, July 19, 1987; Tamara Henry, "UC Revises Admissions Policies Amid Protests," Associated Press, as printed in the *Los Angeles Times*, December 10, 1989; *Los Angeles Times Magazine*, July 19, 1987.

63 請參閱：*NBC Nightly News*, July 26, 1989.

64 請參閱：Dana Y. Takagi, *The Retreat from Race*, p. 9.

65 請參閱：Huping Ling, *Surviving on the Gold Mountain*, p. 171; *Seattle Times*, March 26, 1996; *Asian Week*, March 22, 2000; *San Francisco Examiner*, November 8, 1999, November 25, 1999, January 8, 2000.

66 請參閱：*Daily Californian*, October 8, 1987，轉引自：Dana Y. Takagi, *The Retreat from Race*, p. 9.

67 請參閱：*A magazine*, October /November 1995, p. 87.

第十八章 草木皆兵的一九九〇年代

就在一九八〇年代即將走入尾聲之際，中共領導班子面對了擊敗蔣氏政權以來的最大威脅。雷根—鄧小平時代本來出現前所未見的開放風氣，但後來卻遭到打壓，人民內心深處對中共的種種不滿隨即開始浮上檯面。此時這已經演變成中共必須面對的問題。

剛開始只是個小麻煩。一九八六年，知名天體物理學家方勵之（時任合肥市中國科學技術大學第一副校長，同時也是中共黨員）鼓勵大家公開批評政府。接著又爆發了一次學潮，抗議中共政府貪腐問題，同時批評各級人民代表大會的選舉只是做做樣子，人選根本都是內定的。等到學潮蔓延到北京、上海等其他城市，方勵之不但被中共拔官，也開除了黨籍。但嚴重傷害已經造成，中共高層選定的代罪羔羊是中央委員會總書記胡耀邦，因為他向來敢言，常常公開鼓吹民主，要政府立刻進行改革。

一九八九年四月，胡耀邦因心肌梗塞逝世，北京湧現大批悼念他的人潮。這一年恰巧也是許多值得紀念的週年，包括美國承認中華人民共和國的十週年及中共建國四十週年，而且在七十年前也剛好爆發了標榜西方民主、科學觀念，提倡知識與文學革命的五四運動。為了鼓吹他們所要求的種種政治改革，北京的學生舉辦許多紀念五四運動的街頭遊行，大批學生在天安門廣場上絕食抗議。蘇共中央總書記戈巴契夫（Mikhail Gorbachev）於該月訪華，無異於火上加油，因為在他的領導之下，蘇聯正在進行一連串貨真價實的改革行動，包括將要把人民帶往資本主義道路的perestroika（經濟改革），以及能讓政府政策資訊變得更為透明化，允許民眾評論時政的glasnost（開放政策）。

到了該年五月底，北京的學生們在天安門廣場上豎立了「民主女神」雕像，其靈感來自於美國的自由女神像。超過百萬民眾走上街頭支持學生，類似的集會活動也在北京以外遍地開花。這是中國史上規模最龐大的民主運動，而且從人數看來，甚至也是世界史上之最。中美兩地都有許多人認為，中國距離中國史上第一個民主社會或許只有一步之遙了。根據後來由不具名人士洩漏而曝光，並以《天安門文件》（*The Tiananmen Papers*）為名出版的中共高層文件指出，這種樂觀態度並非完全不切實際。許多高層官員一開始是想要與學運代表談判妥協的。但終究他們還是得聽命於一幫黨內大老，其中包括鄧小平，他認為應該宣布戒嚴並鎮壓學運才是明智之舉。

一九八九年六月三日到四日之間的凌晨，中共調來全副武裝的解放軍，在坦克部隊的助威之下衝往天安門廣場上開火，造成成千上萬的人死傷。有些最知名的民運領袖遭中共圍捕入獄，而其他領袖則逃亡海外，到美國尋求政治庇護。方勵之夫婦逃往美國大使館求救，安全離開中國，這讓中共領導班子憤怒不已。

在國際媒體的大肆報導下，天安門大屠殺事件讓美中關係留下了一道永難癒合的傷疤。許多人把廣場上死屍枕藉的影片偷運出國，交給西方國家的電視台，引發世人對那些中國學生的無限同情。接下來數天內，中國電視台出示那些知名民運人士被捕後的照片，入獄沒多久但狀況卻糟透了。長久以來中國在西方國家的刻板印象是溫暖的，往往讓人聯想到滿池蓮花與水榭樓台，還有可愛的貓熊，如今卻在一夕之間形象翻轉，變成一個與蘇聯無異的殘暴極權國家。

一九八九年六月五日，美國老布希總統（George H. W. Bush）簽署了一道行政命令，允許所有的中國人在美國居留。到了一九九〇年四月十一日他又簽署另一道命令，規定任何中國移民只要能證明自己是在一九八九年六月五日到九〇年四月十一日之間來到美國的，就享有居留權。布希在採行此一內政舉措時也把國際政治情勢納入考慮，因為他清楚宣稱：「任何外國國民只要來自強制採行人工墮胎、節育措施的國家……深恐自己會遭到迫害」，都歡迎他們在美國居留。[1]

許多中國學生根本不想回國。某位來自北京的法學院學生向採訪者表示，回國根本就是「政治自殺」，「一輩子就這麼白白浪費了。」[2]某位在加大柏克萊分校主修工程的中國學生表示，「從中共過去四十年來歷次政治運動的經驗看來，他們一定會拿中國的知識份子開刀，當代罪羔羊。」[3]少數人表示想要回國，但也要等到那些黨內大老過世後。史丹福大學某位博士候選人表示，「中國一定會改變的，因為情況已經不能再糟了。在某些老傢伙去世後，政治改革也許會變得快一點。」[4]為了照顧那些多災多難的民運學生，美國政府在一九九二年通過《中國學生保護法案》（Chinese Student Protection Act），讓五萬多中國學生與學者取得美國的永久居留權。[5]

一九八九年的六四天安門大屠殺也帶來其他後果。在政治情勢不穩的亞洲各國，恐懼的氛圍在民間瀰漫著，促使許多華人資本家前往美、加兩地置產，建立第二個家園。其中對於未來最感憂心忡忡的，也許莫過於香港人，因為根據《南京條約》規定，英國應於一九九七年七月一日將香港返還中華人民共和國。在大老掌權的中共手下，這些向來為所欲為的香港資本家還會有生路嗎？沒人敢打包票。為了穩定人心，中共提出「一國兩制」的承諾，表示要讓香港五十年不變，但許多香港人無法完全信任他們。「傻子才會相信他們的承諾，」某位抱持懷疑態度的香港人表示，「毛澤東也曾在一九四九年對上海人做過同樣的承諾，但三個月後就破功了。我爸媽才會丟下一切，逃到香港來。」他特別提起一九八九年的天安門大屠殺。「難道我們不該先離開，以免後悔莫及？」[6]

許多人覺得不能再等下去。毫不令人意外的是，最想出走的當然就是那些會因為中共執政而損失慘重的人，也就是香港的資本家與專業菁英們。根據一項於一九八〇年代末期進行的調查顯示，百分之七十香港政府內部有博士學位的官員都想在九七年回歸以前出走，至於律師與土木工程師想離開的比例也分別有百分之六十與四十。[7]從簽證申請案件的資料看來，一九八七到九一年之間，大約有百分之十五到十九的香港移民都有大學學歷，但是有大學學歷者佔總人口的比率卻只有百分之四。[8]一九八九年某單位針對六〇五位港人進行電話抽查，發現家財愈豐厚者愈想出走。[9]事實上，許多移民都是百萬富翁。一九九〇年代期間，一般來說前往加拿大進行投資移民的香港人財產總值估計都有一百五十萬加幣，大約相當於一百二十萬美元。[10]

與一九四九年想要從香港去英格蘭的難民一樣，一九九〇年代大多數想要出走的港人發現，儘管英格蘭是最合理的去處，但想去卻去不得。雖然以往英國政府總是會核發護照給所有在殖民地出生的人，但是卻拒發護照給在殖民地時期出生的港人。護照是通往英格蘭的捷徑，因此許多港人覺得這是英國的卸責之舉，理由是避免觸怒中共，自己無疑是被捅了一刀。儘管英國曾統治香港一百三十六年，香港也曾幫英人創造大量財富，但看來他們完全不關心殖民地人民的命運。

所幸其他國家的政策對港人較為友善。以加拿大為例，當地移民法規本來就比較寬大，對於政治難民尤其如此。因此加國成為香港移民的首選，澳洲與美國次之。這些國家之所以對香港移民具有吸引力，無疑的除了申請政策較為自由，同時也因為它們都是英語系國家。在這一波遷居美加澳洲的移民潮中，每年離開香港的人數從一九八〇年代初期的兩萬人飆升為一九九〇年以後的六萬人。[11]

但離開香港的路並非一條坦途，即使有錢也不見得順利。最大的問題在於港人急著移民，很容易淪為騙徒的肥羊，就像某些香港家族變成冤大頭，把大筆費用交給拍胸脯幫他們搞定移民文件的所謂「移民顧問」，金額通常在三萬美元以上。[12]其次，遷居異國後有些人發現無法維持過去的商業成就。香港是個自由放任的資本主義大城，但美國政府的規範遠多於香港，稅金較高，勞動法規也較嚴格，而且州郡、聯邦等各層級的複雜法規都必須遵守。某些企業家把幾十萬美元的畢生積蓄投注在新事業上，但過沒多久就以失敗告終。但令人訝異的是許多香港移民不以為苦。他們把那些失敗當成移民美國的代價，只要獲得公民權與美國政府的保護就好了。

漸漸的許多香港移民發現在香港做生意比美國容易，分散風險之道就是在兩地都維持關係。他們把家人與家當都移轉到美國，但自己留在亞洲做生意。很快的這些人就獲得了「太空人」的稱號：在香港與美加之間頻繁搭機來去的「空中飛人」。

因此港式粵語就出現了「太空人」的另一個意思：「太太空掉的人」，意指那些獨留香港工作的男人[13]，而他們的妻子則和中國清朝時期的「金山寡婦」一樣，與丈夫聚少離多。這些香港「太空人」的人生與早期移民美國的華人倒是有幾分相似，但時代改變了，生活模式並不相同。從清朝到民初，美國華人的生活處境極為弔詭：他們收入太低，不足以在美國養家活口，但匯回中國的錢卻能讓家人躋身鄉紳階級。這些家庭不得不分隔兩地，妻子在廣東鄉間養兒育女，一家之主則是在大西洋彼岸工作，只能匯錢回家。一九九〇年代隨著「太空人」現象崛起，許多家庭又開始過起分隔兩地的日子，只是金流的方向逆轉了：妻子兒女住在美加地區，丈夫則是留在亞洲賺錢，讓北美的家人能夠優渥度日。

這些香港太空人的數量成千上萬，有些只是事業有成的企業主管，但也不乏知名大亨。其中最知名的例子包括佐丹奴成衣連鎖店創辦人兼報章雜誌發行人黎智英，因為投資房地產而成為億萬富豪的恒隆集團董事長陳啟宗，還有「華人船王」之稱但也跨足房地產投資的曹文錦，以及另一位船運大亨董建華（譯註：

董建華在香港回歸後成為香港特別行政區首任行政長官）。他們全都頻繁往來於香港和加州的住家之間。[14]

某些「太空人家庭」離開香港的蝸居後，住進美加地區的大宅院，像是被洛杉磯人稱為「超大住宅」（monster houses）的豪宅，也有很多人遷居多倫多與溫哥華等加國大城，像是溫哥華居民就曾戲稱自己住的城市是「香哥華」（Hongcouver）。不過，並非所有家庭都對這種新生活感到滿意。過去在香港因為人力低廉，許多妻子有僕人可供使喚。如今在他們必須重新適應的新社會裡，即使是中上階層的美國家庭主婦也有義務自己煮飯、打掃，充當小孩的司機。此外，香港的社交生活較為快速刺激，主婦們忙著中午上茶樓聚餐，晚上去唱卡拉ＯＫ，還有各種餐會與夜宴。到美國後她們發現自己很難適應較慢的社交生活步調，郊區的生活環境除了給人與世隔絕之感，她們內心深處也常覺得孤伶伶的。[15]

無可避免的是，配偶長時間不在導致許多人寂寞難耐，開始搞外遇。心理學家梁亞歷（Alex Leung，音譯）認為某些太空人回到亞洲後就進入了某種「二度單身期」。「香港向來以物慾橫流與夜生活紙醉金迷聞名，」他撰文寫道，「這些感覺自己像恢復單身的男人很容易誤入溫柔鄉，把這些踰矩的行為當成逢場作戲。」[16]在此同時，某些移民的香港主婦在煩悶挫折之餘與當地熟識的男子發展出曖昧的關係，然後又更進一步——這類事件也時有所聞。不管真的外遇或只是搞曖昧，許多太空人的婚姻就此觸礁。某位香港銀行界高層的妻子帶著三個孩子住在舊金山，結果和某個男性未婚鄰居變成密友，她老公醋勁大發。在遭到老公指控搞外遇的同時，這位人妻回嗆：我也聽說你在香港的夜店跟我不認識的女人跳舞尋歡啊！一聽到這些話，她老公立刻飛回香港，一週後就訴請離婚了。

儘管婚姻觸礁的案例不算少，但許多太空人夫妻還是熬了過去，並未離婚，但這種分居兩地的生活模式還是讓丈夫感到壓力沉重，進而導致他們與家人的關係產生裂痕。例如，為了減低自己長期離家的罪惡感，某些華人父親會試著透過昂貴的禮物來表達自己的父愛，像是購買最夯的玩具、名車，給小孩許多零用錢。但無論砸了多少錢，他們終究會發現自己的親職無法用錢來履行。某些兒女最後只把父親當成提款機，而非能夠給予建議而又可靠的典範。因為缺少兒女的愛，許多父親後來發現自己在心理與情感兩方面都已與家人疏離。梁亞歷在文章中提及某個案例李先生的小孩喜歡用英語講話，不愛講華語，等到他要求他們一定要用母語與他說話，他們就乾脆不和他說話了。另一個案例王先生每次與妻子小孩在一起時，總是著了魔似的不斷透過傳真機與行動電話隨時掌握大西洋彼岸的股市行情，而且通常都是在北美時間的大半夜。家人被惹火了要他別這樣，他居然提出警告，要是他們一直抱怨他就再也不來了。

由於缺少一位堅強的父親在身邊，許多青少年開始走上偏路。某位香港太空人的女兒向訪談者坦承她非常擔心自己的兄弟：「他開始賭博抽菸，跟中國城的幫派一起混，跟許多不正經的女孩發生性關係。他還有一次闖空門被抓的紀錄。我盡可能幫他掩護。目前我爸媽還不知道，但他們知道後一定會非常崩潰。」[17]

不過，付出最慘痛代價的當然還是這些太空人本身，因為他們屢屢長時間搭機、每天在餐廳吃飯，常因時差問題而失眠。他們每天的行程經常都是這樣的：在太平洋彼岸的某個城市開會，從機場傳送電子郵件，然後搭乘深夜班機前往下一個目的地，利用搭機時間打盹。某些太空人刻意養成連續工作好幾天的習慣，等到要搭機前往太平洋彼岸與家人團聚才在飛機上倒頭大睡。梁亞歷特別指出，長此以往這些太空人很可能會失去對自己非常重要的一切，包括「婚姻、小孩，而且因為屢屢長時間不在移民國，甚至會失去自己的移民身分」。[18]

當中國的態度變得強硬起來之際，亞洲地區並非只有香港人感到不安。從一九九〇年代開始，許多臺灣人再次開始感到很有壓力，覺得應該要帶著資金移民美國，以策安全。在天安門大屠殺發生後，許多人開始擔心鄧小平時代以降的改革開放成果也許會突然化為烏有，大開民主倒車。後來到了一九九六臺灣首次辦理總統直選之際，國民黨四十年來的統治受到挑戰，中共則深恐獨派團體也許會宣布獨立建國，自此脫離中國，因此選擇用武嚇的方式干擾選舉。解放軍在鄰近臺灣的海岸地區進行一系列的軍演，發射了多顆導彈，彷彿是向臺灣人民宣告：在獨立的議題上，只要臺灣膽敢跨越紅線，解放軍隨時可武力犯臺。臺灣股市頓時一瀉千里，許多居民避走美國。但既然臺灣並未正式獨立，這一場臺海危機終究還是安然度過了。投資人又回到臺灣，兩岸關係也又開始正常化。不過，臺灣許多家庭被嚇壞了，某些人認為應該把錢財和家人弄到美國才是明智之舉，以免大難臨頭之際來不及逃走。

與香港一樣，主要就是因為心懷恐懼，一九九〇年代臺灣才會有許多家庭必須忍受分隔兩地之苦。臺灣家庭最常見的分隔模式是所謂的「降落傘小孩」現象。太空人父親是留在香港賺錢，小孩在母親的陪伴之下遷居美加等地的郊區。至於臺灣的「降落傘小孩」則是與爸媽分隔兩地，自己遠赴美國生活。他們之所以會做這種選擇，背後的動機並不單指是因為臺灣在政治上前途未卜，同時也是希望讓孩子們可以不用承受龐大的升學競爭壓力。

臺灣學生從小學就開始背負大學入學考試的壓力。為了擠進明星高中，許多學生從小就補習或請家教。到了國中，競爭壓力更為沉重。「就算是班上成績最好的人，還是有可能考不上大學，」某個降落傘小孩向訪談者表示，「在臺灣每年舉辦的高中與大學入學考試裡，大家真的要拚死拚活才能過關。」[19]

嚴酷的升學制度導致許多天資聰穎的學生遭到忽略，永遠不得翻身。臺灣有為數不少的工人階級家庭請不起家教或付不起補習費，因此不敢奢望讓所有的小孩都上大學。沒有大學學歷的臺灣人，出社會後的機會是有限的。他們不能就讀研究所，出國的機會很少。沒有高中學歷的輟學生就更慘了。一般他們只能進入技術層次較低的勞力密集行業，像是在家庭式工廠裡負責組裝工作。部分臺灣家庭深知這些難處，他們把資源全都投注在一兩個小孩身上，希望他們能夠獲得其他兄弟姊妹肯定無法企及的成就。

其他臺灣家庭就比較精明，決定把小孩送往美國讀書，藉此避開聯考。他們認為美國的教育體系是通往成功的捷徑，有兩大好處：一方面中學的課業比較沒那麼競爭，美國大學的名望更勝於臺灣的大學。不過，有別於那些跨國企業老闆等級的美加移民，這些小孩的父親往往無法離開現有的事業，到美國重新來過。而且臺灣的雙薪家庭愈來愈多，許多母親也沒辦法放棄自己的工作到美國陪小孩。所以家長只是把小孩送出國，交給專人或親戚照顧，甚至有些小孩完全沒人監管。令人非常驚訝的是，這些家長前往美國探視小孩的頻率通常只有一年兩三次。

根據黃海倫（Helena Hwang，音譯）與渡邊泰瑞（Terri Watanabe，音譯）在一九九〇年進行的一份研究顯示，美國共有大約三、四萬臺灣小留學生自己住在美國，他們的年紀介於八到十八歲之間，沒有父母的陪伴。[20]絕大部分的小留學生都是男生，因為爸媽希望兒子們可以不用服義務役。（所有臺灣男性滿二十歲之後就必須當兩年兵，但若考上了大學則可辦理緩徵。）這些降落傘小孩遍布全美各地的都會區，不過其中大約有一萬人住在西岸地區，居所大都在洛杉磯或舊金山灣區的精華住宅區。[21]

某些住在精華區的青少年彷彿置身人間天堂：沒有爸媽管東管西，幾點回家都沒關係，錢多到用不完。其中最有錢的甚至有僕人、管家伺候，每個月的零用錢至少四千美元，常常開BMW或賓士名車上街兜風。[22]但很多青少年即使過著奢華的生活，卻感到絕望鬱悶。（根據研究顯示，青少年本來就是最容易受傷的人生階段，而且如果在這階段從某個文化環境遷居另一個，只會讓他們的日子更難過。若無家長的保護與支持，他們就更容易受到種種傷害，甚至毀了自己的人生。）某些青少年向進行研究的人員表示，他們非常想念爸媽，害怕新環境而且常常啜泣。根據一份在一九九四年針對南加州一六二位臺灣小留學生進行的研究顯示，與美國當地出生的華裔青少年相較，他們因為沒有父母陪伴而較為焦慮、沮喪、憂鬱、偏執，也過度敏感。[23]有個從十二歲開始寄居加州親戚家裡的女孩向《洛杉磯時報》表示：「從外表看來他們是快樂的，但內心卻很受傷。我希望別的家長不要這樣對待他們的孩子。」她坦承自己「內心深處有個黑暗的角落」。偶爾她那十四歲大的弟弟會哭著來到她的房間說：「派蒂，我想找媽媽。」她只能盡力安慰弟弟：「有時候我們只能抱在一起痛哭，除此之外還能怎樣呢？」[24]

這些降落傘小孩的行為模式通常如下：首先，他們會不斷打電話回家哭求爸媽來美國陪他們（許多小孩在離家的前幾個月光是電話費就耗去數以千計美元）。接著他們開始認命，對一切感到麻木。最後則是出現情感上的疏離現象。某些爸媽往往還清楚記得與小孩講電話時話筒另一頭的口氣總是那樣冷淡：隔很久都不講話，對問題的回應也只是制式的「有」或「沒有」，好像陌生人。

許多家長深信，為了幫孩子們爭取到更好的未來，即使犧牲了親子之間的親密關係也在所不惜。不過家長大都因為與孩子分隔兩地而有很深的罪惡感，因此他們和香港的太空人父親一樣，用錢來彌補。一九九〇年代期間，這些來自臺灣的降落傘小孩每年平均得花費一萬五千美元，[25]如果把家裡的種種開銷加進去，數字就更可觀了。根據《洛杉磯時報》在一九九三年的估計顯示，一個降落傘小孩在美國每年所需開銷大約為四萬美元。[26]某些青少年深知一開口就會有錢，而且當憎惡之情漸漸淡去，一種「爸媽對我有虧欠」的心態油然而生，他們甚至會變成擅長利用家長的罪惡感來要更多零用錢。「把我丟在這裡不聞不問的是他們，因此對我有虧欠，」某位降落傘小孩向訪談者表示，「那是我應得的。」[27]

由於爸媽遠在十萬八千里之外，要管教小孩是很難的。有個男生表示爸媽總要他「認真讀書，專心一點，別碰毒品別抽菸，也別約會，別做這個，別做那個。過一陣子之後那種電話內容就令人厭煩了。如今我只有在規定的時間到了才會打電話回家。在電話裡我實在沒什麼可以跟他們說的。」[28]為了緊盯孩子的功課，某些家長要求小孩把成績單與作業傳真給他們看，如果分數太低就扣零用錢。[29]許多青少年坦承，只要把功課顧好，他們可以對爸媽予取予求。所以某些家庭的親子關係簡直和勞雇關係沒兩樣：對於不在辦公室裡工作的員工，老闆如果覺得他們工作不專心，就可以透過扣薪水與獎金來「遙控」。

在這種成敗全憑自己努力的環境裡，某些降落傘小孩的課業表現非常傑出，但也有一部分因為無法應付這種情況而被退學。到了一九九〇年代初期，無論是美國主流媒體或華語媒體都已開始報導臺灣降落傘小孩的一些嚴重問題。少年犯罪、混幫派與自殺等案例時有所聞，這一切都對美國華人的「模範少數族裔」形象有很大的傷害。就大多數案例而言，降落傘小孩犯下的罪行都與暴力有關。一九九五年，年僅十六歲的臺灣女孩在寄宿家庭住宅內引爆了一枚自製炸彈，結果被捕後遭到謀殺未遂罪起訴。[30]隔年，另一個在洛杉磯已經住兩年的小留學生因為走私槍械到臺北而被逮捕。[31]洛杉磯聖馬利諾校區官員驚覺臺灣小留學生的逃學率實在高得驚人，於是在一九九一年公布一道新政策：所有學生都必須與法定監護人（如法院指定的寄養家庭）同住，或者投宿親戚家中，而且不能是遠親。違者將會被驅逐出境，或者把情況向移民當局報告。[32]

到了一九九〇年代晚期，臺灣家長甚至必須面對降落傘小孩的另一種生活危機：鎖定富家子弟的綁匪。一九九八年十二月，家住加州聖馬利諾的十七歲學生陳寬南（Kuan Nan "Johnny" Chen，音譯）在自宅前車道遭幾名綁匪綁走。[33]陳寬南是個降落傘小孩，他的爸媽長期往來於洛杉磯與老家臺灣之間。他父親辦公室裡某位祕書向綁匪透露陳家有多富裕，他們跟蹤陳寬南一個多月才下手。他被擄走塞進旁邊一輛在等待的車輛，在綁匪手裡度過驚恐的兩週，遭人戴上手銬腳鐐，雙眼嘴巴都黏著膠帶。被綁後陳寬南立刻試圖逃走，但又被綁匪抓回去，用槌子敲打他的頭。他們向陳父索求一百五十萬美元贖金，討價還價後雙法以五十萬成交。不過，在贖金送達以前，在聯邦調查局、當地警方與臺美雙方政府的通力合作之下，陳寬南獲救了。後來，洛杉磯郡警局（Los Angeles County Sheriff's Department）聲稱，陳寬南綁架案在華人社群中屢見不鮮，令人震驚的是有三分之二家長都不敢報案，選擇給錢私了[34]——甚至有人說應該是百分之九十都沒有報案。[35]

降落傘小孩有百分之八十來自臺灣，[36]但中華人民共和國身為促成這種現象的國家，其實也有大量青少年在沒有家長陪伴的情況下被送往美國，只是我們無法得知具體的數字。諷刺的是，就連某些中共高官也覺得美國才是孩子們的避風港，讓他們可以不用遭受充滿變數的中國政局牽連。

一九九九年，美國移民當局破獲一宗似乎是要把中國青少年偷渡入境的案件。一群上海的名門子弟來到洛杉磯學英語，每個人都耗資一萬九千美元，而他們的家長包括中共高層、銀行家與企業領導人。[37]看來原本的計畫是要讓這些青少年能夠進入合法的學校就讀，借此取得學生簽證，然後在美國待上好幾年。只要他們持續保有學生身分，簽證就可以無限期延長，同時家長們就能夠在親友或美國公司的協助下幫孩子申請歸化為美國籍。無疑的，某些中國人認為這是一條取得美國公民身分的捷徑。

就在他們原訂要搭機返回上海那一天，那一群青少年從洛杉磯機場消失了。美國政府唯恐他們遭人綁架，引發國際危機，於是展開調查，結果發現他們早已返家，又註冊就讀另外一個英語研習課程。媒體與論對這些上海的名流世家大加抨擊，因此在中國有人提議禁止高中生出國遊學。後來某些家長受訪時說他們只是希望讓小孩遷居美國，獲得更好的機會。「中國政府只允許我們每家生一個小孩，」某位父親含淚表示，「他們都是我們的王子與公主。我們願意為他們做任何事。」[38]

---

1 請參閱：Marlowe Hood, "Dark Passage; Riding the Snake," *Los Angeles Times Magazine*, June 13, 1993.

2 請參閱：Jing Qiu Fu, "Broken Portraits," p. 45.

3 請參閱：Ibid., p. 42.

4 請參閱：Ibid., p. 55.

5 請參閱：Him Mark Lai, "China and the Chinese American Community: The Political Dimension," *Chinese America: History and Perspectives 1999*, p. 19.

6 請參閱：Ronald Skeldon, ed., *Reluctant Exiles? Migration from Hong Kong and the New Overseas Chinese* (Armonk, N.Y.: M. E. Sharpe, 1974), p. 166.

7 請參閱：Ibid., p. 35.

8 請參閱：Ibid., p. 31.

9 請參閱：Ibid., p. 103.

10 請參閱：Ibid., p. 32.

11 請參閱：Ibid., pp. 30, 103.

12 請參閱：Ibid., p. 55.

13 請參閱：Ibid., p. 11.

14 關於這些香港富豪的資訊，請參閱：Evelyn Iritani, "The New Trans-Pacific Commuters," *Sacramento Bee*, February 9, 1997.

15 請參閱：Ronald Skeldon, ed., *Reluctant Exiles?*, p. 171.

16 請參閱：Alex C. N. Leung, *Bulletin of the Hong Kong Psychological Society*, No. 28-29, January-July 1992, p. 139.

17 請參閱：Ronald Skeldon, ed., *Reluctant Exiles?*, p. 173.

18 請參閱：Alex C. N. Leung, p. 142.

19 請參閱：Min Zhou, 'Parachute Kids' in Southern California: The Educational Experience of Chinese Children in Transnational Families," *Educational Policy* 12:6 (November 1998)。

20 請參閱：Helena Hwang and Terri Watanabe, "Little Overseas Students from Taiwan: A Look at the Psychological Adjustment Issues," master's thesis, University of California at Los Angeles, 1990; Chong-Li Edith Chung, "An Investigation of the Psychological Well Being of Unaccompanied Taiwanese Minors/Parachute Kids in the United States," Ph.D. dissertation in counseling psychology, University of Southern California, December 1994, p. 1.

21 請參閱：S. Y. Kuo, *Research on Taiwanese Unaccompanied Minors in the United States* (Taipei: Institute of American Culture, Academia Sinica)，轉引自：Chong-Li Edith Chung, p. 1.

22 請參閱：Min Zhou, 'Parachute Kids' in Southern California".

23 請參閱：Chong-Li Edith Chung, pp. x, 87, 88.

24 請參閱：Min Zhou, 'Parachute Kids' in Southern California".

25 請參閱：Ibid.

26 請參閱：Ibid.

27 請參閱：D. Hamilton, "A House, Cash and No Parents," *Los Angeles Times*, June 24, 1993, p. A16.
28 請參閱：Min Zhou, "Parachute Kids' in Southern California."
29 請參閱：Ibid.
30 請參閱：Min Zhou, "Parachute Kids' in Southern California."
31 請參閱：Ibid.
32 請參閱：Chong-Li Edith Chung, p. 47.
33 請參閱：Jeff Wong, "Parachute Kids': Latchkey Kids with Cash Vulnerable to Trouble," Associated Press, May 15, 1999; *NBC Nightly News*, January 9, 1999.
34 請參閱：*San Diego Union-Tribune*, January 10, 1999.
35 請參閱：Associated Press, May 15, 1999.
36 請參閱：Min Zhou, "Parachute Kids' in Southern California."
37 請參閱：Maggie Farley, "Shanghai Youths Test Welcome Mat in US," *Los Angeles Times*, May 3, 1999, p. A1.
38 請參閱：Ibid.

第十九章
在美國社會兩端的華人：高科技與低科技

在出乎意料的情況下，美國在一九八〇年代取得了許多國際上的重大成就，也為一九九〇年代的美國社會鋪出一條通往暴富的路。與蘇聯之間長達四十年的核武競賽並非以戰爭的方式結束，而是因為蘇聯自行瓦解，東歐各國人民歡聲雷動，德國人只靠榔頭與雙手就把柏林圍牆給拆掉了。附庸國一個個脫離蘇聯，到了一九九〇、九一年，蘇聯旗下的共和國紛紛宣布獨立，美國發現自己因為對手棄權而成為冷戰的勝利者。長久以來大家都害怕核戰會引發世界末日，而且看來似乎也無可避免了，但奇蹟似的這噩夢並未成真。敵手的瓦解把美國帶入一個前所未見的新時代，因為如今美國已經成為獨霸世界的經濟與軍事強權。

雷根總統的支持者總是說他終結冷戰的方式並非靠退出軍備競賽，而是加快競賽速度。根據此一說法，他與蘇聯玩了一場賭注超高、沒有任何規則可言的撲克比賽，兩國都可能面臨破產危機——所以比的是財力，誰的錢比較少就得棄械投降。到了最後階段，軍備競賽為美國帶來兩個後遺症。首先是留下美國史上之最的龐大國債，但那麼多錢並非全都用於武器，也用來研發贊助各種新科技，尤其電腦與資訊處理。這些高科技一旦發展成熟，對美國的產業經濟將會產生巨大壓力，推動商務革命，對於整個社會的影響層面非常廣。

在這新的經濟體系中，誰能更快創造或控制新科技就能打敗競爭者，進而掌權。毫不令人訝異的是，比爾・蓋茲（Bill Gates）之所以能成為全球首富，就是因為他身為微軟公司的共同創辦人與領導人，靠電腦科技累積巨大財富。到了一九九〇年代末期，據估計他的身價已高達八百五十億美元，堪稱富可敵國，而且他的錢也比全美國最窮的一億人加起來還要多。身價排行全美前百分之一的美國人在一九九〇年崛起，坐擁該國百分之四十的資產，而且與二十年前相較，他們的財富已成長為兩倍。[1]

在此同時，窮人變得更窮，他們都是因為未擁有高科技技術而遭新經濟體淘汰。據經濟學家愛德華・沃爾夫（Edward N. Wolff）統計，從一九八三到九五年之間，美國的貧窮、勞工階級與中下階層家庭，也就是財富排行全美後百分之四十的美國人失去了他們百分之八十的身家；如果以一九九五年的美元當作基準，把通貨膨脹率考慮進去，他們持有的財產等於從四千美元縮水為九百美元。[2]他們的財產之所以會蒸發，理由之一是過去美國曾經因為製造業員工可以領取高薪而讓工人與中產階級保持生活富裕，但那些工作機會都因為大企業漸漸把工廠轉移到第三世界國家而消失。

能感受到貧富差距逐漸擴大的並非只有白人與黑人，華人也不例外。一九九〇年代期間華人新移民逐漸發展出一種兩極化趨勢：一方面是受過高等教育的高能見度的菁英階層在社會上崛起，另一方面，成千上萬非法華人移工遁入地下經濟體系，淪為不見天日的奴工，被迫忍受慘不忍睹的勞動環境。但無論這些華人移民位於「高科技」或「低科技」的一端，兩者都曾因為華人身分而在九〇年代遭逢一次又一次危機。

一九九〇年代是「高科技」華人的淘金熱時代，只不過這些人萬里求財的去處並非金山，而是矽谷。一八四九年的淘金熱潮在北加州湧現，到了現代，地點轉換成舊金山南邊的矽谷地區。一九七〇年代，矽谷地區早已是個人電腦的誕生地，一場電腦革命由史蒂夫・賈伯斯（Steve Jobs）與史蒂夫・沃茲尼克（Steve Wozniak）在車庫裡創設蘋果電腦公司開始，賣起了桌上型電腦。因為鄰近位於帕羅奧圖的史丹福大學、加大柏克萊分校與舊金山這個亞洲貿易大港，促使矽谷發展成全球高科技產業重鎮。（舊金山灣區與亞洲之間早已發展出一種共生關係。例如，矽谷的許多新公司負責研發硬體與軟體，臺灣則是製造中心，為全球電腦產業供應電腦元件與周邊設備。）但一九九〇年代爆發了一場比電腦革命更激烈網際網路革命。

網際網路的起源可追溯至一九六〇年代，當時學界與政府的專家都已經想到要搭設一個即使核戰爆發後仍可正常運作的全球電腦網路。在麻省理工學院進行初始研究後，美國國防部所屬高等研究計畫署（ARPA）發案給該校繼續研發，利用電話線路將全美某些名校的電腦串聯起來。接下來的二十年間，一小群學界人士（大都是電腦科學家、工程師與圖書館館員）開始把這電腦網路當成一個虛擬告示欄來使用，藉此交換訊息，這就是聯邦政府贊助開設所謂的電子郵件系統（e-mail）。

一九九〇年代初期，因為美國線上（America Online）、CompuServe與Prodigybegan等公司陸續開始提供網路服務，社會大眾開始知道這種新型通訊方式的存在，而且只要繳交月費就可以隨時使用。後來這種電腦網路服務獲得網際網路的正式稱號，蓬勃發展的情況前所未見，一家家新創公司在矽谷地區如雨後春筍般出現。這些通稱dotcom的網路公司通常由剛剛離開學校的年輕男女主持營運。為了吸引身懷電腦絕技的員工，這些欠缺資金的新創公司大都提供股票選擇權以替代高薪。等到公司股票上市時，因為這新興的網路產業看來前景無限，大家都想要分一杯羹，許多公司首次公開募股就出現搶購現象。被看好的公司儘管大都還沒有賺錢（後來許多公司的確也成了賠錢貨），股價卻一飛衝天。在網路泡沫化之前，大批華裔美國青年無論身為網路公司創辦人或僅靠股票選擇權，都能躋身二十幾歲的百萬富翁行列，而且可望在三十歲以前就成為億萬富翁。史丹福大學歷史教授張少書（Gordon Chang）指出，這種新富現象翻轉了年輕亞裔美國人的形象，讓他們從「勞工或洗衣工之子」變成「未來的網路公司百萬新貴」。

網路商界的代表性人物之一是楊致遠（Jerry Yang），他因為創辦搜尋引擎與網路服務公司雅虎（Yahoo!）而成為億萬富翁。[3]楊致遠在一九六七年出生於臺灣，青少年時代隨家人遷居加州聖荷西。他們的公司因為一個非常單純的理念而蓬勃發展：為全球資訊網（World Wide Web）上他最喜歡的網站建立目錄。到了一九九〇年代初期，只要在網址列上面輸入任何網站的網址，就能找到那個網站。楊致遠為全球資訊網發展出第一個廣受歡迎的搜尋工具，所以使用者只要在搜尋框裡輸入名字或關鍵詞，按下輸入鍵，搜尋引擎就能幫忙找到所有包含那些名字或關鍵詞的網路文件。當時年僅二十六歲的楊致遠仍是史丹福大學的電工工程博士班學生，與同學大衛．費羅（David Filo）成天待在校園的一個小小拖車辦公室裡，根據主題幫網路超連結分類，貼在全球資訊網上。他們製作的網路目錄深受網友歡迎，甚至因為流量太大而讓史丹福大學的電腦掛掉，逼使他們把公司遷離校園。楊致遠與大衛．費羅讓雅虎成為上市公司，看著它的市值暴漲。到二〇〇〇年三月雅虎的市場資本總額已超過一千億美元。（在網際網路熱潮最夯之際，除了雅虎之外，還有一些知名度比較不高的成功故事。例如，一樣來自臺灣，後來隨父母遷居美國的哈佛學生謝家華（Tony Hsieh）與某位哈佛同學成立一家叫做 LinkExchange 的新創公司，隨即賣給微軟公司，據悉售價高達兩億五千萬美元。（根據交易條款，他不能透露實際數字。）謝家華的爸媽都是擁有博士學位的科學專業人士，一開始對於他的創業決定感到很沮喪。「一開始爸媽知道我要離開甲骨文公司（Oracle）的穩定工作去創業，感到有點詫異，也不太高興，」謝家華表示，「事實上，一開始他們對於我去甲骨文公司就已經不太高興了，因為他們希望我能拿到博士學位。」至於他博士班要讀什麼，他們並不在意。「他們只是希望我的名字後面可以加上PhD這三個字母。」）

當然，並不是所有資訊時代的華人大亨都是透過網路公司致富。也有人的致富之道是幫全球高科技公司當外包商，把臺灣當成製造中心，張忠謀就是其中之一。[4]在臺灣張忠謀向來有「高科技教父」的美譽，他原本是位曾在哈佛大學、麻省理工學院與史丹福大學受過教育的電子工程師，後來成為台積電公司（TSMC）的創辦人與董事長，堪稱積體電路製造業的開路先鋒。張忠謀的公司一開始是在中華民國政府的金援之下成立，他體認到製造晶片需要龐大創業資本（一家半導體廠所需資金動輒高達數十億美元），於是專門招攬美國晶片公司，要它們把製造工作外包到臺灣。由於許多美國的獨立晶片設計師無法與英特爾（Intel）、摩托羅拉（Motorola）與NEC等大廠競爭，台積電公司便為他們提供價格合理的製造服務，讓他們可以全神貫注在晶片設計工作上。因此張忠謀的遠見加快了全世界的電腦創新腳步。如今全球成千上萬的企業家能夠靠他們的創新與大公司競爭，在產業發展過程中佔有一席之地。到了二十世紀末，就連某些半導體大廠也開始為了縮減成本而將製造業務外包給臺灣。

任何淘金熱都有幾個贏家得以揚名立萬，但更多人把自己搞得筋疲力盡而全盤皆輸。美國國會在一九九○年通過《移民法案》，引入受過高等教育的技術性移工適用的H1-B簽證制度，但把簽證持有人的工作年限定為最長六年，此舉讓許多華人移民陷入困境。在這之前，美國向來是熱情擁抱那些受過高等教育或擁有專業技能的移民，但這法案卻在一夕之間翻轉了移民政策。一九六五年之後，只要是具有專業訓練背景的外國華人想要申請移民美國，政府幾乎沒有設限。一九八九年發生天安門慘案後，當時在美國的中國學生甚至立刻獲准取得綠卡。但對那些在一九九○年《移民法案》通過後才來的華人而言，情況截然不同。

站在高科技業的角度來看，H1-B簽證制度深具吸引力，因為可以解決產業的勞力需求問題，每六年就讓各公司汰換一批人，可以充分利用的人才。一般認為，這個政策是為了讓國內產業可以有機會掌控外國移民的高科技人力資源，但又不用對他們的付出給予充分回報、助其取得美國公民身分。剛開始，國會把這簽證計畫的年度名額設定為六萬五千人，[5]但九○年代的高科技蓬勃發展，導致電腦程式設計師、工程師與系統分析師的人力大缺，各公司都希望能從國外招募新血。在微軟等大企業積極遊說下，美國政府在一九九八年把限額提升到十一萬五千人，[6]兩年後再度提升為十九萬五千人。[7]在藉此制度取得簽證的外國技術勞工裡，為數最多的是印度人，中國人居次。（大部分持有H1-B簽證的華人來自中華人民共和國而非臺灣。一九八〇、九〇年代期間，在美國接受教育的臺灣高科技人才往往會回流臺灣。儘管一九六〇、七〇年代期間的臺灣留學生往往選擇留在美國，到了此時，更多臺灣學生在取得學位後因為故鄉的就業機會更好，所以會回到臺灣。不過，中國的高科技員工更想留在美國。）

很快就有許多人批評H1-B簽證制度是「白領奴隸賣身契」。[8]這些白領勞工的薪水最高有一半是被人力仲介抽走，而且簽證持有者為了希望公司幫忙申請永久居留身分，也必須讓雇主對他們予取予求。如果簽證持有人想要換公司，新雇主必須為他們向移民及歸化局提出申請，整個流程要跑好幾個月。H1-B簽證持有者必須等好幾年才能取得渴望已久的綠卡，而且他們也深知自己的簽證搞不好在拿到綠卡前就到期了。綠卡的申請案也就開始大排長龍，因為每一年每個國家申請者取得綠卡的比例都不得超過百分之七。

到了一九九〇年代末期，少數持有H1-B簽證的華人開始組織起來。例如，來自中國的綠卡申請人燕曉哲（Swallow Yan）在一九九八年促成華人專業人士和企業家協會移民事務委員會（Immigration Council of the Chinese Professionals and Entrepreneurs Association）的成立，藉此一基層組織代表所有的簽證持有者向政治人物遊說。[9]但一般而言，H1-B簽證持有者向來很怕惹事，所以不敢向媒體與立法機構陳情。當我為這本書進行研究工作時，曾採訪過幾位曾經持有H1-B簽證的華人，但他們堅持我不能透露他們的名字才願意受訪。

有一位女士，在此我姑且稱她為鍾莎莉，她聲稱H1-B簽證讓她一度成為「高科技奴工」。她是來自中國大陸的移民，一九九二年赴美攻讀工程學士學位。畢業後在當地公司找到一份軟體設計師的工作，公司要她每天至少工作十小時，週末也不例外，無法加薪也沒加班費。鍾莎莉對此當然感到不滿，但卻不能離職，因為申請綠卡的要件是必須有公司聘雇她。辭職意味著她必須重新申請一遍，而先前她投資在申請案上的一萬美元法律諮詢費用也等於泡湯了。因為向移民及歸化局提出申請的人實在太多了，導致整個流程所需時間從幾個月起跳，甚至好幾年，十分惱人。某次她抱怨自己的薪水甚至比同行菜鳥還要低，他老闆居然把她從軟體工程師降調為圖書管理員，藉此證明給她低薪是對的。不過老闆還同時要求她做軟體設計師的工作，幫公司設計一個電腦資料庫程式。「我老闆喜歡把我叫進辦公室，關門後對我大吼大叫，」她說，「他說如果哪天我能說一口沒有腔調的流利英文時才能加薪。他還說他只要在中國住一個月，就能把中文說得呱呱叫。老闆威脅我，要是我再次要求加薪，就會被炒魷魚。」她說現在她「怕得要死，唯恐失業」。

除了H1-B簽證制度之外，還有另一個新的情勢也對「高科技」華人不利。蘇聯突然垮台後在國際政治舞台上留下空缺，有助於中國在後冷戰時代崛起，成為僅次於美國的第二軍事大國。蘇聯本來就玩不起軍備競賽的遊戲，結果瓦解後也拖垮了俄羅斯與前蘇聯所屬各共和國的經濟，相反的中華人民共和國的經濟成長卻出現飆升之勢。毛澤東死後，中國的國民生產毛額在一九九〇年代幾乎成長為三倍，美國開始擔心中國會成為競爭對手。在九〇年代期間許多經濟專家與史家紛紛斷言，二十一世紀將會是中國的天下。

弔詭的是，九〇年代期間美國既把中國當成重要貿易夥伴，也是最強大的對手。這十年之間美中企業的夥伴關係呈現爆炸性發展，但美國社會也開始進入對中華人民共和國有所疑懼的時代。根據《華盛頓時報》報導，華府開始出現一個反中的「藍隊」（Blue Team），它是一個「關係鬆散的聯盟，成員有國會議員、國會幕僚、智庫研究員、共和黨黨工、保守派記者、支持臺灣的說客、退休情報人員與幾位學者，他們全都認為中國崛起後將會對美國的利益構成重大威脅。」[10] 從一九九〇年代晚期以降，不到幾年之間這個「藍隊」的成員陸續出版了許多相關書籍，像是孟儒（Ross Munro）與白禮特（Richard Bnstein）合著的《即將到來的中美衝突》（*The Coming Conflict with China*）、毛思迪（Steven W. Mosher）的《中國新霸權》（*Hegemon: China's Plan to*

Dominate Asia and the World）、比爾・格爾茨（Bill Gertz）的《中國對美國的威脅》（*The China Threat: How the People's Republic Targets America*），還有愛德華・丁伯雷克（Edward Timperlake）與威廉・崔普烈（William C. Triplett）合著的《鼠年與紅龍崛起》（*Year of the Rat and Red Dragon Rising: Communist China's Military Threat to America*），這些書一致指出，未來美中的對決已勢不可免，呼應了早先的冷戰主題，只是敵手已經換人。〔某些這一類書籍根據少量證據斷言美國克林頓總統（Bill Clinton）收受中共賄款，已經出賣美國國安，而且美國許多軍事機密皆已遭竊取，中共高層甚至把核武瞄準美國。〕

一九九九年，加州共和黨眾議員克里斯多福・考克斯（Christopher Cox）發布一份七百頁報告，指控中國大陸竊取美國的核武機密資料。[11]儘管這份報告後來遭許多美國科學家與導彈專家痛批，指出其內容多有扭曲事實之處，漏洞百出，但報告一發布後就廣受媒體注意。《時代》雜誌初步的回應是以封面故事報導，討論美國是否有可能進入新的冷戰時代，而這次敵手換成中國。

在對中國有所疑懼的氛圍下，華人科學家與工程師紛紛遭人用放大鏡檢視，唯恐他們有天成為中共間諜。從歷史看來，美國華人的族群命運總是與美中關係的好壞有著密不可分的關係，九〇年代也不例外。就像錢學森與五〇年代麥卡錫主義的其他華人受害者，到了九〇年代，所有為國防產業工作的華人知識份子都背負著間諜的嫌疑，一來是因為他們的血統，二來也是因為有太多華人在高科技產業工作。

一九九二年，太空總署所屬艾姆斯研究中心（Ames Research Center）開除了臺灣移民工程師盧慶中（Raymond Ching-Chung Luh，英譯），理由只是因為他被查到持有「一張上面寫有中文的紙」。[12]隔年，丹佛的電腦科學家王安迪（Andrew Wang，英譯）因為用電子郵件傳送程式碼給城裡的一位朋友而遭法院判定在家軟禁一年。這件事的起因是王安迪的雇主指控他為了自己創業所以竊取程式碼，而且據說創業資金來自中國。聯邦調查局本想用跨州犯罪來辦這個案子，理由在於他的電子郵件是透過科羅拉多州以外的交換系統而傳送出去的，但後來有關當局選擇撤案，因為發現那程式碼是雇主允許他複製的，而且內容根本無關緊要。王安迪的律師大衛．連恩（David Lane）將這整件事歸咎於美國社會對於「高科技黃禍」的恐懼，還說當事人的生活有一年多根本過得「生不如死」。[13]

過沒多久許多華人移民便開始面臨「暗通中共」的指控，就連來自國民黨統治下的臺灣人也無法倖免。後來因為政治氛圍改變了，華人不再受到懷疑，許多人才敢出面坦承自己曾遭受美國政府的不當對待。例如，胡奇銘博士（Chih-Ming Hu，音譯）就曾在無預警的狀況下遭聯邦調查局幹員登門拜訪。胡奇銘是臺大畢業生，後來在馬里蘭大學取得博士學位，他服務的企業電腦科學公司（Computer Sciences Corporation）是太空總署所屬加州山景城（Mountain View）艾姆斯研究中心的承包商，負責一項非機密的飛行模擬計畫。幹員質問胡奇銘是否曾經把機密資料與他的博士論文交給一位中國大陸的朋友，他說沒有，還說他手上沒有機密資料，而且他的博士論文早已公開發表在《化學物理學報》（*Journal of Chemical Physics*）。幾天後那一位幹員又找上門，這次指控他說謊，而且語帶威脅地說要叫太空總署開除他。胡奇銘堅稱自己說的句句屬實，而且願意接受測謊。那位幹員並未接受，只是表示他懷疑胡奇銘有所隱瞞。一週後，太空總署以安全理由開除了胡奇銘，不過他並未遭到任何罪名的起訴。

可悲的是，他一開始並沒有想到要採取任何反制手段。「整件事發生得太快，我感到震驚又害怕，不知所措。」胡奇銘後來寫道。他不敢反擊，因為唯恐美國政府會報復他。「大多數來自臺灣的人都記得一九五〇到七〇年代之間國民黨的獨裁統治。在那白色恐怖時代，官員可以不憑法院命令就逮捕任何公民入獄，或者讓他們人間蒸發。所以太空總署開除我之後，我一直很擔心聯邦調查局接下來會怎樣對付我。」[14]

在遭到太空總署不公平的對待後，胡奇銘深感受辱，他表現得像一位強暴受害者，因為羞愧而與世隔絕。照理說他應該和許多蒙冤的美國人一樣，找個王牌大律師控告太空總署、電腦科學公司與聯邦調查局，反正官司贏了才需要付費——但他沒有這樣做，而這在外界看來無異於認罪。他的同事朋友開始認為他也許犯了罪，只是沒有被查出來而已。所以大家都開始疏遠他。在這段期間，據胡奇銘描述，自己好像「活在夢魘裡」，失業了八個月。（「每當我到高科技公司去應徵，把我的事情講出來之後，沒有人敢聘僱我，」後來他向一位記者表示，「誰敢雇用間諜呢？」[15]）朋友對他都避之唯恐不及，老婆也要求與他離婚。急需現金的胡奇銘曾當過房仲與保險業務員，但很少人願意和他沾上邊。最後他決定在求職時隱瞞過去與太空總署的關係，才回到了老本行。

但傷痛仍未痊癒。最後他終於在九〇年代末期打破沉默。對於當時選擇三緘其口，他深感後悔。「我很害怕，」後來他向記者表示，「早知道我真該反擊的。」[16]當年的回憶像揮之不去的夢魘，令他憤恨不平。「我是百分之百無辜的！這件事的起因純粹是聯邦調查局幹員的魯莽與濫權！這種事在中國文革期間常常發生，但誰想得到美國也會這樣？」[17]

最惡名昭彰的是李文和冤案。他是來自臺灣的科學家，原為新墨西哥州洛斯阿拉莫斯國家實驗室（Los Alamos National Laboratory）的員工。一九九九年三月，一篇《紐約時報》的文章宣稱中共之所以會取得W-88核彈彈頭的技術，是因為有間諜。在沒有召開聽證會的情況下，李文和就被解雇了，後來在該年十二月有關當局將他起訴，罪名是透過機密的電腦網路把核子機密傳到一台不安全的電腦上，[18]然後又存進十張可攜式磁帶裡，其中七張已不見蹤影。聯邦調查局幹員隨即逮捕他，指控他違反了《原能法案》（Atomic Energy Act），犯下五十九項不當處理敏感資訊與洩漏機密的罪。[19]

在動用兩百六十幾位幹員，進行一千次訪談與三年大規模調查後，[20]美國司法部終於承認查無李文和犯下間諜罪的實據，但這段期間他始終被羈押著，生活起居的狀況特別糟糕。美國政府也承認一個尷尬的事實：有關當局在調查之初若非已經知道，就是早該知道北京當局所持有的W-88核彈彈頭設計機密不可能來自於洛斯阿拉莫斯國家實驗室。中國取得的資料並非國家實驗室的早期設計，而是較為後期的版本，而且這個版本早已傳送給美國政府內部至少五百四十八個部門，全美國持有資料者若沒幾千人也有幾百人。[21]

儘管許多關於李文和案的細節仍未解密，但我們可以看出美國政府的無能以及屢屢犯下的濫權錯誤。一九九九年三月七日，在一次偵訊中幾位聯邦幹員企圖逼迫李文和承認間諜罪，甚至以死刑威脅他。聯邦調查局告訴他，他未能通過測謊，但事實上測謊時他完全沒有問題，安全過關。[22]他們暗示政府可以藉由洩漏案情來操弄媒體，後續報導的威力將會毀掉他的事業與人生，即使他真的無辜也一樣。（「你真以為媒體報導都是真的？」一位聯邦調查局幹員向李文和表示。「你以為這篇文章所說的一切都是真的？……媒體根本不在乎……你知道我在煩惱什麼？你的名聲會臭掉！……你知道接下來會怎樣，文和？大家都會看到這種報導，他們會認定你背叛了美國。」[23]）幹員甚至威脅李文和，要是他不認罪並請求減刑，就會被處決。「你知道羅森堡夫婦（Rosenbergs）是誰嗎？」（譯註：Rosenbergs 指 Julius and Ethel Rosenberg，冷戰期間的美國共產主義人士，被指控為蘇聯進行間諜活動，後來在一九五三年遭處死。）聯邦調查局幹員卡蘿・柯維（Carol Covert）問李文和。「在美國史上的間諜案裡只有羅森堡夫婦沒跟聯邦政府配合。你知道他們的下場嗎？他們被人用電椅處死了，文和。」[24]

等到司法部找不到李文和是共諜的證據，政府又轉移焦點，緊抓住他在國家實驗室裡並未妥善處理資料的小辮子。後來李文和坦承自己曾將核彈程式碼從安全的電腦系統傳送到實驗室裡一台不安全的電腦，但他宣稱這只是為了備份，以免系統當機損害檔案。

停電後電腦關機導致檔案損傷的事情很普遍，大部分有過類似經驗的人都能理解他為何會違反規定。據李文和在自傳《我的國家控告我》（*My Country Versus Me*）裡表示，他曾在一九九三年因為國家實驗室的電腦進行系統轉換而損失好幾個重要檔案。他打定主意，絕對不要重蹈覆轍，所以儲存了好幾個備份檔案。因為他的電腦沒有磁帶機，所以他向一位在實驗室裡非安全、非機密區域工作的朋友借用。李文和宣稱，製作完備份檔案後他把資料放在開放系統裡，是為了避免以後又出現檔案遺失的問題，而且他用三層密碼保護那些資料。後來他承認自己的確犯了錯，也違反了安全規定，但強調這一切只是「為了自己的方便，而不是刻意要洩密給誰」。[25]

據李文和的同事們表示，這種違反安全規定的情形很普遍，而且他下載的資料也處於安全級別的灰色地帶，也就是他們所謂的「受保護的有限制資料」（protect as restricted data，簡稱PARD）。這一類資料必須小心處理，因為裡面可能含有敏感內容，但並不用遵守「極機密」（secret）或「機密」（confidential）資料的相關保護規定。科學家可以把「受保護的有限制資料」留在桌上後就下班，一位曾待過國家實驗室的武器設計師也向《時代》雜誌坦承他自己也曾犯過小錯，讓一疊PARD資料被風吹到窗外。[26]但在李文和被捕後，美國政府把可下載的PARD資料之機密等級大幅提高，改稱「極機密的受限資料」（secret restricted data）[27]，但此一決策遭外界批評為帶有政治動機，因為政府想要證明李文和並非受到冤屈。

為了把李文和的行為與其他人加以比較，他的支持者拿出前中情局局長約翰．多伊奇（John Deutch）的案例來對照，相較之下多伊奇才是嚴重違反了許多安全規定。李文和只是把PARD資料從實驗室裡的某台電腦傳送到另一台，但多伊奇卻是真的把絕對機密等級的中情局檔案放在手提箱裡帶回家。[28]一九九六年十二月，中情局在他家中未受保護的電腦裡發現一萬七千頁檔案，裡面有絕對機密的「黑計畫」、總統批准的祕密行動資料，甚至還有他在中情局與國防部任職期間所寫的二十六卷個人日記。[29]結果多伊奇家聘了一位「外國居民」當管家，每當他與家人不在時隨時可以進他房間使用電腦。[30]常有人用那一台電腦上網（包括瀏覽色情網站），而且網路服務是由美國線上公司提供，既無加密保護措施，也沒有安全的電話線路保護電腦不受駭客入侵。[31]中情局也得知多伊奇常把重要的記憶卡擺在車上，筆電裡也存放了很多極度敏感的資料，很容易就能加以複製或者竊取。[32]

等到多伊奇發現局裡開始調查了，他立刻從個人電腦裡刪除了一千多個檔案，[33]也拒絕局裡幹員針對此事盤問他。[34]因為他不願配合，儘管中情局認定他已經違反了三項法律規定，卻還是選擇把調查行動擱置。據一位不願透露姓名的官員向媒體表示，該局幾位安全調查人員想要向司法部告發，因為多伊奇「罪證確鑿，已經明顯犯下三條罪，但現任局長說不。」[35]那三項罪名包括未經許可就移除機密資訊（刑度最高可達一年）、企圖移除或銷毀政府文件，或移除或銷毀後刻意隱瞞（刑度最高可達三年），以及私自進行個人財務計畫牟利。

司法部對待這兩個案子的不同方式可說天差地遠。李文和儘管未曾正式受到間諜罪起訴，卻遭到囚禁並且不能保釋，而多伊奇犯下的國安罪狀遠比他嚴重，卻連監獄大門都沒進去過。他所接受的唯一懲罰就只有安全等級遭到取消，但這已經是他犯行被揭發後兩年半的事了。東窗事發後，他的生活與工作仍一如往常。在爭取成為國防部部長失利後，他又回到麻省理工學院教化學。更重要的是，也許多伊奇曾動用自己身為前中情局局長的權勢來妨礙司法。諾拉．史萊金（Nora Slatkin）是負責調查多伊奇違反安全規定案的中情局官員，後來卻獲得多伊奇的推薦，成為花旗銀行的高層主管。[36]一九九六年，多伊奇辭去局長一職，成為花旗銀行董事，而諾拉．史萊金則在一九九七年獲聘為該行副總裁。

這兩案的雙重標準讓美國華人社群與某些非華人人士感到憤怒。加大柏克萊分校種族研究系主任王靈智在一封公開的電子郵件裡寫道：「多伊奇之所以能逃過法律制裁，是因為他憑藉著自身的種族與階級背景，可以為所欲為，好像國家的主人，就算他犯了法，仍是個特權人士。」[37]

事實上，多伊奇違法的事件並未引發眾怒，也沒有很多人跳出來討論他是不是像李文和一樣，也可能犯了間諜罪。《洛杉磯時報》專欄作家羅伯・席爾（Robert Scheer）懷疑這是因為「多伊奇是情報圈資深人員裡的領袖，但李文和不是。」[38]也有人懷疑這案子背後是否有牽涉種族歧視的因素。羅伯・儒曼（Robert Vrooman）曾任洛斯阿拉莫斯國家實驗室的反情報部門主管，他向《華盛頓郵報》表示自己深信聯邦政府之所以盯上李文和，理由在於他是華人，而且整個調查行動的根據完全是「子虛烏有」。[39]

許多批評者開始將美國政府對待李文和的方式比擬為冷戰時代外國獨裁政府的暴政。即使是被定罪的重刑犯，也很少人像李文和在新墨西哥州監獄裡的處境一樣悽慘：他自己在單人囚室裡待了兩百多天，一走出來就會被戴上腳鐐，但每天也只有一小時放風的時間，家屬每週僅可探視一小時。[40]「多伊奇備受呵護，」羅伯・席爾在《洛杉磯時報》上撰文寫道，「但李文和卻得蹲單人苦牢，而那些用謊話要他就範的聯邦調查局幹員簡直像極權國家的暴徒，他們明明知道他已經輕易通過測謊，卻騙他沒過。」[41]許多人深信政府之所以不讓李文和交保，是為了逼他認罪。「這案子實在臭不可聞，就算走和解程序也沒多好，」哈佛大學法學院教授艾倫・德肖維茨（Alan Dershowitz）表示，「如果他不認罪，他就必須待在監獄裡，但如果他認罪，就能出獄。這跟蘇聯有什麼兩樣？這根本不是美式風格。」[42]天安門大屠殺後逃出中國的知名科學家兼人權鬥士方勵之也認為，李文和在獄中的經驗與中國大陸對人權的侵犯沒兩樣。[43]李文和在獄中的遭遇實在太不人道，就連律師普拉托・卡切里斯（Plato Cacheris）也挺身抱屈，表示這情況比他自己的委託人奧德里奇・艾姆斯（Aldrich Ames）的處境糟糕太多了，但艾姆斯是已經定罪的俄國間諜。[44]

就在李文和案愈來愈站不住腳之際，司法部為了挽救自己的威信，在二〇〇〇年秋天與他的律師們協商出一個減刑協議，把全部五十九項罪名幾乎全部撤銷，僅留一條，而李文和則必須同意與聯邦政府當局配合。[45]後來法官甚至向李文和致歉，表示他「非常冤枉」[46]，並表示聯邦檢察官「讓我國全體上下蒙羞」[47]。後來大家還發現聯邦官員洩漏給媒體的消息不僅都是杜撰的，而且此舉也有違法之嫌。司法部珍娜・雷諾

（Janet Reno）部長下令調查後所製作出來的八百頁報告有一部分在隔年解密，報告結論表示「聯邦調查局一開始進行調查的根本就是一樁莫須有的罪。」[48]

李文和案讓美國華人社群的心靈久傷未癒。他們不但清楚記得美國司法部有多跋扈高傲，還有不負責任的媒體搧風點火，觸動了美國社會大眾對華人的反感。該案調查期間，許多媒體紛紛刊登殘酷的諷刺畫來揶揄華人，讓許多史家想起了那些促使美國進入排華時代的十九世紀種族歧視漫畫。

李案的問題很大一部分須歸咎於向來備受推崇的《紐約時報》，因為該報記者與編輯群輕易受騙，政府爆了一些沒有真憑實據的料就被他們刊登於頭版。幾天內李文和的故事成為各地媒體的八卦報導內容。許多廣播談話節目與電視主持人一竿子打翻一船人，把華裔美國人與中國人都貼上了可能是間諜的標籤。（例如，「電台主持人朗恩．歐文斯（Ron Owens）的節目今早找來CNN電視台節目《交火》（*Crossfire*）的共同主持人，眾所皆知的民主黨支持者比爾．普瑞斯（Bill Press）來上節目，」一位聽眾劉艾迪（Eddie Liu，音譯）寫道，「我才聽五分鐘，普瑞斯就兩度提及李文和是『間諜』，口氣非常肯定，並沒有使用『有犯下間諜罪之嫌』這種說法。」[49]）各大報競相發揮想像力，把幾百萬住在美國的華人都打成間諜，共同籌劃著一個惡毒的詭計。「有人說，中國間諜的常見伎倆就是從居留美國的外國專家手裡騙取資料，還有驅使成千上萬海外華人把機密帶回國，就像螞蟻一點一滴把東西帶回蟻窩，」《華盛頓郵報》寫道，「中國人至少從西元前第四世紀開始就已開始執行這種累積資訊之道，因為軍事哲學家孫子在他的經典之作《孫子兵法》裡強調了間諜的重要性。」[50]

最後，《紐約時報》因為未妥善處理李文和的報導，不僅在社會上遭到抨擊，報社內部也出現批評的聲音。在開啟整個《紐約時報》報導系列的那篇文章裡，記者表示李文和曾從美國運通銀行（American Express）位於香港某分行提領一筆七百美元的神祕款項，並且猜測那筆錢是他用來購買前往上海的飛機票。[51]不過，後來事實證明那筆錢只是他女兒用於前往香港以外的地方旅行而已。那些報導專門從雞蛋裡挑骨頭，藉此證明李文和有罪。例如，在一次國家實驗室的公開宴會上，某位中國核子專家見到李文和後與他熱情打招呼，這是任何科學家無論在何時何地見到外國同行後都會有的反應，但卻被《紐約時報》寫成那中國科學家「擁抱李文和的方式看起來充滿祝賀的意味，非常可疑。」[52]

美國華人社群應該還記得李文和案期間某些政治人物未經深思熟慮的評論，充分反映出他們心裡有多排華。一九九九年三月，擔任參議院情報特別委員會（Select Committee on Intelligence）主席的阿拉巴馬州參議員理查·謝爾比（Richard Shelby）在NBC電視台《與媒體見面》（*Meet the Press*）節目上表示：「我們必須記得，就像我們的武器系統無所不在，華人也遍布各地——在我國製造、研發核武的各個實驗室裡有華人，甚至有些科技也是華人洩漏出去的。我們已經看過一些那種例子了。那都是真實案例。他們就在這裡。而且就很多方面來說，華人都是詭計多端的。」[53]後來謝爾比透過辦公室發言人解釋，他說的華人是指中國間諜，並非指所有的美國華人，但他的談話已惹火了亞裔美國社群。「他並未區分中國人、華人研究生，還有某些已經是第五代加州人的華裔美國人，」霍華德大學（Howard University）法學院教授吳華揚（Frank Wu）向《舊金山監督者報》（*San Francisco Examiner*）表示，「他只看到華人無所不在。這才是令人感到憂慮之處。」[54]

另一番讓人憂慮的言論來自新罕布夏爾州的共和黨眾議員羅伯·史密斯（Robert Smith）把李案與李亮疇（Bill Lann Lee）的問題相提並論——李亮疇是克林頓任命的司法部民權事務助理部長，但其任命案始終無法獲得參議院認可。「問題在於種族背景變成一種原罪，」吳華揚表示，「透過李案，亞裔美國人多少可以窺見非裔美國人所抱怨的問題：為什麼我們老是被當成罪犯？」[55]

在媒體報導李案後，在全美各個國立實驗室工作的華人科學家也成為懷疑的對象。即使是進行最單純的活動，各實驗室的華裔美國科學家也開始受到美國政府的調查。根據李文和的華裔律師孫治華（Brian Sun）

表示，一位洛杉磯華裔美國人只是因為把筆電送修，就要接受偵訊。[56]在勞倫斯・利佛摩國家實驗室提供給我的一份內部備忘錄裡，某位華裔女性員工覺得自己因為華裔的身分而被當成罪犯，她寫道：「實驗室當局把我當成嫌疑犯，不讓我使用自己辦公室裡的電腦，直到他們清查電腦後證明我清白才放過我……我熱愛我的工作。拜託別開除我！」[57]

李案期間最令華裔美國人族群感到震驚的是，政府居然公開宣稱，將會使用種族描述法（racial profiling）來當作查緝中共間諜的調查手段。曾在聯邦調查局主管「中國反情報業務」的卸任官員保羅・摩爾（Paul Moore）表示，只要中共間諜「專門找華裔人士下手，不找其他族裔人士」，該局就一直會把焦點擺在華裔美國科學家身上。[58]

對於在各個國家實驗室工作的華人來說，李案可說是一記警鐘。這案件與後續影響逼使許多華人科學家（尤其是那些在一九四九年以後來到美國的華人）重新思考自己未來的路該怎樣走。他們何必把自己的貢獻給不相信他們的機構？如果能換到另一個更尊重他們的環境，他們的才華是否更能有用武之地？如果美國政府不願回報他們的付出，或者是基於膚色、族裔的考量而遲遲不肯讓他們升遷，他們何必把人生的黃金歲月奉獻出去？他們開始抱怨工作環境裡的裙帶關係、種族歧視等問題，導致不夠格者大行其道，而這一切問題都讓華人無法獲得認可。勞倫斯・利佛摩國家實驗室所屬華人移民工程師王喬爾（Joel Wong，音譯）投書《科學》（*Science*）期刊，為科學界的成千上萬華人發聲：「目前在我們華人之間廣為流傳的是『高科技苦力』一詞——這就是我們的處境。如果我們認真工作，上頭就會指派更多工作給我們。」[59]他與一些臺裔美國人和其他亞裔美國人提出指控，表示有一層「玻璃天花板」讓他們無法晉升到上層管理階級。他們聲稱考績制度「主觀、武斷又變來變去」，因為打考績這件事總是祕密進行，難以核實，而且常常深受「人際關係網絡」的影響。[60]

根據他們對實驗室內部薪資結構的分析，擁有物理學博士學位的亞裔美國人與其他學歷背景類似的員工相較，薪水較少的情況最多可達一萬兩千美元。[61]事實上，亞裔美國人能拿的津貼往往比白人員工少百分之十五到二十。[62]這一群科學家指出，種族歧視是違反聯邦法律的，他們希望管理階層能夠「用同樣的適當標準來對待所有人，別像現在這樣，遇到某些人就改變標準。」[63]

有些人深信問題的根源在於價值觀的不同：各個國家實驗室的管理階層往往具有軍方背景，但來自於學界的華人員工往往並非政策制定者或分析師，而是一般科學家。以勞倫斯・利佛摩國家實驗室為例，最高階層的管理人員大都是退役海軍軍官。好幾位在他們底下工作的華人科學家都深信自己的主管非常不信任所有的亞洲人，這是美國在亞洲參戰三次（二戰、韓戰與越戰）後所留下的負面影響。許多華人科學家宣稱這種族歧視已根深柢固，就連歧視他們的人也不自覺。「他們不知不覺就把我們當成敵人，」該實驗室某位臺灣移民員工表示，「他們一聽到我們的口音就不相信我們了。」[64]

許多華人移民科學家之所以會進入那些實驗室，不只是因為它們看來是非常單純的學術環境，而且也是因為早年飽受戰亂所苦，實驗室可以成為避風港。有很多人從小就屢次因為戰爭與革命而逃難，非常渴望安享平靜與穩定。如今他們開始對自己的決定感到懷疑。「若能從頭來過，對很多事我都會有不同做法，」後來李文和寫道，「也許我會做出不同的職涯選擇，可能到民間產業去工作，或到大學去教書，而不是把自己二十幾年的歲月貢獻給各個國家實驗室。」[65]

由於李案的緣故，許多人甚至勸華裔科學家不要進入國防產業工作。「我們要抵制洛斯阿拉莫斯、勞倫斯・利佛摩與其他能源部所屬的國家實驗室，」某個聲援李文和的網頁上面這樣寫道。「別去應徵那些實驗室的工作。你們只會被當成高科技苦力，玻璃天花板會阻礙你的升遷，而且李文和的遭遇會發生在你們身上。」儘管這並非有組織的抵制行動，但卻發揮了效用。原本洛斯阿拉莫斯國家實驗室的博士後獎學金頗為熱門，但二〇〇〇年二月，無論是來自中國、臺灣與美國本土，沒有任何一位博士班華人畢業生去申請。[66] 在李案發生之前，十位最後入選者大概有一半是華人。[67]

此次抵制行動也促成了各家國家實驗室與美國華裔社運人士之間多次的協商，所花費的時間極其漫長，直到這本書付梓之前，仍未有結論出現。而且很快的在這次抵制行動後也出現了一次訴訟行動。二〇〇二年三月間，幾百位華人員工提出集體訴訟，以種族歧視為理由，把勞倫斯．利佛摩實驗室一狀告上法院。[68]

九〇年代末期美國政府對於華人所進行的針對性且非常過火的安全措施，到底是保護或者傷害了美國的國家安全？這問題的解答要等到一段時間過後才會有定論。根據史丹福大學物理學教授麥可．梅伊（Michael May）所言，美國之所以能夠躍居全球科技龍頭的地位，是因為過去一個多世紀以來產、官、學界都懂得善用外國移民人才。整個國家的科學體系，包括各大學、公司與國防研究機構等之所以能夠蓬勃發展，端賴來自歐洲和亞洲的才智之士貢獻心力。在二十世紀上半葉，分別來自德國、義大利與匈牙利的科學家愛因斯坦（Albert Einstein）、恩里科．費米（Enrico Fermi）與愛德華．泰勒（Edward Teller）等移民科學家讓美國的科學研究更為豐富，同時他們也直接或間接地對國防科技的發展有所幫助。從二十世紀下半葉到二十一世紀，亞洲移民也有卓越貢獻。

華人對於美國學界的貢獻度其實清楚反映在數據上。到了二十世紀末，華人移民是美國大學外國學生中為數最多的族群，而且他們大都主修理科或工科。[69] 光就一九九七年而言，全美擁有博士學位的外國科學家大約有一半是來自中國或臺灣。[70] 如果把來自其他地區但具有華人血統的科學家也算進去，那人數就更多了。

洛斯阿拉莫斯實驗室的管理階層必須面對的現實問題是，他們的確需要外國人力——光以一九九九年看來，他們要招募一位核子材料領域的博士後研究員，結果二十四位申請者裡沒半個美國人。[71] 他們體認到李文和案的負面影響，讓他們失去好幾位世界級的華人科學家。其中之一是可能解開阿茲海默症與帕金森氏症謎題的蛋白質研究專家蓋逢（Feng Gai，音譯）。能源部將李文和開除後，命令蓋逢待在家裡，等洛斯阿拉莫斯實驗室把專門針對外國人而裝設的保護系統建置好之後再去上班。就在此時，賓州大學以化學系教授職務與造價四十萬美元的新實驗室為條件，搶走了蓋逢。[72]洛斯阿拉莫斯實驗室資深科學家大衛・派恩斯（David Pines）在《新聞週刊》的「換我發聲」（My Turn）專欄撰文寫道，他曾經勸某位才華洋溢的年輕中國科學家不要接受該實驗室的博士後研究員職務，因為他覺得那位青年的「一舉一動都會遭監視」。派恩斯表示，「搞不好我們因此失去一位能夠對美國科學界做出重大貢獻的人才——一位有可能獲得諾貝爾獎的科學家。」[73]

一九九〇年代期間，某些華人知識份子不想為政府工作，他們的際遇各自不同，可說有天壤之別。某些「高科技」華人賺了大錢，其他人則是飽受批評。媒體分別把他們描繪成大亨與天才，還有騙子與間諜。不過，無論他們在經濟上與政治上承受了多少壓力，還是有一群不見天日的華人遠比他們悲慘。我姑且稱這群移民是「低科技」華人，他們來自最貧窮的社會底端，每個人的際遇有好有壞，完全取決於是否走運。

有一群新移民全都是小女嬰，她們遭中國的原生家庭棄養，由美國的新爸媽領養。美國的不孕率居高不下，國內能夠領養的嬰兒又非常有限，但就在成千上萬對美國夫妻瀕臨絕望之際，人口過剩的中國剛好能為他們解決問題——因為難免有許多中國的爸媽無法養活所有小孩。

這種移民模式之所以會形成，是因為中國在社會工程方面所做的實驗所致。因為毛澤東向來認為節育與種族滅絕無異，因此中國人口數量在他掌政期間出現爆炸性的成長。為了逆轉此一趨勢，鄧小平麾下政府在一九七九年制定了「一胎化」政策，規定任何一對夫妻若是只生一個小孩就能領取較多的政府津貼，違者將會被課以重罰，藉此希望能在二〇三〇年把中國人口縮減到七億。[74]

但千百年以來的傳統很難滅絕。在中國歷史上，女人在家庭中的價值往往取決於她是否能生下子嗣來傳宗接代。採行一胎化政策之後，某些地區的家庭開始認為女孩的生命毫無價值可言，甚至懶得幫女兒取名字。也有些地區的許多夫妻寧願遭政府重罰與迫害，也一定要生個兒子來繼承家庭血脈。

一九八二年人口普查後，政府發現國內人口已超過十億人，因此開始嚴格執行一胎化政策，甚至可說是不留情面。為了規避法律，許多求子心切的中國夫妻把女兒藏在親戚家裡，比較極端的甚至選擇殺嬰或者棄養。公園、巴士站、孤兒院門口甚至路邊開始出現許多女棄嬰。有時候她們的衣服裡會塞著紙條，其中一張寫道：「因為當下的政治氛圍與沉重壓力，我們實在很難解釋，總之把她生下來幾天後我們就無法繼續照顧她了。只希望這世上有好心人能照顧她。感謝你。寶寶，爸媽真的感到非常悔恨羞愧。」[75]

被棄養的女孩實在太多，中國的孤兒院在人力與財力方面都吃不消，很快地院內居住環境就變得非常糟糕。許多人親眼看到並描述女嬰餓死，或者餵食時因為被綁在床上而噎死的案例。她們沒穿鞋襪，即使在天寒地凍時身上也只穿著薄薄棉衣，孩子們常被綁在椅子、嬰兒床或馬桶上，一綁就是好幾天。一九九五年德國《明鏡》週刊記者曾撰文描述哈爾濱市兒童福利院，院內慘況彷彿「孤兒的古拉格集中營」：

像舞廳一樣大的房間昏昏暗暗，裡面躺著很多嬰兒與小孩——不，他們不是躺著，而是被擺放在嬰兒床裡：肢障的小小身體只剩下皮包骨。他們手腳亂踢，身子亂動，累了就睡在自己的尿裡面，有些沒穿衣服，有些只穿著骯髒的小外套。……年紀較大的孩子把死去的嬰兒用幾塊髒布包起來，那就是他們的壽衣。然後他們把死屍往床底下塞，等到員工上班後才帶走。若是碰到週末，屍體可能會擺在那裡兩三天。[76]

可能是為了減輕孤兒院的工作壓力，中國從一九九二年開始鼓勵大規模的國際認養活動。那一年，美國的家庭大約認養了兩百個中國孤兒。[77]，認養費用通常是暗盤交易（某家孤兒院要求美國養父母捐款三千美金，而且只能用百元鈔票）[78]，導致美國媒體暗指這是營利行為。一九九三年，《紐約時報》週日雜誌刊登〈中國女性孤兒的交易市場〉（"China's Market in Orphan Girls"）一篇報導，文章中稱呼那些女嬰為「最新的中國出口品」。[79]為此，中共政府暫時中止了認養計畫，但不久後又恢復，這當然是因為需要認養小孩的美國人實在太多，計畫不能說停就停。

因為美國婦女往往為了追求事業而普遍晚婚晚孕，到了二十世紀末，無法生育因而渴望認養小孩的有錢夫妻變得更多了。不過，因為美國社會對於單親媽媽的接受度愈來愈高，她們開始自己扶養非婚生小孩，因此有待領養的美國小孩變得愈來愈少。此外，美國官方的收養制度相關規定也變得更為複雜繁瑣，再加上其他國家對國際收養的規定相當嚴格，偏好傳統的異性戀年輕夫妻。若想組成家庭，許多美國人的唯一機會就是收養中國小女嬰。因此在一九八五到二〇〇二年之間，美國人從中國收養了三萬三千名以上的嬰兒，中國也成為美國最大的收養兒童來源國。[80]（因為提出收養申請的美國人實在太多，中國政府不得不在二〇〇二年開始實施每年限額的規定。）

收養中國嬰兒的夫妻（或伴侶）通常都是教育程度較高、年紀較大的上層中產階級成員。根據某項研究顯示，他們的平均年紀為四十二點七歲，[81]大約百分之六十五擁有碩士以上的學位。[82]因為大多數美國人都負擔不起領養中國嬰兒的費用（費用從一萬五千到兩萬美元不等）[83]，所以一九九〇年代期間這些領養家庭的平均收入都很高，介於七萬到九萬美元之間。[84]領養過程不僅所費不貲，而且繁瑣累人，要先由聯邦調查局做背景調查，接著由社工進行訪談，指紋由警方建檔，並且向移民及歸化局遞交各種申請資料。一般而言，這些領養家庭光是等文書作業完成就要一年半。

對這些夫妻（或伴侶）而言，等待期是最折磨人的，特別是有些人還沒到中國與小孩見面之前就已經打從內心深處牽掛著她們。例如，某位申請領養的麻州婦女已收到那個中國嬰兒的照片了，沒想到在那一篇《紐約時報》週日雜誌的負面報導後，中共政府突然中止領養計畫。在文集《心之所向：中國小孩領養家庭的家書》（*A Passage to the Heart: Writings from Families with Children from China*）裡，克莉絲汀・庫卡（Christine Kukka）於〈等待的磨難〉（"The Labor of Waiting"）一文中寫道：「整整八個月她好像生活在煉獄裡，只能看著照片，心裡想著她的小寶貝在那遙遠國家的孤兒院裡過得怎樣。」[85]〈等待終於成真〉（"Surviving Waiting Parenthood"）的作者珊蒂・佛萊（Shanti Fry）回憶當年自己曾改變遺囑：「我想如果我有個孩子的話，有朝一日傑夫和我可以陪她飛回中國，如果我死於空難，搞不好傑夫和她能夠生還——在太平洋上等待救援！」[86]

運氣好一點，長久等待的夢想終能成真。養父母會飛往中國，與孤兒院人員見面，在飯店房間或大廳裡接到他們的小寶貝。終於開始養育小孩以後，他們一邊忙著包尿布、餵奶，把哭鬧的小孩哄到睡著，一邊開始煩惱該怎樣面對孩子的族裔問題。該按照美國人或中國人的方式養育小孩？孩子離開祖國後是否等於被剝奪了原有的文化身分？珍・希利（Jean H. Seeley）曾撰文回憶道：她對著小寶寶說，「跟中國說再見吧，我不知道妳何時能返鄉。」接著她心想，「把她帶到她會成為少數族裔人士的地方去成長，是正確的嗎？」[87]

從陌生人說的話看來，他們的孩子長大後顯然會遭到種族歧視。某名洛杉磯警察看到一位白人婦女用鼻子磨蹭她那從中國領養來的嬰兒，居然質問她：「妳幹嘛親那孩子？」[88]許多養父母都沒想到，花了那麼多時間與金錢才領養到一個嬰兒，卻有可能被當成綁架犯或者戀童癖。美國同胞的反應往往如此粗魯又不細心，令他們感到震驚。某些養父母聽到有人稱呼他們的小孩為「清狗寶寶」，[89]甚至也有人語帶揶揄地說：「是領養不到白人嬰兒嗎？」[90]其他人則是被越戰老兵惡狠狠地瞪著。某個家長甚至遇到一位越戰老兵對她的寶貝說：我「殺過妳的許多同胞」。[91]

中國的一胎化政策導致許多女嬰遭人遺棄，成千上萬的美國人則是因為想要收養這些女嬰兒千里迢迢前往中國。到了1990年代，中國已成為美國最大的收養兒童來源國。（照片來源：Stephen Wunrow）

他們深知孩子們總有一天會對自己的身分感到迷惑，也想了解自己的身世之謎。某些嬰兒被遺棄時身上帶著爸媽留給他們的禮物[92]——有的是手鐲、墜子或者一包米，也有人身上帶著小小的傷疤或胎記。有朝一日這些線索能幫助他們的孩子找到自己的原生家庭嗎？孩子們自己也往往被身世的謎團搞得很難過，尤其是那些比較早熟的。某些中國女孩質問爸媽：我是不是生下來就變成孤兒了？在迷惘與氣急敗壞之餘，她們會大發脾氣，像某個女兒就說：「你們壞透了，我要找我的中國媽媽！」[93]

為了面對這些挑戰，許多家長盡力讓孩子們能夠接受中國文化薰陶。家長陪小孩一起看中國神話、《論語》，還有賽珍珠的中國主題小說。儘管這樣的教育內容並非直接認識真正的中國，而是美國人所詮釋的中國文化，但他們真的非常努力。一位對此感到自豪的媽媽宣稱，「我們會一起去逛亞洲市集，參加節慶。」[94]她的女兒們喜歡貓熊，可以在地圖上指出中國在哪裡，也可以朗誦兒童節目《芝麻街大鳥去中國》（*Big Bird Goes to China*）裡的中文台詞。許多養父母也常常透過「領養中國小孩的家庭」（Families with Children from China）等網路組織進行交流，互通資訊與教養小孩的祕竅。

在領養中國小孩後，許多養父母開始變得對美國的種族歧視很敏感。突然間他們注意到媒體常以粗暴的方式與刻板印象來呈現華人的形象，就連電視兒童節目《芝麻街》（*Sesame Street*）裡也有一隻雌性蠕蟲玩偶名叫「蘿麵」（Lo Mein）。[95]他們也開始注意移民局和歸化局如何對待外國人，並且為了孩子們的公民權積極參與遊說活動。要幫那些中國小孩辦理歸化手續實在太過繁文縟節，那些養父母在惱怒之餘要求修法，不但讓孩子們能立刻取得公民權，也希望能幫助未來所有從外國領養到美國的小孩。結果這些孩子最後變成美國白人社會與華人族群之間的橋梁。「我開始從一個新的角度去看待孩子們與他們的『許多不同之處』」，一位母親解釋道，「突然間非白人小孩再也不是『非白人』了，他們『就像我女兒』。」[96]

非常諷刺的是，某些在中國被棄如敝屣的嬰兒居然成為美國某些富貴名門的掌上明珠，而與此同時，成千上萬的中國人卻必須工作好幾年才能換取自己到美國的旅費。這些成人移民並非學生也不是專業人士，而是最被白人社會忽略的族群，他們大都是隱身美國各地中國城裡的非法粗工。

一開始，他們有些人是所謂的「漂流一族」：從鄉間移居都市的中國農工，到二〇〇〇年為止，據估計人數在兩億到兩億五千萬之間。[97]他們在都市為中國的土豪暴發戶工作，受到彷彿二等公民的待遇，因此為了追求更好的薪水，也為了孩子們的未來著想，許多人都渴望移民。也有人本來是小個體戶或者企業主，但中國的社會體制往往偏袒權貴，他們也要不斷花錢打通關節才能餬口，所以他們基本上對於整個國家已經幻滅了。一位曾在福州開工廠的華人宣稱，他拒絕賄賂當地官員，結果被栽贓入罪。「所以我才會匆忙離開，」後來他說，「幾天內我就下定決心要走了。」[98]其他人的說法也反映出同樣的不滿心聲。來自福州的小陳曾是非法移民，他說：「在現在的中國，除非你是官員的小孩，或者懂得如何走後門，否則完全沒有希望可言。」[99]

對許多充滿企圖心的華人而言，看來他們能選擇的路只有三條：認命，或者學會玩弄權術，要不然就得走人。在西方媒體的全球化影響之下，第三條路變成最具吸引力的選擇。在鄧小平時代，中國人民透過俗稱「小耳朵」的衛星天線或者卡式錄影帶認識好萊塢名人紙醉金迷的生活方式。（許多人把美國與發財當成同義詞，把他們在美國的親戚當成「金山大叔」與大亨。許多在一九八〇年代回中國造訪故鄉農村的美國華人都說很多人向他們要錢、要禮物，當地瀰漫著一股貪婪的氛圍。「所有的親友都想跟我們要錢。」一位美國華人回憶道。令他感到非常詫異的是，他的那些中國親戚居然還嫌棄某些禮物，像是黑白電視機，因為他們想要更貴的東西。「他們全都感到不滿足，想要彩色電視機。連我們自己都沒有啊！」[100]）到了九〇年代初期，福州地區因為艷羨美國社會的金山銀山而掀起一股移民熱潮。催生這股熱潮的原因之一是電影、電視節目把兩國之間的財富差距誇大了，但最主要的原因可以從數據窺見。一九九一年美國的人均收入是兩萬二〇〇四美元，相較之下中國則是介於三七〇到一四五〇美元之間，這讓許多中國人深信到美國就能一夜致富。[101]「大家都為之瘋狂，」《星島日報》的一篇報導這樣寫道，「這個地區掀起一股熱潮。農夫放下農具，學生把書丟掉，工人也都辭職了，大家唯一的話題是移民美國……如果人們發現有誰剛剛遷居美國，那個人家裡肯定會變得門庭若市，擠滿了熟人與陌生人，全都是為了打聽要怎樣去美國的。」[102]

儘管美國每年提供給中國的移民限額只有兩萬人，但能弄到簽證的人通常都是中國的知識份子、與官方有關係或者有親戚住在美國的人。這造成許多窮人或學歷較差者必須當非法移民，向地下勢力求援才能夠實現美國夢。沒有人知道到底有多少人選擇走這條路，因為既然是非法途徑，自然不會留下紀錄。粗估非法移民的人數每年在一萬到十萬之譜，[103]但絕不可能算出精確數字，就像聯邦調查局某位駐紐約官員所說的，「這根本是緣木求魚。」[104]

令人震驚的是，這些中國移民與十九世紀前往美國的第一批移民潮華人很像。這兩波移民潮都是以身強力壯的年輕人為主力，而且他們都把老婆和家人留在家鄉。據羅格斯大學（Rutgers University）刑事司法學院教授陳國霖（Ko-lin Chin）進行的研究顯示，紐約市大多數的華人非法移民都是二十到四十歲之間的已婚男性勞工，只有小學或國中學歷。[105]不過第一波移民大都來自廣州，而這一批移民的故鄉則主要是福州——位於福建，是一個有五百萬人口的華南商業港市，漁業也很興盛。

與廣州一樣，福州市民也有移居海外，在其他國家建立聚落的傳統。因為家族關係緊密，所以移民擁有國際資本與廣泛的商業網絡。福建省和廣東省一樣都是以獨立與創業的精神著稱。在歷史上，福建曾經是個到處有不法之徒與冒險家的化外之地，有點像美國的大西部。福建人在中國向來給人的印象是大剌剌的、企圖心很強，一心一意想要發大財。值得注意的是，亞洲的華人富豪榜裡前四十名有過半若非來自福建，就是具有福建人血統。[106]

福建人以非法方式移民美國可說已有悠久的歷史。頭一批前往美國的福建人有部分是水手，二戰期間在美國的軍艦上工作，跳船後隱身紐約市或者東岸其他地區。一九四四到六〇年之間，有將近六千位華人船員跳船滯美，其中有很多是福建人。[107]結果，很多福建人就因為有親戚在美國而移民，這有助於福建省與美國之間的移民潮成形，而且福州人特別多。到了二十世紀末，據中共官方估計，違法滯美的中國人絕大部分都是來自福州。

顯然有些福建人是為了逃離中共暴政而移民的。羅格斯大學陳國霖教授曾研究過幾十名非法福建移民，在論文中列舉出某些理由來說明他們為何要離開中國。其中一位說：「文革期間我被冤枉為『反革命份子』，遭人毒打虐待。」[108]另一位說：「我是一胎化政策的受害者，中共政權讓我感到厭惡。我老婆懷上第二個小孩時，在臨盆前五天被抓去強迫墮胎。」[109]

但最多人移民的理由仍是為了求財，與政治無關。據陳國霖調查，在他的研究中有百分之六十一受訪者都提出一個重要理由：賺錢。在他的訪談中有很多人都提起自己的發財夢。「我聽說美國的一切都很美好，連走在路上都可以撿到金子。」[110]「來美國之前我還以為這裡是個非常繁榮的國家，是裝滿黃金的天堂。」[111]「很多僑胞回國後花錢如流水……所以在我來以前曾經非常羨慕美國人的生活方式。」「在中國時我覺得到美國就跟去天堂一樣。」[112]「我們不覺得她象徵自由，」某位來自中國鄉下的移民如此向記者描述自由女神像，「她象徵著機會。」[113]

因為非法移民的需求實在太龐大，許多俗稱「蛇頭」（因為他們鬼鬼祟祟且速度奇快無比）的黑社會人物開始把偷渡「人蛇」當成一門組織化的生意來經營。到了一九九〇年代末期，偷渡人蛇到美國已經成為一個利潤龐大的產業，每年總收入最多高達八十億美元。[114]事實上，某些本來在運毒的國際幫派後來也改行偷渡人蛇，因為這門生意的風險低但利潤高。

基本上，偷渡人蛇是人蛇集團與有關當局之間貓抓老鼠的遊戲。第一個階段只是例行公事，蛇頭會和人蛇談妥條件，說好偷渡金額（以二〇〇〇年為例，偷渡費大約在六萬到七萬美元之間）。[115]在收到部分款項當保證金之後，人蛇集團會向人蛇要到一些親戚的電話號碼與地址（福建與美國兩地都有），這些親戚都是有能力幫忙付頭期款的。

第二個階段則是準備文件，相對來說也很容易。蛇頭用錢打通關節，取得出國簽證，人蛇一離開中國後就安排他們住進香港或曼谷等城市的安全藏身處，同時蛇頭要設法取得前往美國的必要旅行文件。他們找專家製作假護照，有些是來自黑市的失竊護照，也有北美地區的貪官配合核發。

某些非法移民的等待時間極其漫長惱人。有個福建人說他被反鎖在曼谷某家旅館的地下室長達六個月之久，人蛇集團才安排他與其他人蛇搭小船前往非洲，然後再到美國去。[116]另一位移民本來是農夫，他被迫躲在泰國鄉間的豬舍裡好幾個月，蛇頭才安排他搭機前往法蘭克福，然後轉機到邁阿密。[117]

旅途才是真正最困難的部分。前往美國的路徑有許多選擇，所以中國非法移民會從很多不同的地方抵達美國，交通也分海陸空三種方式。從移民及歸化局的一份內部文件來看，澳洲、日本、關島、巴西、西班牙與俄羅斯都有偷渡中國人的人蛇集團。[118]有時候這些中國人會搭機直接飛往美國：以一九九〇年代初期為例，大約有五分之一的中國非法移民是搭機進入美國的。[119]但遠比這種方式更安全的做法是先安排他們到加拿大或墨西哥。一旦到加拿大後，那些中國人可以躲在機場洗手間裡，把身上證件用馬桶沖掉，然後聲請政治庇護。移民當局將其釋放後，他們可以用偽造證件偷偷穿越邊界，躲在後車廂或者搭乘小船、充氣筏或者雪地機車前往紐約州。也有些移民是躲在冷藏卡車或者觀光巴士裡，從墨西哥偷偷越界。[120]

非法中國移民最常需要使用的是海、陸兩路的交通工具。許多人都是藏身在開往中美洲的臺灣漁船或者貨輪上，或者先搭乘火車前往一些能用錢買通或安全措施較鬆散的城市，例如莫斯科或布達佩斯。某些移民必須先忍受前往東歐的漫長旅途，沿路只能靠少量米飯、堅果果腹，然後試圖穿越國境到西歐國家。途中他們也許需要翻山越嶺與游泳渡河。「偷渡過程艱險費力，很多人都沒有熬過去，」倫敦律師周班恩（Beng Chew，音譯）於二〇〇〇年六月向記者表示，「去年我聽說有名三十幾歲的女人在山區筋疲力竭而亡。有些人不想離開她，但帶路的人堅持要他們繼續趕路。」[121]

與十九世紀中國移民的旅程相較，這種旅途的艱險可說有過之而無不及。偷渡過程中常會遇到一些要命的狀況，例如有些偷渡船隻是破破爛爛的木船，[122]曾有非法中國移民描述航程中船隻進水，他們被迫不斷舀水，以免沉船。[123]還有個案例是船已經壞了，船員在棄船時曾考慮把船隻連同幾百個人蛇一起炸掉。[124]一九九五年七月，美國海岸防衛隊發現一艘漁船上載了一四七位中國偷渡客，據某位官員描述，「我從沒見過那麼破爛，裡外都生鏽的船，真是不可思議。」[125]偷渡客全都擠在寬度大約相當於兩輛車的空間裡。船艙裡都是髒水，惡臭難耐，因為舷窗都用三夾板擋了起來。

毫不令人意外的是，某些中國偷渡客的旅途終點是停屍間。一九九三年六月，載有兩百六十幾名中國偷渡客的金色冒險號（*Golden Venture*）在紐約市附近洛克威半島（Rockaway Peninsula）的海灘擱淺。[126]船員要所有偷渡客跳船游上岸。距離夢寐以求的美國已經那麼近了，他們決定賭上最後一把。結果十人溺斃，紐約市警方、移民當局與美國海岸防衛隊聯手救起另外兩百多人。歐洲向來被當成中國偷渡客前往美國的中繼站，但有些人在那裡就喪生了。一九九五年，十八位中國偷渡客在前往匈牙利途中因為窒息而死在一輛緊閉的拖車裡。[127]隔年，一輛穿越奧地利邊境的卡車裡被發現有五具中國偷渡客的屍體。[128]二〇〇〇年夏天，英格蘭多佛市有關當局破獲一起前所未見且慘無人道的偷渡悲劇：在一台裝滿腐爛番茄的巨大冰箱裡，有五十八個中國人窒息而死。官員打開門之際，迎面而來的是一陣強烈腐臭味，兩位生還者伸出滿是裂傷與

1980年代初期之後，非法移民美國的中國人增加了，主要肇因於中國的經濟情勢快速變遷，成千上萬的中國人為了尋找更好的就業機會而遷居國外。1993年6月，載有260多名中國偷渡客的金色冒險號（*Golden Venture*）在紐約市附近的海灘擱淺，偷渡客往岸邊游泳逃生。如照片所示，他們大多數獲救，但也有一些人在冰冷的海水中溺斃。（照片來源：AP/Wide World Photos）

血跡的手指，氣若游絲地求救：「幫我！幫我！」[129]

最可怕的偷渡方式是躲在封死的貨輪貨櫃裡。某些偷渡客被關在裡面好幾個禮拜，航程中始終待在幾乎漆黑的空間裡。有些人過得稍微舒服點，有扇子、墊子與手機可用，[130]但其他人抵達時則是「泡在屎尿裡」，髒汙的環境讓移民官員必須穿上防護衣才敢進去。[131]許多人幾乎餓死，因為獲得配給的食物與飲水太少，例如曾經有個中國男孩在貨櫃裡待了整整十二天，他說航程中他只有水和一些餅乾可以食用。[132]他與其他偷渡客睡在墊子上，蜷縮在毯子裡，用塑膠袋充當廁所，在手電筒下打撲克牌殺時間。

到了二〇〇〇年代初期，美國移民當局發現人蛇集團開始改用硬頂貨櫃。隨著移民官員的查緝手段愈趨強硬，開始利用緝私犬來查獲偷渡客，人蛇集團也隨之發明出更大膽的偷渡方式。洛杉磯有調查員查獲十五名中國偷渡客藏身硬頂貨櫃裡，貨櫃兩側各有一道門。[133]人蛇集團將門塗上環氧樹脂與油漆，形成保護色，門樞裝在貨櫃內側，並且用風扇與汽車電池製作出克難的通風系統與逃生艙門。硬頂貨櫃的危險之處在於它可能成為一具活棺材。如果沒有祕門，中國偷渡客就必須等到蛇頭切開一扇門讓他們出來——或者在裡面慢慢窒息而死。（以這種極端手段偷渡進入美國的當然並非只有中國人。對於各種偷渡客採用的誇張方式，移民官員都非常了解，隨口就能說出各種花樣，包括把自己綁在飛機的起落架上，結果可能會摔死或凍死），甚至將自己擠進行李箱裡，希望可以在神不知鬼不覺的狀況下進入美國。[134]）

通常來說，對這些中國偷渡客危害最大的就是蛇頭。一位二十四歲福建青年曾花四個月搭乘貨輪橫渡太平洋，他說如果有女性偷渡客不願和蛇頭性交，蛇頭就會把水和食物扣住不給。[135]另一位男性偷渡客說，船員會在女性偷渡客的水裡下藥，迷姦她們。[136]一九九五年美國海岸防衛隊曾攔截一艘破爛漁船，發現一四七名中國偷渡客的身心都有遭人凌虐的跡象。其中許多男性偷渡客遭性侵，有些男孩才十歲就被迫幫船員口交或遭雞姦，甚至被迫一起自慰。[137]到了航程結束時，有些人身心嚴重受創，甚至想要自殺。

不過大多數中國偷渡客還是撐過去了，但卻發現噩夢才要開始。在親戚幫忙付款以前，蛇頭會把偷渡客帶往「安全藏身處」。這段期間如果他們想要滿足自己的飲食等基本需求，就要忍受蛇頭獅子大開口，結果欠的錢又更多了。曾有些非法移民表示，光打一通國際電話就要一百美元。[138]

儘管許多中國偷渡客都已在欠條上面蓋血指印了，[139]某些人抵達美國時還是會被戴上手銬腳鐐，和床框或重物鍊在一起，關在不見天日的地下室，只有一點米湯可以喝。[140]如果親戚無法及時付款，偷渡客就會遭人浸在冰水裡或被毒打、挨餓。一九九一年，聯邦調查局破門而入，在布魯克林一間公寓裡發現某位中國男子被銬在床邊，身上佈滿遭人用菸頭燙傷與鐵撬毒打的傷痕。[141]一九九四年警方逮捕八名來自福州的幫派份子，他們涉嫌將幾位偷渡客綁在從天花板垂吊而下的鐵鍊上虐待，拔指甲或者用燒紅的鐵條戳背。[142]有一位女性偷渡客因為家人無法及時付款，遭人連續強姦、毒打了好幾個月，而導致她癱瘓。[143]某些中國偷渡客表示自己在遭囚時不斷被虐待，到最後對暴力已經無感，情緒也完全麻木了。有人曾這樣描述自己在蛇頭手裡的可怕待遇：「在那裡待一段時間後，因為每天都被毒打處罰，我甚至再也不會感到恐懼。」[144]

據中國駐華府大使館發言人俞書殷（Yu Shuing，音譯）表示，蛇頭常常對那些想要力爭上游的偷渡客開空頭支票，說「他們可以賺大錢，兩三年或者五年內或許就能弄到一百萬。」[145]但與現實根本是天壤之別。在沒有合法身分與政府保護的情況下，這些中國偷渡勞工只能聽任雇主擺布，通常只能透過中國城的職業介紹所找到一些粗工，像是洗碗工、服務生或者工廠工人。某些血汗工廠老闆不願支付最低工資，因為雇用非法中國勞工只要半價，有時甚至不用付薪水：當一批貨完工了，某些老闆會乾脆把工廠關掉，搬到別處。這讓某些偷渡美國的中國人悔不當初。[146]「老實說我覺得自己在美國就像垃圾，」有個建築工人說，「我們在這裡只能睡在地板上，像奴隸一樣工作……那些跟我住在同一間公寓裡的人老是哭個不停。」[147]

飆漲的房租讓非法移民變得慘上加慘。一九八〇、九〇年代期間，就在大批非法中國移民湧入中國城之際，因為亞洲政局不穩，許多臺、港生意人也隨之到來，拿資金來投資美國房地產。結果造成投機風氣盛行與房租飆漲〔紐約房地產委員會（Real Estate Board of New York）曾於一九八六年進行一項研究，結果發現房租高得嚇人。以中國城的運河街（Canal Street）為例，租金一度比哈林區還低，沒想到此時店面租金與售價卻已超越華爾街。[148]〕，逼使許多中國血汗工廠老闆必須進一步削減工資。紐約中國勞工常在密不透風的製衣工廠裡一天工作十二小時，不但灑水系統故障，逃生鐵門也都上了鎖，工作環境之惡劣直逼那命運悲慘的三角內衣工廠（Triangle Shirtwaist factory）——一九一一年，該廠發生大火，奪走一四六條人命。[149]

收工後，許多中國工人返回骯髒昏暗而擁擠的公寓，通常是有嚴重鼠患的地下室，布滿外露的生鏽鐵管、電線與石棉。許多人都不是自己住，而是每個月花九十美元租用上下鋪的床位，大小差不多只有二乘四英尺，而且還是與其他非法移民合租同一個床位，輪班睡覺。[150]「我們大多數同鄉都把美國當天堂，」美國福建公所（United Fujian American Association）主席楊功德曾向一位記者表示，「結果他們現在被迫住在地獄裡。」[151]

儘管辛苦度日，這些非法中國移民勤儉成性，像是與人合租擁擠的公寓、在自己工作的餐廳搭伙，因此許多人可以在幾年內清償債務。陳國霖表示，到了二十一世紀初，大多數的中國偷渡客都可以在四年內還清欠蛇頭的債，而且絕大部分能在抵達後四年或六年內取得綠卡或美國公民身分。[152]「他們本來就勤奮苦幹，非常有企圖心，所以一開始才會來美國，」陳國霖說。「大多數人遲早都會設法取得合法身分。」[153]

他還提及，假以時日某些歸化的非法中國移民會開始變得極為成功，自己開外帶餐廳、製衣廠、裝潢公司、雜貨店與其他小型公司行號。「現在他們出入靠賓士車代步，住的是百萬豪宅，」陳國霖說的是他幾年前調查過的那些非法移民，「他們大都沒讀過什麼書，也沒學過什麼技藝——所以不會從事電腦業，但他們都是很厲害的生意人。美國人不了解他們多有創意。」[154]

但即使他們對自己的人生有最好的規劃，也可能會被無法預料的事件毀掉，而且剛開始那幾年總是最辛苦與危險的，非法中國移民一方面要拚命工作還債，另一方面也常可能遭勒索。眾所皆知的是很多蛇頭會威脅移民的親戚，就算他們未遲繳款項，但還是希望從他們身上搾取更多錢。「如果人蛇集團缺錢花用，他們會威脅要殺掉男人，把女人賣到妓院。」一位非法移民說。[155]一九九五年，中國移民討債集團把三十八歲的女性移民裁縫師高麗琴（Gao Liqin，音譯）從紐約市皇后區家中綁走。[156]綁匪打電話到福建，在半夜把她的家人吵醒，要求三萬八千美元贖金。高麗琴對著話筒哭喊，哀求雙親配合綁匪。為了把女兒送到美國，高家已經欠下三萬美元債務，根本籌不到錢了。綁匪切斷她一根手指，用塑膠袋把她的頭套起來，輪姦她後用電話線勒她脖子，然後把她往一台電視砸過去，導致頭骨碎裂。令人驚訝的是，高麗琴的死並未讓高家人打退堂鼓，他們還是按照計畫移民美國。「如果能認真工作，別惹麻煩，一般人都會沒事的，」高麗琴的兄弟說，「我們只是太倒楣了。」[157]

許多非法移民深信他們無法擺脫蛇頭。金色冒險號船難的倖存者王立彬（Wang Libin，音譯）表示：「我們可以躲個一兩年，但躲不了一輩子。」到美國後他因為曾參與一九八九年中國民運而獲得政治庇護，不過還是欠蛇頭錢。[158]「任何人都有朋友，還有朋友的朋友，此外也有家人。他們就是會設法找到我們，我們無處可躲。」[159]

結果許多移民只能任由蛇頭為非作歹，不敢報案。理由在於，即使他們報了案，無論警方或者移民及歸化局都沒有人力、財力或時間用來掃蕩中國人蛇集團的地下組織。官員也沒有積極辦案的動機。〔眾所皆知，美國也屢屢有警務人員犯下反華的種族仇恨罪行。一九八七年一月，幾位紐約市警察接獲線報前往中國城某公寓查緝非法使用有線電視的案件。公寓住戶一對王姓夫妻要求警察出示搜索狀，結果他們顯然直接把門踹開，破口大罵：「你們這些中國人怎麼不滾回中國？」還打了夫妻倆。王太太的臉部遭手銬打傷，後來縫了十二針。王姓夫妻隨即控告市警局，最後雙方以九萬美金和解。一九九一年一月，紐約市警員要求闖紅燈的鍾國慶（Zhong Guoqing，音譯）把車停到路邊。但中國移民鍾國慶聽不懂警察要他出示行照駕照，結果惹火了那名警察。他問鍾國慶，「你是流氓嗎？」結果警察把鍾國慶銬起來，還打了他的頭，導致他嚴重受傷，當晚必須住院，一眼視力受損。一九九〇年代期間，很多批評者都指出美中雙方政府都沒有嚴格執行移民法規，因為美國成衣業必須靠剝削這些非法移工才能營利，而中國則是因為移工從海外匯款回國而促進了經濟發展。

既然情況這麼糟糕，那為何中國的移民潮仍持續不斷呢？那些考慮要移民的人當然知道自己很可能被剝削。但他們也深知，若是匯款回家就能改善家人的生活。一九九〇年代期間，因為移工辛苦打拚的結果，中國很多地方都改觀了，尤其是福州的市容變得豪宅林立。許多都是帶有傳統拱門與圓窗的優雅石造房舍，也有看起來廉價俗麗的仿歐洲城堡建築，上面鋪著閃閃發亮的粉紅或金色磁磚，很像賭城拉斯維加斯與迪士尼樂園的建物。[160]有些大樓樓高六層，電梯、泳池、房車與衛星天線齊備。這些豪宅的居民穿金戴銀，手持行動電話，炫富的結果不但招來鄰居豔羨眼光，也讓更多人想要移民。[161]

與美國的市郊社區一樣，這些中國的市區房宅裡都只住著妻子與兒女，唯一的差別是一家之主不在城裡上班，而是到另一個大陸去了。一九九〇年代末期，福建省許多鄉村的家庭裡都只有妻子獨守空閨，那些村子獲得了「寡婦村」的稱號。某些「寡婦」是一點一滴把豪宅蓋起來的。在等待丈夫從美國匯款回來的過程中，稻田旁邊往往矗立著蓋一半的宮殿式房舍，有些內部的混凝土外露，還未完工。[162]這不禁讓人想起廣東台山那些「金山家庭」興建的高樓廣廈。事實上，此時福建人走的就是十九世紀廣東人的老路子：中國移民在美國窮困度日，拚命工作，與奴工幾乎沒兩樣，但他們賺的錢卻能讓中國的家人躋身鄉紳階級。

到了二十世紀末，福建省的年輕子弟已經養成一種普遍的閒適文化。因為大家都知道勞工在中國只能賺取四十美元的月薪，到美國後卻能掙到兩千美元。「所以在移民美國之前，村裡沒有人想工作，」某位移工的妻子向記者表示，「工作也沒意義。」[163]

許多地區連妻子與母親都不在家裡。如同某位學者所說，某些村子變成了「鬼鎮」，「居民只剩老人與他們照顧的幼童，年輕的爸媽都在曼哈頓下東區的製衣工廠，在全美五十州的各家外帶中國餐廳工作。」[164]因為這些村裡所有年輕力強的男女都不在，十八到四十五歲之間的居民幾乎都遠在國外，照顧小孩的責任就落在溺愛孫兒孫女但年紀老邁的祖父母身上。據《紐約時報》一九九九年的報導，製衣女工在生產後只要付一千美元與機票錢就能把自己的寶寶從紐約中國城送回福建家中。[165]所以，就在美國某些富裕家庭領養中國嬰兒帶到美國的同時，許多最窮的中國女工卻把自己的嬰兒送回故鄉——這些生下來就具有美國公民身分的中國嬰兒將會和故鄉的家人一樣，因為爸媽的匯款而成為中國的新富階級。

許多非法移民認為即使要冒險、心碎，即使是家庭破碎，只要能賺到錢，一切都值得了。某些人甚至認為這種安排對自己的孩子終究是有利的，「儘管我犧牲自己，但卻為家人帶來幸福，」某位中國移工說。[166]其他人則始終緊抱著一個虛無縹緲但卻非常迷人的願景，深信自己有一天能前往那天堂。「一切都要向錢看，」曾兩度想要離開中國但都失敗的福州市民周李穆萬（Cho Li Muwang，音譯）對一位美國記者表示，「如果去了那個地方後，即使在千山萬水之外，要遠渡重洋，做同樣的工作卻能夠拿到十倍的薪水，你不想去嗎？如果是二十倍呢？一百倍呢？你不想去嗎？」[167]

1 請參閱：Edward N. Wolff, "Recent Trends in Wealth Ownership," a paper for the Conference on Benefits and Mechanisms for Spreading Asset Ownership in the

United States, New York University, December 10-12, 1998; Edward N. Wolff, *Top Heavy: The Increasing Inequality of Wealth in America and What Can Be Done About It* (New York: New Press, 1996); "A Scholar Who Concentrates ... on Concentrations of Wealth," *Too Much,* Winter 1999.

2 請參閱：Edward N. Wolff, "Recent Trends in Wealth Ownership," table 2, "The Size Distribution of Wealth and Income, 1983-1997".

3 關於楊致遠的生平，請參閱：*A magazine,* June/July 2000, p. 10. "Yahoo," (chapter 10), in David Kaplan, *The Silicon Boys and Their Valley of Dreams* (New York: William Morrow, 1999); "Jerry Yang Yahoo! Finding Needles in the Internet's Haystack," (chapter 6), in Robert H. Reid, *Architects of the Web: 1,000 Days That Built the Future of Business* (New York: John Wiley, 1997).

4 關於張忠謀的生平，請參閱：Author interview with Morris Chang, March 17, 2000; Mark Landler, "The Silicon Godfather: The Man Behind Taiwan's Rise in the Chip Industry," *New York Times,* February 1, 2000.

5 請參閱：*Denver Post,* June 18, 2000.

6 請參閱：Sara Robinson, "High-Tech Workers Are Trapped in Limbo by I.N.S.," *New York Times,* February 29, 2000.

7 請參閱：Ibid.

8 請參閱：Ibid.

9 請參閱：Author correspondence with Swallow Yan, July 2000; *The Scientist,* May 29, 2000.

10 請參閱："Blue Team": Robert G. Kaiser and Steven Mufson, "Blue Team' Draws a Hard Line on Beijing: Action on Hill Reflects Informal Group's Clout," *Washington Post,* February 22, 2000.

11 考克斯的三冊報告一般通稱為《關於中國間諜問題的考克斯報告》（Cox Report on Chinese Espionage, March 1999），其實是美國眾議院於一九九九年一月三日發布的極機密報告《與中華人民共和國有關之國安、軍事與商業問題特別委員會最後報告》（Final Report of the United States House of Representatives Select Committee on U.S. National Security and Military/Commercial Concerns with the People's Republic of China）的解密版。這份報告顯然誤用我對於錢學森的研究成果，誤用的細節請參閱：Perla Ni, "Rape of Nanking Author Denounces Cox Report: Iris Chang Tells Conventioneers That Her Research Was Misused," *Asian Week,* June 3, 1999; Jonathan S. Landreth, "Arrested for Spying? Or for Being Chinese? Author Iris Chang on Dr. Tsien Hsue-Shen," *Virtual China News,* December 23, 1999.

12 請參閱：Norman Matloff, "Democracy Begins at Home," *Asian Week,* July 14, 1995.

13 請參閱：Sarah Lubman and Pete Carey, "False Spying Charges Have Happened Before: Valley Chinese-Americans Complain Allegations Have Destroyed Careers," *San Jose Mercury News,* June 23, 1999.

14 請參閱：Correspondence from Chih-Ming Hu to author.

15 請參閱：Ibid.

16 請參閱：Jonathan Curiel, "Widespread Support for Jailed Scientist: Chinese Americans Eager to Help Lee," *San Francisco Chronicle,* January 10, 2000.

17 請參閱：Chih-Ming Hu, March 16, 1999.

18 請參閱：Vernon Loeb and David Vise, "Physicist Lee Indicted in Nuclear Spy Probe," *Washington Post,* December 11, 1999.

19 請參閱：*The New Yorker,* October 2, 2000.

20 請參閱：Vernon Loeb and David Vise, "Physicist Lee Indicted in Nuclear Spy Probe," Washington Post, December 11, 1999. 為了二十四小時監控李文和，聯邦調查局動用了兩百名幹員。

21 請參閱：Vernon Loeb, "Ex-Official: Bomb Lab Case Lacks Evidence," *Washington Post,* August 17, 1999.

22 請參閱：Robert Scheer, "Was Lee Indicted, and Not Deutch? Spy scandal: Look closer and you can see the politics behind the case," *Los Angeles Times,* February 8, 2000.

23 請參閱：Unclassified transcript of FBI interview 004868-004950.

24 請參閱：Wen Ho Lee with Helen Zia, *My Country Versus Me: The First-Hand Account by the Los Alamos* Scientist Who Was Falsely Accused of Being *a Spy* (New York: Hyperion, 2001), p. 81; 也可以參閱：transcript of FBI interview 004868-004950.

25 請參閱：Wen Ho Lee with Helen Zia, p. 122; 關於更多細節，請參閱：pp. 119-22, 323-26.

26 請參閱：William J. Broad, "Files in Question in Los Alamos Case Were Reclassified," *New York Times,* April 15, 2000.

27 請參閱：Ibid。複製PARD並非違法，也沒有違反安全規定。

28 請參閱：Daniel Klaidman, "The Nuclear Spy Case Suffers a Meltdown," *Newsweek,* August 30, 1999.

29 請參閱：James Risen, "CIA Inquiry of Its Ex-Director Was Stalled at Top, Report Says," *New York Times,* February 1, 2000.

30 請參閱：Robert Scheer, "CIA's Deutch Heedlessly Disregarded Security," *Los Angeles Times,* February 29, 2000.

31 請參閱：Ibid.

32 請參閱：Ibid.

33 請參閱：*New York Times,* February 1, 2000.

34 請參閱：Ibid.

35 請參閱：Bill Gertz, "Pentagon Probe Targets Deutch," *Washington Times,* February 17, 2000.

36 請參閱：James Risen, "Deutch Probe Looks at Job," *New York Times,* February 12, 2000.

37 請參閱：Ling-chi Wang, "Wen Ho Lee & John Deutch: A Study of Contrast and Failure of Leadership," public electronic mail statement, February 9, 2002.

38 請參閱：Robert Scheer, "Was Lee Indicted, and Not Deutch? Spy scandal: Look closer and you can see the politics behind the case," *Los Angeles Times,* February 8, 2000.

39 請參閱："U.S. Lacks Evidence in China Spy Probe, Ex-Aide Says," Reuters News Report, August 17, 1999.

40 請參閱："Amnesty International Protests Solitary Confinement, Shackling of Dr. Wen Ho Lee," public statement of Amnesty International, August 16, 2000; Hendrik Hertzberg, "In Solitary," *The New Yorker,* October 2, 2000.

41 請參閱：Robert Scheer, "CIA's Deutch Heedlessly Disregarded Security"; "Spy Scandal: Scientist Wen Ho Lee Is Being Treated Unfairly, Especially as Compared to the Former Intelligence Chief," *Los Angeles Times,* February 29, 2000.

42 請參閱："Wen Ho Lee Reportedly Makes a Deal," Associated Press, September 11, 2000.

43 請參閱：*San Jose Mercury News,* February 2, 2000; George Koo, "Deutch Is Sorry; "Lee Is in Jail," *San Francisco Examiner,* February 8, 2000.

44 請參閱：James Glanz, "Scientific Groups Complain About Treatment of Weapons Scientist," *New York Times,* March 7, 2000.

45 請參閱：James Sterngold, "Wen Ho Lee Will Plead Guilty to Lesser Crime at Los Alamos," *New York Times,* September 10, 2000; Marcus Kabel, "U.S., Wen Ho Lee Reach Plea Agreement," Reuters, September 11, 2000.

46 請參閱：Wen Ho Lee with Helen Zia, p. 2.

47 請參閱："Lee Free; Federal Judge Apologizes," Associated Press, September 13, 2000; Vernon Loeb, "Physicist Lee Freed With Apology: U.S. Actions 'Embarrassed' Nation, Judge Says," *Washington Post,* September 14, 2000, p. A1.

48 請參閱：*San Francisco Chronicle,* August 26, 2001.

49 請參閱：E-mail from Eddie Liu, March 14, 1999.

50 請參閱：Vernon Loeb, "China Spy Methods Limit Bid to Find Truth, Officials Say," *Washington Post,* March 21, 1999.

51 請參閱：Robert Schmidt, "Crash Landing: The New York Times shook the government with its articles on Chinese nuclear-missile espionage. But six months after fingering Wen Ho Lee as a spy, the paper said, in effect, never mind," *Brill's Content,* November 1999.

52 請參閱：Ibid.

53 請參閱：*Los Angeles Times,* May 21, 1999.

54 請參閱：Annie Nakao, "Spy Scandal Hurts Asian Americans," *San Francisco Examiner,* May 26, 1999.

55 請參閱：Ibid.

56 請參閱：Author interview with Brian Sun.

57 請參閱：Lawrence Livermore National Laboratory in-house report given to author.

58 請參閱：Vernon Loeb, "Espionage Stir Alienating Foreign Scientists in U.S.; Critics of Distrust Fear a Brain Drain," *Washington Post*, November 25, 1999.

59 請參閱：Andrew Lawler, "Silent No Longer: 'Model Minority' Mobilizes," *Science*, November 10, 2000, p. 1072.

60 請參閱：Lawrence Livermore National Laboratory in-house report given to author。進行這份研究的人員包括凌狄克（Dick Ling，音譯）、王喬爾與王卡莉（Kalina Wong，音譯），以及幾位希望保持匿名的亞裔美國科學家。不過這份研究遭該實驗室官方批評為不夠可靠，理由是研究對象並未囊括所有亞裔美國員工。「我們未曾宣稱這研究絕對正確，因為勞倫斯．利佛摩國家實驗室拒絕為我們的研究提供所有亞太裔科學家的名單，」凌狄克在寫給本書作者的信裡寫道，「因此我們只能透過自己的了解，還有從員工姓氏去判斷，藉此列出所有亞太裔科學家。」

61 請參閱：Ibid.

62 請參閱：Ibid.

63 請參閱：Ibid.

64 請參閱：Author interview with Lawrence Livermore scientist, December 27, 2000.

65 請參閱：Wen Ho Lee with Helen Zia, p. 327.

66 請參閱：Dan Stober, "Lee Case Leaves Ethnic Chinese Shunning Lab Jobs," *San Jose Mercury News*, February 20, 2000.

67 請參閱：Ibid.

68 請參閱：James Glanz, "Weapons Labs Close to Settling a Bias Lawsuit," *New York Times*, March 26, 2000.

69 請參閱：Vernon Loeb, "Espionage Stir Alienating Foreign Scientists in U.S.; Critics of Distrust Fear a Brain Drain," *Washington Post*, November 25, 1999.

70 請參閱：Ibid.

71 請參閱：Ibid.

72 請參閱：Ibid.

73 請參閱：David Pines, "Why Science Can't Be Done in Isolation," *Newsweek*, September 27, 1999.

74 請參閱：Jasper Becker, p. 235.

75 請參閱：Kay Johnson, "The Revival of Infant Abandonment in China," in Amy Klatzkin, ed., *A Passage to the Heart: Writings from Families with Children from China* (St. Paul, Minn.: Yeong and Yeong Book Company, 1999), p. 224.

76 請參閱：Jurgen Kremb, "Der Kinder-Gulag von Harbin," *Der Spiegel*, No. 37, September 11, 1995；轉引自：Human Rights Watch, *Death by Default: A Policy of*

Fatal Neglect in China's State Orphanages (New York, Washington, Los Angeles, London, Brussels: Human Rights Watch, 1996), p. 68.

77 請參閱：*A* magazine, June/July 1997, p. 35.

78 請參閱：Richard Tessler, Gail Gamache, and Liming Liu, *West Meets East: Americans Adopt Chinese Children* (Westport, Conn.: Bergin and Garvey, 1999), p. 39.

79 請參閱：*New York Times Magazine,* April 11, 1993.

80 請參閱：根據網路組織「領養中國小孩的家庭」（Families with Children from China）的統計，從一九八五年到二〇〇二會計年度截止，總計有三萬三千六百三十七個中國嬰兒被領養到美國去。

81 請參閱：Richard Tessler, Gail Gamache, and Liming Liu, p. 70.

82 請參閱：Ibid.

83 請參閱：Interview with Jean H. Seeley, September 23, 1999; Richard Tessler, Gail Gamache, and Liming Liu, pp. 39, 42.

84 請參閱：Richard Tessler, Gail Gamache, and Liming Liu, p. 70.

85 請參閱：Christine Kukka, "The Labor of Waiting," in Amy Klatzkin, ed., *A Passage to the Heart,* pp. 19-20.

86 請參閱：Shanti Fry, "Surviving Waiting Parenthood: Some Completely Useless Advice from One Who's Been There," in Amy Klatzkin, ed., *A Passage to the Heart,* p. 3.

87 請參閱：Jean H. Seeiey, "Adventures in Adoption" essay, in correspondence between Jean H. Seeley and author.

88 請參閱：Martha Groves, "Why Are You Kissing That Child?," in Amy Klatzkin, ed., *A Passage to the Heart,* p. 264.

89 請參閱：Richard Tessler, Gail Gamache, and Liming Liu, p. 149.

90 請參閱：Ibid.

91 請參閱：Ibid.

92 請參閱：*A* magazine, June/July 1997, p. 36.

93 請參閱：John Bowen, "The Other Mommy in China," in Amy Klatzkin, ed., *A Passage to the Heart,* p. 311.

94 請參閱：Richard Tessler, Gail Gamache, and Liming Liu, p. 141.

95 請參閱：Richard Tessler, Gail Gamache, and Liming Liu, p. 114.

96 請參閱：Patty Cogen, "I Don't Know Her Name, But I'd Like to Enroll Her in Preschool," in Amy Klatzkin, ed., *A Passage to the Heart,* p. 166.

97 請參閱：Ling Li, "Mass Migration Within China and the Implications for Chinese Emigration," and Jack A. Gold-stone, "A Tsunami on the Horizon: The Potential for International Migration," in Paul J. Smith, ed., *Human Smuggling: Chinese Migrant Trafficking and the Challenge to America's Immigration Tradition* (Washington, D.C.: Center for Strategic and International Studies, 1997), pp. 34, 58.

98 請參閱：Ko-lin Chin, *Smuggled Chinese: Clandestine Immigration to the United States* (Philadelphia: Temple University Press, 1999), p. 23.

99 請參閱：*Los Angeles Times,* June 13, 1993.

100 請參閱：James W Gin, oral history interview, Southern California Chinese American Oral History Project.

101 請參閱：*Newsday,* June 21, 1993.

102 請參閱：*Sing Tao Daily,* December 2, 1996, as cited in Ko-lin Chin, p. 9.

103 請參閱：Ko-lin Chin, p. 6.

104 請參閱：Brian Duffy, "Coming to America," cover story, *U.S. News and World Report,* June 21, 1993, p. 27.

105 請參閱：Alex Tizon, "The Rush to 'Gold Mountain': Why Smuggled Chinese Bet Everything on a Chance to Live and Work in the U.S.," *Seattle Times,* April 16, 2000.

106 請參閱：Ibid.

107 請參閱：L. Ling-chi Wang, "Politics of Assimilation and Repression," p. 272。他所引述的數字「五八三四人」是根據美國移民局的年度報告。

108 請參閱：Ko-lin Chin, p. 24.

109 請參閱：Ibid., p. 24.

110 請參閱：Ibid., p. 14.

111 請參閱：Ibid., p. 25.

112 請參閱：Ibid., p. 24.

113 請參閱：Paul J. Smith, ed., *Human Smuggling,* p. xii.

114 請參閱：Associated Press, January 28, 2000.

115 請參閱：Shawn Hubler, "The Changing Face of Illegal Immigration Is a Child's," *Los Angeles Times,* January 31, 2000.

116 請參閱：*Allentown Pennsylvania Morning Call,* August 2, 1993.

117 請參閱：Ko-lin Chin, p. 52.

118 請參閱：Author's visit to Immigration and Naturalization Service headquarters in Washington, D.C.。

119 請參閱：*Asia, Inc.,* May 1993.

120 關於墨西哥與加拿大兩國的偷渡客問題，請參閱：Kenneth Yales, "Canada's Growing Role as a Human Smuggling Destination and Corridor to the United States," in Paul J. Smith, *Human Smuggling,* pp. 156-168; Ko-lin Chin, "Safe House or Hell House? Experience of Newly Arrived Undocumented Chinese," in Paul J. Smith, *Human Smuggling,* p. 169.

121 請參閱：*Sunday Telegraph* (London), June 25, 2000.

122 請參閱：Malcolm Glover and Lon Daniels, "Smuggler Main Ship Hunted on High Seas," *San Francisco Examiner*, June 3, 1993, p. 1.

123 請參閱：Ko-lin Chin, p. 71.

124 請參閱：Ibid., p. 71.

125 請參閱：Jan Ten Bruggencate, "147 Illegals Endured a Ship of Ghouls," *Honolulu Advertiser*, August 23, 1995.

126 請參閱：*Newsweek*, June 21, 1993; *Seattle Times*, April 16, 2000.

127 請參閱：*Sunday Telegraph* (London), June 25, 2000.

128 請參閱：Ibid.

129 請參閱：Ibid.

130 請參閱：Kim Murphy, "Smuggling of Chinese Ends in a Box of Death, Squalor," *Los Angeles Times*, January 12, 200C.

131 請參閱：Chelsea J. Carter, "More Chinese Illegal Immigrants Arrive in Shipping Containers," Associated Press, April 10, 2000.

132 請參閱：*Los Angeles Times*, January 24, 2000.

133 請參閱：Scott Sunde, "Chinese Smugglers Switch to New Tactics," *Seattle Post-Intelligencer*, February 10, 2000.

134 請參閱：Michelle Malkin, "Dying to Be an American," *Washington Times*, January 18, 2000, p. A12.

135 請參閱：*New York Post*, June 24, 1993; Ko-lin Chin, *Smuggled Chinese*, p. 74.

136 請參閱：Ko-lin Chin, *Smuggled Chinese*, p. 74.

137 請參閱：Anthony M. DeStefano, "Chinese Turned into Sex Slaves," *Newsday*, August 23, 1995; 轉引自：Paul J. Smith, *Human Smuggling*, p. 11; *Honolulu Advertiser*, August 23, 1995.

138 請參閱：Ko-lin Chin, "Safe House or Hell House?," in Paul J. Smith, ed., *Human Smuggling*, p. 180; Ko-lin Chin, *Smuggled Chinese*, p. 104.

139 請參閱：*Honolulu Advertiser*, August 23, 1995.

140 請參閱：Ko-lin Chin, in Paul J. Smith, ed., pp.183-84.

141 請參閱：Peter Kwong, *The New Chinatown*, pp. 179-80.

142 請參閱：Ibid., pp. 184-85.

143 請參閱：Ko-lin Chin, *Smuggled Chinese*, p. 110.

144 請參閱：Ko-lin Chin, in Paul J. Smith, ed., *Human Smuggling*, p. 187.

145 請參閱：*Seattle Post-Intelligencer*, January 12, 2000.

146 請參閱：*Downtown Express*, June 21, 1993.

147 請參閱：Ko-lin Chin, *Smuggled Chinese*, pp. 130-31.

148 請參閱：Ronald Skeldon, ed., *Reluctant Exiles?*, p. 262; L. Ling-chi Wang, "Politics of Assimilation and Repression," p. 515.

149 請參閱：Alan Finder, "Despite Tough Laws, Sweatshops Flourish," *New York Times*, February 6, 1995, p. A1.

150 請參閱：Peter Kwong, *The New Chinatown*, p. 180.

151 請參閱：Dan Barry, "Chinatown Fires May Stem from a Hoax to Get Housing," *New York Times*, November 29, 1995.

152 請參閱：Author interview with Ko-lin Chin, January 8, 2003.

153 請參閱：Ibid.

154 請參閱：Ibid.

155 請參閱：Alex Fryer, "Chinese Stowaways in America," *Seattle Times*, January 23, 2000.

156 請參閱：Seth Faison, "Brutal End to an Immigrant's Voyage of Hope," *New York Times*, October 2, 1995, p. A1; Randy Kennedy, "Murder Charges Sought in Immigrant's Slaying," *New York Times*, September 21, 1995.

157 請參閱：*New York Times*, October 2, 1995.

158 請參閱：Ashley Dunn, "After the Golden Venture, the Ordeal Continues," *New York Times*, June 5, 1994.

159 請參閱：Ibid.

160 請參閱：Antoaneta Bezlova, "Town Is Changed as Chinese Seek Fortunes Abroad," *USA Today*, February 16, 2000; Interpress Service, January 24, 2000; *Los Angeles Times*, June 21, 1993.

161 請參閱：Marlowe Hood, "Sourcing the Problem: Why Fuzhou?," in Paul J. Smith, ed., *Human Smuggling*, p. 82.

162 請參閱：*Seattle Times*, April 16, 2000; Elisabeth Rosenthal, "Despite High Risk, Chinese Go West; Emigrants Pay Snakehead Smugglers to Get to the Promised Land," *International Herald Tribune*, June 27, 2000.

163 請參閱：*International Herald Tribune*, June 27, 2000.

164 請參閱：Marlowe Hood, "Sourcing the Problem: Why Fuzhou?," in Paul J. Smith, ed., *Human Smuggling*, p. 80.

165 請參閱：Somini Sengupta, "Squeezed by Debt and Time, Mothers Ship Babies to China," *New York Times*, September 14, 1999.

166 請參閱：Ko-lin Chin, *Smuggled Chinese*, p. 18.

167 請參閱：*Seattle Times*, April 16, 2000.

第二十章

前途未卜

「我的祖父在將近一世紀前從中國來到這國家當僕人。現在我的州長辦公室與當年祖父工作的地點相距雖只有短短一英里，但這卻是我們家族花了一百年才走完的路程。我們只有在美國才能有這等成就。」

——美國第一位華裔州長，華盛頓州州長駱家輝（Gary Locke），二〇〇三年一月二十八日於美國

我的書只能記錄美國華人從過去到現在的旅程，但他們未來會往哪裡走，仍是個未知數。在新事件的觀照之下，每個新世代都必須重新發掘歷史，所以我沒有說完的華人故事只能留給未來的學者們去完成了。此時當我在為這本書畫上句點之際，我只能抱持著一個熱切的企望：希望讀者們能夠把我的同胞們的故事，也就是把美國華人的故事當成是美國人而非外國人的故事。

從華人踏上美國國土那一刻起，他們的夢想就是美國夢了。他們來加州淘金。他們想要擁有自己的土地與事業，也努力為孩子們爭取進入美國各地學校，與其他美國人一起接受教育。他們和大多數美國移民一樣，為了躲避戰爭、饑荒而來到這裡，希望可以不再忍受迫害與貧窮。而且和其他第一代移民一樣，後來

他們的孩子已經把美國當成故鄉了。

如果沒有華人的成就，美國社會也不會有今日這等光景。在一代代華人參與建設的努力之下，美國才會如此偉大。有些華人打過南北戰爭，也有大批華人興建橫貫大陸鐵路，讓東西岸的交通能夠連成一氣。為了追求正義，早期的美國華人努力打拚，奠定下來的法律基礎也成為後來民權運動仿效的典範。華人幫助興建美國最早的火箭，幫助美國成為冷戰的贏家。華人對於矽谷與其他地方都有很大的貢獻，幫助美國能在資訊時代保持領先全球的優勢。如今華人遍布於我們能想像得到的各行各業：發明家、教師、作家、醫生、工程師、律師、企業執行長、社工、會計師、建築師、警察首長、消防隊員、演員與太空人等。[1]

但可悲的是，儘管華人的貢獻歷史源遠流長，仍有許多美國華人被當成外國人看待。「滾回老家去吧！」——大多數新移民遲早都會遭人如此奚落。就像有人曾說過的，「我們亞裔美國人總覺得是住在別人家裡，感覺無法放鬆，不能把腳擺在桌上。」華人的口音會變正常，也會變得與中華文化傳統無關，但膚色與眼睛形狀是不會改變的。外貌的特色會讓某些人很容易就認為華人是外國人，就是不一樣——如此一來他們當然不是「貨真價實」的美國人。[2]因此無論華人再怎樣努力融入美國，社會上還是存在著一些順理成章但與事實不符的刻板印象，將華人描繪成天生不同於美國同胞，不會改變。

這種分歧會對人造成什麼衝擊呢？曾經有位土生土長的加州西科維納市（West Covina）華人市議員接到電話時聽見話筒另一頭有人對他說：「怪了，你聽起來不像姓王的啊。你的聲音聽起來好像美國人。」[3]電視上的醫療劇裡幾乎也未曾出現過任何華人醫生的角色，但事實上全美國的醫生裡有六分之一是亞裔美國人。[4]也曾有一位知名華裔電影女明星雖然表現認真，備受好評，但她說導演總是要求她與其他人「講話時要帶著華人腔調，或者使出成龍或龐德女郎那種高踢腿的招式。」[5]甚至美泰兒（Mattel）玩具公司在二〇〇〇年推出「未來美國女總統」的夢幻芭比娃娃收藏系列時，雖然裡面有白人、黑人與拉丁美洲裔的芭

「美國夢」的典範。住在紐約法拉盛地區的吳家三兄弟都是哈佛大學的第一名學生。吳家爸媽是第二波華人移民潮的移民，他們和同時間前往美國的許多華人一樣都是來自臺灣的知識份子與專業人士。他們在美國養兒育女，下一代進入美國一流大學學府的人數創下歷史紀錄。（照片來源：Magnum Photos）

比，但獨缺華裔。（「大家喜歡身穿亞洲服裝的亞裔美國人娃娃，但不喜歡他們變成總統，」加大柏克萊分校金惠經教授提出她的看法，「這反映出社會大眾對我們的觀感。」[6]）

一九九九年六月，成長於俄亥俄州，後來到加州讀大學的美國空軍上校劉雲平（Ted Lieu）投書《華盛頓郵報》，文中寫道：

> 「你是中國空軍的嗎？」我身邊穿著優雅的女士問我。在那片刻我真是無言以對。我們參加的是一場授勳晚宴，而且我身穿令我自豪的美國空軍藍色制服，上面有象徵上尉官階的兩條槓、佩章以及勳章。她的問題讓我感到震驚，也體認到，即使是藍色空軍制服也無法改變她一開始預設的想法：只要是黃皮膚的亞洲人都不是美國人。我真希望這是個獨立個案。不幸的是，如今仍有太多人把亞裔美國人當成外國人……身為美國空軍軍官，也許我某天會接受部隊徵召，為國捐軀。當我說「我的國家時」，如果到現在還有人懷疑我所指的是美國還是其他國家，我只能說自己感到非常遺憾。[7]

別看那些華裔名人都有光鮮亮麗的一面，無論他們的成就有多耀眼、對美國社會的貢獻有多大，但幾乎每個人都曾因為族裔身分而遭人質疑。

例如，宗毓華（Connie Chung）是美國史上第二位電視新聞網夜間新聞節目的女性共同主持人，她也曾在那不友善的新聞圈掙扎求生。成為新聞界少數幾位女性翹楚已經夠糟了，她還說，「從一九七一到七六年，我到CBS電視台之初，很多人都在我背後說什麼『黃種人新聞』，而這顯然帶有某種族歧視的涵義。」[8]而且最晚到了一九九〇年，居然還是有華府廣播電台主持人克里夫・金凱（Cliff Kincaid）稱她為「康妮・清狗」（譯註：原文是Connie Chink，理由在於Chink與Chung諧音）。[9]

林瓔（Maya Lin）如今是全美國最有名的建築師，但是在耶魯大學當大學生的時代，她所設計的華府越戰紀念碑（Vietnam Veterans Memorial）於一九八〇年的全國競賽脫穎而出後，也曾遭人惡意攻訐：「政府怎麼可以讓越南狗設計越戰紀念碑？」[10]某些退伍軍人提出質疑。「這是怎麼一回事？亞裔女性怎會獲准為那些在亞洲打仗捐軀的美國男性設計紀念碑？」[11]〔譯註：林瓔後來曾特別強調自己忠於美國，充滿愛國精神。「如果有人問我，我會說自己是華裔美國人，」她曾在一九九一年在《美國藝術界》（*Art in America*）月刊撰文寫道，「我如果非得做出選擇不可，我也會選擇美國。我不是在美國出生，也不是在那裡成長的，而且我爸媽所認識的那個中國也早已不復存在……除了美國，我沒必要效忠任何國家，它就是我的祖國。」〕

在作品《喜福會》（*The Joy Luck Club*）暢銷熱賣後，小說家譚恩美曾經努力了很久，才終於有好萊塢製片願意幫她推出改編電影。電影上映前，某位電影公司高層曾向哥倫比亞三星電影公司（Columbia TriStar）的華裔美國人總裁李公明（Chris Lee）抱怨道，《喜福會》裡「沒有美國人」。結果李公明反駁他：「裡面的確有美國人，只是他們長得不像你。」[12]〔《喜福會》一書的故事以譚恩美的家族史為基礎，融入了四位美國華人女性與她們的第一代移民母親的故事，虛實交織。在出版史上，沒有任何一本由亞裔美國作家寫的小說比《喜福會》更為暢銷：它曾登上《紐約時報》暢銷榜榜首，到了一九九七年已經賣出四百五十萬冊。由王穎（Wayne Wang）執導的電影版《喜福會》在一九九三年推出，劇本是譚恩美與朗恩・貝斯（Ron Bass）共同執筆的。〕

一九九八年冬季奧運期間，美國花式滑冰好手關穎珊（Michelle Kwan）輸給隊友塔拉・利平斯基（Tara Lipinski），屈居第二，結果MSNBC電視台下的新聞標題是：「美國選手打敗關穎珊。」[13]該台新聞人員不假思索就把關穎珊當成外國人，惹惱了許多美國華人，因為她根本就是在美國土生土長，並且接受花式滑冰訓練。四年後關穎珊二度痛失金牌，敗在莎拉・休斯（Sarah Hughes）手下，又有媒體重蹈覆轍。《西雅圖時報》（*Seattle Times*）這樣為一則次要新聞下標題：「美國選手打敗關穎珊，斯盧茨卡婭〔譯註：指俄國選手伊琳娜・斯盧茨卡婭（Irina Slutskaya）〕驚豔全場。」[14]。

一九九八年，加州州政府財政局長鄺傑靈（Matt Fong）競選該州參議員，記者紛紛問他：如果美中開戰，他會支持哪一國？但事實上鄺傑靈是第四代美國華人，加州史上第一位亞裔女性州務卿余江月桂（March Fong Eu）之子。[15]結果鄺傑靈敗選，後來他向《時代》雜誌表示：「美國社會表層底下隱藏著刻板印象與種族歧視。」[16]

吳振偉（David Wu）是美國史上第一位華裔眾議員，他曾在二〇〇一年五月要進入華府能源部時遭人擋了下來。「最讓我感到震驚的是，他們兩度質問我是不是美國公民，」吳振偉後來表示，「兩次都是在我出示自己的國會議員證件之後，而且劉泰德（他的助理Ted Liu，音譯）也兩度出示他的國會幕僚證件。」[17]

哈佛商學院校友趙小蘭（Elaine Chao）曾先後當過聯邦海事委員會（Federal Maritime Commission）主席與運輸部副部長，後來小布希總統（George W Bush）在二〇〇一年任命她成為勞工部長，讓她成為美國史上第一位華裔內閣閣員。許多批評她的人攻擊她與中國有生意往來，她的夫婿密契・麥康諾（Mitch McConnell，肯塔基州參議員）表示這反映出媒體有「微妙的種族歧視」，對於「黃禍」的懼怕與排外態度。[18]

美國華人社群內部總是屢屢出現這樣的質疑：我們到底要通過多少白人設下的關卡，才能夠被視為「貨真價實」的美國人？

這些種族歧視案例都不是平白無故發生，而是有其背景。而且這些事的起因也都不光是因為當事人的外貌不同於美國人。別說美國社會，其實大多數社會歷史上的統治階級為了掌控整個社會，都會巧妙利用族群與種族差異，以此為煙霧彈，讓社會大眾沒有注意到自己被控制了。種族主義也常常被用來分化美國勞工，為了不讓他們在各種重要議題上取得勝利，刻意破壞白人與有色人種勞工之間的團結。此外在經濟大蕭條或戰爭期間，政府也能用這種伎倆來擴大政權的掌控範圍。每到這種時候，領導人為了讓社會大眾支持自己的解決方案，總是會毀謗、犧牲某個族群，而華人在排華法案時期的運命就是如此。

在這本書進入尾聲之際，一股反華情緒再度於美國社會醞釀著，令人聯想到排華法案通過之前美國人對於華人的仇視態度。此次這種情緒可說是順勢而起，源自於社會大眾對於國際局勢劇烈變化的普遍恐懼：無論是經濟的全球化或者中華人民共和國的國力與威望日強，都對美國產生了莫大衝擊。

在這剛剛進入第三個千禧年的時代，中國已經因為經濟與軍力崛起而成為全球強權。因為工業與科技發展的速度飛快，早已有某些經濟專家指稱二十一世紀將會是「中國的世紀」。（許多外國記者與學者也都觀察到，因為一胎化政策的結果，剛成年的新一代中國人從小在家裡就是「小霸王」或「小皇帝」，而爸媽無論再怎樣犧牲自己，花的錢再多，也都情願讓他們獲得最好的教育。美國媒體注意到中國的幼稚園頻頻出現音樂與數學神童，還有許多中國高校生參加GRE考試（即美國研究生入學考試）都拿到三科滿分（八百分）。許多觀察家都預言，在二十一世紀中國很快又會出現許多科學、文學與藝術的天才，與美國相較或許可說有過之而無不及。）二〇〇一年九月，中國加入世貿組織（WTO），奠定了該國在國際貿易體系裡所取得全面性的合法地位，很多美國人又開始擔心了起來：會不會因為中國人願意領取微薄薪資，導致他們的飯碗不保？與此同時，由於蘇聯帝國已瓦解，再加上中國是全球第三核武大國與亞洲第一軍事強權，也觸動了許多美國人內心對中國的恐懼。一時之間連華府的立場也搖擺不定，一下子把中國描繪為美國的最新貿易夥伴與市場，但隨著蘇聯集團的崩潰，又開始把中國當成後冷戰時代取代蘇聯的最強敵國。（例如，共和黨在二〇〇〇年十月推出一支電視廣告，暗指民主黨候選人高爾（Al Gore）如果當選總統，也許會導致美國遭中國以核彈摧毀。這廣告宣稱中國「有能力以洲際核子導彈威脅我們的家園」，因為克林頓與高爾擔任正副總統時，「把國安出賣給共產中國，藉以換取選舉時的政治獻金。」[19]這支廣告由一個白人小女孩主演，她一邊倒數，一邊拔雛菊花瓣。她開始倒數後，突然開始出現核子導彈倒數的聲音，接著就是核爆的畫面。「可別冒險，」那廣告發出警語，「請投票給共和黨。」這電視廣告其實是重新拍攝了詹森總統在一九六四年推出後備受批評的「雛菊女孩」廣告，當時詹森總統暗指他的對手，共和黨候選人高華德參議員（Barry Goldwater）將會把美國帶往一場美俄之間的原子彈大戰。「雛菊女孩」廣告觸怒了美國華人社群，他們指控共和黨的舉動是大打「黃禍牌」。」

能印證這一切的意外事件發生於二〇〇一年四月，一架中國戰機飛越南海上空，顯然與一架正在進行例行監控任務的美國海軍偵察機靠得太近，導致美國軍機飛行員突然轉向，最後造成兩機在空中碰撞，這也就是所謂的「美中撞機事件」。中國戰鬥機飛行員跳傘後下落不明，最後軍方宣告他殉職，美軍偵察機的二十四位機組員則是在中國海南島緊急迫降，隨後遭到解放軍羈押。經過十一天密集磋商，以及美國政府發布一份措詞謹慎的道歉聲明後，中國釋放了機組員，但此時美國的華人社群已遭到其他美國同胞的嚴厲抨擊。曾得過普立茲獎的漫畫家帕特．奧利芬（Patrick Oliphant）發表了一幅驚人的諷刺畫：他將一位華人男性畫成暴牙，戴著厚重眼鏡，手裡拿著一盤「香煎貓內臟」。[20]《國家評論》半月刊（*National Review*）則是抱怨中國人「不管煮什麼都會加味精」，還宣稱「如果我的狗在那批美國機組員裡，恐怕早就被江澤明給吃掉了。」[21]（譯註：某些省份的中國人的確會吃貓與狗，例如廣東人，但用這種方式來描述華人可說是充滿種族歧視的刻板印象；江澤明是前中共國家主席。）

據內布拉斯加州林肯市一位華人化學家馬泰莎（Theresa Ma，音譯）回憶，在美中撞機危機事件期間，某天有個鄰居趨前問她：「為什麼妳不去中國把我們的人帶回來？」儘管許多美國華人是美國公民，而且整個家族已經在美國定居了好幾個世代，但那位鄰居仍搞不清楚美國華人與中國人之間的區別。[22]

1997年，《國家評論》半月刊（*National Review*）刊登了一則充滿排華時期種族歧視偏見的諷刺畫，引發圖中的美國華人在紐約發動抗議。（照片來源：Corky Lee）

某些媒體人甚至大放厥詞，主張應該把所有的美國華人都驅逐出境甚至囚禁起來。伊利諾州春田市兩位DJ呼籲聽眾抵制所有美國華人開的餐廳，並表示應該把他們全都趕出美國，還隨機查閱電話簿，看到華人姓氏的電話號碼持有人就call-out去騷擾他們。[23]一位福斯新聞網（Fox News）主持人則向所有國家實驗室喊話，應該開除所有的華人員工。[24]一個全國性脫口秀節目的主持人要求聯邦政府應該把所有美國華人都關起來，就像二戰期間把日裔美國人丟進集中營那樣。[25]〔就連許多報社編輯也公開沉浸在各種反華刻板印象中。二〇〇一年四月，當時讀大四的華裔女大學生梁艾美（Amy Leang，音譯）開始到美國新聞編輯協會（American Society of Newspaper Editors）發行的會刊《美國新聞編輯協會報導》（*ASNE Reporter*）實習，某次該會在華府召開大會時，協會安排了一個喜劇劇團在開幕式表演，她獲派前往拍照，結果驚愕地發現劇團表演的是一齣充滿粗俗種族歧視橋段的美中關係諷刺劇。令她特別感到心煩的是，那些短劇的觀眾都是美國新聞界最具代表性的編輯。如同她後來寫道，「兩位白人男性演員扮演中國官員和他的口譯員。那官員留著一條黑色髮辮，帶著厚重眼鏡，講起話來發出『請請重重』的聲音，假裝在講中文。那演員一邊裝腔作勢，一邊大聲講話。令我感到煩亂的不只是表演本身，而是台下那幾百位編輯都可能是我未來的上司，全都在哈哈大笑。我覺得自己在一陣陣哄堂大笑中被吞噬了。每次那演員講的『中國話』變得愈刺耳，編輯們的笑聲就愈大。儘管我深感受辱，但還是把工作做好，交出那些照片。隔天早上我起床後不禁哭了起來。」[26]〕

據某些研究顯示，當時美國社會的反華情緒的確非常高漲。蓋洛普公司（Gallup）二〇〇一年的民調發現，有超過百分之八十的美國人的確覺得中華人民共和國是「危險的」。[27]另一項民調則是由遊說團體百人會（Committee of One Hundred）與反誹謗聯盟（Anti-Defamation League）委託進行，隨機選擇一二一六位成年美國人詢問，結果發現其中近半數認為美國華人「洩密給中國政府，而這的確是個問題」。[28]另外有將近三分之一的人相信，美國華人其實是更為效忠於中華人民共和國而非美國。就政治領域來說，華裔與其他亞裔美國選舉候選人頓時成為最不受歡迎的。這調查發現，許多人都覺得，與其投票給亞裔美國人當總統，他們寧願投給女性、非裔或者猶太裔美國候選人。

對華裔美國社群而言，這些民調結果正好印證了他們最恐懼的事情：他們能否獲得美國社會接受往往是取決於時好時壞、常常變動的美中關係，而非他們自己的特定行為。在距離《排華法案》通過已經一百多年的此刻，他們必須清醒起來，面對現實：儘管他們早已視美國為祖國，但迄今仍被當成外人。

反華怒潮在華裔美國人社群內部掀起辯論，促使很多人開始重新檢視自己的身分認同問題。從一九九〇年代末期到二〇〇〇年代初期，無數人激烈討論到底是該想盡辦法展現對美國的忠心，或者是把自己組織起來，對這些質疑聲浪提出抗議？某些移民開始把問題歸咎於自己太過自滿，只顧追求事業與照顧家庭，不敢冒險出面介入國家社會的種種事務。許多網路聊天室與公共論壇公開質疑華人傳達給下一代的訊息是否正確。因為媒體業與藝壇比較容易影響社會對美國華人的觀感，原本大多數華人家長都勸誡孩子們應該迴避，鼓勵他們投身可以保持低調的科學與科技業。但這或許是錯誤的？難道是他們自認這兩個領域很安穩，其實那只不過是個幻想？勸誡孩子們避開政壇，難道也錯了？難道是因為上一代在亞洲受盡政府壓迫，來到美國後只想找個避風港躲起來，結果卻造成美國華人對政治始終冷感？

在華裔美國人社群遭受舉國上下敵視之後，受到刺激的社群領袖與許多知名社運團體諸如華裔美國人組織（Organization of Chinese Americans）、百人會以及「八十／二十促進會」(80/20）等也開始高調地進行討論。「華裔美國人組織（ＯＣＡ）是位於華府的民權遊說團體，由王恭立（Kung Lee Wang）在一九七三年創立。至於百人會（C100）則是一個由華裔美國名人組成，不分黨派的組織，其宗旨為促進中美關係，並解決華裔美國人社群內部的重要問題。至於「八十／二十促進會」的創辦人則是曾當過德拉瓦州副州長的華裔醫生吳仙標（S.B. Woo），其宗旨是遊說百分之八十的華裔美國選民把票集中在某位獲得政黨背書的總統候選人身上，而且這個人是最可能透過政策為亞裔美國人族群謀福利的。）某些人提倡選舉時集中選票，藉此增強華人族群的政治影響力。也有人討論要把更多資源運用於促進公共關係與慈善事業。還有一部分人則鼓勵華裔美國人在窗口掛上國旗。華人與其他許多移民族群一樣長久以來對美國貢獻良多，也早已把美國當成祖國。他們想要創造出一個能夠以華人身分自豪，但又可以充分展現自己對美國的愛國心，這兩者不會導致他們內心出現衝突感。

儘管對於該走哪條路通常有歧見，但大家的共識是：該是團結起來，採取政治行動的時候了。就像因為研發出愛滋病療法而獲選一九九六年《時代》雜誌年度風雲人物的知名學者何大一對所有華人發出的警語：「在我等華人同胞蒙冤之際，就像非裔美國人有傑西・傑克遜（Jesse Jackson）與艾爾・夏普頓（Al Sharpton）等民權領袖，我們也該有人挺身而出，大聲喊冤啊！」[29]

而且此舉並非只是為了現在的華人，也是為了他們世世代代的子孫。許多在美國土生土長的華人青年也開始以有力的聲音說出他們自己的少數族裔成長經驗，除了必定會面對種種困難與疑惑，還必須背負著三重壓力：除了必須出類拔萃與融入白人社會之外，還得真心接受自己的華人傳統，這在在都構成壓力。有些人覺得他們得比別人努力，表現明明是白人的兩倍好，卻只會受到一半的肯定。也有人坦承對自己的身分深感羞恥，想要棄絕華人的傳統。這一類華人通常都是只和白人約會，刻意不學習祖先的語言與傳統，但也有一些極端的案例甚至動了眼皮手術，只為讓自己看起來更像白人。不過也有其他人走的是一條相反的路，只結交華人朋友與男女朋友，甚至前往中國尋找另一半，或者在中國透過研究族譜尋根。

如果要對抗種族歧視，並沒有任何輕鬆的解決方案。也許只能冀望美國社會因為教育而改變，同時華人也要更積極參與美國的民主活動。華裔美國人的未來取決於他們是否有能力為自己發聲：透過勇於表達意見而加強自己的存在感，擺脫別人套在他們身上的「少數族裔模範」枷鎖，如此一來才能拒絕別人定義與規定他們，自己找出怎樣才算成功，有多成功。華人的責任與其他美國同胞沒有兩樣。身為美國公民，愛國是一種責任也是權利，我們必須同時予以履行和爭取：投票、競選公職、與各級議員對話、在更多媒體上表述我們的政治看法，並且揭發政府與其他社會體制內部的濫權事件與冤案。不過，光是講話與揮舞旗幟並不夠，我們必須堅定地挑戰政府與自己，如此方能不辜負所有美國人共享的民權與自由。這是我們身為美國人的權利、特權與責任。

種族與文化其實都是一種不斷改變的生命力量——但美國社會唯有透過教育讓自己變得更強大，唯有開始誠摯地尊重所有人的人權，才能有足夠的自信看出這一點。未來是不可預測的，但我深信「美國華人」一詞的定義會隨著時間過去而變得愈來愈複雜。華人與其他族群之間的界線已愈來愈模糊了。美國華人與其他亞裔美國人的聯姻案例更勝於以往，因此「美國華人」概念也許會被「亞裔美國人」這個新的族裔概念所取代。同時，也有不少美國華人與亞裔以外的美國人結婚，他們所生出的新生代美國人也不願被貼上過度簡化的標籤。甚至有些人開始覺得族裔身分的定義除了取決於無可爭議的種族外表或傳統，也是個人選擇的問題。

演員王賽（Gy Wong，音譯）是個好例子。[30]一八六七年他的曾祖父從古巴遷往路易斯安那州的莊園去當長工。契約結束後，他留在美國南部，娶了一位克里奧女子。後來他們生出來的兒子，也就是王賽的祖父，則是娶了一位身上兼具原住民喬克托族（Choctaw）與非裔血統的女子，而王賽的父親娶的妻子也是混血，除了一樣具有非裔血統，另外帶有奇克索族（Chickasaw）血統。後來當上南加州華人歷史學會（Chinese Historical Association of Southern California）理事長的王賽深知某些人很難接受他的華人身分。「有時候我必須面對某些偏見，尤其是某些非裔美國人面對我的態度，」他在《洛杉磯時報》上撰文寫道，「他們會說，『或許你看起來有點像華人，但你終究是黑人啊。』我不否認自己的膚色是黑色，但我們真正的顏色取決於內心。」[31]

每當有人問王賽，「你是誰？你從哪裡來？」他總是答道：「我是非裔、華裔、美國印地安裔的後代。但我真正的族裔是美國裔。我幫美國打過仗。我在美國海軍待了六年。我是貨真價實的美國人。」

另一個例子是《百年金山》（*On Gold Mountain*）的作者鄺麗莎（Lisa See），她的高祖父是個草藥師，在一八六七年來到美國。從臉上的雀斑與白皙皮膚、一頭紅髮看來，鄺麗莎不像華人，但她說了許多華人祖先在大西部奮鬥的故事。即使鄺麗莎的曾祖母、祖母與母親都是白人，但她從小就浸淫於中國文化裡，童年有很大一部分時間都待在洛杉磯中國城的鄺家古董店裡。長大後，她很詫異地發現旁人都沒把她當成美國華人。「我所採訪的許多華人都說白人是『老番』、『番鬼』，是『白鬼』，」鄺麗莎寫道，「他們不知道我聽到之後有多震驚，因為長久以來我待在自家古董店裡，也去了很多婚宴，始終以華人自居。我有充分的理由，因為那些人都是我的親戚。我從來沒有注意到事實上我和外祖母一樣留著一頭紅髮，其他人的髮色則都是全黑的……儘管我外觀看來不像，但和外祖母一樣，我內心認定自己是華人。」[32]

王賽與鄺麗莎這種跨族裔美國人本來是例外，但很快就愈來愈常見。從一九六九到八九年之間，華人與白人配偶所生的小孩人數成長了超過三倍。[33] 二〇〇〇年，兩位學者在一篇論文中推估，多族裔血統的亞裔美國人人口數大約在七十五萬到一百萬之間。[34]〔一九六七年，最高法院在審理「洛文控告維吉尼亞州政府」（Loving v. Virginia）時宣稱，所有禁止異族通婚的法律都是違憲的，在這之後跨種族通婚的人數也隨之飆升。在這次判決以前，仍有十六州的法律禁止白人與其他族裔成員通婚，但這次堪稱歷史里程碑的判決後，促使跨種族聯姻的配偶大量增加，也帶來混血嬰兒潮。〕

由於不少名人都是擁有華人血統的跨族裔美國人，這也促使大家注意到他們的族裔身分問題。世界高球球王老虎・伍茲（Tiger Woods）曾自創「白黑印亞裔」（Cablinasian）一詞，藉此把自己的白人、黑人、印地安人、泰國人與華人血統全都囊括進去。好萊塢也有愈來愈多明星，包括基努・李維（Keanu Reeves）、王盛德（Russell Wong）、梅格・提莉（Meg Tilly）、胡凱莉（Kelly Hu）、蒂雅・卡瑞拉（Tia Carrere）與菲比・凱絲（Phoebe Cates）等，都擁有一部分華人血統。〔在過去，能成為明星的歐亞混血明星實在少之又少，而且他們通常是扮演亞洲人的角色而非白人。最有名的兩位哈帕（Hapa）明星非李小龍與關南施（Nancy Kwan）莫屬：前者因為《龍爭虎鬥》（*Enter the Dragon*）等中國武術電影而大紅大紫，至於後者則因《蘇絲黃的世界》（*The World of Suzie Wong*）與《花鼓歌》（*Flower Drum Song*）兩片的角色而於影壇永垂不朽。〕

儘管某些混血美國人遵奉中國文化，但也有人選擇了全新的族裔身分。許多華人與白人配偶所生的小孩如今自稱「哈帕」——這詞彙源自於夏威夷當地語言，原義是白人商賈與夏威夷原住民所生的小孩，後來指稱白人與日裔血統各半的夏威夷人，如今則泛指那些帶有多種亞裔血統的人。[35]哈帕組織在美國各大學，諸如史丹福、加大柏克萊分校、哈佛、康乃爾與華盛頓等大學蓬勃發展。事實上，哈帕已經形成一股政治勢力以及迅速發展的社會運動，哈帕會議、哈帕雜誌〔《行家》（*Mavin*）〕與哈帕聯誼會都很普遍。甚至有一些大學開設了介紹哈帕歷史的課程。

隨著哈帕人數的增多，他們開始主張，無論是他們自己或者其他擁有多種血統的人，都應該能夠自由地讚頌自身的多族裔背景。二〇〇〇年的人口普查在進行時，史上第一次美國政府允許人們主張自己的多族裔背景，可以勾選好幾個格子。王賽填寫自己的普查表格時就勾選了三個格子，標明自己具有黑人、華人與美國原住民的血統，然後在表格旁邊的空白處寫上自己是「擁有三種血統的美國人」（Tri-ethnic and American）。[36]

這些風潮也促使人們提出新問題：種族身分到底是什麼？由誰來決定？政府？專家？或者我們自己？

儘管很多人基於便宜行事，喜歡把族群看成鐵板一塊，而且若是與官僚體制之間有共同利益，很容易就會任其安排與控制，但事實上每個人的人生各自不同，不會甘願受到這種整齊劃分。無論過去或現在，實際上種族應該像是一個色彩繽紛的寬廣光譜，不同顏色之間的界線毫無規則可言，而且在我們幾乎察覺不到的情況下混雜在一起了。

也許某天世人會重新發現一個基本的事實：儘管掌權者也許有能力塑造與操弄我們的身分，但身分的本質終究取決於個人。美國的立國基礎就是這個概念，只是未曾達到此一理想。

我們的建國先賢發願創造一個獨特的政府，一個少數人能夠不受多數人欺壓的民主體制，即使是一個人也享有這種權利。不幸的是，從過去到可見的未來，他們的夢想都無法在美國社會落實。儘管《美國憲法》與《權利法案》的陳義甚高，但實際上兩份文件的起草者很多都蓄奴，也不認為自由的特權應該及於婦女、少數族裔，甚至沒有土地的美國人。而且不幸的是，過去兩個世紀以來，美國對待黑人、美國原住民與其他族群的方式一直都牴觸了上述兩份被當成建國基石的文件。結果美國史與其他許多國家沒兩樣，長久以來始終無法擺脫族群身分問題所衍生的亂局，而且問題仍持續著，無法預見結果如何。

如果任由群體壓制個人權利，不可避免地將會產生極端民族主義，而且長久以來世界各地的許多戰爭與種族大屠殺都是以此為原因與藉口。想當年，成千上萬華人與其他移民之所以會離棄自己的祖國，在前途未卜的情況下來到這一片陌生的土地，就是為了躲避族群身分的壓迫，就是因為他們不想面對代代相傳嚴重的種族對立。他們來美國是否來對了？只有時間能夠回答這個問題。而且答案完全取決於美國是否能持續進步，最終實現它當初所倡議的平等主義基本理念——也就是〈獨立宣言〉所說的，「人生而平等，生命、自由、及追求幸福，是不可剝奪的天賦權利。」理由在於，當初許多華人之所以遠渡重洋，就是因為他們心裡始終縈繞著一個高遠的夢想，認為美國真是這樣的地方。

1 請參閱：Mia Tuan, *Forever Foreigners or Honorary Whites? The Asian Ethnic Experience Today* (New Brunswick, N.J.: Rutgers University Press, 1998), p. 4.

2 到二〇〇三年為止，太空總署仍有兩位現役的美國華裔太空人，也就是焦立中博士（Dr. Leroy Chiao）與盧傑博士（Dr. Edward Tsang Lu）。至於王贛駿博士（Dr. Taylor Wang）則在於一九八五年搭乘「挑戰者號」（Challenger）執行史上第一個太空實驗是任務（任務代號STS-51B）。

3 請參閱：Author correspondence with Ben Wong, West Covina City Council member, December 2000.

4 請參閱：*Nightline,* ABC News, June 28, 1999.

5 請參閱：Author correspondence with Rosalind Chao.

6 請參閱：*A* magazine, August/September 2000, p. 10.

7 請參閱：Ted W. Lieu, "A Question of Loyalty," *Washington Post,* June 19, 1999.

8 請參閱：Author interview with Connie Chung, August 28, 2000.

9 請參閱：*Civil Rights Issues Facing Asian Americans in the 1990s,* p. 44.

10 請參閱：*Maya Lin—A Strong Clear Vision,* 105-minute documentary, written and directed by Freida Lee Mock, produced by Freida Lee Mock and Terry Sanders, American Film Foundation.

11 請參閱：Franklin Ng, "Maya Lin and the Vietnam Veterans Memorial," in *Chinese America: History and Perspectives 1994,* p. 214.

12 請參閱：Howard Chua-Eoan, "Profiles in Outrage: America Is Home, but Asian Americans Feel Treated as Outlanders with Unproven Loyalties," *Time,* September 25, 2000, p. 40; *A* magazine, summer 1994, p. 24.

13 請參閱：Joanne Lee, "Mistaken Headline Underscores Racial Assumptions," *Editor & Publisher,* April 25, 1998, p. 64.

14 請參閱："American outshines Kwan": *Seattle Times,* February 22, 2002; *ESPN The Magazine,* May 1, 2002.

15 請參閱：*Los Angeles Times,* March 2, 2000; *Time,* September 25, 2000, p. 40.

16 請參閱：*Time,* September 25, 2000.

17 請參閱：Al Kamen, "DOE Trips on Security Blanket," *Washington Post,* May 25, 2001; Sam Chu Lin, "Rep. Wu Refused Entry to Energy Department," article provided by Lin during correspondence with author。（「我只是覺得那件事諷刺極了，」吳振偉提起那件事的時候表示，「因為我是受邀到他們那裡參加亞太裔美國人傳統慶祝大會（Asian Pacific American Heritage）的。」）

18 請參閱：Roxanne Roberts, "An Asian American Gala, with the Emphasis on American," *Washington Post,* May 11, 2001.

19 請參閱：Leslie Wayne, "Infamous Political Commercial Is Turned on Gore," *New York Times,* October 27, 2000.

20 請參閱：Cartoon on April 9, 2001, syndicated by Andrews McMeel Universal. Letter of complaint from Victor Panichkul, national president of Asian American Journalists Association, to John P. McMeel, chairman of Andrews McMeel Universal, April 11, 2001.

21 請參閱：Jonah Goldberg, "Back to Realpolitik; Out with Hysterics," *National Review,* April 4, 2001.

22 請參閱：Correspondence from Theresa Ma to author, September 22, 2001.

23 請參閱：William Wong, "A Great Wall of Unease; In Spy Plane's Wake, Crude Jokes and Racist Stereotypes Make Chinese Americans Queasy," *San Francisco Chronicle,* April 18, 2001.

24 請參閱：Statement by George M. Ong, president of the Organization of Chinese Americans, April 11, 2001.

25 請參閱：Statement by Larry Golden, professor of Political Studies and Legal Studies, University of Illinois at Springfield.

26 請參閱：Amy Leang, "Walk, Not Just Talk the Talk," *ASNE Reporter,* April 2001; Lloyd Grove, "Regrets, No Apology," *Washington Post,* April 13, 2001.

27 請參閱：*Business Week,* April 16, 2001.

28 請參閱：Sonya Hepinstall, "Survey: Chinese Americans Still Have a Long Way to Go," Reuters, April 25, 2001。這是由百人會與反誹謗聯盟共同委託，在二〇〇一年進行的研究，執行單位是馬提拉傳播集團（Marttila Communications Group）與楊格洛維奇社會科學研究中心（The Yankelovich Center for Social Science Research）。

29 請參閱：*Time,* September 25, 2000, p. 40.

30 關於王賽的生平，請參閱：Author interview with Cy Wong.

31 請參閱：Cy Wong, "East Meets South: Cy Wong, the Great-Grandson of a Chinese Immigrant, Traveled to Louisiana to Research His Colorful History," *Los Angeles Times,* September 26, 1993.

32 請參閱：Lisa See, *On Gold Mountain* (New York: St. Martin's Press, 1995; Vintage, 1996), p. xx.

33 請參閱：Joyce Nishioka, "U.C. Berkeley Hosts Hapa Conference," *Asian Week,* May 26, 1999, p. 8.

34 請參閱：Janet Dang and Jason Ma, "HAPAmerica: The Coming of Age of Hapas Sets the Stage for a New Agenda," *Asian Week,* April 19, 2000.

35 請參閱：*Asian Week,* June 10, 1998, and April 19, 2000.

36 請參閱：Author interview with Cy Wong.

謝辭

每本書的作者往往要等到終於完稿——等到有時間凝望著一堆又一堆用紙盒裝起來的文件資料時，才真能了解自己欠了多少人情。在這引人入勝的漫長旅途中，我有幸與許多能人志士合作過。

我的文學經紀人蘇珊・拉比納（Susan Rabiner）眼光獨到，從一開始就對我這本書抱持堅定信心，為此我非常感激她。她促成維京—企鵝出版社（Viking Penguin）出版這本書，書稿由該社卡洛琳・懷特（Caroline White）與溫蒂・沃爾夫（Wendy Wolf）以精湛的編輯技巧與鉅細靡遺的專注力幫我潤飾敘事內容。該感謝的不只上述兩位編輯，此外還包括維京—企鵝的其他員工，他們的專業精神是如此透徹，包括：鍾晏（Yen Cheong，音譯）、卡洛琳・柯本（Carolyn Coleburn）、克利佛・柯爾克蘭（Clifford Corcoran）、凱特・格里格斯（Kate Griggs）、克萊兒・韓薩克（Claire Hunsaker）、希拉蕊・瑞德蒙（Hilary Redmon）、南西・雷斯尼克（Nancy Resnick）、金・泰勒（Kim Taylor）與葛芮絲・維拉斯（Grace Veras）等。特別值得一提的還包括審稿編輯卡羅・蘇克霍夫（Carol Shookhoff），她仔細審閱過這本書的初稿。

就歷史專業而言，我非常榮幸能夠認識史家麥禮謙（Him Mark Lai），他是位氣質罕見且令人崇敬的學者，在我看來他可說是「美國華人研究之父」。我和其他人一樣，對於他那百科全書式的知識以及毫不懈怠、畢生投入的工作精神佩服不已。因為他中英文學養俱佳，所以可以成為「美國華人」這個歷史研究領域的開路先鋒，而我這本書可以說是汲取了前面許多相關研究的養分，不過他的研究成果幫這本書奠立了基礎。麥禮謙曾花了許多時間與我討論美國華人歷史的廣泛綱要與各種主題，我非常珍惜每次與他談話的時光。

加大柏克萊分校種族研究系主任王靈智教授是一位資深社運人士，也是南京大屠殺史實重塑聯盟（Rape of Nanking Redress Coalition）的發言人，在他的指點之下，我才有機會看到他那些收藏在加大柏克萊分校種族研究圖書館亞裔美國人典藏專區裡精彩的美國華人史研究成果。多年來，我參加過許多場學術研討會，透過他的分享才得以深入了解美國公民爭取自由的政治史脈絡，還有美國華人在其中扮演的角色。我總是會去參加各種論壇，因此有幸獲得他的啟發，在各方面也常與他有所關聯，而且他對於亞裔美國人研究以及人權在未來的發展充滿熱忱，值得敬佩。

因為常常造訪華府國家檔案館（National Archives），我已與該館工作人員約翰·泰勒（John Taylor）成為朋友，在那裡工作已超過半世紀的他可說是鎮館之寶，而且對任何想找資料的作家而言，堪稱最好的幫手。約翰是如此樂於助人且知識淵博又充滿智慧，而且幫了我很多大忙。在進行前兩本書的研究工作時他就已經在過程中扮演了特殊角色，此次一如往昔，我這本書的研究也因為他的豐富經驗而受益良多。

在蒐集資料的過程中，我有幸可以獲得許多重要專家的幫助。感謝羅傑·丹尼爾斯（Roger Daniels）把他那些範圍廣泛的參考資料書目以電子郵件寄給我。美國華人史博物館〔Museum of Chinese American History，現已改名為洛杉磯美國華人博物館（Chinese American Museum of Los Angeles）〕裡面有大量檔案資料與口述歷史文獻，當我在該館進行研究時，館方人員鄭舒蘭（Suellen Cheng）與其夫婿郭民生（Munson Kwok）為我提供無數協助。感謝佩姬·史匹澤·克里斯朵夫（Peggy Spitzer Christoff）與我分享她從芝加哥國家檔案館蒐集到的龐大檔案，讓我得以追溯美國中西部華人移民的生活史。道格拉斯·納克斯（Douglas Knox）也大方與我分享他一篇未出版的論文，其內容是根據他在芝加哥大學所進行的研究。曾長年服務於聖布魯諾國家檔案資料管理局

（National Archives Records Administration at San Bruno）的尼爾・湯姆森（Neil Thomsen）也給了我許多歷史文獻資料，都是他在該局工作期間發現的。加大柏克萊分校種族研究圖書館館員余慧子（Wei Chi Poon）是該館亞裔美國人研究典藏資料的專家，在我研究的早期她曾對我助益良多，每逢我諮詢問題時總能親切且有效率地回答我。美國移民及歸化局的布魯斯・尼可斯（Bruce Nichols）提供大量檔案讓我檢閱。我的朋友瑪莉安・史密斯（Marian Smith）是移民及歸化局的歷史專家，在我這寫作計畫持續發展的過程中她曾提出許多具有洞見的評論，此外她在我調出國家檔案館那些好幾十年未曾有人調閱的資料後，她也幫助我解讀那種已經不再使用的早期移民資料索引系統，為我解謎。聖地牙哥華人歷史學會（Chinese Historical Society of Greater San Diego）的馬維特（Victor Mar，音譯）寄了十九世紀華商阿勤（Ah Quin，音譯）的一本小傳給我，還有阿勤手寫超過一千五百多頁日記的影印本。因為這本書篇幅有限，可惜未能囊括阿勤的生平，但透過閱讀他的日記，我發現他從廚師變成僕人，接著又從人力仲介變成資本家，此一了不起的轉變過程著實驚人。

其他作家與記者的觀點也讓這本書的內容更有力。譚恩美與宗毓華受訪時都大方給予我充裕的時間。我的小說家朋友蔡美里（May-lee Chai，音譯）曾是我在美聯社工作時的同事，當年她常拿出自己用娟秀字跡寫的社論以及對於美國華人社會的感人意見，另外也觸及種族描述法與跨族裔經驗等問題。趙帝恩（Sam Chu-Lin）堪稱美國華人進入廣播界的始祖，他提供了許多自製的家族訪談錄音帶和影片，讓這本書變得更為豐富，也讓我更加了解美國南方的華人。我永遠忘不了我們熱烈討論美國華人歷史的情景，還有他那些苦中帶甜，而且通常是幽默風趣的密西西比州年輕歲月回憶片段。同樣令我難忘的是，暢銷作家愛德華・艾普斯坦（Edward Epstein）在我寫這本書之初與我聊了很多次，提供許多睿智的意見。人權鬥士兼《亞裔美國夢》（*Asian American Dreams*）作者謝漢蘭（Helen Zia）曾經親身見證現代華裔美國人社群如何漸漸發展出一股政治力量，對此她也為我提供了許多第一手資訊。謝漢蘭曾與李文和合作撰寫他的自傳《我的國家控告我》（*My*

Country Versus Me），因此非常罕見的她也促成我參加一場私人的晚餐餐會，與李博士當面長談，更深入了解他被美國政府囚禁時的慘況。

某些人士與機構針對我的提問往往能及時給予回覆，為此我要特別表達謝意：亞利桑納州歷史學會（Arizona Historical Society）、美聯社國際新聞部（AP Wide World News）的凱文・歐蘇利文（Kevin O'Sullivan）、加州州立圖書館、加州鐵路博物館（California State Railroad Museum）圖書館館員愛倫・霍特曼（Ellen Halteman）、華人歷史學會（Chinese Historical Society）、加州樂居村大來博物館（Dai Loy Museum in Locke）的朱克萊（Clarence Chu，音譯）、蓋帝圖像公司霍爾頓檔案部門（Getty Images/Hulton Archive）的瓦樂莉・薩爾斯（Valerie Zars）、紐奧良歷史典藏館（Historic New Orleans Collection）的莎莉・史塔西（Sally Stassi）、胡佛研究所圖書檔案館（Hoover Institution Library and Archives）的愛倫娜・丹尼爾森（Elena S. Danielson）與隆納德・布塔洛夫（Ronald M. Butaloff）、愛達荷州歷史學會（Idaho State Historical Society）、馬格蘭攝影通訊社（Magnum Photos）的麥克・舒爾曼（Michael Shulman）、美洲華人博物館（Museum of Chinese in the Americas）、奧勒岡州歷史學會（Oregon Historical Society）、聖地牙哥華人歷史博物館的華人歷史策展人李莫瑞（Murray Lee，音譯）、華盛頓大學檔案館，以及陸榮昌亞洲博物館（Wing Luke Asian Museum）的典藏部經理羅伯・費雪（Robert Fisher）。

我身邊的人也提供很多幫助，包括兩位兼任助理康妮・愛馬若（Connie Amarel）與卡羅・拉格李奧（Carol Lagorio），她們在我的資料庫裡輸入了幾千筆資料，也幫忙在我為這本書進行研究的階段把很多訪談錄音帶整理成文字檔。她們不辭辛勞的付出令我感激不盡。

還有許多為我提供寶貴意見與協助的人，實在太多，無法一一列舉，以下僅為其中一部分：Steven Aftergood, Shirley Awana, Bob Barde, Ralph Ben-nett, Ronnie Chan, Gilbert Chang, Kuo-hou Chang, Morris Chang, Pamela Chang, Wen-hsuan Chang, Rosalind Chao, Anna Chennault, William Chew, Ko-lin Chin, Christine Choy, Frank Cowsert, Kent Dedrick, Ignatius Ding, Stella

Dong, Phoebe Eng, Bernadine Chuck Fong, Kenneth Fong, Scott Forsythe, Dina Gan, Gloria Hom, Genevieve Hom-Franzen, Tony Hsieh, Carl Hsu, Chih-ming Hu, Kaimeng Huang, Liberty Huang, Liwen Huang, Susana Huang, Victor Hwang, Kay Johnson, Herb and Diana Kai, Joseph M. Kamen, Paula Kamen, Amy Orfield Kohler, George Koo, Stewart Kwoh, Peter Kwong, Ann Lau, Amy Leang, Corky Lee, C. Y. Lee, Robert Lee, Jennie F. Lew, Ronald Lew, Marvin Lewis, Christina Li, Dick Ling, Sara Lippincott, Haiming Liu, Dale Louie, Steve Louie, Sonia Mak, Barbara Masin, Barbara Morgenroth, James Motlow, Willard H. Myers, Franklin Ng, Patrick O'Connor, Ron Osajima, Ching Peng, Wena Poon, Richard Rongstad, Lisa See, Jean H. Seeley, Charles Shao, Charlie Sie, Lillian Sing, Betty Lee Sung, C. B. Sung, Julie Tang, Douglas Wachter, Anna Wang, David Wang, Dorothy Wang, Tow Wang, Jim Weaver, Priscella Wegers, Eugene Wei, Ben Wong, Cy Wong, Joel Wong, Jeannie Woo, S. B. Woo, Carolyn Wu, Judy Wu, Stephen Wunrow, Noelle Xi, Swallow Yan, Jeff Yang, Linda Tsao Yang, John Yee, Alice Young, Renqiu Yu, Frank Yung, Karen Yung, Richard Yung, Nancy Zhang。

若沒有家人的支持與鼓勵，我就無法寫完這本書。我的丈夫布萊特（Brett Douglas）以充滿智慧、耐性與關愛的方式對待我，這十幾年來他始終不變，是我生命的養分與原動力。我的弟弟張純愷（Michael Chang）在這本書出版前幫我閱讀了一部分初稿，為我提供獨特見解。非常感謝伯父張紹遠先生提供生動的家族史，他為我細數一九四九年共產革命期間我們家是如何逃出中國大陸的。透過我舅舅張錚錚的回憶，我也更加了解一九六〇年代期間華人移民的留學生生活。透過另一位舅舅S. G. Tyan借給我的中文資料，我才能了解臺灣高科技產業的發展。最後我虧欠最多，永遠無法回報的就是我的雙親張紹進博士與張盈盈博士，最開始讓我對華裔美國人身分感到自豪的，就是他們。

大事年表

一八三四　阿芳妹（Afong Moy，音譯）前往紐約市，成為某個文化展覽的展出人物，是史上第一個前往美國的華人女性。

一八四七　廣東人容閎在傳教士資助下於抵達美國東岸，進入麻州西南部知名預科學校孟松學院（Monson Academy）就讀。七年後容閎自耶魯大學畢業，成為第一個從美國知名大學畢業的中國人。

一八四九　加州發現金礦，大批華人礦工前往「金山」淘金，他們大都為廣東人。

一八五一　舊金山市史上第一位華人洗衣工李華（Wah Lee，音譯）掛了一面寫著「洗衣燙衣」（WASH'NG AND IRON'NG）的招牌，做起了生意，幫人洗十二件襯衫只收五美元。

一八五二　加州州議會開始對華人課乘船稅（commutation tax）與外國礦工稅（Foreign Miner's Tax），藉此阻止更多華工湧入加州。

一八五三　加州最高法院大法官修・莫瑞（Chief Justice Hugh Murray）在「加州人民起訴霍爾訴訟案」（People v. Hall）中判定華人不能出庭做出不利於白人的證詞。

一八五九　舊金山市政府規定華人不能就讀公立學校。

一八六五　為了興建橫貫大陸鐵路，中央太平洋鐵路公司開始招募華工。

一八六八　當年清廷與美國政府的外交關係也為華人移居美國創造出更有利的條件，清廷與美國政府簽訂《中美天津條約續增條約》〔又稱《蒲安臣條約》（Burlingame Treaty）〕中規定：「大清國與大美切念民人前往各國，或願常住入籍，或隨時來往，總聽其自便，不得禁阻，為是現在兩國人民互相來往，或遊歷，或貿易，或久居，得以自由，方有利益。」

一八七七　中國與西班牙政府於光緒三年簽訂《會訂古巴華工條款》，正式終結華人苦力交易活動。

一八八二　五月六日，切斯特．亞瑟總統（Chester Arthur）簽署了《排華法案》（Chinese Exclusion Act），禁止華工輸入美國，惟獨具有商人、教師、學生（還有以上三者的家僕）這三種身分的華人可以入境。

一八八五　華盛頓州多處發生暴力驅逐華人的事件。懷俄明領地的岩泉市（Rock Springs）某個採礦地區發生反華暴動，造成二十八人死亡。

一八八六　加州農工裡的華工比例幾乎已達百分之九十。

一八九二　國會通過《吉爾里法案》（Geary Act），華人的移民禁令再度延長十年，而且還規定美國境內所有華工都必須在一年內向政府提出登記，才能取得合法的居留證書。

一八九四　舊金山市土生土長的二十一歲美國華人黃金德（Wong Kim Ark）回國探視父母。隔年返美時美國政府禁止他入境，黃金德主張他是在美國土生土長，應該享有美國公民身分，結果美國最高法院判他勝訴。這年，孫逸仙在夏威夷檀香山創立祕密革命組織，名為興中會。

一九〇六　舊金山大地震過後，該市大量出生紀錄文件被燒毀，導致某些華人可以花錢購買假文件，宣稱自己的父親是具有公民身分的華人。這些人就是所謂的「假兒子」（paper sons）。

一九一〇　美國移民當局在舊金山灣的天使島（Angel Island）上用圍籬圍出十英畝土地，用來興建拘留中心，華人移民入境前都必須先被留置於此處。

一九一三　加州政府開始實施《外國人土地法》（Alien Land Act），規定沒有資格歸化成為美國公民的外國人不得擁有土地，某些華人移民只好被迫成為農工。

一九四三　宋美齡女士訪美後，華盛頓州參議員華倫．曼紐森（Warren Magnuson）提案廢除《排華法案》，該案自此遭撤銷，不但為華人移民提供每年一〇五人的名額，也讓合法入境的華人享有歸化為美國籍的權利。

一九四五　當年《戰爭新娘法案》（War Brides Act）通過後，美國華人士兵獲准在中國結婚，把新婚妻子帶回美國。在這法案於一九四九年十二月三十日失效以前，有將近六千位華裔美國士兵前中國娶老婆回家。

一九四九　中華人民共和國成立後，五千名在美中國知識份子（包括學生與學者）獲得美國政府提供政治庇護，取得居留權。

一九五〇　來自中國的空氣動力學家錢學森博士遭聯邦調查局指控為共黨黨員，五年後被遣返中國大陸。

一九五五　來自上海的哈佛大學應用物理博士王安成立「王安電腦公司」。

一九五八　加州任命黃錦紹擔任法官，讓他成為全美第一位華人法官。

一九五九　共和黨籍的鄺友良當選夏威夷獨立建州後第一任聯邦參議員，也是全美第一名華人參議員。

一九八一　卡內基．美隆大學（Carnegie Mellon）陳文成教授返臺探親卻離奇陳屍臺大校園內。

一九八二　二七歲華人工程繪圖員陳果仁在底特律慘遭一對汽車工人父子殺害，但凶手並未受到應有的法律制裁。

一九八四　祖籍江蘇的美國華人現代主義建築家貝聿銘設計的玻璃金字塔開始在羅浮宮前興建。

一九八七　加州聖荷西市的香港移民之子歐逸鵬（Yat-Pang Au，音譯）雖是高中明星學生，但申請入學卻遭加州大學柏克萊分校拒絕，結果凸顯出華裔學生遭到部分大學差別對待的事實。

一九九三　載有兩百六十多名中國偷渡客的金色冒險號（*Golden Venture*）在紐約市附近的海灘擱淺，結果有十人溺斃。

一九九七　民主黨籍駱家輝當選華盛頓州州長，成為第一位美國華人州長。

一九九九　來自臺灣的流體力學科學家李文和遭指控洩漏新墨西哥州洛斯阿拉莫斯國家實驗室的核彈彈頭技術給中共，一年後與聯邦政府達成訴訟協議，事實證明他並非間諜。

二〇〇一　共和黨籍趙小蘭（Elaine Chao）獲美國小布希總統任命為勞工部長，成為第一位美國華人閣員。

國家圖書館出版品預行編目資料

美國華人史：十九世紀至二十一世紀初，一百五十年華人史詩 / 張純如(Iris Chang)作；陳榮彬譯. -- 初版. -- 新北市：遠足文化, 2018.10
面； 公分. -- (遠足新書；10)
譯自：The Chinese in America : a narrative history
ISBN 978-957-8630-81-9(平裝)
1.華僑史 2.美國
577.252 107016063

遠足文化

讀者回函

遠足新書 10

美國華人史：十九世紀至二十一世紀初，一百五十年華人史詩
The Chinese in America: A Narrative History

作者・張純如（Iris Chang）｜**譯者**・陳榮彬｜**責任編輯**・龍傑娣｜**校對**・吳知穎、楊俶儻｜**封面設計**・紀鴻新｜**出版**・遠足文化事業股份有限公司・第二編輯部｜**社長**・郭重興｜**總編輯**・龍傑娣｜**發行人兼出版總監**・曾大福｜**發行**・遠足文化事業股份有限公司｜**電話**・02-22181417｜**傳真**・02-86672166｜**客服專線**・0800-221-029｜**E-Mail**・service@bookrep.com.tw｜**官方網站**・http://www.bookrep.com.tw｜**法律顧問**・華洋法律事務所・蘇文生律師｜**印刷**・中原造像股份有限公司｜**排版**・菩薩蠻數位文化有限公司｜**初版**・2018年10月｜**初版6刷**・2024年4月｜**定價**・600元｜**ISBN**・978-957-8630-81-9